CB077989

História do Português Brasileiro

VOLUME VIII

HISTÓRIA SEMÂNTICA DO PORTUGUÊS BRASILEIRO

A Editora Contexto agradece o empenho
de Ataliba T. de Castilho e de Rodolfo Ilari
para a publicação deste volume.

O livro obteve ajuda financeira do Programa de Pós-Graduação
em Linguística da Universidade Estadual de Campinas e do Seminário
de Romanística da Universidade de Colônia (Alemanha).

A publicação teve apoio financeiro da Fundação de Amparo
à Pesquisa do Estado de São Paulo – Fapesp (Processo n. 2018/24710-0).
As opiniões, hipótesese e conclusões ou recomendações expressas neste material
são de responsabilidade dos autores e não necessariamente refletem a visão da Fapesp.

Consulte nosso catálogo completo e últimos lançamentos em **www.editoracontexto.com.br**.

História do Português Brasileiro

Ataliba T. de Castilho
(coordenador geral)

VOLUME VIII

HISTÓRIA SEMÂNTICA DO PORTUGUÊS BRASILEIRO

Rodolfo Ilari e Renato Basso
(coordenadores)

Montagem de capa e diagramação
Gustavo S. Vilas Boas

Preparação de textos
Lilian Aquino

Revisão
Daniela Marini Iwamoto

Dados Internacionais de Catalogação na Publicação (CIP)

História do português brasileiro : história semântica
do português brasileiro / Helio Oliveira... [et al.] ;
coordenação de Ataliba T. de Castilho; organização de
Rodolfo Ilari e Renato Basso – São Paulo : Contexto, 2020.
480 p. (História do português brasileiro ; 8)

Bibliografia
ISBN 978-85-520-0178-2

1. Língua portuguesa – Brasil – História
2. Língua portuguesa – Semântica 3. Linguística
I. Oliveira, Helio II. Castilho, Ataliba T. de
III. Ilari, Rodolfo IV. Basso, Renato IV. Série

19-2797 CDD 469

Angélica Ilacqua CRB-8/7057

Índice para catálogo sistemático:
1. Língua portuguesa – Brasil – História

2020

EDITORA CONTEXTO
Diretor editorial: *Jaime Pinsky*

Rua Dr. José Elias, 520 – Alto da Lapa
05083-030 – São Paulo – SP
PABX: (11) 3832 5838
contexto@editoracontexto.com.br
www.editoracontexto.com.br

SUMÁRIO

APRESENTAÇÃO

Antes de sua morte prematura, o linguista Uriel Weinreich, conhecido entre nós como um dos coautores de um texto seminal da Sociolinguística (Weinreich, Labov e Herzog, 1968), escreveu alguns artigos fundamentais sobre teoria semântica e, num desses artigos (Weinreich, 1966), qualificou essa disciplina como "a prima pobre dos estudos linguísticos". Essa avaliação justificava-se na época devido aos grandes avanços por que tinham passado outras disciplinas linguísticas, notadamente a Fonologia e a Sintaxe, e às incertezas que prevaleciam quanto aos possíveis desenvolvimentos da Semântica, mas seria descabida hoje: nestas últimas cinco décadas, a Semântica conheceu avanços notáveis, particularmente (mas não só), por ter incorporado o tipo de análise da língua natural inspirado pela Lógica e por ter-se articulado com a Sintaxe chomskiana.

No Brasil, a pesquisa semântica trilhou nas últimas décadas caminhos divergentes e até certo ponto desencontrados, o que levou a um quadro em que o problema não é a falta de linhas de investigação, mas o excesso de alternativas e a falta de diálogo entre linhas (ver Ilari e Basso, no prelo). Há, contudo, uma área da semântica em que a discussão teórica pouco avançou, justificando a volta à imagem da "prima pobre", e essa área é precisamente aquela a que se dedica este livro: a investigação diacrônica da significação. Tudo isso teria que ser lembrado para que se entendam os problemas enfrentados na organização deste livro.

Quando, depois de quase uma década de negativas, cedemos finalmente às pressões do diretor da coleção, comprometendo-nos a organizar uma equipe que se encarregaria de recontar em chave semântica a história do português brasileiro, a ausência de referências teóricas fortes em Semântica Diacrônica apareceu naturalmente como um problema. Os potenciais colaboradores eram invariavelmente de *scholars* que já vinham trabalhando com grande competência sobre aspectos semânticos do português atual; chamados a falar de diacronia, teriam não só que desviar-se de seu principal interesse, mas teriam ainda que improvisar-se em alguma medida como historiadores da língua, um desafio nada trivial depois que a Linguística estrutural e a Gramática Gerativa deixaram a história da língua em segundo plano durante décadas. Os autores dos 12 capítulos que formam este livro aceitaram sair de sua zona de conforto e propuseram textos que, no sentido antigo do termo, são "ensaios": maneiras pessoais e, portanto, diferentes de encarar a tarefa de reconstituir a diacronia dos significados na história do português brasileiro.

Com esse caráter de ensaio, os 12 capítulos respondem a diferentes "perguntas de pesquisa". Algumas dessas perguntas são de natureza epistemológica – "o que significa fazer Semântica Diacrônica, na segunda década do século XXI, no Brasil?" ou, em outras palavras, "que aportes recentes deve considerar quem faz hoje esse tipo de pesquisa?"– ao passo que outras são motivadas por uma preocupação mais marcadamente descritiva – "que mudança(s) semântica(s) afetaram tal ou tal aspecto (palavra, morfema lexical, morfema gramatical etc.) da língua portuguesa desde que ela foi trazida para o Brasil?". Os dois tipos de pergunta são igualmente dignos de respeito, e resultaram em pesquisas muito diferentes entre si, mas nossa tarefa, aqui, não deve ser a de realçar as diferenças, e sim a de ressaltar que as respostas podem ser consideradas em seu conjunto, desfazendo uma impressão de fragmentação que seria injusta e, principalmente, valorizar um elemento comum, que é a busca de maneiras alternativas e originais de fazer Semântica Diacrônica.

A diversidade dos capítulos tem também outra origem. Quando o projeto da História do Português do Brasil tomou forma há mais de dez anos, criou-se a expectativa de que os vários aspectos do português brasileiro do passado seriam estudados a partir de um repertório comum de documentos, uma espécie de "*corpus* compartilhado", na linha do que tinha sido feito, por exemplo, no Projeto de Estudo da Norma Urbana Linguística Culta. Daí a ideia de cumprir, como exigência preliminar, o levantamento de um *corpus* diacrônico. Na verdade, a preocupação por levantar e estudar documentos inéditos é anterior ao próprio projeto, mas ganhou graças a ele um enorme impulso: os volumes desta coleção (que tratam apenas de uma pequena parte dos escritos que vieram à tona nos últimos anos) não teriam sido possíveis sem um trabalho intenso voltado para a localização, recuperação, preservação e transcrição do maior número possível de documentos produzidos no Brasil desde os tempos da colônia. Esse trabalho teve o mérito de resgatar do esquecimento (ou mesmo de salvar da perda definitiva) um impressionante volume de documentos escritos que dão uma ideia relativamente exata do que nos resta do português brasileiro dos primeiros séculos, além de criar uma competência inédita no Brasil para as tarefas de restauração, transcrição e interpretação de documentos antigos. Mas entre o levantamento de dados e a construção de uma imagem consistente da língua de qualquer época há muitos obstáculos a superar.

Em primeiro lugar, os documentos se tornam mais escassos à medida que recuamos no tempo e, para os documentos escritos em épocas mais antigas, é difícil saber se seus redatores eram brasileiros ou portugueses; além disso, pesa sobre a pesquisa semântica a pergunta crucial que Rosa Virgínia Mattos e Silva formulou para a gramática e que no nosso caso soaria: "Mudança semântica, mas mudança em relação a que semântica mais antiga?". Ou seja, o fato de dispor de documentos fidedignos escritos numa determinada época não esclarece o que veio antes. Também importa considerar que a grande maioria dos documentos conservados são documentos legais, escritos numa linguagem engessada e por assim dizer "fora do tempo". Finalmente, muitas das mudanças semânticas atestadas por esses materiais, embora reais, tem uma história prévia que pode remontar ao tempo em que não existia o Brasil (ou não existiam nem o Brasil nem Portugal): por exemplo a criação de conjunções a partir de uma preposição mais o conectivo *que*, ou o uso de *cujo* como um adjetivo relativo variável são fenômenos tão antigos quanto a própria língua portuguesa ou mais.

Quando se considera esse conjunto de dificuldades, não admira que muitos autores, sem abrir mão do propósito de falar do período de cinco séculos de história do português brasileiro, tenham decidido valer-se de *corpora* que cobrem períodos mais extensos, ou que tenham ido buscar as origens de um novo sentido num passado distante – latino ou medieval – numa atitude que lembra a dos etimólogos. Inversamente, outros autores acharam importante observar mudanças que estão em curso nos nossos dias, olhando para aquilo que acontece na língua dos jornais, ou escarafunchando eletronicamente esse impressionante laboratório linguístico que são as redes sociais.

E mais: as pesquisas sobre mudança semântica davam no passado uma atenção quase exclusiva ao léxico, e isso é compreensível porque o léxico, com sua extensão e diversidade, e com sua capacidade de "abarcar todas as idiossincrasias semânticas da língua", como já disseram alguns, ilustra praticamente todos os tipos de mudança semântica já identificados. É fascinante acompanhar o modo como a língua reorganiza seus campos lexicais e semânticos em momentos cruciais da história; por isso, estudando a evolução do léxico, se fazem a cada momento descobertas que garantem uma percepção mais exata das mudanças tecnológicas, políticas ou de mentalidade que ocorreram no passado; para dar somente dois exemplos, não é por acaso que, na passagem do século XIX para o XX, os jornais brasileiros deixaram de usar a expressão "indústria agrícola" e passaram a falar em *agricultura* como uma atividade oposta à *indústria* (isto é, a indústria de transformação): o fato de a palavra *indústria* ter perdido então o seu sentido genérico e etimológico de "atividade, esforço produtivo" e ter-se associado às atividades de transformação (em oposição à agricultura e ao comércio) é simultâneo do aparecimento das primeiras fábricas, em oposição à produção tipicamente artesanal do período anterior, uma reorganização que exigia novas terminologias. E também não chega a ser surpresa o fato de que cada um dos grandes ciclos econômicos (desde o açúcar até a maconha) tenha criado simultaneamente uma cultura peculiar e um léxico próprio. Por isso, somos os primeiros a reconhecer que uma história semântica do português brasileiro precisaria também voltar-se para os inúmeros ensaios que descreveram a realidade brasileira desde os primeiros tempos, recuperando aquilo que esses ensaios disseram a propósito de novas criações vocabulares. Mas o léxico é apenas uma das áreas da língua consideradas pelos trabalhos aqui reunidos, que, em sua maioria, tratam de mudanças de significação ocorridas em construções gramaticais. Isso é o resultado de um consenso criado pelas teorias semânticas mais recentes, de acordo com as quais a capacidade de expressar sentidos não é exclusiva das palavras e dos morfemas, mas se estende aos esquemas de construção gramatical (por exemplo, os esquemas de sentença associados à diátese dos verbos).

Quando se evita restringir a mudança semântica às inovações do léxico, descobre-se que a língua criou recursos significativos novos habilitando novas alternativas de construção, ou acrescentando novos itens a este ou aquele conjunto em princípio "fechado" de opções gramaticais. A hipótese geral que está por trás desse entendimento é evidentemente que o sentido de qualquer sentença não resulta apenas das palavras que a integram, mas também do próprio processo de construção ou, dito de outra maneira, que o sentido a que se chega nas sentenças é o fruto de uma montagem abstrata que é ela mesma significativa. Dois termos que resumem esse pressuposto, e que aparecem em momentos cruciais de vários capítulos são "composicionalidade" e "Nanossintaxe". Os dois termos remetem a formas de análise cujo primeiro passo consiste em encontrar uma representação explícita para os mecanismos que constroem o sentido da sentença a partir do sentido de suas partes; essa representação é necessariamente mais fina e menos grosseira do que as da grafia corrente e da Sintaxe tradicional, e tem levado a descobertas importantes sobre o funcionamento semântico das línguas. Uma expectativa afirmada explicitamente pela maioria dos autores deste livro, e provavelmente aceita por todos é que muitas mudanças semânticas importantes podem ser representadas (e compreendidas) em seus aspectos essenciais como alterações que afetaram essas representações abstratas. Em suma, o leitor vai perceber que as páginas que seguem (ou boa parte delas) têm um compromisso teórico forte com um certo modo de fazer Semântica, mas esse compromisso teórico não retira delas seu caráter de análise.

Em nosso papel de organizadores, a maneira mais simples que poderíamos encontrar para realçar a riqueza das análises propostas pelo livro é discorrer um pouco sobre sua organização e sobre o conteúdo de cada um dos capítulos. Observe-se, em primeiro lugar, que procuramos facilitar a leitura reunindo em áreas distintas os vários capítulos que se propõem objetivos semelhantes: a primeira expõe teorias e estratégias de análises; a segunda lida com mudanças ocorridas na morfologia, seguida por uma terceira parte que lida com estruturas e distinções gramaticais; uma última parte lida com mudanças lexicais e de construções.

Demos à primeira parte o título de "Teoria *versus* descrição". De fato, os dois textos que a compõem questionam a eficácia de dois caminhos possíveis e por assim dizer "opostos" que se oferecem à investigação, o que vai da teoria aos dados, e o que vai dos dados à teoria.

O primeiro capítulo, de Renato Miguel Basso, traz algumas das principais questões enfrentadas por quem se dedica a estudar a mudança das significações empregando as ferramentas da Semântica Formal, bem como explicita quais contribuições a Semântica pode trazer a estudos próximos, como o da gramaticalização. Além de apresentar mecanismos por meio dos quais estruturas gramaticais podem surgir (ou sumir) nas línguas, esse capítulo mostra as correlações entre o surgimento de novas estruturas gramaticais e o processo pelo qual são repassadas à comunidade de falantes. Adotando uma linguagem tanto quanto possível intuitiva, o capítulo aplica a exemplos da língua portuguesa as indagações e respostas correntes nos últimos desenvolvimentos da Semântica Diacrônica, oferecendo ao leitor um pequeno repertório de perguntas a serem ainda investigadas na mesma linha.

O segundo capítulo dessa parte, de Rodolfo Ilari, é uma reflexão sobre como o semanticista pode (ou deve) olhar para os *corpora* históricos em sua busca de mudanças de significado, e sobre o que se pode esperar desse exame dos dados. Ilari comenta vários trechos dos *corpora*, ilustrando com eles aspectos do significado que mudaram e/ou deixaram de ser usuais e que, por isso mesmo, constituem "ruídos de leitura" para o leitor de hoje. Ao final de seu capítulo, traça uma série de recomendações, entre as quais a de prosseguir na análise dos documentos históricos, a de usar com parcimônia a noção de "arcaização" e a de procurar sempre contextualizar as expressões estudadas e o sentido que veiculam – relacionando não só cada uma das palavras estudadas ao texto, mas também cada um dos fenômenos destacados num texto à tradição discursiva em que o texto se enquadra.

A segunda parte do livro traz dois capítulos que focalizam a mudança de sentido em unidades significativas inferiores à palavra, ou seja, em morfemas. No primeiro deles ("De *doutoraço* a *deitaço*: uma análise diacrônica do sufixo *-aço/1* no português brasileiro"), Helio Oliveira analisa algumas das acepções do morfema *-aço*, que tem origem no latim vulgar e cognatos em outras línguas românicas. Mostra que esse sufixo veiculou significações diferentes desde sua origem latina – quando significava "golpe" (como ainda acontece na derivação "*martelo*" (instrumento) /

"*martelaço*" = (golpe de martelo)) –, passando pela sua interpretação como aumentativo ("martelaço" hoje em dia no português brasileiro é um martelo grande, um "martelão"), e chegando a itens como "beijaço" e "panelaço", cuja interpretação parece ser a de "manifestação popular em que beijos e panelas entram como instrumento". Para acompanhar como a verdadeira saga semântica desse sufixo continua na contemporaneidade, Oliveira examina ainda dados atuais oriundos de redes sociais, lançando mão de mecanismos de busca pela internet; dá assim uma prova de que o uso de ferramentas tecnológicas pode ser de grande auxílio na investigação da mudança semântica.

O outro capítulo que lida com fenômenos relacionados ao campo da morfologia, "Mudança semântica no domínio intravocabular: o caso das raízes *cranberry* do português", de Maurício Resende, investiga o domínio das chamadas "raízes *cranberry*" do português atual, exemplificado pela raiz √MIT nos principais derivados do verbo latino *mittere*: *admitir*, *emitir*, *demitir*, *omitir*, *permitir*, *remitir* e *transmitir*. O intuito desse capítulo é descrever a mudança semântica por que passou essa raiz desde o latim até o português brasileiro, questionando até que ponto o sentido etimológico de "mandar", presente em *mittere*, se teria conservado nesta língua. Para tanto, vale-se de ferramentas diacrônicas – medindo a distância entre o significado composicional etimológico e o significado atual dos verbos derivados – e também de testes sincrônicos – tais como a aplicabilidade dos processos de nominalização, a identidade fonológica e a regularidade do paradigma flexional. Esse estudo mostra que o conteúdo semântico das raízes passou de *referencial* (em latim) para *conceitual* (em português) e que essa mudança teve reverberações em outros processos da língua, tais como a formação de palavras e reestruturação do paradigma flexional. O termo inglês *cranberry* que aparece no título chama a atenção para o fato de que ocorre em português, precisamente com os derivados da raiz √MIT, um fenômeno análogo ao que se observa em inglês na série *blueberry*, *strawberry*, *blackberry*... *cranberry*, onde *berry* é uma fruta silvestre, e onde *black*, *blue* e *straw* são palavras significativas, mas onde *cran* não significa nada. Esse estudo de Maurício Resende lança assim um tema pouco estudado pelos historiadores de nossa língua: a diferente evolução por que passam as significações de palavras de uma mesma família.

A terceira parte do livro é dedicada às estruturas gramaticais. Nessa parte, há quatro capítulos, que tratam, respectivamente, (i) do passado composto dos verbos na história do português no Brasil, (ii) da origem de intensificadores encabeçados pela preposição *a* (como *a rodo*), (iii) do percurso semântico pelo qual o advérbio de maneira *justamente* passou a operador de foco, e (iv) da história dos nomes nus no português brasileiro, com ênfase no caso do singular nu. Eis uma breve descrição de cada um deles.

No capítulo intitulado O PPC na história do português no Brasil", Martin Becker estuda os percalços semânticos do passado composto do português desde o século XVII até hoje. O PPC do português é um tema importante para os estudos lusófonos e romanísticos, pois tem uma interpretação diferente no português da que apresenta nas demais línguas românicas: enquanto o PPC dessas outras línguas tem valor claro de passado e perfeito, o PPC português recebe normalmente uma intepretação de duração, se combinado com eventos durativos ("tenho pensado nesse assunto"), ou de repetição, se combinado com eventos pontuais ("tenho bebido café"). Além disso, essa forma, ao menos no português brasileiro, é tipicamente usada para falar de eventos cuja repetição é esperada depois do momento de fala, sendo assim claramente orientada para o futuro. Ao traçar o percurso histórico desses significados, o texto de Becker, mostra que a interpretação atual de reiteração é evolução de outras interpretações mais antigas, entre as quais a "pluracionalidade", um conceito que vem ganhando importância crescente nos estudos recentes sobre acionalidade e aspecto.

O próximo texto da terceira parte, "Sobre a origem de intensificadores encabeçados pela preposição *a*", lida com a origem das expressões intensificadoras do português encabeçados pela preposição *a*, como *a dar com pau*, *a rodo*, *à beça* etc. Nesse capítulo, Luisandro Mendes de Souza analisa o papel das expressões que possuem essa estrutura em documentos antigos, e também das de igual estrutura que estão aparecendo recentemente nas redes sociais, recorrendo neste aspecto da pesquisa aos mecanismos eletrônicos de busca. Trata não só das expressões singularmente, mas também de como a estrutura de intensificação pode surgir, e tornar-se produtiva pela incorporação de itens lexicais particulares. Esse processo é referido ao fenômeno da gramaticalização; por isso, encontramos neste capítulo uma demonstração de como a teoria da gramaticalização pode aliar-se a uma descrição semântica formal para levar a uma explicação mais completa da criação de locuções.

Vem na sequência o capítulo "De maneira a foco: o percurso semântico do advérbio *justamente*". Quem responde por sua autoria é Márcio Renato Guimarães, que "acompanha o percurso semântico do advérbio *justamente*, desde seu uso "original" como advérbio "de maneira" ou qualitativo (*julgar justamente* = "de maneira justa") até sua transformação posterior em "focalizador", com papel típico num roteiro de verificação de coincidência exata com uma expectativa prévia (*o cinema fica justamente em frente à farmácia*). Bastante rico em detalhes, o trabalho de Guimarães mostra ponto por ponto as etapas pelas quais se deu essa mudança, exemplificado uma metodologia e um cuidado com as nuances semânticas envolvidos que abre caminho para diversas outras investigações em Semântica Histórica.

Escrito por Albert Wall, o último capítulo do livro dedicado a fenômenos gramaticais, intitula-se "Para uma história dos nomes nus no português brasileiro: o caso do singular nu" e trata das origens da opção significativa conhecida como "singular nu", típica do português e, particularmente, do português brasileiro. O tema dos nomes nus (como *menino* em *ainda ontem eu vi menino jogando bola na rua*), nas últimas décadas, chamou a atenção de sintaticistas e semanticistas das mais variadas orientações por dar margem a diferentes interpretações, e por tratar-se de uma construção que não ocorre, ou não ocorre com a mesma frequência e com as mesmas interpretações, em nenhuma outra língua românica e nem mesmo no português europeu. Na literatura especializada, há diversas alternativas teóricas, semânticas e sintáticas para lidar com a existência dessa construção e sua interpretação, mas o trabalho de Wall é certamente um dos primeiros a olhar para a construção dos nomes nus sob uma perspectiva histórica, recuperando sua origem desde as primeiras ocorrências. Esse capítulo traz ainda uma importante discussão metodológica sobre as dificuldades em fazer esse tipo de pesquisa, e explica como o autor optou por contorná-las, uma reflexão que pode auxiliar outros investigadores que lidam com temas próximos.

Chegamos, assim, à quarta e última parte deste livro, à qual denominamos "Léxico e construções", composta de quatro capítulos. Com a denominação "léxico", quisemos chamar a atenção para o fato de que os autores das quatro contribuições utilizaram seu espaço para enfocar mudanças ocorridas no léxico que, mesmo quando já foram observadas na literatura linguística, não receberam a devida atenção quanto a seus aspectos semânticos.

O capítulo "Algumas dimensões espaciais do português: o caso de *cerca*, *cima* e *baixo*", de Verena Kewitz, Maria Lucia Leitão de Almeida e Janderson Lemos de Souza, descreve o processo pelo qual ao pequeno conjunto de preposições indicadoras de localização no espaço que o português tinha herdado do latim se acrescentou um segundo conjunto de criações vernáculas em que as relações espaciais propriamente ditas são expressas por (antigos) substantivos ou adjetivos como *cerca*, *cima* e *baixo*. Ao contrário das preposições herdadas, as novas criações são formadas por várias palavras e utilizam um esquema básico em que entram [preposição simples + substantivo ou adjetivo + *de*]. Na história do português, esse esquema foi amplamente produtivo, dando origem a várias dezenas de novas unidades lexicais como *em virtude de*, *com respeito a*, *a propósito de* ou *pra mó de*, que aceitaríamos facilmente encarar como "preposições complexas" ou "locuções prepositivas", não fosse o peso da escrita e da tradição gramatical que, em mais esse caso, nos levam a procurar no português os análogos da gramática latina, e a analisar a fala a partir dos espaços brancos da escrita. A história das conjunções do português mostra uma proliferação de locuções conjuntivas baseadas num esquema análogo (com *que*); não seria preciso dizer mais para ressaltar a importância desse capítulo.

O décimo capítulo do livro, "Reanálise e mudança semântica na Nanossintaxe: o caso do verbo *correr*", de Valdilena Rammé e Teresa Cristina Wachowicz, tem por tema um item lexical específico, o verbo *correr*, e insere sua análise numa discussão de alcance mais geral, cujo propósito é compreender o que se passa com a interpretação de um verbo, quando esse verbo muda de regência. A regência verbal, como se sabe, é um domínio no qual as mudanças foram muito numerosas ao longo dos séculos, resultando em alterações mais ou menos drásticas (como a que fez passar de *esqueceu-me o chapéu* para *esqueci o chapéu*, e a que está levando de *assistir ao filme* para *assistir o filme*). Mais facilmente percebidas como fatos sintáticos, essas mudanças têm sempre correlatos semânticos (por exemplo, a construção antiga do verbo *esquecer*, na qual a posição de sujeito era ocupada pela coisa esquecida, era coerente com o sentido original do verbo, que significava "cair da memória"; à regência hoje corrente corresponde uma outra interpretação em que o sujeito é encarado como um agente-experienciador e o verbo é tratado como um verbo psicológico). Em sua análise, Valdilena Rammé e Teresa Cristina Wachowicz recuperam as etapas ao longo das quais a denotação do verbo *correr* incorporou um elemento de direcionalidade, que "licencia" a presença de um complemento introduzido por *em*. Em sua descrição dessa inovação, as autoras utilizam o conceito de reanálise, que, intuitivamente, está presente em todo estudo de mudança semântica, mas que, no caso é objeto de um uso mais rigoroso e explícito, porquanto segue os princípios da teoria conhecida como Nanossintaxe. Embora tenha em seu nome a palavra *sintaxe*, esta orientação, que surgiu na virada do século como uma das tantas linhas em que se diversificou a Gramática chomskiana, é particularmente atenta à maneira como a Sintaxe articula as contribuições semânticas dos vários constituintes, e faz dessas contribuições uma análise mais fina e mais exata. Tudo isso dá a mais este capítulo um caráter exemplar.

Ao falar, alguns parágrafos antes, do segundo capítulo, mencionamos o interesse em relacionar mudanças e tradições discursivas, lembrando que estas últimas podem determinar o ritmo e a natureza das primeiras. O terceiro dos capítulos dedicados ao léxico foi escrito por Alessandra Castilho da Costa, "Apresentativos entre indicatividade e predicatividade", e reflete a experiência prévia dessa pesquisadora com tradições discursivas, porque toma por tema a linguagem da Bíblia, representada no caso pelas traduções feitas ao longo dos séculos para o português e mais particularmente para o português brasileiro. O texto bíblico constituiu sempre uma tradição discursiva importante, na qual as opções linguísticas se misturaram às vezes com escolhas doutrinais e com a preocupação das várias confissões religiosas por se distinguirem através da linguagem. Como uma tradição discursiva independente e influente, a narrativa bíblica se distingue de outras tradições por marcas linguísticas peculiares, e Alessandra Castilho estuda uma dessas marcas, a saber, os operadores que introduzem na narrativa uma nova personagem ou um novo episódio. Mostra que esses operadores são principalmente de dois tipos – os "apresentativos" e os "localizadores". Mostra também que a distinção entre os dois tipos não é nítida e que o peso relativo de cada um deles variou ao longo do tempo, num tipo de discurso que tenderia à imobilidade. Evidentemente, outras tradições discursivas mereceriam ser estudadas numa perspectiva semelhante.

A primeira parte do último capítulo, "Verbos de raiz africana no Brasil: difusão geral, origens e o caso do verbo *cuendar*", promete tratar de um problema tradicional da história do léxico do português brasileiro: a importante contribuição recebida das línguas africanas por meio do empréstimo de palavras. De fato, esse capítulo aprofunda essa discussão antiga mas sempre aberta, mediante um levantamento de vocábulos de origem africana que é mais amplo e mais informado do que a maioria dos anteriores. Mas o levantamento de itens é apenas uma das contribuições que os professores Laura Álvarez e Juanito Avelar prestam no caso, porque, além de enumerar empréstimos africanos, eles se preocuparam em levantar a seu respeito outras questões, duas das quais, pelo menos, merecem ser ressaltadas: a das torções e distorções que as palavras africanas sofreram ao serem transplantadas para o português, e a das vicissitudes históricas por que passou sua difusão. A propósito da primeira, discutem o fato de que a presença da mesma sílaba inicial em palavras como *cuendar*, *cupóia*, *cuchilar* etc. é devida a uma razão morfológica: nas línguas bantas, das quais derivam majoritariamente as palavras africanas hoje em uso no Brasil, a sílaba *ku-* era o prefixo indicador do infinitivo verbal, uma noção que se perdeu quando os verbos em questão passaram a fazer parte da nova língua. Isso tem um análogo num fato que já fez correr muita tinta nas histórias do português: a sílaba inicial *al-* (*a-*, *ar-*) dos substantivos de origem árabe nada mais era do que um artigo, e não aparece nas palavras cognatas de outras línguas românicas (cp. port. *Alcorão*, *açúcar*, *armazém*, *açafrão*... it. *Corano*, *zucchero*, *magazzino*, *zafferano*...); parece importante que fatos como esses sejam estudados, indo além da simples catalogação das formas. O capítulo também abre uma perspectiva sobre as peripécias por que passaram as palavras de origem africana (quem as falou, em que círculos, que comunidades as usam hoje etc.) ao mostrar que essas palavras entraram no português do Brasil passando por comunidades mais ou menos fechadas e ao recuperar a história do verbo *cuendar* que, no português do Brasil, foi usado em diferentes círculos, ora desenvolvendo novos significados, ora fixando-se com significados precisos.

Procuramos, até aqui, dar uma ideia de como o livro foi escrito e do tipo de informações que o leitor encontrará em cada um de seus capítulos. Ao ressaltar o caráter de "ensaios" que predominou no livro, podemos ter passado ao leitor a ideia de que não se exigiu dos colaboradores o uso de uma metodologia comum, e sugerir que o livro é marcado por uma certa dispersão de direções. Não seria o caso de mentir a esse respeito. Mas é certamente o caso de lembrar que esse efeito seria inevitável numa subárea que está sendo resgatada da condição de "prima pobre" depois de décadas, e que por isso mesmo tende a incorporar avanços de outras áreas mais ativas.

Como organizadores do livro, achamos, por outro lado, que essa impressão de dispersão é até certo ponto superficial: alguns pressupostos atuam fortemente na maioria dos textos, entre eles o da composicionalidade dos sentidos, o da onipresença da significação e o da importância de contextualizar a análise dos dados.

Acima de tudo isso, parece-nos importante ressaltar que cada um dos capítulos contém uma análise consistente e, à sua maneira, completa de uma mudança linguística que contribuiu para dar ao português brasileiro sua fisionomia atual. Por serem consistentes e completos nesse sentido, os 12 capítulos se prestam a testar o alcance do tipo de análise que utilizam. Queremos que isso seja observado, ao mesmo tempo que torcemos para que tudo aquilo que se propõe aqui seja discutido, criticado, possivelmente integrado numa síntese mais abrangente e... rapidamente superado.

Campinas/Utrecht, setembro de 2018.

Rodolfo Ilari
Renato Basso

PRIMEIRA PARTE

TEORIA *VERSUS* DESCRIÇÃO

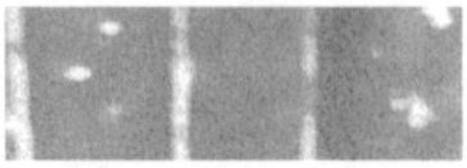

MUDANÇA SEMÂNTICA: DESAFIOS TEÓRICOS E METODOLÓGICOS

Renato Basso

SUMÁRIO

Os estudos semânticos podem ser entendidos como a tarefa de relacionar formas linguísticas a conceitos extralinguísticos, através de um arcabouço teórico baseado numa metalinguagem explícita. Ao longo do tempo, as formas que se relacionam aos conceitos mudam, bem como quais conceitos são expressos. Assim, considera-se que há um conjunto (mais ou menos) universal e invariável de possibilidades gramaticais/cognitivas que podem ser ou não expressas por determinadas formas ou estruturas linguísticas – *quais* conceitos são (obrigatoriamente) expressos e *como* são expressos pela gramática de uma dada língua é o que muda ao longo do tempo.

As mudanças semânticas são mais claramente percebidas quando pensamos no léxico de uma língua, seja porque ganhou ou perdeu elementos, seja porque seus elementos adquiriram novos significados. Como exemplo de ganho no léxico, basta pensar em todas as formas recentes relacionadas a tecnologias e aparelhos que não existiam há poucas décadas – *iPad*, *smartphone*, *deletar*, entre vários outros. A perda de elementos do léxico também está ligada de forma transparente a atividades sociais; podemos considerar, por exemplo, a perda de (quase) todo o vocabulário ligado a alguma atividade que não existe mais – termos ligados ao processamento da cana-de-açúcar nos engenhos na época da escravidão no Brasil, termos ligados ao transporte por carros de boi, entre vários outros exemplos. Com relação à mudança de significado de termos já existentes na língua, podemos considerar o item *celular* que, antes um adjetivo ligado às áreas biológicas, é agora um nome que designa um aparelho eletrônico. Podemos também considerar o item *casal*, que nos dias de hoje se refere não somente a pares de homens e mulheres, como há décadas atrás, mas inclui também relações homoafetivas.

Ao lado dessas, há também mudanças que têm a ver com a gramática de uma língua, com categorias como "definitude", por exemplo, ou com o inventário de itens funcionais de uma língua, como preposições, pronomes e conjunções. Ao pensarmos nas línguas românicas, a distinção entre definido (*a menina*) e indefinido (*uma menina*) é feita por meio de artigos (*a* e *uma*), que são "ferramentas gramaticais" ausentes no latim. Nesse caso, vemos de fato uma mudança semântica de natureza diferente daquela descrita no parágrafo anterior, que tem a ver com o surgimento de estruturas gramaticais responsáveis por uma distinção semântica, e é sobre esse tipo de mudança que falaremos neste capítulo. Mudanças como essa são o tema por excelência da "teoria da gramaticalização" (cf. Hopper e Traugott, 2003), mas a definição e o estudo específico das mudanças *semânticas*, ainda mais ancorado em estudos formais, é tema recente, ao qual vários pesquisadores têm se dedicado.

Os estudos de gramaticalização são, em geral, desenvolvidos no âmbito de teorias funcionalistas sobre a linguagem natural, abordagens baseadas no uso da língua que têm como componentes principais a ideia de que a gramática é algo emergente, dinâmico, forjado pelas estruturas e capacidades cognitivas e comunicativas dos falantes. Nesses estudos, a diacronia é, via de regra, levada em conta e as categorias gramaticais são, em geral, tomadas como graduais e sempre em transição.[1] A investigação nessas teorias já conquistou enormes avanços no entendimento da mudança linguística em geral, e da mudança semântica em particular.[2]

Como boa parte dos fenômenos de gramaticalização, as mudanças linguísticas relacionadas ao significado gramatical seguem caminhos ou trajetórias precisas nas línguas do mundo, e mesmo línguas não relacionadas seguem os mesmos cursos de mudança. Soma-se a isso o fato de que essas trajetórias são unidirecionais, ou seja, há um caminho a ser percorrido numa dada direção.

Só mais recentemente os estudos em Sintaxe e Semântica Formal (e também em Pragmática) têm se voltado para a diacronia. Na Sintaxe, o trabalho de David Lightfoot (1979), intitulado *Principles of Diachronic Syntax*, (re)inaugurou os estudos em Sintaxe Diacrônica aliando teorias de aquisição, variação translinguística e mudança linguística com a então emergente teoria dos Princípios e Parâmetros. Tal tradição foi continuada de forma firme, e a Sintaxe Diacrônica é atualmente algo bem estabelecido.

Quando nos voltamos para a Semântica, contudo, o quadro é um pouco diferente. Apesar de reflexões sobre ela estarem no início dos estudos semânticos pré-estruturalistas, como exemplifica o trabalho de

Michel Bréal (1897), a mudança semântica sempre foi tratada timidamente (quando o foi) pela Semântica e Pragmática formais – a primeira monografia em Semântica e Pragmática formal explicitamente dedicada ao tema foi escrita somente em 2006; trata-se do trabalho de Regine Eckart, intitulado *Meaning Change in Grammaticalization: An Enquiry into Semantic Reanalysis*.

Uma das razões para as poucas incursões das análises formais no terreno da mudança – ou, pelo menos, uma das principais – pode talvez ser encontrada no fato de que esse tipo de análise pressupõe um sistema linguístico estável e analisa as estruturas desse sistema.

Em Semântica Formal, o objetivo principal é relacionar o significado expresso pelas formas linguísticas a uma linguagem formal através da ideia de "condições de verdade", de modo que, simplificando um pouco, a cada enunciado da linguagem objeto corresponda um enunciado da metalinguagem que tenha as mesmas condições de verdade; o critério principal usado para relacionar linguagem objeto e metalinguagem é a intuição do falante nativo. Nesse sentido, o semanticista precisa ter acesso à mente dos falantes – e aqui reside talvez o maior problema da Semântica Diacrônica – conforme salienta Deo (2014: 393), o julgamento sutil dos falantes sobre padrões inferenciais, ambiguidades e contextos felizes ou infelizes para construções linguísticas é fundamental para as análises em Semântica Formal, e a impossibilidade de tais julgamentos que se faz presente ao lidarmos com dados diacrônicos é, de fato, um grande problema para o desenvolvimento de análises em Semântica Formal de mudança linguística.

Não podemos deixar de lado também o fato de que os estudos em Semântica Formal das línguas naturais são muito recentes, tendo iniciado somente na metade da década de 1970, quando as pesquisas de Barbara Partee aliaram questões linguísticas a preocupações da Lógica e Filosofia da linguagem de então. Boa parte da Linguística Histórica, por outro lado, procura as instabilidades do sistema linguístico ao comparar estágios diferentes de um (mesmo) sistema ao longo do tempo.

Diante desse quadro, poderíamos imaginar que as abordagens formais podem, no máximo, analisar diferentes sincronias, comparando sistemas estáveis de períodos sucessivos, mas sem ter ferramentas para olhar a mudança propriamente dita, ou seja, o momento (ou momentos) em que uma dada estrutura tem sua interpretação alterada, ou em que um conceito gramatical passa a ser expresso numa língua que não o apresentava antes. O foco dessas disciplinas seriam então universais invariantes, numa abordagem atemporal, do que caracteriza e de como se articula o significado nas línguas naturais.

No entanto, a própria existência de padrões de mudança levanta questões estruturais que podem ser, em princípio, estudadas na teoria da Semântica Formal. A ideia é que, dado que há padrões, por trás deles deve haver relações de significado estáveis que podem ser analisadas com ferramentas formais. Além disso, as investigações em gramaticalização, ao lidarem com mudanças semânticas, apresentaram uma série de mecanismos – como o *bleaching* e a generalização – que também podem ser analisados sob a ótica da Semântica Formal. Seria uma das tarefas dos formalistas fornecer um conteúdo para essas noções dentro de seu arcabouço conceitual.

Desse modo, recentemente, por um lado, alguns dos estudos feitos na gramaticalização têm ganhado uma roupagem formal, e, por outro lado, algumas ferramentas da Semântica e Pragmática formais têm sido empregadas para analisar fenômenos tipicamente de mudança linguística. Diante de tal perspectiva, podemos nos perguntar que tipo de contribuição a Semântica e a Pragmática formais trariam aos estudos sobre mudança semântica. No restante deste capítulo, abordaremos essas questões.

COMO A MUDANÇA PODE ACONTECER?

Para haver mudança semântica, algo tem que mudar – e o que é esse algo? Retomando o que dissemos anteriormente, a mudança ocorre

i. quando uma certa distinção gramatical ganha ou perde uma expressão formal obrigatória[3] (lexical e/ou estrutural); e
ii. quando uma certa distinção gramatical obrigatória muda o modo (i.e., recursos linguísticos) por meio do qual é expressa.[4]

Por trás de tal ideia, há a suposição de que há um inventário estável de distinções gramaticais, ou pelo menos um núcleo de significados funcionais comum entre as línguas que podem ou não ser atualizados formalmente de diferentes modos.

Essa reflexão levou Deo (2014; 2015a e b) a propor três tipos de mudança semântica que têm a ver com significados funcionais e que dariam conta do espaço de possibilidades lógicas de mudança; são eles:

a. recrutamento: quando o inventário de significados funcionais abertamente marcados/expressos é ampliado – quando uma distinção gramatical passa a se tornar obrigatória;
b. perda: quando uma determinada distinção funcional não é mais formalmente marcada; há uma redução no inventário de distinções gramaticais abertamente marcadas;
c. redistribuição:
    i. generalização: um material funcional adquire novos usos relativos a um domínio semântico;
    ii. obrigatoriedade ("categorialização"): um certo material funcional passa a ser obrigatório (ao invés de opcional) em determinados contextos de uso.

É dentro desse espaço de possibilidades de mudança que podemos localizar alguns dos principais caminhos ou trajetórias de gramaticalização, como os abaixo:

- demonstrativos tornam-se artigos definidos (mas não o contrário) (*recrutamento*);
- expressões que se referem a movimento são frequentemente tomadas como marcadores de futuro (*recrutamento*);
- expressões locativas frequentemente se tornam marcadores obrigatórios de eventos em desenvolvimento, e depois se generalizam como marcadores de aspecto imperfectivo (*obrigatoriedade*);
- marcadores de perfeito se tornam marcadores de resultativo e posteriormente se generalizam como marcadores de perfectivo ou de passado (*generalização*);
- o numeral para "um" se torna a expressão do artigo indefinido (*recrutamento*).

Diante dessas possibilidades, há uma série de questões correlacionadas que podem ser colocadas, cujas respostas estariam também no âmbito da Semântica Formal, e mobilizariam seus conceitos (cf. Deo, 2014: 395). Essas questões detalham o processo de gramaticalização e o aproximam do arcabouço conceitual da Semântica Formal, ao focarem em relações estruturais e de significado:

1. qual é o conteúdo semântico das expressões que servem de *input* e/ou *output* em um processo de gramaticalização?;
2. quais são as relações de significado entre essas expressões tais que um caminho ou trajetória de gramaticalização pode existir entre elas? Poderíamos aqui, por exemplo, investigar a existência de nexos de significado como acarretamento, pressuposição e outros entre as expressões que estão num mesmo trajeto de gramaticalização;
3. quais são as condições necessárias e suficientes para que um material lexical se transforme em material funcional?;
4. quais fatores gramaticais e de uso estão envolvidos na redistribuição de material funcional?;
5. quais as condições para a perda de uma distinção gramatical? Ela é sempre resultado de generalização?;

A sistematicidade das mudanças semânticas, sua recorrência em diferentes línguas e seu movimento no espaço de possibilidades de mudança evidenciam que há um componente estrutural em jogo, ou seja, há relações estruturais entre os itens que participam de uma trajetória de gramaticalização, e tais relações podem ser de ao menos três tipos:

a. reanálise via inferência pragmática;
b. generalização por meio de relações de acarretamento;
c. enfraquecimento devido ao uso inflacionário.

A ideia é que esses mecanismos permitem responder às perguntas colocadas anteriormente e evidenciam relações semântico-pragmáticas responsáveis por uma dada mudança.[5] Na sequência, veremos com mais cuidado cada um desses mecanismos que relacionam estruturalmente os componentes de uma gramaticalização – podemos chamar esta faceta da mudança semântica de estrutural.

Contudo, é importante nos voltarmos também para um outro elemento fundamental da mudança semântica, que podemos chamar de dinâmico, e que tem a ver justamente com a emergência e fixação de significados convencionalizados. Se o lado estrutural responde por questões ligadas às relações entre as peças de uma estrutura linguística, mediadas por nexos semânticos e pragmáticos, o lado dinâmico responde pelas interações entre falantes e suas características permitindo que um (novo) significado convencionalizado possa surgir e se fixar. Esse tópico, que já foi alvo de especulações e reflexões entre linguistas, recebe recentemente um tratamento mais formalizado, baseado em ideias sobre psicologia cognitiva e comportamento ancoradas na teoria da optimalidade e na teoria dos jogos; discorremos sobre ele na seção "O componente dinâmico da mudança semântica" deste capítulo.

MECANISMOS DE MUDANÇA

Na tradição em gramaticalização, é comum pensarmos em conceitos como *bleaching*, reanálise, generalização, analogia, repetição (e, consequentemente, enfraquecimento de uma dada palavra ou construção). Traugott (2011), por exemplo, apresenta os conceitos de reanálise, analogia/extensão e repetição/aumento de frequência ao considerar as relações entre a teoria de gramaticalização e mecanismos de mudança. A seguir, ilustraremos de que modo esses conceitos e as ideias por trás deles vêm ganhando contornos formais que permitem um melhor entendimento das restrições e relações estruturais envolvidas na mudança semântica. Comecemos pela interpretação do mecanismo da reanálise oferecida por Eckardt (2006).

Mudança semântica: reanálise

Eckardt (2006), como dissemos, é a primeira monografia em Semântica e Pragmática formais dedicada ao fenômeno da mudança semântica. O mecanismo utilizado pela autora para lidar com seus dados é a reanálise, que, segundo sua argumentação, aliada a alguns conceitos fundamentais da Semântica Formal, notadamente a composicionalidade, explicaria como se dá uma mudança de significado.[6]

A definição de reanálise que interessa neste trabalho é muito próxima daquela que foi proposta por Langacker (1977: 58, tradução nossa), "mudança na estrutura de uma expressão ou classe de expressões que não envolve nenhuma modificação imediata ou intrínseca de sua estrutura de superfície". Em outras palavras, um determinado item ou estrutura passa a ter uma interpretação diferente daquela que sempre foi usual para ele sem ter, com isso, mudado sua forma superficial. Como saber de que modo a mudança de significado é possível sem haver indicação formal/superficial para tanto? A resposta para essa questão reside na consideração do segundo conceito mencionado anteriormente, o de composicionalidade. O princípio da composicionalidade é uma das ideias mais importantes da Semântica Formal; em uma de suas formulações mais famosas ele diz:

A) *O significado do* ***todo*** *depende de modo previsível do significado das* ***partes*** *e do* ***modo pelo qual elas estão combinadas***.

No âmbito da Semântica Formal das línguas naturais, esse princípio resume uma série de teses, algumas mais outras menos óbvias. O "todo" a que se refere a formulação em (A) é qualquer expressão linguística não "atômica", como uma sentença, um predicado ou mesmo uma palavra formada por mais de um morfema (como ***com-eu***, em que temos ***com-*** como informação lexical e ***-eu*** como informação gramatical). As "partes" são então aquilo que pode ser colocado junto de modo a formar um todo gramatical; e "o modo pelo qual elas estão combinadas", *grosso modo*, remete à sintaxe e à morfossintaxe de uma dada língua. Por exemplo, os itens *João*, *ama* e *Maria* podem ser colocados juntos para formar um todo de duas maneiras diferentes em português: *João ama Maria* e

Maria ama João (outras combinações, como *ama Maria João*, não formam um todo em português), e cada uma dessas combinações têm uma interpretação diferente, afinal, o significado do todo depende não apenas das partes, mas também da maneira pela qual estão combinadas.

Por trás do princípio da composicionalidade, em outras palavras, encontramos a ideia de que há unidades mínimas e regras de composição/combinação entre essas unidades que podem levar a partes maiores, estruturadas de acordo com (i) as unidades e (ii) as regras de combinação usadas. Por isso, se soubermos, por exemplo, qual é o todo e qual é o valor das partes, mas não soubermos o valor de apenas uma parte, podemos "calculá-lo" de modo dedutivo – essa característica dá um poder heurístico enorme ao princípio da composicionalidade tal como foi expresso em (A).

Esse grande poder heurístico pode ser ilustrado se pensarmos que funciona na língua um análogo da solução algébrica de equações, como no exemplo a seguir, supondo que é necessário calcular o valor de um dos elementos, indicado com um 'x':

(1) $4 + x = 10$

Sabendo (i) o que significam os elementos '4', '+', '=', '10', (ii) que 'x' "guarda o lugar" de algo que não está lá e que queremos descobrir, e (iii) conhecendo as regras da álgebra, podemos calcular que o único termo que pode ocupar o lugar de 'x' é '6' (ou ainda composições que, respeitando as regras da aritmética, resultam em '6', como '3+3', '5+1', '10 – 4' etc.).

Do mesmo modo, dispondo das unidades básicas da língua e de suas regras de combinação (sua sintaxe), podemos "calcular" as peças que faltam numa dada construção linguística, quando for o caso. Lembrando que reanálise estrutural se refere ao processo no qual um determinado item linguístico muda sua estrutura e interpretação sem mudar, em princípio, sua forma superficial, constamos que tal mudança é, portanto, simultaneamente sintática e semântica, e, assim, quando há reanálise desse tipo, há mudança semântica.[7]

Em termos abstratos, a ideia é que um dado item α tenha uma certa forma X e uma interpretação estabelecida estável na língua, que podemos indicar usando a expressão [[α]]; a reanálise estrutural acontece quando esse item α, que ainda tem a forma X, passa a ter a intepretação [[α']].

Para que reconheçamos que um dado item α teve sua interpretação alterada, é preciso que esse item apareça em algum contexto em que [[α]] não funciona ou gera uma interpretação desviante (ou desviante demais) e a única saída é reinterpretar α como [[α']]. Dito de outro modo, a ideia é que um falante produza a sentença S, que contém o item α, cuja interpretação (antiga/ordinária) [[α]] não esteja disponível, ou torne a sentença S incompreensível ou anômala quando interpretada como [[S]]. O ouvinte sabe que S é uma sentença de sua língua, porém, para tanto, o item α não pode ser interpretado como [[α]], mas sim como [[α']].

É importante notar que o que muda não é a forma, mas sim a interpretação de α. Como muda a interpretação de um item, muda também a interpretação da sentença, e assim teremos [[S']] e não [[S]] (mais uma vez, a forma superficial não muda, por isso temos S nos dois casos). Mas como saber que devemos interpretar α como [[α']]? A resposta está na composicionalidade.

Generalizando, podemos imaginar a sentença problemática S como se fosse uma equação a ser resolvida – de fato, num certo sentido, segundo a teoria proposta, trata-se de um tipo de equação –, e o que precisamos saber é quais são as peças em jogo e quais são os seus encaixes para podermos dizer que S é uma sentença; fundamentalmente, [[S]] tem que ser o resultado aceitável na língua em questão da combinação das peças. Se, no exemplo do item com uso desviante, considerarmos as peças com suas interpretações usuais, chegaremos em [[S]], o que não pode ser; garantindo que estamos diante de uma sentença em S, a única maneira de lidar com tal situação é interpretar S como [[S']], e, para tanto, um ou mais itens devem ter sua interpretação alterada – em nosso, exemplo consideramos α como o item que terá uma interpretação alterada.[8]

Temos, então, dois ingredientes necessários para explicar a mudança semântica: a reanálise estrutural, que é mudança da/na intepretação de um item sem alteração (imediata) em sua forma, e a composicionalidade, que garante aos falantes um espaço de manobra para interpretar diferentemente um dado item, garantindo que o resultado final da sequência de itens (i.e., palavras) disponíveis será uma sentença.

O que levaria um falante a buscar uma interpretação alternativa para um dado item, via reanálise estrutural? A resposta deve ser buscada numa teoria da conversação, pois a reanálise tal como está sendo tratada aqui acontece em interações conversacionais; uma alternativa seria a teoria pragmática griceana, que tem como mais forte pilar o Princípio da Cooperação:

> Faça sua contribuição conversacional tal como é requerida, no momento em que ocorre, pelo propósito ou direção do intercâmbio conversacional em que você está engajado. Pode-se denominar este princípio de PRINCÍPIO DE COOPERAÇÃO. (Grice, 1982 [1975]: 86)

Partindo da ideia de que os falantes engajados numa conversação obedecem, ainda que inconscientemente, a tal princípio, podemos aplicar os raciocínios e inferências que embasam as implicaturas conversacionais. Esses princípios garantem, por exemplo, que os agentes que participam de uma conversação são racionais e que cooperam uns com os outros durante uma conversação.

Tal constatação levaria os participantes de uma conversa a usarem o mesmo código comunicativo da mesma forma, ou seja, lançando mão das convenções de significado atuantes. Note que esse fato entra em conflito com a mudança semântica descrita anteriormente: por que um falante que obedece ao princípio da cooperação usaria uma sentença S que tem uma interpretação desviante? Ao fazer isso, ele força o seu ouvinte a ter que interpretar S não como [[S]], mas sim como [[S']], e isso certamente é mais trabalhoso ou mais custoso do que simplesmente interpretar a sentença S a partir do significado convencional dos itens que a compõem. Por que um falante usaria um item com uma interpretação desviante, dado que isso (i) inevitavelmente fere o princípio de cooperação griceano e (ii) força o ouvinte a reinterpretar o que ouviu?

Não há uma resposta simples para a questão sobre as razões pelas quais um falante usa uma sentença com uma interpretação desviante com relação ao usual, mas muitos pesquisadores sugerem que isso se dá porque o falante quer ser mais expressivo e veicular uma informação diferente, e, em algum sentido, mais forte em comparação ao usual.[9]

Seja como for, diante de uma sentença S que tem uma interpretação [[S']] desviante da usual [[S]], o ouvinte tem três opções:[10]

a. considerar o falante como não cooperativo;
b. reajustar suas suposições sobre o contexto;
c. reanalisar um item α presente em S, de modo que ele tenha superficialmente a mesma forma, porém uma estrutura e interpretação diferentes de [[α]].

Ao optar por (a), o ouvinte pedirá uma reformulação do que ouviu, através de formas como 'o que você disse?', ou 'não entendi; pode repetir?', ou qualquer elaboração como essas. Nesse caso, o ouvinte não adota a interpretação desviante [[S']], e procura outra formulação vinda do falante, que garanta uma interpretação não desviante; não há reanálise aqui. Vale ressaltar, novamente, que essa alternativa não é em geral a escolhida, pelo simples fato de contarmos com a cooperação do falante.

A escolha interessante está entre (b) e (c) porque, nesses dois casos, o ouvinte aceita a fala tal como a recebeu e tenta ou restaurar o significado usual com novos ajustes contextuais ((b)), ou então chegar a um novo significado ((c)), mas sem questionar o que recebeu do ouvinte (i.e., sem pedir reformulações).

A opção padrão talvez seja (b), entre outras coisas porque lançamos mão comumente de elipses e estruturas apagadas na comunicação, e recuperamos informações do contexto via diversos tipos de inferências. O que é recuperado pode estar presente fisicamente no contexto, pode ser saliente do ponto de vista informacional, ou pode ter que ser reconstruído sintática e semanticamente (como no caso das chamadas anáforas indiretas ou associativas). Contudo, há diferentes graus de "dificuldade" na recuperação de informações: ela pode se dar de forma estrutural, como, por exemplo, em anáforas sintaticamente estabelecidas (como alguns casos de uso do pronome *se*), ou através de uma dependência contextual muito forte (como é o caso de diversos usos de *isso* – imagine que um professor, ao fim da aula, diga *Tendo dito isso, vamos para o intervalo*). A ideia é que as informações a serem recuperadas podem ser fácil ou dificilmente alcançadas, e a dificuldade em recuperá-las guia o ouvinte na escolha entre (b) e (c).

Assim, quando a recuperação de informação é muito custosa, o ouvinte pode optar por (c), ou seja, tomar um item presente na sentença e atribuir a ele uma outra estrutura sintática e uma outra interpretação semântica – é nesse caso que temos uma mudança semântica. Sendo assim, o que guia a reanálise estrutural é o que podemos chamar de "sobrecarga pragmática" – se a tarefa a ser desempenhada pelo ouvinte para recuperar uma informação é trabalhosa demais,[11] ele pode – considerando cooperativo seu interlocutor – optar por atribuir uma outra estrutura para um dado item linguístico empregado pelo falante e chegar assim, via composicionalidade, a uma interpretação ou significado plausível para S, que não será mais [[S]] mas [[S']].

Em resumo, numa situação na qual a interpretação de uma sentença impõe uma carga pragmática muito alta, o ouvinte pode recorrer ao Princípio da Composicionalidade, ainda observando o Princípio da Cooperação, e optar por aplicar a um dado item ou construção uma interpretação diferente, que garantirá que o todo é interpretável; em outras palavras, o ouvinte opta por "resolver a equação" que se apresenta a ele usando a composicionalidade.

Com esse aparato, Eckardt (2006) investiga uma série de fenômenos de mudança semântica, documentados em diferentes línguas, apresentando formalmente os passos de cada etapa de reanálise até a interpretação atual. Um exemplo de resultado dessa abordagem é a análise de um fato já bastante investigado: o uso da construção '*be going to*' do inglês para expressar futuro ou aspecto prospectivo.

Sabemos que tal construção era usada inicialmente para se referir a movimentos que tinham como propósito um determinado evento a ser desempenhado pelo agente do movimento. Assim, uma sentença como (2), inicialmente, indicaria o movimento em que John está engajado para (ir) beber vinho, ao passo que sua interpretação atual é um futuro imediato simples – "John beberá/vai beber vinho". As diferentes estruturas estão indicadas em (3) e (4), o que indica a reanálise (os subscritos "PROG" e "PROSP" indicam progressivo e prospectivo (i.e., futuro), respectivamente):

(2) *John is going to drink wine.*
João está indo beber vinho.

(3) *[*$_{\text{PRES}}$ *[*$_{\text{PROG}}$ *[John goes [to drink wine*$_{VP}$*]*$_{VP}$*]]]*
[$_{\text{PRES}}$ [$_{\text{PROG}}$ [João vai (a algum lugar) [para beber vinho$_{\text{VP}}$]$_{\text{VP}}$]]]

(4) *[*$_{PRES}$ *[*$_{PROSP}$ *[John drinks wine*$_{VP}$*]]]*
[$_{\text{PRES}}$ [$_{\text{PROSP}}$ [João bebe vinho$_{\text{VP}}$]]]

O elemento que provavelmente desencadeou a reanálise foi a combinação da construção '*be going to*' com complementos que não envolviam nenhum tipo de movimento, como estativos, e assim somente a alternativa estrutural vista em (4) poderia ser o caso, como no exemplo que segue:

(5) *John is going to hate the movie.*
João vai odiar o filme.
[$_{\text{PRES}}$ [$_{\text{PROSP}}$ [John hate the movie$_{\text{VP}}$]]]

A abordagem de Eckardt (2006) dialoga com vários *insights* das teorias de gramaticalização que se debruçaram sobre fenômenos semelhantes, e tem o mérito de apresentar de forma detalhada e explícita, conforme exigido pelas teorias formais, as características necessárias e suficientes para esse tipo de mudança semântica, além dos mecanismos responsáveis para tanto. Em seu trabalho, não há a necessidade de manobras *ad hoc* – o que vemos é o uso de ferramentas já conhecidas, e independentemente motivadas, aplicadas a um outro domínio.

Para casos da história do português, podemos citar dois exemplos dentre inúmeros. O primeiro deles tem a ver com a formação do futuro sintético do português (e das demais línguas românicas), que teve início no latim vulgar. Uma forma como *dicere habeo* ("dizer hei") veiculava inicialmente um significado modal de obrigação, orientado para o futuro. Quando o molde "INF + habere" foi aplicado a verbos psicológicos não agentivos, como em *amare habeo* ("amar hei"), o significado de obrigação ficou em segundo plano e o de futuro tomou a frente; esse processo se generalizou, juntamente com a fixação sintática e a perda de material sonoro, de modo que o verbo *habere* foi reinterpretado como um sufixo (i.e., um morfema verbal) que indica futuro, chegando-se assim a formas como 'amar<u>ei</u>', 'arrumar<u>ei</u>' etc.[12]

Outro exemplo, explorado a fundo por Castilho (2013), é a formação do progressivo em português com a estrutura "estar GER", como em *estar fazendo, estar pensando* etc. Num primeiro momento, essa construção veiculou a ideia de que a pessoa estava parada, em pé (esse é o significado original do verbo lat. *stare* > port. *estar*). Num segundo momento, associa-se a essa forma um gerúndio que indica a atitude da pessoa que está em pé (ou seja, estar em pé (porque está) fazendo alguma coisa). Finalmente, num terceiro momento, a ideia de estar em pé se perde e a construção "estar GER" ganha a função de veicular uma atitude ou ação em curso.

A reanálise parece uma maneira comum de recrutamento, ou seja, trata-se de um processo no qual participam itens lexicais que, ao mudar de estrutura, passam a expressar nuances gramaticais particulares. Na próxima seção, vemos outro tipo de mudança semântica que pode ser explicada por meio de ferramentas formais – a generalização ou *bleaching* (ou apagamento).

Mecanismos de mudança: generalização

Uma das ideias centrais, e talvez mais antigas, da teoria da gramaticalização é o apagamento ou enfraquecimento semântico, chamado também de "*bleaching*". Trata-se da perda de parte do conteúdo semântico (lexical) de um dado item, que passa a desempenhar um papel mais gramatical (funcional). Em trabalhos recentes, Condoravid e Deo (2014) e Deo (2015a; b) propuseram uma abordagem formal para essas noções, com base na análise de dois fenômenos pertencentes ao domínio verbal:

i. a passagem resultativo → perfeito → perfectivo, que ocorre quando uma marcação formal de resultativo passa a marcar perfeito e depois perfectivo; e
ii. a passagem progressivo → imperfectivo.

Em seus trabalhos, as autoras ilustram essas trajetórias de gramaticalização com exemplos de línguas indo-arianas,[13] mas as mesmas trajetórias ocorrem também em línguas pertencentes a outras famílias.

Condoravid e Deo (2014) propõem um quadro, reproduzido aqui de forma adaptada a seguir, que traça a trajetória resultativo → perfeito → perfectivo pelo qual passou do morfema '*-ta*' em línguas indo-arianas (os estágios I, II e III referem-se à passagem do tempo):

Tabela 1 – Trajetória do morfema *-ta* em línguas indo-arianas

Interpretações	Resultativo	Perfeito	Perfectivo
	Estágio I	Estágio II	Estágio III
Perfeito resultativo	ok	ok	ok
Perfeito existencial	Ø	ok	ok
Perfeito universal	Ø	ok	ok
Eventivo/passado	Ø	Ø	ok

Mudanças semelhantes são atestadas, segundo Deo (2015a; b), para a trajetória progressivo → imperfectivo.

O que estaria por trás desses fenômenos, bem como das demais trajetórias de gramaticalização? Segundo as autoras, trata-se, na verdade, de um tipo particular de acarretamento – o acarretamento assimétrico.

O acarretamento, simbolizado por "(→A)" ou mais precisamente por "A →A B", é uma relação semântica que vale entre duas sentenças A e B se e somente se quando A é verdadeira B também é; dito de outra forma, as condições de verdade de B são um subconjunto das condições de verdade de A. A relação de acarretamento pode envolver diferentes tipos de estrutura e é um dos principais fenômenos estudados pelos semanticistas; a seguir ilustramos algumas situações em que há acarretamento:

(6) *João tem uma camisa azul.*
João tem uma camisa.

(7) *Está nevando.*
Está frio.[14]

(8) *João está vivo.*
João está respirando.

(9) *João é mais alto que Pedro.*
Pedro é mais baixo que João.

Há duas situações em particular que nos interessam aqui: (i) quando A acarreta B e B acarreta A, e (ii) quando A acarreta B e B não acarreta A. Por exemplo, *Se João está respirando, João está vivo*, e *Se João está vivo, ele está respirando* ilustra a situação (i). Por outro lado, *Se está nevando, está frio*, mas *Se está frio não necessariamente está nevando* – isso ilustra a situação (ii), de acarretamento assimétrico.

As trajetórias descritas na Tabela 1 são justamente casos de acarretamento assimétrico dado que um evento resultativo é perfeito e perfectivo, mas um evento perfeito não é necessariamente resultativo; do mesmo modo, um evento progressivo é necessariamente imperfectivo, mas um evento imperfectivo não é necessariamente progressivo. Ou seja, conforme "caminhamos" na trajetória de gramaticalização partimos de uma noção semântica mais específica para noções semânticas menos específicas, e por isso mesmo mais gerais. De acordo com essa descrição, a ideia de apagamento ou enfraquecimento semântico reside justamente no fato de que nas trajetórias que exemplificam essas noções há uma relação estrutural abstrata sempre presente, o acarretamento assimétrico.[15]

Tal proposta de análise, que é bastante recente, tem o mérito de apresentar em termos formais uma das principais noções mobilizadas pelas teorias de gramaticalização e, se correta, de servir como um teste, ou seja: caso estejamos diante de um suposto caso de trajetória de gramaticalização gerada por enfraquecimento, podemos avaliá-la por meio de um teste de acarretamento. Essa seria uma interessante contribuição da reflexão formal para os estudos sobre mudança linguística. Passemos a um último caso na próxima seção.

Mecanismos de mudança: uso inflacionário

O último caso que trataremos aqui para ilustrar como o aparato da Semântica Formal pode ser usado para lidar com casos de mudança semântica é também bastante conhecido na literatura e dá conta de diversos tipos de mudança – são os chamados usos inflacionários de itens ou construções linguísticas.

As mudanças semânticas provocadas por "uso inflacionário" afetam principalmente itens ou construções que carregam pressuposições ou restrições contextuais. Quando esses itens ou construções passam a ser usados em contextos nos quais essas condições não são atendidas, eles sofrem um enfraquecimento ou perda de especificidade, e seu significado se torna mais vago.

Dahl (2001) nota que esse processo envolve, entre outros itens e estruturas linguísticas:

→ itens lexicais que expressam valores mais fortes e que passam a ser usados em mais contextos;

→ expressões de surpresa que passam a ser usadas sem esse elemento;

→ expressões que carregam uma informação irrelevante no contexto ou uma pressuposição não satisfeita e são usados de modo geral.

Como podemos ver, em todos os exemplos algo que é mais específico ou mais restritivo acaba sendo usado sem o devido atendimento de sua restrição ou especificidade. Assim, em resumo, a ideia é que um item mais forte usado em situações nas quais outro item (mais fraco) caberia leva esse item mais forte a um desgaste (ele perde valor – daí a ideia de inflação).

Esse "gasto" causado pelo uso inflacionário é facilmente visto quando analisamos itens expressivos, cujo papel principal é intensificar uma avaliação ou emoção – quanto mais usado é um dado item, mais fraco ele vai ficando, ao ponto de ser necessária sua substituição por um outro item, provavelmente novo, que veicule, juntamente com a intensificação, um elemento de surpresa causado pela baixa frequência de uso desse (novo) item. Tomemos como exemplo esta sequência:

legal < bem legal < muito legal < legal pacas < legal pra caralho < legal bagarai

-FORTE *+FORTE*

Ela ilustra o fato de termos que trocar de tempos em tempos os modos de dar ênfase às nossas emoções e avaliações.[16]

Kiparsky e Condoravdi (2006) argumentam que esse mesmo processo acontece também com categorias funcionais e usam a diacronia da negação do grego como exemplo. Mostram que o que antes era uma negação enfática passa a ser uma negação simples; vejamos como isso se encaixa no mecanismo "inflacionário" de mudança.

Em primeiro lugar, notamos que a negação enfática é mais especializada e carrega mais informação do que a negação simples, impondo portanto mais restrições e aparecendo em contextos mais específicos. Além disso, a negação enfática:

→ indica contradição de um conteúdo assertado

(10) *João comeu todos os bombons, né? – Não, ele não comeu nada!*

→ nega uma suposição

(11) *Quanto ficou a consulta? – Não me custou nada.*

→ amplia o domínio do discurso sob o escopo da negação

(12) *Você viu o guarda? – Não vi coisa nenhuma.*

A ideia é que o uso "indiscriminado" dessa negação especializada ao longo da história teve o efeito inflacionário de transformá-la numa negação simples – usar seguidamente essa negação, provavelmente com a intenção de dar ênfase ou chamar a atenção, teve o efeito de fazê-la aparecer em mais contextos do que seria esperado, e assim, por ser tão usada, suas características específicas desaparecem. Nos estudos de gramaticalização, o exemplo clássico e o caso mais estudado desse tipo de mudança é a formação da negação francesa com "*ne* V *pas*" – essa forma nasce como uma negação enfática, escalar[17] pela qual se nega a realização mínima de algo; ora, se o mínimo não se realizou, nada se realizou. Com o uso "indiscriminado" (ou seja, em vários tipos de contexto) dessa negação, ela se inflacionou e passou a significar uma negação simples, usada de modo convencional e padrão na língua.

Nesse tipo de mudança, as ferramentas da Semântica Formal podem ajudar a individualizar os contextos que as construções ou itens mais especializados demandam, bem como suas pressuposições e restrições contextuais.

A passagem a seguir é sobre questões ligadas ao componente dinâmico da mudança semântica.

O COMPONENTE DINÂMICO DA MUDANÇA SEMÂNTICA

O que vimos até agora responde pelo que podemos chamar de "componente estrutural" das mudanças semânticas, ou seja, as relações e restrições lógicas e estruturais entre elementos significativos envolvidos em/afetados por uma dada mudança. Argumentamos, nesse domínio, que noções e mecanismos semântico-pragmáticos podem ser usados para dar uma nova roupagem, agora formal, a conceitos estudados pela teoria da gramaticalização e também lançar um novo entendimento sobre como se dão essas mudanças, possibilitando, no limite, fazer previsões sobre mudanças possíveis.

Uma outra questão, igualmente importante, mas diferente, é saber como uma dada mudança se espalha numa comunidade de falantes. Em outras palavras, entender como uma estratégia empregada numa conversação específica – na qual falante e ouvinte decidem, com base em princípios pragmáticos, quais significados atribuir a sequências linguísticas – é generalizada para toda uma comunidade, culminando, assim, numa mudança semântica da língua.

O questionamento sobre como uma mudança linguística pode alcançar toda uma comunidade já é bastante antigo, e ganha atualmente explicações com base em teorias inspiradas na Biologia evolucionista, na teoria de jogos e em modelos computacionais iterativos. Basicamente, há duas questões em jogo aqui: (i) entender a escolha que um par falante-ouvinte faz por uma certa forma com uma certa interpretação (uma questão em que já tocamos quando tratamos de reanálise, na seção "Mudança semântica: reanálise"), e (ii) entender os meios pelos quais uma dada estratégia de resolução forma-significado é difundida pela comunidade de falantes.

Com relação ao primeiro problema, sua solução envolve raciocínios pragmáticos ligados à escolha de uma alternativa que tenha um balanço optimal entre forma e significado. O exemplo mais estudado desse tipo de raciocínio é o que Horn (1984) chamou de divisão do trabalho pragmático: formas não marcadas tendem a ser usadas para situações não marcadas, mais comuns, e formas marcadas tendem a ser usadas para situações marcadas, menos comuns. Essa ideia equilibra dois princípios interacionais: (a) a economia do falante, cuja tendência é por formas econômicas (= dizer o menos possível com a maior eficácia), e (b) a economia do ouvinte, que leva sempre a interpretações não ambíguas e a um mapeamento isomórfico entre forma e significado. Esses dois princípios guiam a conversação de modo a, idealmente, não haver formas que sejam perfeitamente sinônimas.[18]

Podemos ilustrar essa situação com um exemplo relativamente recente do português brasileiro. Tomemos as sentenças a seguir (baseadas em Possenti, 2008):

(13) *Vamos providenciar seu cartão para amanhã.*

(14) *Vamos estar providenciando seu cartão para amanhã.*

Deixando de lado as várias considerações equivocadas e preconceituosas sobre essas formas, os falantes de português sabem que elas não são equivalentes, e sabem que a forma em (14), mais extensa e, nesse caso, marcada, traz comprometimentos que não encontramos em (13), ou seja, o falante de (14) veicula uma situação marcada – porque quer deixar claro um maior comprometimento de sua parte, porque quer salientar a urgência do que promete, porque dá maior ênfase à duração do processo, que não será imediato, ou qualquer outra razão.

Num cenário de mudança semântica, o raciocínio de otimização das relações forma-significado nas línguas pode desencadear o processo que, diacronicamente, desencadeará o emprego de formas disponíveis na língua para a expressão de distinções gramaticais. Assim, podemos generalizar que (i) sempre que um ouvinte receber (14) saberá que se trata de uma situação atípica (em algum sentido), e (ii) o tipo de marcação situacional envolvido no uso de (14) se convencionará em alguma das opões aventadas anteriormente. A próxima tarefa é investigar como se dá a generalização desse mecanismo para toda uma comunidade – que é o segundo problema mencionado anteriormente.

Talvez a formulação mais desenvolvida para resolver essa questão seja aquela baseada na junção entre pragmática e teoria dos jogos. De acordo com essa proposta, a propagação de uma estratégia de solução para um par forma-significado a toda uma comunidade se dá através de imitação ou algum outro tipo de comportamento adaptativo. Fundamentalmente, essa propagação não é um mecanismo baseado em resoluções racionais pontuais, mas sim no comportamento dos agentes que pertencem à comunidade de falantes. Como qualquer estratégia de escolha entre um par forma-significado envolve perdas e ganhos, que são, na metáfora biológica, associadas à adaptação e suas vantagens, a tarefa dessas teorias é prever qual estratégia melhor se adequa ao comportamento dos agentes da comunidade de fala. É então essa estratégia que será imitada e reiterada, de modo a se tornar a regra ou norma naquela comunidade.

O desenho completo de uma teoria de mudança semântica, como adiantamos no início deste capítulo, deverá ajustar contas com as restrições estruturais, por um lado, e, por outro, com uma explicação da propagação de escolhas entre pares forma-significado adequada ao comportamento dos agentes envolvidos.

CONSIDERAÇÕES FINAIS

A mudança linguística é um dos primeiros fenômenos a chamar a atenção quando pensamos nas línguas naturais e foi um dos primeiros temas a serem tratados sistematicamente pelos linguistas e seus antepassados. De fato, muitos avanços foram feitos na compreensão de como e por que as línguas mudam, mas há ainda alguns tipos de mudança linguística que ganharam menos atenção do que outros e do que seria desejável, como a mudança semântica. A mudança do significado de um item ou de uma construção linguística é vista, em geral, como uma parte de outros tipos de mudança no quadro da teoria da gramaticalização. Apenas recentemente, a mudança semântica foi alvo de teorias ancoradas na perspectiva formal de análise de fenômenos linguísticos. Com esse novo olhar, argumentamos ser possível desvendar restrições e padrões estruturais detectados nas mudanças semânticas, bem como fazer previsões sobre como essas mudanças irão ocorrer. Há ainda muitas questões que precisam ser mais bem desenvolvidos e ampliadas, mas trata-se sem dúvida de um campo interessante e com o qual podemos aprender muito sobre o funcionamento das línguas naturais em sua dinâmica de mudança.

NOTAS

1 Um excelente exemplo recente desse tipo de trabalho pode ser encontrado em Camacho (2011).

2 Importantes resultados dessas pesquisas, com foco particular em mudança semântica, podem ser encontrados em Traugott e Dasher (2002).

3 O adjetivo "obrigatório" aqui ecoa a noção "boasiana" de que as línguas diferem não no que podem expressar, pois todas podem expressar, em princípio, o que o falante precisar, mas sim diferem naquilo que obrigatoriamente expressam. Para ilustrar, tomemos as sentenças do inglês e do português:
(a) I saw a friend.
(b) Eu vi um/a amigo/a.
O gênero em inglês não é obrigatório, no sentido aqui usado, para construções como a que aparece na sentença (a), mas é obrigatório em português, e seus falantes devem escolher uma das opções dadas em (b) para falar o que o inglês veicula com (a); por sua vez, falantes de inglês podem optar por marcar, com outros recursos, o gênero quando julgam necessário. Assim, ao falarmos de mudança semântica, estamos interessados em distinções gramaticais que passam a ser ou deixam de ser obrigatórias no sentido explicitado aqui.

4 Nesse caso, consideramos a mudança *na expressão formal* de uma distinção gramatical já presente numa dada língua.

5 Muitas vezes, num mesmo processo de gramaticalização, mais de um desses mecanismos é acionado. Contudo, de um ponto de visto analítico e por suas características, é interessante individualizá-los, explicitando suas propriedades e funcionamentos.

6 É importante notar que Eckardt (2006) defende que sua teoria de mudança semântica, via reanálise e composicionalidade, não deve ser entendida como lidando com todo e qualquer tipo de mudança semântica. Trata-se, na verdade, de uma estratégia de explicação que lida com diversos tipos de mudança que foram já investigadas pela gramaticalização e que ganham uma explicação numa teoria formal, que faz novas previsões e têm bases heurísticas diferentes. Assim sendo, não se espera que todas as mudanças de significado se deem via reanálise, mas somente que esse mecanismo é, de fato, uma ferramenta interessante para entender a mudança semântica.

7 A reanálise pode vir a ser a norma, difundir-se e assim provocar uma gramaticalização; mais sobre isso na seção "O componente dinâmico da mudança semântica" deste texto.

8 Uma estratégia semelhante acontece quando lidamos, por exemplo, com certos tipos de sentenças ambíguas, para as quais há pelo menos dois tipos de encaixe. Considere o exemplo:
(a) O pecuarista foi convocado a depor sobre o roubo de milhões em carne e osso.
Nesse caso, 'carne e osso' pode ser o que foi roubado, 'carne e osso' pode ser uma expressão que deixa claro que foi o próprio pecuarista quem efetuou os roubos (mas não sabemos o que foi roubado), ou 'carne e osso' pode se referir ao fato de que ele foi convocado a estar pessoalmente presente (em carne e osso) no ocasião de seu depoimento (e não à distância, por exemplo). Cada uma das interpretações mobiliza diferentes elementos e as relações entre eles, de modo que o ouvinte, numa dada situação, deve decidir como "fechar a conta". Agradeço ao prof. Rodolfo Ilari pelo exemplo.

[9] Deutscher (2005) apresenta uma elaborada defesa da "expressividade", entendida com o uso de um termo "desviante" ou com interpretação desviante, para dar ênfase a um sentido específico, chamar a atenção do ouvinte, causar espanto, entre outras possibilidades, e de como esse recurso pode estar por trás de mudanças de significado.

[10] Podemos também considerar a situação em que o ouvinte espera o desenrolar da conversa para tomar a decisão sobre uma dessas alternativas. Ele pode, por exemplo, considerar o falante não cooperativo e esperar o próximo turno conversacional para ajustar as interpretações relevantes, optando por considerar o falante de fato não cooperativo, ou mudar a interpretação de um dado item. Seja como for, a estratégia conversacional seguirá as linhas desenhadas aqui.

[11] Certamente é necessário descrever com mais cuidado o que vem a ser essa sobrecarga pragmática. Como o objetivo deste texto é tão somente apresentar os contornos de uma teoria formal sobre mudança semântica, basta somente o entendimento intuitivo de tal processo, ou seja, o fato de que o ajuste do conhecimento de mundo e de informações do contexto pode ser complexo demais diante da opção de reinterpretar (i.e. reanalisar estruturalmente) um dado item e assim garantir a composição da sentença em análise. Futuras pesquisas devem, contudo, especificar e detalhar esse processo.

[12] Para efeitos de comparação, podemos tomar a estrutura "ter que INF", que no português brasileiro atual veicula o significado de obrigação (é um modal de necessidade); tal estrutura, por ainda guardar fortemente o significado de obrigação, não se combina com verbos psicológicos que não envolvem volição: ? tenho que odiar, ? tenho que ter medo, ? tenho que amar.

[13] Tronco da família indo-europeia, no qual estão línguas como hindi, gujarati, bengali, punjabi, sânscrito,etc., faladas principalmente no subcontinente indiano.

[14] Entendendo-se que zero graus, ou menos, é considerado frio.

[15] Em outras palavras, o que é chamado de "*bleaching*", nas teorias de gramaticalização, pode ser caracterizado como uma perda de conteúdo lexical em direção a um conteúdo mais gramatical.

[16] Um exemplo interessante que talvez se enquadre aqui seja a formação de 'mesmo' e seus equivalentes nas línguas românicas. Em resumo, as etapas seriam:
ø > Ego ('eu') > Egomet ('met' é uma expressão de reforço) > Egomet+ipse ('ipse' um indefinido que também funciona como um reforço) > (Ego) metipse > Metipse > Metipsissimus (superlativo de 'met+ipse', aumentando o reforço) > Metipsimus > Medesmo > Meesmo > Mesmo.
A partir da forma "Metipsissimus", mecanismos de evolução fonética que ocorreram na passagem do latim vulgar para o português se encarregam de derivar a forma "mesmo". Os reforços todos são para garantir a interpretação, nesse caso, de algo como 'eu mesmo', 'eu próprio'.

[17] Sobre isso, podemos citar a análise de Ducrot (1972).

[18] A ideia de que mudança linguística se dá nessa espécie de equilíbrio pode já ser encontrada nos trabalhos de Paul (1888), e é também desenvolvida por Martinet (1962).

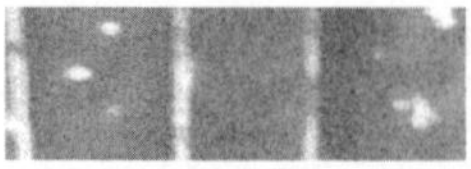

RUÍDOS SEMÂNTICOS NA LEITURA DOS TEXTOS ANTIGOS DO PHPB: RELATO DE UMA EXPERIÊNCIA PESSOAL

Rodolfo Ilari

SUMÁRIO

Neste capítulo, relato uma experiência de que ninguém falou nos demais e que consistiu (com perdão pelo jogo de palavras) num longo corpo a corpo de vários meses com excertos da documentação do assim chamado "*Corpus* do PHPB", que reúne escritos produzidos no Brasil desde o início da colonização.

Esse corpo a corpo me permitiu dimensionar meu despreparo para tratar de textos brasileiros anteriores aos séculos XIX e XX e me convenceu de que as diferenças de língua que podem ser caracterizadas como mudanças semânticas só ficam compreensíveis quando conseguimos situar adequadamente as passagens críticas nos textos em que são detectadas. É certamente uma abordagem pré-teórica, mas penso ter aprendido muito com ela. Daí a decisão de utilizar este capítulo para transmitir as impressões até certo ponto ingênuas que qualquer pessoa despreparada poderia ter colhido (e que os outros colaboradores deste volume já ultrapassaram). Mas de que materiais estamos falando, afinal?

Neste capítulo, comento dois tipos de leituras: testamentos e matérias de jornais.

OS TESTAMENTOS

Os testamentos que comento aqui foram escritos entre 1757 e 1941. Sujeitos em princípio a pouca variação quanto ao "assunto", eu esperava que os testamentos seriam parecidos entre si e pouco interessantes, mas não foi o caso.

Há em todo testamento pelo menos duas vozes: a do indivíduo que exprime suas últimas vontades e a do funcionário que redige a partir dessa manifestação de vontades um documento capaz de ter valor legal no futuro. Mas, além disso, muitos "testadores", ou por serem analfabetos ou por estarem fisicamente impossibilitados de escrever, ditavam num primeiro momento suas vontades a uma pessoa de sua confiança que tinha domínio da escrita, o que acrescentava ao texto que chegou até nós uma terceira voz.

(1) *...e por eu não saber ler nem escrever pedi a Paulo Coelho que este por mim escrevesse...* [Testamento de Joana da Rocha, Natal, 1768]

(2) *...assino o presente testamento, para que tenha o valôr permitido em Direito, como si por mim próprio fôra todo ele escrito, o que não me é possível fazer, em vista do meu estado de doença. (a) Marquilina Tavares da Silva.* [Natal, 1941. Transcr. Alessandra Castilho]

A esses redatores "intermediários" cabia transformar as manifestações informais dos "testadores" em escritos com características próximas das que apresentaria depois o texto legal. Nesse processo, o linguajar próprio dos cartórios mistura-se à fala corrente do tempo desfigurando-a e, infelizmente para nós, tornando-a até certo ponto irrecuperável. Acrescentemos que, depois de completo, o testamento ainda precisaria ser aprovado pelas autoridades civis e religiosas e que sua abertura depois da morte do interessado (que era realmente uma *abertura*, já que exigia a violação dos pingos de lacre e da linha de algodão com que havia sido literalmente costurado), podia resultar num novo documento em que as disposições escritas originalmente em primeira pessoa eram retomadas no discurso indireto ou eram parafraseadas pelo escrivão:

(3) *e por estas a Sua vontade na forma que mandara escrever queria Secum-proce como nelle secontinha, e não outro algum que antes deste tenha feyto por que todos revogava e [ininteligível] revogado, e de nem hu vigor, e pedia, e requeria das justisaz deSua Magestade e Fidelissima que deoz guarde Secularez e Eclesiazticaz lhe cumpraõ, eguardem este dito seo testamento...* [Testamento do Capitão Pedro Tavares Romeiro, Natal, 1777]

Mas a variação dos testamentos antigos tem ainda outra origem: o testador precisaria dar conta por escrito de várias exigências hoje abandonadas: a) declarar que estava em plena posse de suas faculdades mentais; b) identificar-se, fornecendo nome, filiação, cidade de origem e data de nascimento real ou presumida; c) identificar os bens que pretendia legar – geralmente imóveis, mas eventualmente objetos de valor ou de estimação, por exemplo roupas –; d) indicar os herdeiros, que não eram necessariamente os filhos ou a esposa, porque os bens descritos no testamento iam com frequência para alguma irmandade ou "companhia" religiosa; e) apontar os "testamenteiros", isto é, os indivíduos que ficavam encarregados de executar de maneira exata as vontades do "testador" depois da morte deste; f) revogar quaisquer manifestações anteriores de última vontade, existentes ou possíveis. Mas isso ainda não é tudo.

Os testamentos antigos não tratam apenas de heranças e herdeiros; são também um acerto de contas da alma com Deus, motivo pelo qual começam geralmente por solenes manifestações de religiosidade (que visam a garantir um bom acolhimento do finado no além), e se prolongam na promessa de mandar realizar após a morte sequências de cerimônias religiosas. Das cinco laudas que compõem o testamento do capitão de infantaria Pedro Tavares Romeiro, falecido em Natal em 1767, a primeira é usada integralmente para colocar o próprio testamento (e, claro, seu autor) sob o patrocínio da Santíssima Trindade, invocar a misericórdia divina e a intervenção de Nossa Senhora em favor da alma e programar um verdadeiro calendário ("capela") de missas a serem celebradas com maior ou menor pompa em várias igrejas da cidade;[1] no meio disso, a indicação dos testamenteiros ocupa uma única linha:

(4) *Saybaõ quantos este instrumento virem que [...] fasso este testamento na forma seguinte [...].*
Padre Eterno pela morte e payxaõ de seo unigenito Filho a queyra receber como recebeu a Sua estando para morrer na arvore da vera Cruz e a meu Senhor JESUS *christo pesso por Suas devinas chagas que ja que nesta vida me der mercê de dar Seu precioso sangue, e merecimento de seos trabalhos, me fassa tambem merce na vida que esperamos dar o premio Delles, que e a gloria. Pesso e rogo a glorioza virgem Maria e Senhóra nossa da Aprezentação e do Rozario e a todos os Santos da Corte Celestial especialmente ao do meo nome, e Anjo*

da minha guarda: queyraõ por mim interceder, e rogar a meu Senhor JESUS *christo agora, e quando minha deste corpo sair, porque como verdadeyro christaõ prostesto de morrer e viver em a fé catolica, e crer o que tem, e cre a Santa Madre Igreja Catolica de Roma, e e nessa fé espero salvar minha alma não por meos merecimentos mas peloz da Santissima Payxaõ do unigenito filho de Deos. Rogo a minha mulher Donna Anna Ferreyra da Sylva, e a meu sobrinho o cabo de esquadra Felipe Barboza Romeyro e ao Capitaõ Joze Pedro de vasconcelos, por Serviço de nosso Senhor, e por me fazerem merce, queyraõ ser meos testamenteyros. Meu corpo Será Sepultado na Igreja Matriz de Nossa Senhora da Apresentação desta cidade em o habito do Serafico Padre Sam Francisco, e me acompanharaõ as companias de que sou Irmaõ, e as mais que houverem, como sabem o Reverendo vigário e todos os mais clerigos que Se acharem prezentes, fazendoce me officio de corpo prezente alem do da obrigaçao, e me diraõ [corroído] corpo prezente todos os Reverendos sacerdotes [corroído] -rem no dia do meu falecimento pela esmola [corroído] minha alma deyxo que meu Reverendo [corroído].*
[protesto = prometo; companhias = confrarias]

Vê-se nesses documentos que a perspectiva da morte era associada à de enterros espetaculares, o que nos sugere que a prática de declarar as últimas vontades era reservada à população abastada. Se, mudando de foco, olharmos para os testamenteiros (os encarregados da execução do testamento), verificaremos que muitos são escolhidos não por uma relação de parentesco, mas sim por sua condição social (são frequentemente padres ou militares graduados), ou pelo fato de serem "confrades" (isto é, membros de mesma confraria religiosa a que pertencia também o declarante). A propósito, acreditava-se que o fato de pertencer a uma confraria religiosa ajudava a garantir um lugar no céu. Joana da Rocha, outra personagem que aparece em nossa galeria de testadores, solicita que seu testamenteiro a inscreva, depois de morta, na Irmandade dos Santos Lugares; reserva para isso a quantia exigida como esmola, e não se acanha em explicitar que seu ingresso na dita confraria visa a conseguir no além o tratamento VIP que os filiados dessa confraria recebem por lá.

(5) *...Se me-dirâ outra Capela de Missas ao Anjo da minha goarda e ao Santo do meu nome, para que me queiraõ valer na ora daminha morte, tudo por minha alma, Sem embargo da Missa que mando aoz Santoz Lugares dezasseis mil reis, em cuja Confraria Se me- assentarâ por Irmã, porque com a dita quantia fica Resgatado os anoz, e eu gozando das grassas e sufragioz que recebem oz que Saõ Irmaõs da dita Confraria.*
[grassas = graças]

Mas os testamentos antigos trazem ainda um registro detalhado de créditos e débitos que os testamenteiros passariam a administrar. No caso do já citado capitão Romeiro, esse registro ocupa quase duas laudas e faz do testamento uma espécie de livro-caixa, aliás altamente deficitário. Note-se que este autor de um testamento marca para o pagamento de suas dívidas terrenas um prazo que vencerá depois de sua morte.

(6) *...Declaro que o Soldado de minha companhia Manoel da Rocha me resta a dever de dinheyro de imprestimo nove mil, e oito centos e quarenta reis para pagar na premeyra [mostra], como taõbem me deve o cabo de esquadra de minha companhia: Antonio de Oliveyra trez mil oito centos e quarenta reiz [athe] oje dei [tardes] que lhe mando dar no [ininteligível.] e vo[u] continuando athe a premeyra mostra. ...Declaro que devo de fazenda ao Sargento mor Francisco Machado de [O] liveyra] [Barroz] o que constar de Seu livro, como taobem ao Licenciado Manoel Pinto de [Castro] da mesma Sorte o que constar de seu livro, e a Manoel do Rego quatro pessaz de bretanha a onze patacaz cada hua nove patacaz em dinheyro e Sete mil quinhentos e vinte reiz, de que desobrigouy a Joaõ de Deos que lhos devia...*
[Um sentido possível para *esquadra* é o de "subdivisão numa companhia de infantaria"; a *bretanha* era um tipo de tela fina e

branca originária da região da França com igual nome. A *pataca* foi, até recentemente, a moeda de Macau. No Brasil, indicava uma moeda com valor de 320 réis].

Ao lermos esses documentos, damos de cara com uma sociedade diferente, cuja descrição seria uma tarefa interdisciplinar: só um trabalho conjunto de linguistas, historiadores e sociólogos tem chance de descrever os tipos humanos envolvidos (testador, testemunhas, legatários, testamenteiros...) explicitando sua condição econômica e suas relações sociais. Mas algumas tarefas indispensáveis para a leitura dos testamentos antigos exigem a competência específica do linguista, estando entre elas a de recuperar e caracterizar seu vocabulário técnico-jurídico e religioso, a de procurar entrever a fala inicial do "testador" por trás da formulação engessada do documento final; e a de ver como se realiza, nas diferentes épocas e situações em que ocorre, a conversão do discurso direto em indireto.

No que me concerne, a tentativa de responder a essas e outras questões me levou a algumas constatações pontuais, mas nem por isso desprezíveis: enquadram-se na recuperação do vocabulário, por exemplo, as definições das palavras *capela de missas* e *codicílio*, que indicavam, respectivamente, uma série programada de missas e uma declaração de últimas vontades escrita de próprio punho e não passada em cartório. Quanto às torturas pelas quais passa a língua falada ao ser convertida em texto legal, notei que, ao redigirem suas paráfrases, os escrivães de cartório se viam frequentemente obrigados mobilizar o recurso coesivo da anáfora, e o faziam usando *cujo* como um adjetivo adjunto equivalente a "e esse" (não a "e desse"). Esse uso confirma a crença corrente de que *cujo* é uma forma erudita, usada principalmente na língua escrita, mas desmente a crença de que seu uso moderno é devido a uma cruzada recente e bem-sucedida dos gramáticos e dos mestres-escola.

(7) *...Declaro que dei á defunta minha Sobrinha Joana Batista a metade da parte que me-tocou no Inventario que Se fez por morte de meu Marido a metade do Citio donde adita morava, e morreo,* ***Cujo*** *Citio erdou Seu Pai Teodozio Ferreira; o qual o poderâ Lograr Como Seu* ***que ê, e fica Sendo****. Declaro que*

> *Sou natural da Freguesia de Goianinha desta Capitanîa do Rio Grande, filha de Manuel Freitaz Moreira e de Sua mulher Margarida da Rocha de ligitimo Matrimonio já defuntoz. Declaro que fui cazada em face de Igreja com o Alferes Domingoz doz Santos já defunto, de* ***Cujo*** *Matrimonio naõ tive filhoz, e naõ tenho erdeiroz necessarioz que [ajaõ] de erdar meus beins. DeclaRO que oz beins que possuo e ficáraõ da meassaõ do Inventario que fez o Juizo de Orfaõs de meu Marido fora dos que atraz tenho disposto, [e estaõ em Ser] Saõ oz Seguintes a Saber: um pedasso de terra que ficou de fora da dispozissaõ que tenho feito do Citio da Imúna, e o que foi de Joana Batista,* ***Cujo*** *pedasso de terra Se avaliou em vinte Sinco mil milreis.*
>
> [Citio = sítio; lograr = usufruir; a fórmula jurídica *é e fica sendo (seu)* junta duas formas aspectualmente distintas do mesmo verbo *ser*. O termo jurídico *meação*, em uso até hoje, indica a parte da herança que tem que ser reservada, obrigatoriamente, para o cônjuge].

OS JORNAIS

O jornal existe até hoje, mas isso não facilita muito nossa leitura dos jornais antigos, que tinham outro contexto, outro público, funções parcialmente diferentes e, sobretudo, outra estrutura.

Os leitores que, dadas as condições de escolarização do tempo, eram principalmente homens, pertenciam à pequena faixa de alfabetizados que sempre existia nas capitais costeiras. Eram os representantes de uma sociedade agrária e patrimonialista que vivia do trabalho escravo e estava perfeitamente inserida num jogo político jogado entre a província e a corte.

Sobre os próprios jornais, importa lembrar que não havia nas províncias nem agências de notícias nem repórteres dedicados a levantar fatos ocorridos e a transformá-los em matéria para leitura (estruturas de redação embrionárias existiam somente na capital, daí o recurso, explorado pelos jornais de província, de transcrever com alguma distância de tempo as matérias dos jornais da capital).

Acima de tudo, nos jornais antigos simplesmente inexistia a divisão das matérias à qual estamos acostumados hoje em editoriais, artigos de opinião, noticiário, esporte, seções de utilidade pública e anúncios; e em qualquer jornal antigo encontramos páginas inteiras dedicadas a funções que o jornal abandonou, como o entretenimento ou a transcrição de discursos de qualquer tipo. Não é possível tratar aqui do processo histórico que levou à estrutura hoje adotada pela maioria dos jornais;[2] mas temos interesse em comentar os tipos de textos mais recorrentes nos jornais antigos e sua linguagem. É o que vou fazer a seguir, tratando (com saltos de décadas e às vezes de séculos), de noticiário, utilidades públicas e anúncios.

O noticiário

Boa parte do espaço hoje dedicado às notícias era ocupado nos jornais antigos por "cartas do leitor", que não visavam a divulgar fatos, mas constituíam, elas próprias, um fato novo. Ocasionalmente, essas cartas respondiam a outros textos publicados anteriormente na imprensa, mas o mais comum era que fosse de seus autores a iniciativa de criar um acontecimento, desancando um adversário político ou polemizando com os leitores de outros jornais.[3]

Como seria de esperar em textos escritos para provocar, o uso de uma linguagem objetiva é exceção nesse tipo de matéria; o mais comum era acusar os adversários; designando-os por expressões fortes como *traidor da pátria*, *monstro* etc., desqualificar suas opiniões como *asneiras* e rebaixar o jornal concorrente à condição de *papelucho* ou *pasquim* (um termo altamente depreciativo naqueles tempos). Exemplificando duas outras características até certo ponto então corriqueiras, a "carta do leitor" que transcrevo parcialmente em (8) é uma invectiva contra a criação do Tribunal do Júri e invoca um argumento religioso, lembrando o episódio bíblico da sedição dos anjos; traz também frases latinas que evocam polêmicas célebres (os erros de língua presentes nessas citações latinas são talvez indício da precária cultura dos articulistas, dos redatores e dos leitores, que deviam conhecer o latim apenas por oitiva). Note-se, além disso, o uso deste recurso linguístico, que faria a alegria dos fãs da "teoria da referenciação": em duas ou três passagens, um primeiro termo de xingamento é corrigido por outro, mais ofensivo, numa manobra controlada por operadores discursivos como *ou antes*, que nos permitem situar esses xingamentos numa escala de agressividade crescente (ver o comentário depois do texto).

(8) *Senhor Redactor*
Non est maior iganorantia [ilegível] sua vitia non sagnóscere – Nadamais estupido, que o homemnãoconhecerseus proprios vicios! – Apezar de serem os Anjos creaturas de Deos, as mais perfeitas, houve entre elles alguns, quepertenderão rebellar-se: masapenas conceberão tão atrós projecto, para logo forão precipitados nos Infernos. .....Comtudo, não se entenda daqui, [...] que os Imperantes podem deixar impunes as maldades, e crimes, queimperradamente estão praticando essesinfamespapeluxos, ouantespasquins, intitulados – LuzBrasileira – e VozFluminense. – Que collecção de disparates, Senhor Redactor! Queenfiada de parvoices se me appresentou no momento, emquelhe puz a vista! Oh! Deos! Que papeluxos serião estes? De queforja sahirião estas infernaes producções, quenão sendo maisque hum composto de asneiras, ellassó se encaminhão a desacreditaro que ha de maissagrado, calumniando as Authoridades, espalhando a zizania, e fomentando partidos! ...
Portanto, peloque tem dito a depravadaLuz, e peloque acaba de dizer a infameVoz, sejão immediatamente processados esses dous Judas, esses Trombetas da anarquia, cujadoutrinasó póde ser acolhida entre esses barbaros, comquem se familiarisão, e a cujaestirpe pertencem – Fugite partes Versae. – Desapparecei malditos demonios! Vossos escriptos sejão reduzidos a pó, e o vossonomeriscado da ordemsocial. [...] A todos faço patente, Como se deve tratar, A tão má gente... P. G. (*Gazeta da Bahia* de 22 de maio de 1830; o texto é transcrição de uma edição anterior do *Diário Fluminense*)

[*sanosceere* parece ser uma deturpação de *cognoscere*; *emperradamente* deriva do verbo *emperrar*, que hoje faz pensar no mau funcionamento de uma arma de fogo ou de uma fechadura, mas devia significar, então, "obstinadamente"; é possível que, no início do século XIX, se conservasse nesse verbo a memória de sua etimologia, em que está presente a palavra *perro* = "cão". Em italiano, *accanito* significa precisamente "obstinado". *Ou antes* é marca de intervenção do autor sobre seu próprio texto, que poderia ser verbalizada também por *melhor dizendo*. Pelo sentido geral do texto, podemos supor que *papeluchos* é uma qualificação mais benevolente do que *pasquins*. Logo adiante encontramos mais uma correção do mesmo tipo "Desgraça fatal ou *antes* moléstia". A última citação latina reproduz de maneira inexata um trecho de um exorcismo em que se exalta a cruz. A frase correta seria *Ecce crux Domini. Fugite partes adversae. Vicit leo de tribu Juda* (Eis a cruz do senhor. Fujam, inimigos. O leão da tribo de Judá venceu). O signatário desta carta não sabia evidentemente o que significava esta frase latina, que hoje pode ser lida na base do obelisco que fica no centro da praça São Pedro em Roma.]

Seja como for, a matéria de jornal que acaba de ser comentada é uma mistura curiosa de editorial, manifesto e notícia no sentido moderno desses termos; mas essa é somente uma das "misturas" que seriam permitidas nos jornais de um passado mais ou menos recente, onde um jogo de basquete podia ladear na página a notícia do naufrágio de um barco, e onde "cartas de leitores" como (8) aparecem próximas de notícias sobre guerras em Crimeias distantes. Mas nem tudo nesse *fourre tout* é devido à falta de critério dos compositores. Por exemplo, o tratamento indiferenciado dado ao esporte pode ter por causa o fato de que as competições esportivas eram então irregulares e esporádicas; e o próprio entendimento do esporte era às vezes outro. *A Ordem* (Natal, 3 de junho de 1952), ao falar de alguns jogos de basquete e tênis realizados entre esportistas locais e visitantes (vindos do Rio de

Janeiro), ainda os representa como momentos de congraçamento que envaidecem a boa sociedade local (e não como competições cujos escores interessam a torcidas populares); para tanto, são utilizados termos como *visita*, *carinhosas demonstrações de apreço* e *hospitalidade fidalga*, que poderiam figurar hoje nos textos de uma "coluna social". Ao mesmo tempo, o redator mobiliza em sua crônica esportiva o maior número possível de sinônimos e termos de outras línguas, talvez para dar uma impressão de cosmopolitismo e familiaridade com as próprias modalidades esportivas (no caso, o futebol e o tênis), ou, quem sabe, para não se arriscar na criação de neologismos em português, que se tornariam imediatamente um motivo de polêmica, por parte dos gramáticos e puristas de plantão.

(9) ***Futebol no interior1 Vitoriosa excursão2 do Sampaio Correia á Uzina Estivas Fidalgamente recebidos os Ferroviários natalenses*** *Atendendo um convite que lhe fora formulado, pela diretoria do Estivas F. C., recentemente efeita, excurcionou domingo pasdo á Uzina Estivas, o esquadrão do Sampaio Correia Sport Club que fora até ali, para partiipar dos festejos comemorativos do terceiro aniversario de fundação do clube local. A' sua chegada em Estivas, os ferroviários tiveram carinhosa recepção, rumando logo após para a residência do sr. Antonio Laurentino onde lhes foi servido um cock-tail. A' tarde, no estádio Adauto Rocha, os ferroviários puderam corresponder às gentilezas recebidas, proporcionando dois belíssimos espetaculos de futebol, aos torcedores locais. No cotejo | preliminar, os tricolores triunfaram merecidamente por 3x0, goloando Emilio, Godi e Alexandre. O quadro vencedor alinhou assim constituido: Vanildo (Edson), Leão e Bezerra; Joel (Bodote) - Botelho e Machado; Miguel - Eudo – Godi – Gerson e Alexandre (Emidio). A contenda principal que se disputou a seguir, teve um transcurso verdadeiramente empolgante. Prevaleceu a maior classe dos natalenses que consignaram dois tentos contra nenhum do adversario. Paloca e Djalma, foram os artilheiros do match e a equipe do Sampaio Correia jogou com esta formação: Pixilinga, Edvaldo e Pedrinho: Josafá – Edoral-*

do e Kerginaldo: Paloca – Pretinha – Djalma – Rildo e | Aureo. O juiz da partida foi o desportista José Paulino, que se houve com acerto, facilitada que foi a sua missão pela conduta exemplar dos diligantes. Por nosso intermédio, a embaixada do Sampaio Correia Sport Club agradece a diretoria de Estivas F. C. e em particular à familia Laurentino, todas as manifestções de apreço que lhe proporcionaram.

[Nada menos de cinco sinônimos (*cotejo*, *espetáculo de futebol*, *contenda*, *partida* e *match*) são encontrados para o conceito de "jogo" e três para o de "equipe" (*esquadrão*, *quadro*, *equipe*). O redator parece ter sentido falta da palavra *escalação*; em compensação, encontrou duas maneiras de descrever a marcação de um gol: *consignar um tento* e *goloar* (hoje, *golear*) – note-se ainda o termo *diligantes* para qualificar os dois times como adversários].

Um gênero sempre previsível nos jornais, sobretudo antes de 1891, quando começou a funcionar no Brasil a imprensa oficial, são os atos oficiais. Cabia então aos jornais mantidos pela iniciativa privada a divulgação dessas matérias, produzidas principalmente pelo Poder Executivo local. Como seria de esperar, essas matérias usavam uma linguagem eivada de termos técnicos e administrativos, o que acrescenta uma dificuldade especial à nossa compreensão. Por exemplo, na notícia transcrita a seguir, que tem por título *Mesa de Diversas Rendas Nacionaes*, *medição da Lotação de toneladas*, *Direitos de Farol e Ancoragem*, as palavras *arquiação*, *franquia*, *arribada*, *ruína na mastriação*, *termo de mar*, entre outras, são termos técnicos que a administração usava para falar das condições dos navios, ou de situações que justificavam a cobrança de impostos:

(10) *O Administrador da Mesa de Diversas Rendas Nacionaes, Fellipe Manoel de Castro, tendo emvista o notorio, e manifesto prejuizo que tem causado á Fazenda Publica algunsDespachantes de Embarcações, fazendo-as sahir d'estePortosem a legal medição da Lotação de toneladas, que deve serfeitapelosrespectivosPeritos, e emconformidade da Lei de 9 de Dezembro*

de 1819, para á vista d'ella pagarem os Direitos de Farol, e Ancoragem: e constando igualmente, que os mesmos se escusão de Imposto, e da Arquiação, allegando franquia ouarribada, quando alias a referida Leisó izenta a arribada forçada, que se entenderpor [ilegível] aberta, ruína na mastriação, ouqualqueroutro acontecimento de talqualidade, não se verificando sópelossimplesditos das Partes interessadas (queem objecto de Impostossempre propendem para o prejuizo da Fazenda Publica) massimpormeio de hum Protesto, ratificado, e julgado por Sentença no competente Juizo da Ouvedoria d'Alfandega, comosempre se praticou: faz portanto publico, que da prezente dataemdiantenão será attendido attestado algumsobretoneladassemvir averbado peloEscrivão dos Peritos d'esta Cidade e sobre as arribadas, semque aprezentem por Sentença o termo de mar, justificando a necessidade de talacesso. Bahia 21 de Julho de 1832. Fillipe Manoel de Castro.
[*Arribada* era a chegada de um navio a um porto ao qual não se destinava, motivada por causas de força maior; *ancoragem* era a taxa paga pela autorização de fundear num porto; *arqueação* era a tonelagem do navio (mais antigamente, a capacidade avaliada de qualquer recipiente côncavo, ou seja, *arqueado*); era chamado *mastreação* o conjunto dos mastros e mastaréus de um navio, mais todos seus acessórios; a palavra *ruína* é cognata de *ruir*, e a *ruína da mastreação* referia-se à queda dos mastros. Finalmente, depreende-se do contexto que o *termo de mar* é um documento, outorgado por uma autoridade do ministério da marinha].

Entre os atos oficiais que encontrei na amostra estudada, chamo a atenção para esta *PAUTA THESOURO*. Trata-se de uma tabela de impostos que interessa à história econômica, por enumerar os principais produtos da região e por estabelecer subcategorias (dando uma ideia de quais seriam então os produtos mais valiosos), mas que também interessa ao linguista, por nomear as unidades de medida que se aplicavam aos produtos na época – uma terminologia que não chegou até nós (note-se, especialmente, o uso de *litro* para produtos que hoje seriam quantificados em quilos).

(11) *PREÇOS CORRENTES DOS GENEROS SUJEITOS A DIREITOS DE EXPORTAÇÃO POR MAR*
***Mercadorias | Unidades| Valores** | Algodão em rama 15 kilos 18$800 | " " caroço " 8$000 | " sujo ou resid. " 5$000 | Assucar de usinas " 4$000 | " chrystalisado " 4$000 | " branco " 3$800 | " somenos " 3$600 | " mascavo " 2$500 | " bruto " 1$600 | " retame " 1$400 • | Aguardente litro $240 • | Borracha kilo 1$000 • | Banha de cevado" 1$206 • Cafè " 1$600 • Cera olho de carnauba " $800 • " palha de " " $880 • Charutos cento 5$000 | Cigarros milheiro 6$500 • | Chapeos de palha um $320 • Couros de boi, seccos ou | salgados, Um, taxa fixa 1$000 • Caroço de algodão 15 kilos $500 • Carne de sol kilo 1$200 | " preparada 1$500 •Chifres de boi cento 2$000 | Esteiras de palha uma $200 • Fumo em rolo kilo 1$200 | " em folhas " 1$600 • Farinha de Mandioca litro $100 • Feijão mulatinho " $400 | " de outras qualidades " $200 • Gomma de mandioca " $200 | Milho " $100 • Mel de assucar " $100 | Mel de abelhas " 1$500 • Ossos kilo $010 • Oleo de mamona litro $500 • Pelles de cabra uma, taxa fixa $050 | " de carneiro " $050 • Pello vegetal kilo $700 • Penna de ema " 6$000 • Queijo de manteiga " 1$800 | " coalho ou prensa"$800 • Sementes de mamona kilo $030 • Sal, alqueire de 160 litros 8$000 • Sola meio, taxa fixa $500 • Toucinho " 1$600 • Unhas de boi cento 1$600 • Velas de cera de carnaúba, kilo 2$000 • Vinho de cajú, genip. etc. litro $600 • Vassouras de piassava, de | carnaúba etc. cento 6$000 Thesouro do Estado do Rio Grande do Norte, 16 de Agosto de 1897. | O Contador – P. SOARES DE ARAUJO. | O Escriptuario – J. NEPOMUCENO. ||*(*A República*, 2 de agosto de 1897: "Pauta tesouro do estado Rio Grande do Norte")
[Cevado = porco castrado e criado na ceva]

Vemos por essa "Pauta" que o sistema métrico utilizado pelo Brasil na passagem do século XIX para o século XX era um sistema híbrido, que se exprimia em termos de "alqueires" e "litros" para as medidas de capacidade, "côvados" para o comprimento, e "quilos", mas também "fardos" (de algum tamanho convencional) para o peso. Com a adoção do sistema métrico decimal, as denominações antigas caíram em desuso, mas essa conversão foi lenta e é possível que em alguns lugares sobrevivam ainda hoje as medidas pré-decimais. Esses textos do começo do século XX mostram também que, passados mais de cem anos desde sua criação pela Revolução Francesa, o sistema métrico decimal continuava letra morta, para muitos efeitos, no Brasil.

As "utilidades públicas"

Para além da função de noticiar acontecimentos de interesse geral, os jornais mantêm até hoje seções dedicadas à meteorologia, ao fechamento de certas ruas para fins de manutenção ou ao valor do salário mínimo e das principais moedas estrangeiras. Algumas décadas atrás, entre essas seções "de utilidade pública" poderiam ser encontradas também a escala das farmácias de plantão, ou a programação dos filmes exibidos nos cinemas locais. Nas cidades portuárias da costa, seriam comuns também informativos como (12), sobre a entrada e saída dos navios:

(12) ***Lloyd BRASILEIRO (PATRIMONIO NACIONAL) Sede no Rio de Janeiro*** *Agencia em NATAL – Rua Dr. Barata, 220 – End. Telegr NAVELOYD – Caixa Postal, 4 – Telefone 41* ***VAPORESESPERADOS*** *DO NORTE O paquete Rodrigues Alves esperado a 13 de janeiro segue para Cabedelo, Recife, Maceió, S. Salvador e Rio. O Paquete Dom Pedro II, esperado a 13 de Janeiro segue para Cabedelo, Recife, Maceió, S. Salvador, Vitoria, Rio, Santos, Paranaguá, Antonina, São Francisco, Motevideu e Buenos Aires. [...] Para mais informações dirija-se ao agente* ***Odilon de A. Garcia Filho****,*

Menciono de passagem, por seu caráter pitoresco, duas outras matérias de "utilidade pública" de que a memória se perdeu: são as "escalações de homens para a vigília religiosa do Santíssimo", e as "Guarnições...". As primeiras atestam a força da religião na vida social do tempo; as últimas remetem a uma hierarquia militar (e a uma nomenclatura) que não sobreviveu.

Os anúncios

A) **Anúncios sobre escravos fugidos**

Os jornais do século XIX nos lembram constantemente que o Brasil foi um país escravagista, porque o negro, como indivíduo e na condição de escravo fugido, foi durante mais de dois séculos um dos principais assuntos dos anúncios. Durante todo o século XIX, aliás, esse tipo de anúncio seguiu um modelo padronizado e absolutamente estável,[4] e constituiu uma tradição discursiva à parte.

O esquema textual do anúncio que trata de escravos fugidos compreendia tipicamente cinco partes, que separo para fins de exposição neste exemplo, de 1829: 1) a referência à fuga; 2) o nome do escravo fugido; 3) sua descrição física, 4) instruções para sua devolução ao proprietário, 5) a promessa de uma recompensa interessante.

(13) [$_1$*A 20 dias fugio desta Cidadade*]$_1$ [$_3$ *um muleque da Costa*]$_3$ [$_2$*de nome Miguel*]$_2$, [$_3$*edade 18 annos, estatura ordinaria, bem preto, algum tanto delgado, dentadura miuda, e ralla, Carpinteiro; levou camiza, e calças de algodão, jaqueta de baetão azul*]$_3$, [$_4$*quem delle tiver noticias farà o favor de avizar ao Conego Jeronimo Pais*]$_4$, [$_5$*que saberá agradecer*]$_5$. (*O Farol Paulistano*, 11 de janeiro de 1829)

1) O primeiro desses segmentos, sempre brevíssimo, é centrado no o verbo *fugir*, e limita-se a informar a data da fuga e o nome do proprietário. **2**) O segundo segmento também costuma ser breve, porque os escravos, encarados como mercadoria, não tinham sobrenomes, no máximo um segundo apelativo indicador da origem africana. **3**) Em compensação, a descrição do escravo é sempre longa e rica em detalhes. Nela se informam a idade e a origem (a partir de uma distinção entre "crioulos", ou seja, afrodescendentes nascidos e criados no Brasil, e "escravos de nação", trazidos da África), a procedência geográfica africana (dada por topônimos como *Angola*, *Moçambique*, *Congo*, etc. e/ou por nomes de etnias propriamente ditas, como *fula*) e o grau de aculturação (através da distinção entre negros *boçais* e negros *ladinos*). Interessava mencionar a etnia do escravo porque os proprietários daquela época conseguiam associar a ela traços somáticos precisos, como a cor da pele, a aparência do cabelo e a conformação do rosto etc. que seriam outros tantos traços distintivos; quanto ao grau de aculturação, um critério importante era o fato de o escravo falar português e ter algum rudimento da religião cristã. Vinham em seguida características somáticas mais específicas, entre as quais eram sempre mencionadas quaisquer marcas visíveis no corpo, herdadas ao nascer ou causadas por acidentes, doenças e castigos. O jeito de andar, o jeito de falar e outros hábitos podiam também ser lembrados como fatores de identificação: numa época em que não era possível recorrer à imagem para identificar as pessoas, a caracterização física dos escravos fugidos se fazia por meio de uma descrição verbal, e procurava ser exata. Outra característica usada para identificar o escravo fugido era a roupa que ele vestia antes de desaparecer, supostamente a mesma que ele continuou usando, e que se incorporou à sua aparência. Se o escravo tinha levado na fuga instrumentos de trabalho ou armas brancas, estes também podiam ser citados. **4**) O quarto segmento do anúncio costuma identificar um intermediário ou uma entidade encarregada de receber e devolver o escravo proprietário, e **5**) o último componente do anúncio costumava ser uma promessa, feita em aberto aos leitores do jornal, de que a captura e devolução seria devidamente recompensada.[5] Essa recompensa tinha o nome técnico de *alvíssaras*, uma palavra que sobrevive até hoje, mas com outro sentido, isto é, como exclamação de quem recebe a notícia de um acontecimento bem-vindo.

B) **Os anúncios em que homens livres oferecem serviços profissionais**

Os anúncios sobre escravos fugidos tratam do escravo na terceira pessoa e mencionam eventualmente sua profissão como um fator de identificação a mais; esses anúncios contrastam com outros anúncios em que homens livres falam em primeira pessoa, oferecendo seus serviços. Haveria muito a aprender sobre o Brasil de outrora a partir do modo como as diferentes competências profissionais apareciam nos anúncios dos jornais, e da ligação estabelecida entre as profissões e a condição de homem livre ou escravo. Por exemplo, o anúncio transcrito em (14) é típico de um homem livre: parte de um *correeiro e seleiro* interessado em recrutar aprendizes: numa época em que o transporte usava animais, preparar os arreios dos cavalos devia ser uma arte prestigiosa e rentável.

(14) *Bento José Martins da Cunha com casa de selleiro, e corrieiro na rua do Ouvidor número 36, convida a todos os officiaes de selleiro que quizerem trabalhar de apparecerem, ou mesmo alguns aprendizes de çapateiro libertos ou escravos, e o annunciante se compromette a pagar-lhes o jornal que merecerem e ensinar aos mesmos o dicto officio de selleiro tractando com os pais ou senhores.* (***A Phenix***, 23 de junho de 1841)
[*Jornal* é o pagamento por um dia de trabalho, uma *diária*].

Mas os homens livres que oferecem seus serviços por meio de anúncios são mais frequentemente advogados e sobretudo médicos interessados em estabelecer-se. Um ingrediente comum, nesse último caso, são os dados sobre a experiência passada do médico (que podem incluir referências como "antigo residente da clínica tal"), ou a menção de colegas famosos. Somam-se a isso nomes de curas importadas e listas intermináveis de doenças, referidas por seus nomes científicos, que deviam causar uma forte impressão nos leitores; para nós, hoje, a impressão é antes de caos, porque a terminologia médica mudou. Mas é talvez possível organizar a partir desses anúncios médicos o campo semântico da doença pelo qual se orientavam os leitores dos jornais:

(15) *VIAS URINARIAS | MOLESTIAS DE SENHORAS | CIRURGIA INFANTIL OPERAÇÕES | Dr. BRISSAY operador especialista pela Faculdade de Paris (com vinte annos de pratica) de volta de sua viagem de estudos á Europa, abriu de novo o seu antigo consultorio á rua da Quitanda n.42. Durante sua estada na Europa tem praticado com os mais eminentes pro-*

fessores os ultimos progressos da cirurgia, e fez acquisição dos instrumentos e apparelhos mais aperfeiçoados para a pratica de todas as operações de cirurgia e o tratamento das molestias da sua especialidade, como: Tratamento rápido das doenças do útero; feridas e catarrho, desviações, colicas, hemorrahagias, irregularidades, estirelidade, tumores do ventre e dos seios, kistos dos ovários, Estreitamentos da uretha curados sem dôr. Pedras na bexiga, tumores do escroto. Fistulas. Cura rápida e garantida da gonorrhéa rebelde pelo processo do professor Guyon. Endireitamento immediato das corcundas e das deformações dos membros, coxagias etc., pelo novo processo do professor Calot. Cura radical da hérnias, Cancro da bocca, hemorroides, Kystos, Tumores e feridas em geral. As / operações de pequena cirurgia nos tumores abcessos, furunculos, panarícios, hydroceles, etc., podem ser praticados no consultorio sem clorofórmio e sem dôr pela anesthesia local. Consultas, operações e chamados, de 1 ás 3 horas 42 – Rua da Quitanda – 42 | RIO DE JANEIRO (*A República*, Rio de Janeiro, 22 de agosto de 1897).

[*Catarr(h)o* = Corrimento vaginal, talvez por eufemismo. / *Desviações* = (possivelmente) desvios de coluna. / *Coxa(l)gia* = inflamação da articulação coxofemoral].

C) **Os anúncios de comerciantes e lojas**

Os anúncios destinados a promover um produto, uma marca ou uma loja nunca deixaram de ter peso na imprensa brasileira. Mas tanto o perfil do anunciante quanto a forma do anúncio mudaram muito ao longo dos tempos; o anunciante, que era no início o comerciante local, acabou sendo substituído pelas grandes redes nacionais de distribuidores, ou por companhias multinacionais. A essa mudança do anunciante, corresponde uma mudança do próprio anúncio, e é isso que mais interessa aqui. Os mais antigos imitam a fala que o balconista poderia dirigir de viva voz aos fregueses, o que resulta em textos que exibem no todo ou em parte estas características:

1. A identidade do anunciante (geralmente uma loja, identificada pelo nome de seu proprietário) pesa tanto ou mais do que os nomes dos produtos.
2. Os produtos são apresentados por substantivos comuns que não são "nomes de fantasia".
3. O anúncio enumera exaustivamente os produtos e discrimina seus preços. Com isso, torna-se parecido com uma tabela de preços que, em vez de por foco num produto particular, acaba dando realce à variedade de artigos que a loja coloca à disposição da freguesia. Esse contexto causa um uso extenso de repetições (do tipo "brins de lã, brins de algodão, brins de...") que, como veremos, acaba levando à criação de um anafórico hoje perdido, *dito*.
4. É considerado de bom tom recomendar que os potenciais compradores "venham conhecer" a loja, o que resulta, do ponto de vista linguístico, num número grande de imperativos (inclusive na 2ª pessoa do plural "vós"); e, finalmente,
5. Para gabar os produtos mais frequentemente anunciados, que são têxteis e roupas, diz-se que eles satisfazem os ditames mais recentes da moda. Essa informação fica frequentemente implícita no uso de fórmulas como "chegaram", "chegaram pelo último vapor", "recebemos de São Paulo (ou "do Rio de Janeiro", ou "da Europa") etc.. Para o mesmo efeito, fala-se dos produtos à venda usando nomes que indicam sua procedência, ou os nomes de fantasia que lhes são aplicados em Paris e Londres.

O anúncio (16), publicado em 1901 por uma loja de tecidos, tem praticamente todas as características anteriormente enumeradas, e fornece uma classificação de têxteis e roupas que mereceria ser estudada em detalhe, porque usa uma terminologia parcialmente diferente da atual (por exemplo, distingue casimiras de algodão e lã, sendo que hoje o que se entende por casimira é um tecido (leve) sempre de lã).

(16) *Aproveitem !! O proprietario do antigo e muito acreditado estabelecimento "NICOLAU BIGOIS", tendo recebido ultimamente das principaes casas da Europa, bem como de diversas de São Paulo e Rio de Janeiro, um riquissimo sortimento de fazendas*

de alta novidade, capaz de satisfazer o mais exigente freguez, chama a attenção dos seus numerosos amigos e freguezes, tanto desta capital como do interior do Estado, das exmas. familias e do publico em geral, para discripção dos artigos recebidos, approveitando desde já a opportunidade para pedir a fineza de fazerem uma visita ao seu estabelecimento, afim de se convencerem de tudo quanto fica dito e dos preços com que está resolvido a effectuar suas venpas. Eis a discripção FANTASIAS: De algodão, de algodão e lã e de lã pura e de lã com mesclas de seda. Desde 450 rs a 5$000 o covado. SEDAlisas e com lavouras de diversas cores e padrões lindissimos. CRETONES, o sortimento è esplendido e as cores, como sabem, são de arrebatar. CASIMIRAS de lã e algodão e de lã pura, pretas e de cores, o que ha de mais moderno e por preços baratissimos. BRINS de algodão e de linho puro, tanto extrangeiros como nacionaes, é um verdadeiro chiquismo e por preços muito commodosFATINHOS de casemira diagona e de brim, para creanças de a 8 annos. CHAPEOS DE SOL de linho, de linho e seda e de seda pura, para ambos os sexos. CHAPEOS do mais moderno systema para homens, rapazes e creanças. BONEZETES E GORROS para creanças. CALÇADOS, completo sortimento para ambos os sexos. COLCHAS de fustão e de cores imitação de seda. PALIOT de alpação com e sem forro. Ditos de palha imitação de seda e muitos outros artigos que seriam enfadonho numerar. Uma visita ao antigo e acreditado estabelecimento à rua "13 de Maio" no bairro da Ribeira n. 40. de 11 ás 17. Aos sábados – de 8 ás 12. (*A República*, 04 de janeiro de 1901).

[*Lavouras* = Desenhos / chiquismo = Requinte / *Preços commodos* é uma colocação frequente no século XIX e foi a escolha feliz para o título do livro de Berlinck e Guedes (2000) dedicado aos anúncios da imprensa brasileira do século XIX. / *Fatinhos* está, talvez, por *terninhos*]

ALÉM DOS TESTAMENTOS E DOS JORNAIS: A TAREFA DE FAZER SEMÂNTICA DIACRÔNICA DO PB

Quando parti para o "mergulho no *corpus*" de que venho tratando neste capítulo, minha preocupação era a de abarcar o maior número possível de fontes e de explicar o maior número possível de "ruídos", isto é, de dificuldades de leitura encontradas nos documentos examinados.[6] Essa preocupação de exaustividade contrapunha-se propositalmente à orientação observada nos primeiros trabalhos escritos sobre o *corpus* do PHPB, que, como ficou dito, se voltaram, justificadamente, para o resgate físico e a publicação dos documentos (isto é, sua busca, localização, identificação, transcrição e divulgação).

Na prática, meu "mergulho" foi extremamente limitado porque tratou de poucos documentos, acessados de maneira até certo ponto fortuita[7] e sem obedecer a um critério científico. Além estudar os documentos já mencionados e de analisar minuciosamente a peça Sangue Limpo, de Paulo Eiró (1863), só consegui processar um número relativamente pequeno de outros textos, com a consequência de que ficaram de fora de minha análise documentos pertencentes a muitos outros gêneros, e que poucos lugares de origem acabaram sendo representados.[8] Nem por isso meu "mergulho" deixou de produzir reflexões aproveitáveis, algumas das quais são formuladas a seguir. Nessas reflexões, tento superar o caráter até certo ponto anedótico das seções anteriores, e tento refletir num nível "mais abstrato", pensando em metodologia e perguntando o que essa experiência inicial me ensinou sobre PB antigo, sobre mudança semântica e sobre a atitude a ser adotada caso as leituras continuem, como espero.

Primeira lição: não espere fazer grandes descobertas

Em primeiro lugar, o contato com o *corpus* revelou ser ingênua a expectativa na qual eu vinha investindo de que a leitura dos documentos revelaria de pronto grandes derivas nas mudanças de sentido. Os autores que trataram de mudanças semânticas no passado o fizeram geralmente pela comparação de estágios de língua separados por séculos de história, e chegaram descobertas absolutamente notáveis. Por exemplo, os historiadores do latim, comparando o sentido que o verbo *sancio* tinha herdado do indo-europeu com o do adjetivo *sanctus*, seu cognato, apontaram um deslocamento de sentido que vai da proibição à virtude, e puderam mostrar que esse deslocamento não é isolado, pois corresponde à reinterpretação em chave cristã de uma quantidade enorme de palavras (*ecclesia*, originalmente "assembleia" e depois "templo cristão"; *mártir*, originalmente "testemunha", ressignificado como nome do "cristão que deu a vida pela fé"; *pontífice*, originalmente "construtor da ponte", ressignificado como "bispo de Roma" etc.); os romanistas que explicaram o processo pelo qual o acréscimo do ablativo *mente* a um adjetivo feminino se tornou um mecanismo regular para a formação de advérbios puderam recuperar um processo de gramaticalização que teve começo, meio e fim. Ora, as mudanças de sentido a que nos dá acesso o *corpus* do PHPB são sempre menos espetaculares e mais pontuais; no mais das vezes não são mudanças acabadas, mas mudanças em andamento. Uma explicação possível é que o tempo para o qual temos dados no PHPB (na prática, somente os séculos XVIII a XX) é curto demais; outra, é que só temos amostras de língua escrita, e que essas amostras seguem sempre o modelo português, sendo, por isso, menos abertas a registrar as mudanças que, nas mesmas épocas, deviam estar em andamento na fala. A exclusão da fala, sempre que acontece, cria uma impressão de estabilidade que é até certo ponto falsa.

Segunda lição: desconfie das explicações simples, e principalmente lembre: uma palavra que não faz sentido não é necessariamente uma palavra que se arcaizou

Sabemos que a Linguística diacrônica está condenada à tarefa inglória de ter que fazer o melhor uso possível de materiais precários. Se isso é verdade quando fazemos a história da sintaxe ou da morfologia da língua, é muito mais verdade quando fazemos sua história semântica, porque os equívocos possíveis são muitos. Em primeiro lugar, estamos constantemente sujeitos ao risco de atribuir às palavras encontradas nos documentos do passado o mesmo sentido que elas têm no uso atual, em suma, de produzir interpretações anacrônicas. Os provérbios, que têm vida longa na língua, dão bons exemplos do tipo de anacronismo a que estou me referindo: se perguntarmos hoje a qualquer falante do PB o que significa o provérbio "A pior roda do carro é a que mais range", ele tenderá a explicá-lo em termos de discos de freio, pastilhas de freio e suspensão... do automóvel, quando o *carro* de que trata o provérbio é o antigo carro de bois das fazendas coloniais, cujos rangidos eram propositais, aliás objeto de uma finíssima arte de seus construtores. Aqui é preciso atentar para o fato de que o sentido antigo da palavra *carro* não desapareceu da língua, simplesmente concorre com um sentido mais novo e mais frequente. Há, é verdade, casos em que o contexto nos leva a considerar inadequado o sentido que damos atualmente a um termo antigo, mas esses casos são a exceção, não a regra. Lembre-se, aliás, que os sentidos antigos aparecem geralmente dicionarizados, e até por isso seria um erro declará-los extintos. É o que ensina a história das palavras já comentadas *alqueire* e *côvado*: quando fixou a taxa alfandegária do sal de cozinha em 8 mil-réis, a *Pauta* de 1897 utilizou a palavra "alqueire" como nome de uma medida de capacidade (equivalente a 160 litros) que deixou de ser usada por força da normativa oficial que introduziu no Brasil o sistema métrico decimal em 1928; ora, a história de *alqueire* não é no fundo diferente das de tantas outras palavras que caíram em desuso quando a tecnologia a que estavam associadas foi substituída por outra. Mas o caso é de desuso, não de extinção, ou seja, as palavras continuam disponíveis na língua, ainda que seja com uma taxa de utilização baixa, porque se referem a realidades que já não interessam. O fato é que essas palavras podem ser mobilizadas a qualquer momento, por exemplo para falar de referentes localizados em outros tempos.

O risco de atribuir às expressões da língua antiga um sentido atual é parente de outro risco igualmente perigoso: o de pensar que estamos diante de uma mudança semântica toda vez que esbarramos em passagens dos *corpora* que não "fazem sentido", ou seja, passagens que apresentam "ruídos" de leitura. É que os "ruídos de leitura" podem ter uma infinidade de motivações, semânticas e não semânticas. Para dar apenas um exemplo, não vale a pena tentar uma explicação semântica para a palavra "uretristes" que aparece no anúncio (17): trata-se de um mero erro de composição, *uretristes* por *uretrite*, a menos que queiramos forçar uma interpretação baseada na etimologia popular (ou numa extrema solidariedade do médico anunciante para com os doentes das vias urinárias):

(17) *DR PEDRO SEGUNDO// ESPECIALISTA – VIAS URINÁRIAS – PATOLOGIA E SÍFILIS. Cura radical das hemorroidas, varises e hidroceles, sem operação e sem dor. Doença de uretra, próstata, vesículas, seminais, bexiga e rins. Tratamento rápido das* ***uretristes*** *agudas e crônicas e suas complicações...* (*O Brado Conservador*, Natal, 3 de junho de 1952).

Terceira lição: procure por mudanças de sentido, não por desaparecimentos de palavras

Voltemos por um momento ao par de adjetivos *boçal x ladino* que encontramos nos anúncios sobre escravos fugidos. Antes da Abolição, esses dois adjetivos eram aplicados aos negros, indicando seu grau de aculturação; podiam então ser encarados como termos técnicos, e de fato os anúncios os aplicavam com alta frequência não para informar as qualidades intelectuais ou morais do escravo, mas para dar ao leitor do jornal mais um critério objetivo de identificação. Não é difícil imaginar que um traço de preconceito contra os africanos (porque africanos, e não por serem mais ou menos aculturados) fosse sistematicamente associado ao uso dessas duas palavras. Esse traço é o único que permanece quando a escravidão acaba e as notícias de fugas perdem sua razão de ser. Então, chamar qualquer pessoa de *boçal* é reduzi-lo à condição intelectual que o discurso escravagista atribuía ao negro recém-chegado; por sua vez, chamar qualquer um de *ladino* é dar a entender que ele assimilou a cultura dominante somente no que ela tem de desonesto.

Quarta lição: procure por alternativas e sobrevivências entre palavras cognatas

A recomendação a que cheguei utilizando como exemplos *alqueire* e *côvado* era no sentido de não abusar das explicações que falam em arcaização de palavras. O parágrafo sobre *boçal* e *ladino* reforçou essa recomendação, mostrando que as palavras raramente morrem de todo (no mais das vezes sobrevivem às mudanças sociais mudando de significação). Mas as mudanças de significação podem percorrer ainda outros caminhos, que um veredito sumário de arcaização poderia tornar invisíveis. Para promover as bolsas e malas produzidas em sua microempresa, o empreendedor Julião Bento da Costa declarou no fim do século XIX que poderia vendê-las por *preços* sem competência, uma escolha lexical que, hoje, cria um "ruído de leitura".

(18) *Grande fabrica de Mallas, bolças, caixões fúnebres e caixões para anjinho. Tambem na mesma fabrica concerta-se mallas e bolças. Preço* ***sem competência****. Agrado e sinceridade. Rua 25 de Dezembro n° 3. Julião Bento da Costa.* (Natal, *A República*, 22 de agosto de 1897)
[anjinhos = crianças que não viveram?]

Não podemos falar em arcaização da palavra *competência*, porque essa palavra é usada até hoje, podemos no máximo estranhar que tenha sido usada no sentido que hoje daríamos a *competição* ou *concorrência*. Mas sejamos mais exatos: por trás do ruído criado pela frase *preço sem competência* existe a seguinte história: há duas palavras – *competência* e *competição* – que provêm do verbo *competir*, ou melhor, de seu antepassado latino *cum+petere*. *Cumpetere* descrevia dois movimentos (*petere* = dirigir-se a..., demandar...) simultâneos (*cum* = ao mesmo tempo) que partem de pontos diferentes e têm uma destinação comum; dizia-se, por exemplo, que duas *viae* (caminhos) *cumpetunt* quando levam à mesma praça. Mas já em latim esse sentido "espacial" e concreto tinha dado origem a dois sentidos mais abstratos que se aplicavam: 1. a iniciativas simultâneas que visam ao mesmo resultado, caracterizando uma situação de competição (duas pessoas que saem ao mesmo tempo em busca do mesmo tesouro *competunt* entre si por esse tesouro); 2. a pessoas, situações ou coisas que têm entre si uma relação de copresença, pertinência ou aplicabilidade (por exemplo, uma lei podia *cumpetere* no mesmo espaço mental com uma determinada ação, ou seja, ser aplicável a essa ação). Na nossa amostra do *corpus* do PHPB, esses dois sentidos são encontrados, não no verbo *competir*, mas em seus derivados, que são:

- para 1: *competência* e *competidor:*

(19) *Alta Novidade. Lindo sortimento de cretones [...] e outras fazendas modernas, recebeu à (sic) loja de Manuel Tertuliano de Almeida e vende por preço de adimirar, e garante que não ha* ***competidor****.*

(20) *Aviso aos meus numerosos fregueses que resolvi abrir em meu estabelecimento um novo departamento para vendas de calçados, [...] o que faço a preço* ***sem competência****.*

- para 2: *competência* e *competente:*

(21) *Si a embarcação que entrar for de guerra, faça-se o signal* ***competente****...*

(22) *PARIS, 3 – Uma importante conferencia diplomatica de direito marítimo realiza-se em Bruxelas [...], para elaborar diversas convenções internacionais relativas a* ***competência*** *civil e á* ***competência*** *penal em materia de abordagem, assim como apreensão dos navios.* (*O Brado Conservador*, 03 de junho de 1952)

Esses exemplos provam que palavras derivadas de uma mesma raiz pela aplicação de diferentes sufixos se especializaram para expressar sentidos diferentes. Mas também provam que a fase do processo em que acabou havendo correspondência de cada sufixo com um determinado sentido e vice-versa pode ter sido precedida por outra fase em que um mesmo sufixo dava conta de dois (ou mais?) sentidos. Essa era provavelmente a situação quando o nosso microempresário redigiu o anúncio (18). Dizer que o uso de *competência* com o sentido de "competição, concorrência" se arcaizou seria contar a história pela metade.

Quinta lição: as mudanças semânticas tendem a ocorrer em textos de um tipo determinado

Acima de tudo, um uso precipitado do conceito de arcaização nos faria perder de vista que as mudanças semânticas tendem a ocorrer em textos de um tipo determinado. Quando, a propósito de

(23) ***Vantagem sobre vantagem*** *O nosso club de roupas alem da incontestavel vantagem que offerece aos associados de sahir 113 de casemira por menos 25$000 do que os seus congêneres, isto em ultima hyphotese, acresce que agora mesmo acabamos de receber da Europa um sortimento especial de casemiras de cores, em padrões e qualidade dignas da vista e especial attenção dos* ***ILEGIVEL*** *zes. Communicamos a resolução de affectuar nosso club a nossa casa matriz, e recebermos resposta promettendonos no primeiro costeiro fazer grande remessa de casemiras para juntar as outras que temos em casa. Desta forma, garantimos sem exagero, aos nossos associados que o club do Pregresso vai ser o mais acceito. Estamos concluindo do 1º. club, que pensamos começará com a entrada do novo anno, e abrimos logo as inscripções para o 2º. J. Cabral & Comp. O progresso.* (*A República*, Natal, 04 de janeiro de 1901)

nos perguntamos pelo sentido de *costeiro* chegamos naturalmente à resposta de que essa palavra designa um "navio costeiro", reconhecendo na criação desta palavra o fenômeno que as morfologias antigas chamavam de "derivação imprópria", que consiste em reduzir um sintagma formado por substantivo + adjetivo ao adjetivo apenas, mantendo para este último o sentido da inteira locução. Essa operação ocorre desde tempos imemoriais e já produziu centenas de substantivos em dezenas de línguas (quem quiser um exemplo antigo, pense em *via strata* > *estrada*; quem quiser um exemplo moderno, repare em *telefone celular* > *celular*). Mas atenção: por mais poderoso que seja, o mecanismo só tem chance de funcionar em contextos altamente específicos (por exemplo, não é casual que o contexto de *costeiro* em (23) seja um anúncio em que se fala da próxima chegada de mercadorias novas, numa época em que as novidades chegavam invariavelmente por via marítima). Quando dizemos que um adjetivo criou um substantivo por "derivação imprópria", colocamos nosso foco na morfologia, e marcamos claramente o ponto de partida do processo (quando o adjetivo ainda era adjetivo) e o seu ponto final (quando o adjetivo virou substantivo) mas tendemos a negligenciar o peso que o cotexto tem no processo. É dizer que a mudança semântica não é apenas semântica, porque, para explicá-la, temos que falar das condições contextuais que a viabilizam.

O cotexto pode favorecer a mudança ou freá-la, como mostram três situações que mostro a seguir: (a) a dos fechos de carta em que o remetente se assina como *venerador* do destinatário, (b) a dos testamentos em que aparecem preservadas interpretações antigas, e (c) a dos anúncios que, por consistirem em listas intermináveis de produtos, se veem obrigados a desenvolver um tipo singular de anafórico, a saber *dito*, que hoje ficou completamente esquecido. Dedico a eles os próximos três parágrafos.

(*venerador*) Quando lemos as cartas particulares do século XIX e estranhamos o fato de que seus redatores se assinam como "veneradores" de um destinatário importante, a causa do nosso estranhamento não é o fato de que a palavra *venerador* desapareceu da língua (fala-se até hoje em *veneradores do sol* e a nossa época produziu inúmeras outras tribos de veneradores de qualquer coisa), e sim nosso desconhecimento de que as regras de etiqueta a que estava sujeita a correspondência antiga permitiam caracterizar a relação entre o autor e o destinatário (uma relação leiga) recorrendo a uma metáfora religiosa. Em suma, só chegamos à compreensão correta do texto aceitando que ele combina duas estratégias, uma delas de caráter metafórico ("entenda as relações assimétricas da vida a partir das relações assimétricas da religião") e a outra de caráter textual (entenda a carta como um tipo específico de texto, onde valem certas convenções e não outras). O que mudou não foi (ou não foi somente) a significação da palavra *venerador*, foram as alternativas oferecidas pelo gênero carta aos missivistas do século XIX. O "ruído" que experimentamos hoje nessa leitura não resulta do fato de que a língua mudou, mas do fato de que um certo sentido metafórico deixou de ser aceitável num determinado tipo de texto. Esse fenômeno é mais comum do que se poderia pensar.

(*revogo e hei revogado*) A linguagem jurídica sempre garantiu uma sobrevivência mais longa e gloriosa a palavras, expressões e sentidos que a língua comum tinha abandonado. Sempre foi assim, portanto não estranha que os testamentos do século XIX tragam expressões estereotipadas que pertencem a uma língua envelhecida. Uma dessas expressões é *revogo e hei revogado* (*...qualquer testamento ou codicílio anterior de minha autoria*). A pessoa que assina um texto que a contém realiza um ato de fala comissivo[9] (do mesmo tipo que os juramentos e as promessas), pelo qual se compromete a ter em conta de nulas no futuro todas as manifestações de últimas vontades escritas anteriormente, que poderiam ser usadas mais tarde para contestar o testamento que está sendo elaborado. Há duas maneiras que não se excluem mutuamente de entender essa fórmula: pela primeira, reconhecemos nela uma frase feita, de interpretação formulaica, e, portanto, renunciamos a entender o que significam suas partes (nesse caso não há o que explicar). Pela segunda, somos levados a reconhecer que ela reúne a primeira pessoa do presente do indicativo e a primeira pessoa do passado composto (PC) do verbo *revogar*. Não há redundância entre o que significam as duas formas do verbo: a do presente está sendo usada com a morfologia padrão dos verbos performativos – a primeira pessoa do singular do presente do indicativo, é a única voz verbal capaz de produzir uma situação "jurídica" nova (pense-se no uso de "aceito" pelos nubentes, ou de "condeno" pelo juiz). Mas é a do passado composto que interessa aqui porque, à diferença do que faria um passado composto hoje, não indica uma ação que se repetiu no passado, e sim uma ação que acaba de realizar-se, como o faz a frase "tenho dito" quando é pronunciada por um orador pedante ao final de um discurso.[10] Esse passado composto indica passado recente como as formas análogas das línguas românicas; no português, este já foi o sentido padrão do PC, mas o sentido de repetição já tinha se imposto em seu lugar bem antes que os testamentos em questão fossem escritos. É nesse sentido que se pode atribuir à linguagem jurídica a preservação de uma fórmula mais antiga.

(o anafórico *dito*) O caso do anafórico *dito* exemplifica a ligação entre operações semânticas e tipos de textos de maneira ainda mais forte. Deixo ao leitor a tarefa de ver como essa palavra era usada, pela leitura do anúncio transcrito em (24). Nesse anúncio de cerca de vinte linhas, formas *dito*, *dita*, *ditos*, *ditas* aparecem nada menos que 30 vezes, e sempre como anafóricos, encaixando subtipos em tipos e sub-subtipos em subtipos. Note-se que o redator do anúncio não hesitou em usar "recursivamente" esse anafórico hoje desconhecido: é o que acontece em *ditos ditas lisa* na passagem em que se fala de cambraia, e *ditas ditas para homem*, na passagem em que se fala de meias. Não é certamente casual que este tipo de anáfora ocorra num anúncio e mais precisamente num anúncio com as características de enumeração como os que eram possíveis em 1847.

(24) ***Annnncio.*** *(sic) DEPRESSA, DEPRESSA FREGUEZES,* ***á loja do verdadeiro barateiro*** *M. P. P. Vasconcellos, aonde se acha um completo sortimento de fasendas de todas as qualidades, como sejaõ ricas chitas as mais modernas que tem vindo a este mercado, para vestidos de senhoras a 160, 180, 200, 240, e 280 reis;* ***ditas*** *para cobertas a 240, e 280; riscadinhos muito finos e cores fixas, tanto para jaquetas como para vestidos, e camisas, a 200, e 240;* ***ditos*** *francezes a 300 reis; cortes de cambraia muito fina com listas de cores o mais bonito que se tem visto neste genero a 7$500;* ***dita*** *intitulada – praser e alegria – a 5$500, que' realmente concorda com o nome, pois é a fasenda mais linda que tem apparecido;* ***ditas*** *de chita cassa a 5$500, padrões inteiramente modernos muito bonitos, e de cores fixas;* ***ditos*** *de chaly a 10$;* ***ditos*** *de la e seda a 10$;* ***ditos*** *de barege e 5$500;* ***ditos*** *de laã a 5$;* ***ditos*** *de cambraia sergidaa mais fina possível a 4$500;* ***ditos dita*** *lisa a 4$; brins de listas e quadros, de puro linho a 1$ e 1$200;* ***ditos*** *brancos a 800, 900, 1$ e 1$200;* ***ditos*** *pardos a 700, 800, e 900;* ***ditos*** *brancos lisos a 320, e 400; cortes de cazemira de quadros a 5$ 6$ e 7$;* ***ditos*** *de algudaõ a 2$; cambraia de linho muito fina a 5$ a vara; esguiaõ a 2$200; bretanha a 800, 1$200 e 1$600; palatilha a*

800 e 4$, tudo de puro linho; sarja espanhola muito superior a 3:400; mantas da melhor seda de gras de Nápoles, padrões chinezes do mais moderno gosto a 8$; chalés setim a 14$; ricos cortes de setim com tintas de cores, mais bonito e moderno que há a 3$, ***ditos*** *de gorgoraõ de seda a 4$, padraõ nunca a esta praça vindos;* ***ditos*** *de algudaõ e seda a 480, e 640;* ***ditos*** *de laã a 1:600; lenços de seda, padraõ inteiramente novos a 2$ e 2$560;* ***ditos*** *de setim muito superior de cores muito bonitas para gravatas 4$ e 5$; veludo muito bom a 3$; riscado americano muito encorpado a 240, e 280;* ***dito*** *azul a 240, e 280; madapolão muito fino e largo a 180, 200, 220, e 240; morim de 4 palmos e meio de largura, e muito superior a 360 e 400; chapeos francezes do ultimo gosto a 8$500;* ***ditos*** *de castor a 10$, e 12$; setim de cores a 800, e 1$;* ***dito*** *lavrado a 2$560; luvas a polka a 1$ 1$200 , 1$600 2$500 e 3$; sapatos couro de lustro a 1$800, e 2$,* ***ditos*** *da marroquim a 1$280;* ***ditos*** *de pano a 1$; ditos de setim a 2$560; brozeguins para homens a 6$400; meias de sede24 a 1$, e* ***ditas*** *de pezo a 3$, e 4$;* ***ditas*** *ditas pretas a 3$200;* ***ditas ditas*** *para homem 4$;* ***ditas*** *de laiaa 2$600; pano fino preto a 6$ e muito superior; a 10$;* ***dito*** *azul a 5$; merinó a 4$ e muito superior a 5$; alpaca muito fina a 2$; princeza a 800; setim de Macau a 4$; lenços brancos de cambraia bordados com bico a 1$; ditos de cores a 1$; suspensorios a 240, e* ***ditos*** *de borraxa a 3; selins inglezes com todos os pertences por 30$; chapeos de sol de seda a 7$; bandejas de 30 polegadas a 2$500;* ***ditos*** *de 26 palmos a 2$300; fitas de setim largas a 1$ a vara: e outras muitas fasendas. miudesas perfumarias etc, etc, por muito deminuto preço; que muito agradará aos seus freguezes. Na mesma loja tem para vender seringas de bomba a 5$, 8$ e 10$.* (*O Cearense*, Fortaleza, 3 de junho de 1847, transcrição de Bernadete Biasi-Rodrigues, Rebecca R. Medeiros, Maria Coeli S. Rodrigues e Maria Edineuda T. Pinto)

[Não custa repetir: para entender o que significam neste anúncio *ditos dita lisa* e outras expressões semelhantes, é preciso lembrar que o particípio passado *dito*, *-a*, *-os*, *-as* foi transformado em anafórico. Em *ditos dita lisa*, *ditos* remete a *cortes*, que foi usado algumas linhas acima; *dita* retoma *cambraia*].

O papel relevante que reconhecemos ao tipo de texto, como um fator importante no lançamento de sentidos novos ou na preservação de sentidos antigos vale, de outra forma, para o lançamento de neologismos, e para a difusão de palavras vindas por empréstimo de línguas estrangeiras, porque essas "novidades" não aparecem aleatoriamente "na língua", mas costumam estar associadas não só a certos temas "novos" (o que seria óbvio), mas também a certos tipos de texto. Essa vinculação fica marcada de maneira particular nos usos atestados nos jornais para a palavra *club*, ou *clube.* A palavra *clube* é sabidamente um empréstimo do inglês, onde já significou "porrete, clava", "força de uma associação política" e finalmente "associação de qualquer natureza". No português brasileiro de hoje, indica mais comumente (1) uma agremiação que reúne seus associados para bailes, jantares e outras atividades recreativas ou (2) uma organização que mantém uma equipe de jogadores profissionais especializada em alguma modalidade esportiva, ou a própria equipe de jogadores. No final do século XIX, indicava o que chamaríamos hoje *consórcio de vendas*; foi com esse último sentido que as lojas a usaram em seus anúncios.

CONSIDERAÇÕES FINAIS

Meu mergulho no *corpus* não me deu por retorno a descoberta de nenhuma tendência impressionante de mudança semântica no PB dos séculos XVI a XX: forneceu ao contrário a imagem de uma língua semanticamente estável e pouco permeável a mudanças. Tentei explicar esse fato lembrando que examinei poucos documentos de língua escrita que seguiam o modelo tradicional português, recusando as inovações pelas quais a língua falada devia estar passando ao mesmo tempo, devido à evolução normal pela qual passam todas as línguas, à influência indígena e africana, ao multilinguismo vivido no Brasil colonial e à importação de empréstimos cada vez mais numerosos.

Notei, contudo, mudanças profundas nas formas de discurso utilizadas, de que são exemplo privilegiado as matérias do jornal, entregues com o passar do tempo a jornalistas cada vez mais "profissionais", que substituíram o tom de tribuna parlamentar pela exposição mais neutra das notícias, e com isso deixaram de veicular acusações recheadas de xingamentos e latinórios mal assimilados. Verifiquei também que certos tipos de discurso são mais propícios a determinadas formas de inovação. Tudo isso reforça a ideia de que a análise propriamente linguística dos documentos tem que multiplicar os contatos com a história da sociedade brasileira e com a história dos produtos culturais que ela veio criando e modificando desde sua origem.

Um saldo positivo de associar as resistências ao novo, bem como as inovações e os empréstimos a determinados tipos de textos é que o estudo da mudança semântica passa a contar com uma heurística que formula perguntas não só para grandes períodos da história social, mas também para tradições discursivas específicas, que assim podem ser usadas como pistas, abrindo uma terceira via entre uma história semântica voltada para grandes campos temáticos e uma história semântica que procura atestar e datar individualmente o aparecimento de novos sentidos. O primeiro desses caminhos já foi trilhado, por exemplo, por Jacques Raimundo, quando se perguntou qual tinha sido o saldo linguístico de cada um dos grandes ciclos históricos da economia brasileira; o segundo leva à pergunta central do projeto de cronologia do vocabulário do PB dirigido por Vanderci Aguilera: "que palavras são atestadas (deixam de sê-lo) em tal e tal período, em tal e tal ano?".[11] A terceira via pode ganhar concretude quando nos perguntamos quais foram os grandes tipos de textos utilizados nos três ou quatro séculos de história do PB, e como eles contribuíram para alterar o léxico e ressignificar a sintaxe, produzindo não mudanças do tipo *on off*, mas rearticulações de inteiros segmentos da língua.

Se o tipo de leitura que fiz não encontrou nos textos as marcas de grandes derivas semânticas, mostrou, contudo, que é possível respigar uma série grande de pequenos episódios de mudança em que diferentes recursos expressivos são criados ou reaproveitados, e em que o sentido das formas existentes se altera. Sustentei que a arcaização absoluta não se consegue por decreto e não deve ser encarada como uma boa explicação de nossas incompreensões, mesmo porque as palavras consideradas arcaicas continuam disponíveis para quem queira falar de realidades antigas; sugeri que uma arcaização relativa poderia ser captada estudando estatisticamente a frequência com que os itens em questão são usados em diferentes épocas – um tipo de análise que hoje é facilitado pelos recursos computacionais, mas para o qual seria preciso preparar uma geração.[12]

Para concluir, lembro que a grande história semântica do PB é uma soma dessas pequenas histórias, que afetam principalmente o léxico, mas podem afetar também a gramática da língua. Estudar essas histórias pode parecer uma tarefa inglória, porque demora uma eternidade, leva a conclusões pontuais e localizadas, e não permite lançar grandes hipóteses. Mas tem a vantagem de permitir uma precisão maior. Se não houvesse outros, esse seria um bom motivo para afirmar que o estudo de amostras do *corpus* continua sendo uma tarefa (não a única) boa e produtiva, e portanto recomendável, apesar de humilde. Salvo engano, essa é a opinião compartilhada de todos os colaboradores deste volume, a quem cumprimento e agradeço pela ajuda.

NOTAS

1 Aparentemente exigidas em épocas mais antigas, essas manifestações de religiosidade foram-se reduzindo ao longo do tempo e foram dar, mais recentemente, em anotações secas como "católico" ou "protestante" a cargo do funcionário público; mas ainda eram esperadas na primeira metade do século XX.

2 Em Pessoa (2007), estuda-se o processo histórico que fez da notícia e do lide dois gêneros textuais obrigatórios dos jornais brasileiros.

3 Pessoa (2007) comenta que essas "cartas" tomam como modelo os discursos parlamentares, a tribuna.

4 Um dos primeiros trabalhos que chamou a atenção para as notícias sobre "escravos fugidos" foi Berlinck e Guedes (2000); no Projeto para a História do Português Brasileiro, a forma desses anúncios foi analisada minuciosamente em Brandão (2007), que a descreve à luz das teorias do discurso de Bakhtin e Maingueneau. Mais modestamente, tentaremos extrair desses anúncios algumas pistas para a história da língua.

5 Havia às vezes uma espécie de contrapartida à promessa de alvíssaras, que consistia em ameaçar com as sanções da lei quem se apossava do escravo fugido usando-o em seu próprio serviço. O primeiro proprietário prometia então *protestar* isto é, tornar pública a apropriação indevida.

6 Esses textos anotados pertencem agora ao projeto de História do Português Brasileiro; foram incorporados ao Centro de Documentação Professor Alexandre Eulálio do Instituto de Estudos da Linguagem da Unicamp, para que os torne disponíveis a todos os possíveis interessados. Numa tentativa de encontrar amostras de linguagem mais próximas da fala, anotei o drama *Sangue Limpo*, do paulista Paulo Eiró, cuja ação se passa pouco depois da declaração da Independência, envolvendo personagens das várias camadas da sociedade. Os diálogos de *Sangue Limpo* mostram a preocupação de caracterizar as personagens pela fala; o tratamento que as várias personagens dão a seus interlocutores marca claramente o caráter simétrico ou assimétrico dos diálogos colocando em correspondência os vários pronomes de segunda pessoa com vocativos que indicam diferentes graus de familiaridade ou respeito.

7 No contexto de um subprojeto que não teve continuidade, a profa. Alessandra Castilho, da Universidade Federal do Rio Grande do Norte, me passou dois repertórios – um de testamentos e outro de jornais – que acabavam de ser transcritos por sua colaboradora Sylara Silvério; acessei mais documentos nas publicações de Carneiro e Almeida (1998) e em *corpora* processados em Fortaleza pela equipe da profa. Bernadete Biasi. Dos materiais aqui transcritos, os testamentos e recortes de jornal provenientes de Natal foram transcritos por Alessandra Castilho e Sylara Silvério; os de Fortaleza foram transcritos por uma equipe coordenada por Bernadete Biasi. Nas transcrições, mantivemos a grafia original dos documentos transcritos.

8 Os primeiros trabalhos da coleção *Para a História do Português Brasileiro* citam várias séries documentais disponíveis para a pesquisa. Por exemplo, Carneiro e Almeida (1998) trazem os resultados de um levantamento feito na Cúria de Feira de Santana que resgatou do esquecimento *Autos de Partilha*, *Cartas de Alforria*, *Cartas Pessoais*, *Certidões*, *Declarações de vários tipos*, *Escrituras Públicas*, *Inventários*, um *Caderno de Memórias*, um *Livro de Esmolas*, alguns *Testamentos* e vários tipos de *Translado*; outros trabalhos reunidos no mesmo volume (Muller de Oliveira, 1998; Barbosa, 1998; Sales, 1998; Modolo, 1998) informam sobre escritos de vários tipos, disponíveis respectivamente em Santa Catarina, no Rio de Janeiro e em São Paulo, e isso é apenas uma parte minúscula dos documentos acumulados.

9 Nos atos de fala comissivos, o locutor se compromete a fazer com que as coisas se conformem ao que diz a linguagem; nos atos de fala declarativos, a *direction of fit* é a contrária (Searle, 1979).

10 Uma outra interpretação seria possível para o PC, pela qual *revogado(s)* é tomado como predicativo do objeto direto *testamentos*, *codecílios*. Esta última interpretação parece inescapável quando o particípio passado vai para o plural e intervém na frase a preposição *por* (*"Hei por revogados quaisquer testamentos"*). Temos então uma interpretação mais antiga, que corresponde à fase inicial dos tempos compostos românicos.

11 Este tipo de estudo dará origem a um volume específico, nesta mesma coleção.

12 Na década de 1970, nossos alunos de graduação em Linguística na Unicamp cursavam obrigatoriamente uma disciplina de estatística chamada ME396; hoje, o papel de um teste como o χ-quadrado tornou-se capítulo de muitas teses de doutorado.

SEGUNDA PARTE

MORFOLOGIA

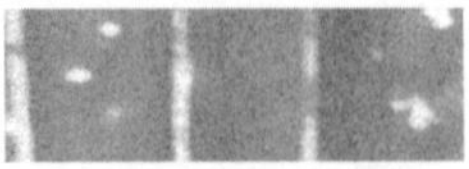

DE *DOUTORAÇO* A *DEITAÇO*: UMA ANÁLISE DIACRÔNICA DO SUFIXO -*AÇO*/1 NO PORTUGUÊS BRASILEIRO

Helio Oliveira

SUMÁRIO

Uma das formas de explicar o significado das palavras é observar o rastro que elas deixam na história de seus usos ao longo do tempo. O traçado desenhado por essas pegadas pode ser firme e bem marcado, mas pode também ser tortuoso e fragmentado. Ainda mais incerto será esse caminho se se decide observar, em vez de uma palavra, um afixo. Ciente desse desafio, o presente capítulo tem como objetivo investigar a hipótese de que o sufixo *-aço*, no português brasileiro, passa por um processo de ressemanticização que, entre outros aspectos, acontece pela incorporação de conotações positivas em relação aos traços atribuídos por esse sufixo – muito diferentes das suas primeiras ocorrências nos séculos XVI e XVII. Partimos do pressuposto de que a significativa produtividade semântica desse morfema no português brasileiro (PB) se deve, logo de início, à homonímia do sufixo, tal como proposta por Malkiel (1959). De acordo com o autor referido, que se baseou em estudos sobre o espanhol, não haveria apenas um sufixo, mas sim dois sufixos homônimos, *-aço/1* e *-aço/2*. O que nos chamou a atenção, entretanto, é o fato de a relação semântica entre esses dois sufixos homônimos não ser estável, principalmente no que diz respeito ao comportamento de *-aço/1*. Sandmann (1987: 58), por exemplo, fala em uma suposta "conjugação ou anulação da sinonímia" entre os dois sufixos, causada pelo compartilhamento de certos traços entre eles, entretanto, temos razões para acreditar que é a polissemia de *-aço/1* que pode ter causado essa impressão, fato que não anula a sinonímia dos dois sufixos, apenas os torna mais complexos. Sobre essa temática, Ilari (2011) adverte que "um dos principais problemas do estudo dos sufixos é que, em geral, eles têm mais de um sentido, e o mesmo sentido pode ser também expresso por mais de um sufixo" (2011: 182).

Privilegiando uma perspectiva diacrônica, nossa análise toma como *corpus* um conjunto de palavras sufixadas em *-aço*, coletado em dicionários antigos e contemporâneos (Bluteau, Houaiss, Caldas Aulete, Michaelis, Ferreira etc.), gramáticas (Said Ali, Rocha Lima, Nunes, Bechara), fragmentos de textos literários dos séculos XVI, XVII, XVIII e, para as amostras mais recentes, excertos coletados em jornais (*O Estado de S. Paulo*, *Correio Popular*), sites e redes sociais (*G1 Notícias*, Twitter, Facebook etc.).

O presente trabalho se justifica pela pouca atenção destinada no passado aos sufixos no PB, conforme apontado por Sandmann (1988), ao criticar as observações de Bechara (1969) e Rocha Lima (1963): Bechara teria dito que os sufixos têm "pouca força significativa" em comparação com os prefixos, e Rocha Lima chegou a afirmar que os sufixos são "vazios de significação e têm por finalidade formar séries de palavras da mesma classe gramatical" (Rocha Lima, 1963: 180). Longe desse "menosprezo" pelos sufixos, Sandmann reconhece a riqueza semântica desses morfemas ao se questionar, por exemplo, sobre o funcionamento de *-ada* e *-eira(o)*, evocando a diferença nada banal entre *-ada* e *golpe*, em *martelada* = *golpe de martelo*; entre *-ada* e *pontada*, em *facada* = *pontada com a faca*; entre *-eira* e *árvore*, em *pereira* = *árvore que dá pera* ou entre *-eiro* e *homem*, em *leiteiro*. Após dar esses exemplos, o autor assevera que "os sufixos não são vazios de significado ou mais vazios que os prefixos" e que, "muitas vezes, eles podem até corresponder semanticamente a lexemas: *violeiro*, uma derivação sufixal, corresponde semanticamente ao grupo sintático *tocador de viola*" (Sandmann, 1988: 31).

Trabalhos mais recentes também têm se dedicado ao estudo da morfologia, de maneira mais geral (Petter, 2010; Scher, 2017), e dos afixos, de maneira mais específica (Medeiros, 2010; Silva e Medeiros, 2016).

Para organizar a análise, este capítulo aborda, inicialmente, a origem e a diferença entre os morfemas *-aço/1* e *-aço/2*, justificando a atenção preferencial que será dada a *-aço/1*. Em seguida, explora a produtividade semântica de *-aço/1*, estabelecendo suas principais características e concentrando-se, então, na atribuição de traços negativos/pejorativos (em provável declínio), de traços positivos/melhorativos (em provável ascensão), chegando, no último tópico, aos indícios mais recentes de mudança semântica, localizáveis na atribuição do significado de "manifestação pública engajada" – essas manifestações, conforme se verá, dizem respeito a protestos em prol de alguma reivindicação específica, como melhoria em políticas públicas (*panelaços*, *cadeiraços*) ou contra as injustiças sociais (*beijaços*, *saiaços* etc.).

A produtividade do sufixo *-aço/1* foi significativa no PB, mas vale para ela a advertência de Leibniz de que "a natureza não dá saltos" ("*Natura non facit saltus*", *Novos ensaios*, IV, 16): os sentidos não se constroem "repentinamente" e não há soluções de continuidade na história de seus usos. Acompanhar e descrever pelo menos uma pequena parte dessa história também é objetivo deste estudo.

POLISSEMIA OU HOMONÍMIA? ORIGEM E PRINCIPAIS CARACTERÍSTICAS DO SUFIXO -AÇO

De forma geral, os estudiosos da área concordam que os sufixos são intensamente polissêmicos; o morfema *-aço* e os sentidos que ele atribui às palavras em que ocorre não são exceção. A novidade sobre esse sufixo, conforme já mencionado, surgiu com a hipótese ainda não refutada de que, na verdade, não haveria apenas polissemia, mas também homonímia em seu funcionamento semântico. Malkiel (1959), baseado em estudos[1] sobre o romance, o português e o espanhol, observa que

> Como suas línguas irmãs, o espanhol e o português preservaram e desenvolveram parcialmente o sufixo latino -aceum [atso], que sobreviveu ([...]) no galego-português antigo e quase indiscriminadamente como -azo [adzo] no espanhol antigo ([...]). O sufixo -azo/aço, indicativo de um golpe (azo-2/aço-2) não tem relação genética com os produtos homônimos do Lat. -aceum (-azo-1/-aço-1). Pode-se afirmar que, independentemente de considerações cronológicas e geográficas, há razões semânticas, morfológicas e fonológicas que apoiam essa separação diacrônica. (1959: 193, tradução nossa).

Assim, concentrando-se no espanhol, o autor afirma que, enquanto *-azo*/2 teria se originado do Lat. *-aceum*, e é portador de valor de *golpe*, *-azo/1* originou-se da forma latina *-atio*, e corresponde ao valor de *aumentativo*.

Alguns anos mais tarde, essa diferenciação é corroborada por Gauger (1968), que também recorre ao espanhol, ao citar como exemplo a palavra *martillazo*: nesse caso, haveria, então, *martillazo/1* (martelo grande) e *martillazo/2* (golpe desferido com martelo). O acréscimo de Gauger ao tema é a posição "superior" que ele atribui ao sufixo, qualificando-o como mais relevante que a palavra ou radical por ele sufixada. Citando *martillazo* (*martelaço*, adiante traduzido), o autor elucida que, nesse caso,

> não é *-aço* que é um acessório de *martelo*, senão o contrário, *martelo* é um acessório de *-aço*; *martelaço 2* não indica um martelo a que se acrescenta a ideia de golpe, aliás, não indica nenhum martelo, mas um golpe, do qual se diz acessoriamente que ele é vibrado com um martelo e não com outro objeto. No conteúdo de *martelaço 2* o conteúdo de *-aço2*, *golpe*, é anterior ao do instrumento, pois ele transmite propriamente o que a formação como um todo contém. (Gauger, 1968: 94)

Essa sugestão de que o sufixo *-aço* torna as palavras um acessório dos sentidos que ele, o sufixo, quer fazer circular, será retomada adiante, quando discutirmos as ocorrências contemporâneas de lexemas sufixados em *-aço*. Por ora, queremos justificar nossa opção de estudar *aço/1* neste capítulo, ao mesmo tempo que levantamos suas principais características.

A primeira razão para essa escolha é de ordem quantitativa. Ao separar os dois afixos, foi possível constatar que a produtividade de *-aço/1* é muito maior do que a de *-aço/2* (o que ficará mais claro ao longo da análise). Enquanto os muitos sentidos de *-aço/1* podiam ser vislumbrados já na coletânea de exemplos que compõe o *corpus*, o sentido de *-aço/2* (golpe) parece ter-se mantido estável (não polissêmico) através dos séculos, relegado à baixa incidência no PB hodierno. Para comprovar a baixa produtividade deste segundo morfema, procedeu-se a uma comparação sincrônica do número de ocorrências de palavras sufixadas em *-aço/2* com o de seu principal "concorrente", as palavras sufixadas *-ada*, que também são indicativas de *golpe com X* (*flechaço* e *flechada*, *canivetaço* e *canivetada*, *unhaço* e *unhada* etc.). As buscas foram feitas em janeiro de 2018 e a escolha das palavras a seguir teve como objetivo particularizar, na medida do possível, os usos de *-aço/2*. Ainda assim, é importante dizer que os resultados aferidos pelo Google apresentam, indiscriminadamente, palavras sufixadas em *-aço/1* e *-aço/2*, isto é, as ocorrências de *canivetaço* correspondem tanto a *canivetaço/1* ("canivete grande"), quanto a *canivetaço/2* ("golpe com canivete"), o que não afetou o teste, tendo em vista a grande diferença quantitativa entre as palavras formadas pelos morfemas *-aço/2* e *-ada*. Outra ressalva a ser feita é que, na falta de um número total a partir do qual se poderia extrair a porcentagem de ocorrências de cada um dos dois sufixos em questão, simplesmente somaram-se os resultados da busca com *-aço/2* e com *-ada* e, desse total, foram extraídas as porcentagens abaixo representadas em forma de gráfico. A intenção é apenas tornar mais clara a proporção entre os resultados.

A esse respeito, considerem-se os casos a seguir:

Tabela 1 – Pesquisa de *canivet(ada)aço* no buscador Google, janeiro de 2018

Comparação da incidência de termos sufixados em *-aço* e *-ada*	
Termo	**Ocorrências encontradas**
canivetaço	437
canivetada	10.200

Gráfico 1 – Porcentagem da incidência dos dois termos, comparados entre si

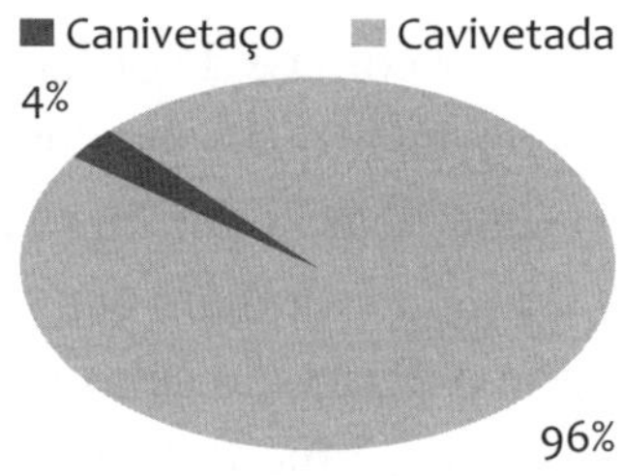

Tabela 2 – Pesquisa de *unh(ada)aço* no buscador Google, janeiro de 2018

Comparação da incidência de termos sufixados em *-aço* e *-ada*	
Termo	**Ocorrências encontradas**
unhaço	938
unhada	585.000

Gráfico 2 – Porcentagem da incidência dos dois termos, comparados entre si

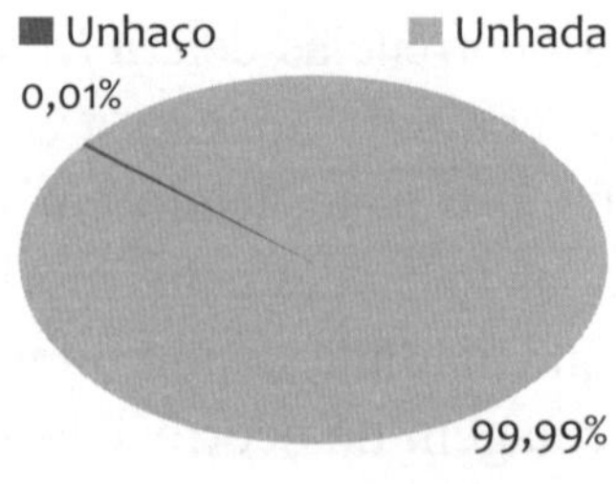

Tabela 3 – Pesquisa de *flech(ada)aço* no buscador Google, janeiro de 2018

Comparação da incidência de termos sufixados em *-aço* e *-ada*	
Termo	**Ocorrências encontradas**
flechaço	1.560
flechada	336.000

Gráfico 3 – Porcentagem da incidência dos dois termos, comparados entre si

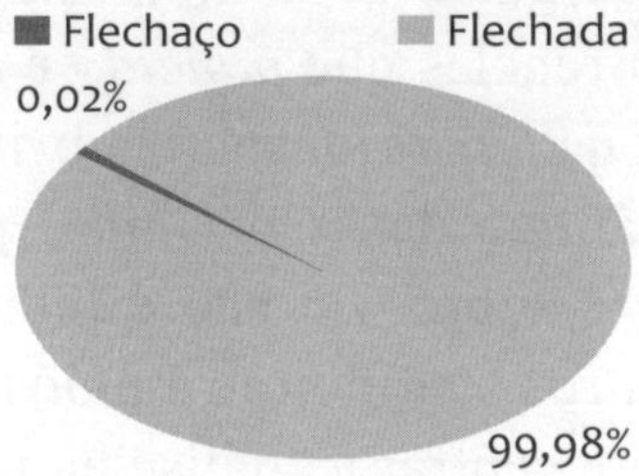

Tabela 4 – Pesquisa de *joelh(ada)aço* no buscador Google, janeiro de 2018

Comparação da incidência de termos sufixados em *-aço* e *-ada*	
Termo	**Ocorrências encontradas**
joelhaço	3.150
joelhada	181.000

Gráfico 4 – Porcentagem da incidência dos dois termos, comparados entre si

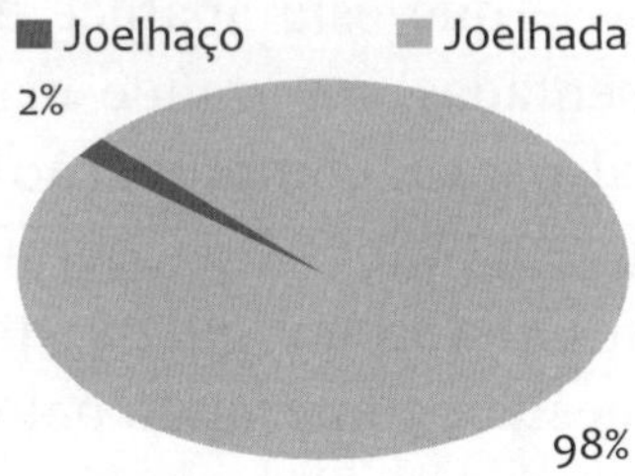

Os resultados mostram a maioria absoluta de palavras terminadas em *-ada* na ocorrência de expressões indicativas de golpe. Conforme já comentado, mesmo considerando que os exemplos da sufixação em *-aço* nos termos pesquisados contêm os casos de *-aço/1* e *-aço/2*, a diferença destes com as ocorrências em *-ada* (que, por sua vez, também engloba a polissemia da forma *-ada*) é tão grande que foi o suficiente para os objetivos desta etapa do trabalho: verificar que, como opção para referir "golpes/pancadas com X", o sufixo *-ada* possui frequência muito maior no PB do que o sufixo *-aço/2*, o que confirmaria a pouca produtividade e a ausência de polissemia deste último. No caso de *-aço/1*, embora também haja afixos concorrentes, como, por exemplo, *-ão*, *-udo e -arro*, estes recobrem apenas parte dos sentidos atribuídos por esse morfema (alguns sentidos, aparentemente novos, ainda requerem explicação). À guisa de comparação, o fato de *panelaço* e *apitaço* terem mais ocorrências que *panelão* e *apitão*, por exemplo, já seria um motivo adicional[2] para despertar o interesse pela descrição do funcionamento semântico de *-aço/1*, mas, para nós, essa eventual predominância de *-aço/1* sobre *-ão* não é indício apenas do traço de aumentativo, mas de outros sentidos atribuídos por *-aço/1*. Assim, julgou-se mais relevante concentrar a análise na intensa polissemia desse primeiro morfema e não em seu homônimo.

Outro fato em favor da escolha em analisar *-aço/1* é um dado que, inclusive, trata especificamente da diferença entre *-aço/1* e *-aço/2*: a ordem com que as acepções são apresentadas na mesma entrada, nos dicionários pesquisados (atente-se ao fato de que os dicionários, no caso dessas palavras, consideram os sentidos diferentes como polissemia causada por um único morfema *-aço*). Se as acepções de uma mesma entrada forem separadas, identificando-se qual é a correspondente a *aço/2*, constata-se que esta aparece entre as últimas (ou na última) acepções apresentadas, na grande maioria dos casos, o que seria um dado adicional para a comprovação da pouca produtividade de *-aço/2*. Sabe-se que a prática lexicográfica mais utilizada para ordenar os sentidos em um verbete guia-se pela incidência daquele sentido na língua em questão, começando pelos usos mais frequentes e terminando pelos mais raros. Trata-se do critério de frequência,[3] visível no exemplo que segue (Houaiss, 2001):

(1) ***Bolaço:*** ***1*** *– bola grande.* **2** *– jogada ou passe executado com excelência; bolão.* **3** *– golpe ou arremesso feito com bola ou boleadeiras.*

No caso em questão, as acepções seguem uma ordem em que o primeiro lugar é ocupado pelo traço de aumentativo (*-aço/1*), seguido de um traço que interpretamos como polissêmico em relação a *-aço/1*, o melhorativo, seguido, em último lugar, pela acepção que corresponde ao valor de golpe. Esses dados (assim como as tabelas anteriores) confirmam a interpretação de Sandmann (1988: 34), para quem a função de "golpe ou pancada com x" é desempenhada preferencialmente pelo sufixo *-ada* no PB. O autor, entretanto, não apresenta dados concretos, portanto, decidimos gerar amostras que pudessem confirmar essa informação da maneira mais inequívoca possível.

Outra razão pela escolha e particularização do sufixo *-aço/1* é de ordem qualitativa, e nos levou às demais características desse afixo: entre os dois morfemas, *-aço/1* é, de longe, o mais polissêmico.

Utilizando ferramentas digitais de busca no arquivo eletrônico do dicionário Houaiss, por exemplo, pode-se constatar a ocorrência de 236 verbetes em que a terminação *-aço* ocorre. Desse total, muitos lexemas, como *braço*, *palhaço*, *cabaço*, *regaço*, *ameaço*, *espaço*, *pedaço*, *laço*, *traço* etc. na verdade não sofreram a derivação sufixal com *-aço*, mas têm outras origens e outras etimologias; 151 correspondem de fato ao sufixo *-aço* e, entre esses, a maioria pode ser categorizada com o valor de aumentativo, além de outros sentidos que, agora, iremos explorar.

Em meio aos estudos sobre a temática, Santos (2010) fez uma intensa pesquisa dos termos terminados em *-aço* no dicionário Houaiss, considerado o mais completo do PB, e chegou a identificar 12 valores semânticos (conforme tabela que será apresentada a seguir). Alguns deles, a autora reconhece que não parecem ser fruto de derivação sufixal do PB, mas sim empréstimo de outras línguas, como do espanhol, em *canhotaço* (*cañotazo*), *guascaço* (*guascazo*), *pelotaço* (*pelotazo*), entre outros, e acrescenta que "a maioria das palavras com valor de golpe descritas pelo Houaiss apenas inflam o dicionário, indicando uma ideia equivocada sobre a produtividade e uso do sufixo em língua portuguesa" (Santos, 2010: 271). Por essa razão, a autora constata que "os outros significados assumidos pelo sufixo *-aço* apresentam frequência de uso maior do que palavras com valor de golpe" (2010: 270). Este último valor (para nós, *-aço/2*) será posto de lado a partir de agora, para nos dedicarmos mais detidamente à polissemia de *-aço/1*.

A POLISSEMIA DE -AÇO/1: CATEGORIZAR E RECATEGORIZAR SEUS VALORES SEMÂNTICOS

Partindo dos dados já aferidos por Santos, apresentados na tabela a seguir, passaremos a explorar os diferentes sentidos atribuídos por *-aço/1*, lembrando, apenas, que a autora não estava preocupada em distinguir os dois sufixos, mas catalogou e filtrou as ocorrências do sufixo *-aço* no *Houaiss*. Conforme já comentado, descartaremos as ocorrências com sentido do golpe.

Tabela 5 – apresentada em Santos (2010: 266)

Valor semântico do sufixo *–aço* no Dicionário Houaiss	
Valor semântico	**Exemplos**
Ação/resultado	*Andaço, falaço (pejorativo), bebaço (intensidade) assanhaço, panelaço (manifestação) e buzinaço (manifestação)*
Aumentativo	*Velhacaço, pecadaço (intensidade), bandidaço, tarifaço, amigaço, fidalgaço, amigalhaço (intensidade), estilhaço, animalaço, vilanaço, pernaço, ladroaço, copaço, corpaço (avaliativo), negraço (intensidade), pecadoraço (intensidade), bizarraço, estudantaço (melhorativo), antigalhaço (intensidade) e beleguinaço*
Aumentativo e golpe	*Bolaço, balaço, argolaço, tacapaço, sogaço e joelhaço*
Coleção / conjunto	*Leandeaço, femeaço, borbulhaço, galinhaço, mostaço, plumaço e chumaço*
Golpe	*Tirambaço, munhecaço, bicaço, flechaço, unhaço, talaço, panaço clavinaço, canhonaço, coronaço, cornaço, guampaço, trompaço, pistolaço, chifraço, tiraço, patacaço, mosquetaço, pontaço, canivetaço, pelotaço, clavinotaço, arcabuzaço, rebencaço, botocaço, sofrenaço, chicotaço (intensidade), manotaço, laçaço e lançaço*
Intensidade	*Polmaço, cagaço, quedaço, barulhaço*
Nomina essendi	*Soberbaço, ricaço, assedeaço, atrevidaço, lerdaço, gordaço, lordaço, fachudaço (melhorativo), morrudaço, leigaço, antigaço, ricalhaço, grulhaço (pejorativo), amarelaço, vermelhaço, bolaço, torenaço, faceiraço, bonitaço, morenaço (melhorativo), vivaço e buenaço*
Melhorativo	*Vidaço, timaço, pingaço, gauchaço, golaço, ginertaço, morenaço, mulataço, talentaço, vaqueanaço, compeiraço e mestraço*
Obscuro ou inalterados	*Fascaço, esfregaço, algaço, reinaço, loraço, botocaço, cangaço e agraço*
Pejorativo	*Jornalaço, canhamaço, vinhaço, bagaço, melaço, professoraço, meirinhaço, doutoraço, literaço, poetaço e frangaço*
Semelhança	*Vidraço, pardaço e brancaço*
Relacional	*Palhaço*

Considerando a tabela de Santos (2010), podemos dizer que se trata de um trabalho abrangente e criterioso, todavia, temos algumas críticas a tecer, à guisa de contribuição. Não nos parece clara, por exemplo, a razão pela qual *palhaço* foi incluído no quadro de valores semânticos do sufixo *-aço*. A categoria que lhe coube é *relacional*, mas é opaco qual seria o radical e o processo de derivação sufixal nesse caso. Talvez, a presença deste último termo no quadro pudesse ser reavaliada, excluindo-o desse levantamento, o mesmo valendo para os casos de *laço*, *traço*, *espaço*, *pedaço*, etc., mencionados previamente.

Outro aspecto obscuro é a diferença não explicitada entre os traços de intensidade e aumentativo – por que separá-los em dois agrupamentos, como representantes de diferentes fenômenos? Em nossa concepção, as palavras dos dois grupos vieram à luz por meio do mesmo fenômeno, ou seja, por meio da atribuição do traço aumentativo, típico de *-aço/1*, tendo em vista que esse funcionamento atua como uma lente de aumento sobre o referente do radical ou palavra sufixada: se for um substantivo como *martelo*, a ação do sufixo consiste em ampliá-lo (*martelaço* = martelo muito grande); se for um adjetivo como *rico*, a operação é a mesma, a ampliação da riqueza (*ricaço* = homem muito rico). Nesse sentido, todas as palavras que estão contidas na tabela sob a etiqueta *intensidade*, bem como os adjetivos do grupo *nomina essendi* poderiam ser agrupadas na coletânea do valor de aumentativo, pois foram formadas a partir do mesmo processo de ampliação de suas características prévias.

De forma semelhante, os substantivos derivados que a autora classifica no grupo de pejorativos, como *ladronaço* e *frangaço* também são formados pela ampliação de seu sentido prévio, uma vez que *ladrão* já traz consigo uma carga semântica negativa e chamar alguém de *frango* não é um elogio. Assim, vários elementos desse grupo etiquetado como *pejorativo* seriam mais bem classificados sob a rubrica *aumentativo*, pois o sufixo não adicionou um traço de negatividade às palavras, mas apenas intensificou aqueles que já existiam previamente no radical.

Essa interpretação encontra apoio no estudo do léxico italiano empreendido por Domenico Russo (s/d), que observou o fato de que muitos sufixos não alteram o sentido das palavras com as quais se ligam, mas operam em sintonia com os sentidos originais:

> O acréscimo do sufixo não muda propriamente o significado da palavra original; mas modula esse significado introduzindo uma nuance que pode ser diminutiva ou aumentativa, e que pode ser combinada com nuances afetivas de natureza positiva (que podem expressar carinho, apreço, admiração etc.) ou nuances de natureza negativa (que podem ser pejorativas, denegritivas, depreciativas etc.). Os significados das palavras formadas por derivação são ao contrário muito fáceis de distinguir dos significados das palavras de origem, embora mantenham com eles sólidas ligações semânticas. (Russo, s/d: 33; tradução nossa)[4]

A mesma recategorização que sugerimos a propósito de *ladronaço* e *frangaço* poderia ser aplicada a alguns integrantes do grupo dos melhorativos, tendo em vista que este conjunto sofre o mesmo processo, em direção contrária: *talentaço* deriva de uma palavra já positiva, *talento*, enquanto *golaço* deriva do termo que identifica a pontuação máxima no futebol, objetivo de todas as jogadas durante a partida e motivo de exultação dos torcedores, o *gol*. Então, o papel do sufixo é intensificar o que já havia de positivo nesses dois exemplos.

Outros dois casos de pejorativo que merecem atenção são *femeaço* e *mulheraço*. O primeiro é definido no *Houaiss* e em outros dicionários como uso pejorativo, inclusive como sinônimo de *prostituta* ou *agrupamento de prostitutas* (esta segunda acepção permite ainda um desdobramento: talvez pudesse ser entendida, por um lado, como efeito do valor aumentativo, pois aplica-se tanto a uma meretriz quanto ao conjunto delas, e, por outro lado, como uma espécie de gérmen do valor de manifestação pública coletiva, do qual trataremos adiante, pois contém a ideia de grupo, embora não em um contexto de manifestação – de qualquer forma, a conotação pejorativa está presente). *Mulheraço* é relativamente mais polissêmico. A definição aponta para *mulheraça* e define o termo como: *mulherão*, "mulher que se destaca por sua beleza; aquela que chama atenção por ser muito atraente", *mulher alta*, e acrescenta o uso pejorativo: "mulher muito gorda, forte, alta ou desajeitada". Os dicionários *Caldas Aulete* e *Michaelis*, pesquisados à guisa de comparação, não apresentam o sentido pejorativo. A esse respeito, Sandmann (1987) comenta:

> Parece-me, salvo melhor juízo, que a realidade do português é a seguinte: em palavras complexas como *ricaço* e *barcaça* a função primordial do sufixo é a de indicar simplesmente o aumento. Em *mulheraço/mulheraça* a semântica pode ser de apreço ('mulher muito atraente') ou a conjugação do aumento com a da conotação de apreço ('mulher alta e bonita') ou do desapreço ('mulher alta e desajeitada'). (Sandmann, 1987: 58)

Parece-nos que a análise de Sandmann fornece um argumento para retirar esses dois termos da seara dos pejorativos. Ora, se o caráter positivo de *mulheraço/a* vem da conjugação do aumento com o apreço, ou com o desapreço, não existe aí um traço atribuído pelo sufixo em si mesmo, mas a ampliação de sentidos previamente estabelecidos. No caso de *femeaço*, é a designação de *fêmea*, utilizada no conjunto lexical da Zoologia para se referir ao gênero dos animais, aqui referindo um ser humano, que é portadora do traço *negativo* ampliado pelo sufixo *-aço/1* – deve-se lembrar que o patriarcalismo e o machismo são relações sociais dominantes e podem ser, muitas vezes, determinantes para a constituição dos sentidos. As evidências de que os usos de *femeaço* (mais pejorativo) eram mais antigos cronologicamente que *mulheraço* (menos pejorativo) podem ser indícios de que o machismo (aparentemente mais intenso quanto mais se volta no tempo) garantiria o sentido pejorativo *prévio* das palavras *fêmea* (em grau maior) e *mulher* (em grau menor), meramente ampliados por ação do *-aço/1*. Em nossa interpretação, portanto, não se trata de traço pejorativo atribuído pelo sufixo.

No caso do grupo "obscuro ou inalterados", entendemos que algumas palavras talvez pudessem ser excluídas da tabela, uma vez que o sufixo perdeu seu papel atributivo, como em *esfregaço*, *cangaço*, *agraço* etc. Outras, como *loraço*, *algaço*, *batocaço e fascaço*, poderiam ser realocadas entre os exemplos de aumentativo, exceto *batocaço* que é definido como "golpe de esporão de galo", portanto, seu lugar é no grupo golpe (*-aço/2*) e não no obscuro/inalterado.

Enfim, se as palavras forem organizadas de acordo com tipos de traços atribuídos, a tabela passará de 11 variantes (já excluídas as ocorrências de *-aço/2*) para 6: (i) Aumentativo; (ii) Melhorativo; (iii) Pejorativo; (iv) Semelhança; (v) Coleção/conjunto; (vi) Manifestação pública.

Neste novo agrupamento proposto, a ação do sufixo *-aço/1* varia conforme sua polissemia, e, assim, atribui em cada grupo um traço diferente de seu sentido original, o aumentativo, que permanece como o sentido mais produtivo no PB, englobando, inclusive, alguns casos de melhorativo e intensidade.

A aplicação desse critério dá destaque a traços como o pejorativo e o melhorativo, que incidem sobre um sentido prévio que nada tinha de negativo ou positivo previamente. Restringindo-se aos dois casos mencionados, a revisão da tabela abriu espaço para novas complexidades, como o caso de *doutoraço* aparecer nas definições do Houaiss como exemplo do traço de pejorativo, e *mestraço* como melhorativo, em uma aparente contradição: considerando-se a grande proximidade semântica entre *mestre* e *doutor*, seria lógico esperar que *mestraço* e *doutoraço* partilhassem sentidos bem próximos e não sentidos exatamente opostos. Essa aparente contradição exigiu a busca de dados adicionais que elucidassem a origem desses sentidos e, assim, estabeleceu-se um esboço da diacronia dos usos pejorativos e melhorativos desses termos (abordado no tópico a seguir), além de tornar possível coletar-se uma amostra da produtividade do significado de manifestação pública (abordada no último tópico).

DIACRONIA DAS OCORRÊNCIAS DE PEJORATIVO E MELHORATIVO EM *-AÇO/1*: DE *DOUTORAÇO* A *DEITAÇO*

As ocorrências mais antigas de palavras sufixadas em *-aço/1* catalogadas apresentam alguns dados interessantes a favor da hipótese de declínio do uso do traço pejorativo de *aço/1* e ascensão do melhorativo, inclusive este último migrando (ou se expandindo) para outras conotações, como a de manifestação pública. Em busca de mais critérios que possam embasar a análise, serão consideradas as ocorrências em contexto, observando também, sempre que possível, o enunciado em que aparecem os termos, pois, como afirma Biderman (1992), só se consegue evidenciar claramente o significado de uma palavra colocando-a em contexto.

(2) ***tolaço***,[5] em 1516.
DIABO: Entra! Põe aqui o pé!
PARVO: Houlá! Nom tombe o zambuco!
DIABO: Entra, tolaço eunuco, que se nos vai a maré!
PARVO: Aguardai, aguardai, houlá! E onde havemos nós d'ir ter?

(3) ***madraço***,[6] em 1569.
que achas. Roberto não ha de querer ver feu fukgim vê-lo fóra de cafa perdido, desemparado, a mãy carpida, a revolta no povo, que o hão de praguejar de madraço, parvo, que fe foy emburilhar com huma moça sem pay. Já me entendes? Então que

(4) ***arreitaço***,[7] em 1680.
Magano, infame, vil alcoviteiro,
Das fodas corretor por dous tostões,
E enfim dos arreitaços alveitar.

(5) ***madraço***,[8] outra ocorrência, em 1728
MADRÁÇO, adj. Ocioso, deleixado, que não cuida de seus interesses, e coisas de sua obrigação; inerte. Lobo, e Euft. 5. sc. 1. e 8. Cant. Seleuco. E amor foi tão madraço, Que lhe cortou o baraço. Ferr. Bristo, 4.3. o hão-de praguejar de madraço , parvo.

(6) ***doutoraço***,[9] em 1797.
Chaasqueêmos um pouco, Amigo B...
De cértos doutoraços puritanos,
Que em versos de altas Odes, em Poemas
Se enfaxtiaõ de achar vozes compòstas

(7) ***femeaço***,[10] em 1866
FEMEAÇO, *s. m. Conjunto de mulheres, mulherio; as mulheres, especialmente ordinárias:*
D. José de Noronha propriamente bandeou-se com a indignação geral, e declarou que rompia sua amizade com homem tão descortês e vezado atratar com o femeaço lá de suas montanhas. Até D. José achou descortês o desventurado moço!

Nos exemplos citados (há ainda outros casos, mas todos análogos a esses), os casos representados por (2), (3), (5) e (7) não são ocorrências da atribuição de traço pejorativo, mas sim de aumentativo, conforme a análise já apresentada. *Tolaço* (2) é alguém *demasiadamente tolo*; *madraço* (3), cuja origem é obscura no texto de 1569, pressupõe uma ofensa (o verbo que o precede é *praguejar*), e se torna mais claro no verbete de Bluteau em (5), ao fazer referência a um verso de Camões, e definir o termo como "ocioso, desleixado, inerte". Segundo o dicionário *Aulete*, o termo talvez tenha origem no árabe *matrá* (almofada), que alude à preguiça e, por ampliação desse sentido, *madraço* seria alguém demasiadamente preguiçoso. O caso de *femeaço* (7) já foi analisado, mas o evocamos novamente para registar sua ocorrência em 1866 – fato que será lembrado em momento oportuno.

O exemplo prototípico de atribuição de traço pejorativo é, de fato, *doutoraço* (6). O verbo *chasquear* (ridicularizar) colabora na construção do sentido do termo, que se torna ofensivo quando deveria ser elogioso. Reconhecemos que esse enunciado e outras ocorrências de *doutoraço* da mesma época são legítimos exemplares do funcionamento do traço pejorativo de *-aço/1*, entretanto o que também notamos é o fato dessas ocorrências estarem retidas no tempo, em épocas passadas. Os motivos para essa suspeita são a presença cada vez mais rara, em textos que circulem na esfera pública, de palavras pejorativas derivadas a partir da sufixação por *-aço* (das quais estamos usando *doutoraço* como exemplo) e o fato de dois termos tão semelhantes como *mestraço* e *doutoraço* terem sentidos opostos, de acordo com os principais dicionários. A explicação que nos ocorre (hipotética, evidentemente) é a diacrônica: uma vez que *doutoraço* apareceu em textos mais antigos e *mestraço* em construções mais recentes, o primeiro sofreu uma carga negativa, quando a atribuição desse traço pejorativo pelo sufixo *-aço/1* era mais intensa, enquanto o segundo, recebeu carga positiva, pois hoje em dia a atribuição preponderante é de traços positivos. É claro que a motivação causadora da mudança – em curso – ainda aguarda a ser explicada (levando-se em conta as motivações de mudança semântica tais como apresentadas em Ullmann, 1977: 409).

Voltando à cronologia das ocorrências do traço pejorativo do afixo em questão, outros fatos merecem atenção.

Depois dos exemplos mais antigos, referências mais recentes ao sufixo *-aço/1* aparecem na gramática de José J. Nunes (1945: 376), que notifica apenas os sentidos de grandeza (aumentativo) e de coleção, sem referência a um eventual caráter pejorativo e/ou negativo.

Alguns anos mais tarde, de forma semelhante, a explicação de Said Ali (1964) se restringe ao valor de aumentativo de *-aço*: "Diz-se que está na forma aumentativa o nome (substantivo ou adjetivo) marcado de certa terminação por meio da qual se denota ir extraordinariamente além do comum a noção expressa pelo radical" (1964: 47), citando as terminações *-ão*, *-az* e *-aço*. Sobre esta última, o estudioso indica *ricaço*, *ladroaço*, *pecadoraço*, *mestraço* e *doutoraço*. Não há qualquer referência à conotação pejorativa de *doutoraço*. Uma suspeita inicial a respeito da ausência de informação sobre o sentido pejorativo de *doutoraço* (claro nas ocorrências como a de 1797, mas ausente nos manuais desses estudiosos da área, em meados de 1960) sugere que esse sentido *negativo*, perto do fim do século XX, estivesse quase perdido ou não fosse relevante.

As gramáticas de Rocha Lima (1963) e Bechara (1969), conforme já citado no início deste capítulo, não dedicam muita atenção à questão dos sufixos, informando apenas que *-aço* figura entre os formadores de aumentativo, ao lado de *-ão*, *-arro*, *-uço* e *-ada*.

As menções recentes ao traço pejorativo de *-aço/1* estão nos dicionários contemporâneos, mas não contam muito, porque partem de exemplos dos séculos XVI e XVII que são os mesmos. De acordo com o Houaiss, e com Aulete, respectivamente, *doutoraço* é um

(8) *"homem que se cobre de ridículo ao pôr-se pretensiosamente na pele de um sábio".*

(9) *"aumentativo de doutor, toma-se no sentido faceto ou crítico".*

Pensando em um contexto que envolva enunciados "reais" em situação de uso, como o sugere Biderman (1992), observa-se que, embora exemplos de *doutoraço* fossem encontrados em excertos de textos literários antigos, hoje aparecem apenas nos dicionários, onde têm papel de abonação de um uso antigo, e não mais em enunciados atestados. Essa constatação pode ser confirmada nos resultados de pesquisas efetuadas na internet em busca de textos em que ocorresse a expressão *doutoraço*, e os resultados apresentam apenas dicionários como fonte. Dicionários são compêndios de consulta de uma comunidade de falantes, mas também são em certa medida, um "museu" de expressões arcaicas, que eventualmente não circulam mais. Ter figurado antes em enunciados atestados no campo jornalístico e/ou literário e, depois, figurar apenas em verbetes de dicionário talvez seja um indício de que aquela expressão está em franco desuso ou tornou-se arcaica.

"UM DEITAÇO PARA HOMENAGEAR": PRODUTIVIDADE DOS TRAÇOS MAIS RECENTES DE *-AÇO/1*

O tópico anterior tratou de um suposto declínio na atribuição de traços negativos/pejorativos pelo sufixo *-aço/1*. Este último tópico pretende apresentar alguns exemplos que apoiem a hipótese de que o processo de atribuição de traços positivos/melhorativos está em expansão, "contaminando" os demais. O principal valor semântico afetado pelo sentido de melhorativo parece ser o significado contemporâneo de manifestação pública o traço de manifestação pública, já descrito por Sandmann (1987, 1988), Basílio (1997) e Santos (2010), ao comentarem as primeiras ocorrências no PB, *panelaço* e *buzinaço*. Para prosseguir com a análise, considerem-se os seguintes fragmentos de textos, nos quais ocorrem as palavras sufixadas em *-aço/1* polissêmico, com sentido de manifestação coletiva pública e dos quais os enunciados foram extraídos.

(10) "*Ato na USP reúne alunas de gravata e rapazes de saia. 'USP de saia' reuniu cerca de 150 participantes na Cidade Universitária. Ideia do* ***saiaço*** *é refletir sobre padrões e preconceito*" (Portal *G1 Educação*, 16/05/2013)

(11) "*Usuários do Metrô de* SP *vão promover um* ***apitaço*** *na estação da Sé*" (Portal *Estadão Conteúdo*, 24/03/2014)

(12) "*Limeira faz* ***apitaço*** *contra violência sexual*" (Portal *Correio Popular*, 18/10/2014)

(13) *"Ontem à noite rolou o **apitaço** tradicional dos alunos para comemorar a escolha da paraninfa da turma [...]"* (5/06/2013)

(14) *"Fãs fazem **deitaço** em homenagem a Letícia Sabatella"* (Portal *Ego*, 18/11/2014)

(15) *"Fazer um **capinaço** nos terrenos baldios ninguém quer"* (Comentário de leitor, na página de notícias do *G1*, após a reportagem sobre o **deitaço**).

(16) *"Caetano Veloso apresenta seu **Abraçaço** no Sesc Pompeia"* (Portal *Catraca Livre*, 23/04/2015)

(17) *"Jota Quest promove **abraçaço** pela paz com o público do Palco Mundo"* (Portal *O Globo*, 22/09/2017)

(18) *"Internautas brincam e organizam **punhetaço** contra* PL *antimasturbação"* (Portal *Painel Político*, 06/01/2017)

O significado de manifestação pública coletiva tem sido descrito há algum tempo como uma inovação semântica do sufixo *-aço/1* (Sandmann, 1987), provavelmente como um desdobramento de seu principal (mais produtivo) sentido, a ideia de aumentativo, aliada à noção de conjunto, outro de seus traços característicos (ao invés de *traço*, preferimos nos referir à ideia de manifestação como significado). Sandmann (citado adiante) comenta sobre a influência do valor de aumentativo no sentido de palavras como *panelaço* e *buzinaço*. Podemos acrescentar, aproveitando o mesmo raciocínio, que ocorrências mais antigas, como *chumaço* e *femeaço*, talvez também tenham contribuído para a formação desse significado de manifestação pública coletiva, pois já evocavam a ideia de conjunto. Em *chumaço*, o traço de coleção se aplica a uma quantidade variável de determinados itens, mas sempre composta por várias unidades (de acordo com o *Caldas Aulete*, a origem seria uma porção de plumas [do lat. *plumacium*], que passou a referir porções de materiais como algodão, paina, gaze, cabelos etc.), da mesma forma que em *femeaço*, que, embora pudesse se referir de maneira pejorativa a uma única mulher, corresponde a um conjunto delas (além do exemplo de *femeaço* como coletivo já citado anteriormente, na obra *O santo da montanha*, de 1866, outras duas ocorrências foram encontradas: em *Os maias*, de 1888, e em *A ilustre casa de Ramires*, de 1900). Assim, o sentido contemporâneo de manifestação pública pode ser, em parte, caudatário tanto dos traços de coletivo/coleção quanto de aumentativo, presentes na história semântica desse sufixo, mas com uma parcela completamente nova: a ideia de manifestar-se ideologicamente. Em seu significado atual, esse tipo de ocorrência se refere a uma reunião de pessoas, geralmente em grande número, para chamar a atenção da comunidade em prol de uma causa política.

O primeiro e mais conhecido caso é *panelaço*, que alguns autores atribuem a um estrangeirismo vindo do espanhol *cacerolazo*, tendo em vista que o primeiro caso registrado ocorreu no Chile, no início dos anos 1970 (Alves, 2006). Recorrendo a esse exemplo, os dicionários o definem como:

(19) ***Panelaço***. *Manifestação popular coletiva de protesto que consiste em fazer grande ruído percutindo utensílios metálicos numa hora determinada* (*Houaiss*, 2001);
(20) ***Panelaço***. *Manifestação de protesto em que se batem panelas e outros utensílios de metal* (*Caldas Aulete*);
(21) ***Panelaço***. *Manifestação popular de protesto em que os manifestantes percutem utensílios de metal para fazer grande barulho* (*Michaelis*);
(22) ***Panelaço***. *Manifestação em que um conjunto de pessoas faz barulho com objetos metálicos como panelas ou afins, geralmente de forma concertada e como protesto* (*Priberam*).

O aspecto ligado à "manifestação ruidosa" parece ser determinante na caracterização dos nomes formados pelo sufixo *-aço/1* nessa atribuição do significado de manifestação pública. Esse aspecto talvez tenha se dado pelo tipo de objetos que as primeiras ocorrências indicaram, todos passíveis de produzir ruído: *panela*, *buzina*, *apito*. *Panelaço* apareceu no PB na década de 1970 (se for correta a hipótese do estrangeirismo) e o *Houaiss* informa a data de 1985 para *buzinaço*. Na época do surgimento dessas palavras, Sandmann (1987) apontou o aspecto ruidoso da manifestação denotada como uma inovação trazida (sofrida) pelo sufixo *-aço*:

> Alguns exemplos em que modelos de formação de palavras experimentam inovações: no acréscimo do sufixo *-aço* a substantivos, e cujo significado é "demonstração ruidosa", temos um primeiro exemplo interessante de ampliação semântica de um modelo. Há mais tempo conhecemos os aumentativos *ricaço*, *barcaça*, *mulheraço*, *mulheraça*, com função de indicar aumento, intensidade, apreço ou desapreço. Também são produtos mais antigos aqueles em que *-aço* indica golpe: *pataço*, *joelhaço*, *munhecaço*. Formações, no entanto, bem novas são *panelaço*, *buzinaço* e *apitaço*, que não são "panela, buzina e apito grandes", porém "demonstração ruidosa com panelas, buzinas ou apitos". Nota-se que a ideia de aumento, intensidade, apesar da inovação, está presente (Sandmann, 1987: 78).

Da explicação de Sandmann podem-se extrair importantes *insights*, que parecem aplicáveis a outros exemplos da mesma sufixação: (a) ideia de aumentativo/intensidade ainda está presente, mesmo que secundariamente, nesse novo valor atribuído pelo sufixo, portanto, de fato, *panelaço* e suas variantes representam e confirmam que a polissemia se dá em relação a *-aço/1* e não a *-aço/2*; (b) a oportunidade de chamar a atenção por meio de barulho se apresentava, então, como uma das principais características das palavras formadas por esse traço do *-aço/1*.

A polissemia desse morfema, todavia, se mostrou ainda mais produtiva com o passar das décadas, reconfigurando as asserções de Sandmann. Viu-se, por exemplo, que objetos "não soantes" (como *saia*, em *saiaço*) ou até mesmo verbos (como *beijar* em *beijaço*, *deitar*, em *deitaço* ou *capinar* em *capinaço*) foram sendo afetados pelo acréscimo da terminação *-aço/1*.

Mesmo nas palavras que não são formadas por verbos, como *panelaço* e *saiaço*, a ideia de ação está sempre presente, pois é preciso *bater* nas panelas para que elas produzam barulho ou *vestir* as saias para que elas sejam vistas. Estabeleceu-se, em consequência disso, um caráter performativo (no viés austiniano do termo), que parece ter ganhado força e ter-se estabelecido como o principal sentido na definição desse valor de *-aço/1:* quando se diz "É preciso fazer um *panelaço* para impedir/apoiar X" ou "Vamos fazer um *saiaço* para impedir/apoiar X", na verdade, o que se quer dizer é "É preciso que nos manifestemos publicamente a respeito de X" ou "Vamos nos manifestar publicamente sobre X". Um aspecto bastante peculiar desse funcionamento de *-aço/1* desponta como mais uma aparente novidade em seu rol de valores semânticos: a capacidade de metaforizar (em um plano discursivo, diríamos) os sentidos relacionados ao/à objeto/ação que o radical predica (o que garante e amplia seu caráter performativo). Em outras palavras, objetos como *panela*, *cadeira* e *saia*, bem como os atos de *beijar* e *masturbar-se*, sofrem a derivação sufixal em *-aço/1*, com sentido de manifestação pública, por seu potencial metafórico, se assim podemos dizê-lo. Em um *panelaço*, não se trata de panelas, mas da falta de alimentos, de políticas econômicas mal sucedidas que estão causando a fome na população; em um *cadeiraço*, o verdadeiro tópico da manifestação não é especificamente a cadeira de rodas,[11] nem mesmo os cadeirantes, mas sim a falta de acessibilidade e de políticas públicas que a garantam; um *saiaço* não é um evento de moda ou de vestuário, mas uma manifestação para que se discutam questões de gênero (nas ocorrências catalogadas, são os homens que vestem as saias) e de violência contra as mulheres (em algumas ocorrências, os textos discutem o senso comum que tenta justificar o estupro porque a mulher estava usando minissaia, por exemplo, mas o mesmo tipo de agressão não acontece com os homens, caso estes estejam de saia, o que comprovaria que não se trata do objeto saia, mas de temas como violência e sexismo); o *beijaço* e o *punhetaço* não são oportunidades para entretenimento erótico (este último, conforme sugerem os textos, não envolve o ato de masturbação propriamente dito, resultando apenas em uma manifestação "tradicional", com faixas e cartazes, além da grande repercussão nas redes sociais), mas denotam o direito de se beijar em público (no caso do *beijaço*, geralmente o protesto é especificamente em prol de casais homoafetivos) ou de ter acesso à pornografia[12] e de utilizá-la da forma que desejarem, no caso do *punhetaço*. Com efeito, a panela vazia seria utilizada como metáfora da falta de alimentos, a cadeira de rodas, uma metáfora das dificuldades de seus usuários, a saia seria uma metáfora da opressão da sociedade patriarcal, o beijo e a masturbação seriam utilizados para representar a liberdade de poder realizar atos de foro íntimo, uma metáfora da intimidade e da liberdade de escolha (cabe dizer que essas interpretações, obviamente, não excluem outros efeitos de sentido).

Embora goze de certa estabilidade, o caráter performativo desse significado de manifestação pública, por outro lado, parece estar se modificando, de diferentes formas. Os três exemplos de *apitaço* citados em (11), (12) e (13) foram selecionados porque representam ações diferentes – e aqui se comprova o importante papel do contexto para se chegar ao significado final.

Em (11), encontramos o sentido prototípico desse significado de *-aço/1*: trata-se de uma manifestação pública que pretendia reunir muitas pessoas em um local de grande circulação de transeuntes (especificamente, a maior estação do metrô de SP, a Sé) para pedir um transporte público de melhor qualidade, conforme se lê na reportagem.

No excerto em (12), o *apitaço* também é para protestar contra um problema social, a violência contra as mulheres, mas, dessa vez, a palavra designava duas ações, uma coletiva e outra individual. No dia e hora previamente agendados, houve a manifestação pública que se identificou como *apitaço* e, além desse evento, as usuárias do transporte público (nesse caso, ônibus) foram orientadas a manter consigo apitos enquanto estiverem nos ônibus. Se elas sofrerem algum tipo de abuso dentro dos veículos (geralmente superlotados, o que dificulta pedir ajuda e identificar o agressor), a vítima deve fazer um *apitaço*, ou seja, soar o apito como forma de indicar que está sofrendo violência naquele instante. Nesse caso, *apitaço* funciona como um pedido de socorro e, ao mesmo tempo, como denúncia dos atos abusivos, o que resulta na intimidação dos agressores. Dessa forma, *apitaço* passa de uma ação conjunta, que visa a reunir pessoas em prol de um objetivo social amplo, para, em outro momento, a predicar uma ação individual, com vistas a agir em uma situação específica. Cabe dizer que, em casos desse tipo, estão presentes tanto o sentido de manifestação pública quanto o de intensidade (apitar com força, vigorosamente), além do fato de a ação poder se realizar de maneira individual (como um pedido de socorro, caso a mulher esteja sozinha sem a companhia de outras) e também como um protesto mais amplo que não tem hora nem local especificado, como nos exemplos de *panelaço e saiaço* que consideramos anteriormente, mas se torna coletivo, a depender do contexto imediato (caso haja outras mulheres munidas de apitos no transporte público e transformem aquele ato de agressão específica em um evento de proporções mais amplas).

Por último, no terceiro caso, em (13), o *apitaço* não acontece em público, mas dentro dos limites de uma sala de aula, e não se destina a *protestar*, *denunciar* ou *intimidar*, mas a um acontecimento mais feliz como *comemorar/celebrar*. De acordo com a notícia coletada, os formandos do curso de Relações Públicas da Unisinos fazem todos os anos um *apitaço* para comemorar a escolha da paraninfa daquela turma. Analisando essas três ocorrências, parece-nos que *apitaço* produz sentidos diferentes em cada uma delas, passando de uma ação coletiva (na estação de metrô) para semicoletiva (sala de aula) e coletiva-individual (pedido de ajuda), ora utilizado para protestar e pedir socorro, ora para celebrar e comemorar.

O caráter pessoal/individual deste novo valor de *-aço/1* também aparece no enunciado em (16), que fala de um *abraçaço* específico, expresso no pronome demonstrativo "*seu*" em "Caetano Veloso apresenta seu Abraçaço", o que abriria margem para outras ocorrências do tipo, como o fato de *chinelaço* ser o nome de uma loja específica de chinelos e *tratoraço* ser o nome de uma determinada revendedora de tratores agrícolas no Paraná (de acordo com dados adicionais do *corpus*).

Outra variação de sentido (talvez melhor compreendida como acréscimo de sentido), já comentada parcialmente, é a incidência de sufixação por *-aço/1* em verbos como *deitar*, *beijar*, *abraçar* e *punhetar*, que, nem são ações caracterizadoras de protestos públicos, nem são ações reconhecidamente ruidosas. Isso traz à tona alguns questionamentos: se, como apontam alguns estudos já mencionados, a produtividade de *-aço/1* com sentido de manifestação pública pode ter sido estimulada por *panelazo/panelaço*, cujos traços seriam mais facilmente compartilhados de *panela* para outros objetos, como *apito*, *cadeira*, *saia* etc., haveria um verbo que tivesse funcionado como modelo ou que marcasse a passagem desse sentido da categoria de substantivo para a de verbo? Se, no primeiro conjunto de palavras com esse significado, compartilhar o traço de "sonoridade" (bater nas panelas, soar os apitos, acionar as buzinas) era importante para chamar a atenção do público, haveria traços compartilh(áveis)ados entre os verbos sufixados em *-aço/1*? À problemática, poder-se-ia acrescentar outra questão: as mesmas regras de formação aplicam-se igualmente a palavras de categorias morfológicas diferentes?[13]

Uma explicação que nos parece plausível como resposta a essas questões é o fenômeno semântico regido pelo "princípio de analogia", explorado e desenvolvido por Basílio (1997), a partir das propostas de Saussure. A autora usa como exemplos os casos de *camelódromo*, *sambódromo* e *namoródromo*, derivados de *hipódromo*, e cita, inclusive, o caso do sufixo que estamos analisando:

> Outro caso melhor resolvido por PA [princípio de analogia] é o de empréstimos morfológicos ocasionais do tipo *panelaço*, *buzinaço* e outros, de uso recente e cunho político. A partir de *panelaço* "evento político de protesto, caracterizado por barulho ensurdecedor feito por panelas", *buzinaço* tem interpretação óbvia, do mesmo modo que qualquer outro instrumento que possa ser colocado na mesma posição (como em *apitaço*). Idêntica explicação pode ter a denominação *carreata* a partir de *passeata* [...]. (Basílio, 1997: 16)

Concordamos com Basílio no que diz respeito ao princípio de analogia como explicação para (a maioria dos) os fenômenos causados por *-aço/1*. O que gostaríamos de apontar, além desse processo de formação de palavras, são as mudanças de sentido pelas quais o sufixo tem passado na atribuição de traços semânticos ao radical com que se aglutina. Essas mudanças alteram (ampliam ou restringem) sentidos já estabilizados como valores semânticos do afixo em questão, bem como acrescentam novos traços a serem transferidos para palavras de categorias variadas. Assim, nossa hipótese de um possível traço "metaforizador" atribuído por *-aço/1* com sentido de manifestação poderia ser explicada pelo princípio de analogia: tanto os substantivos quanto verbos têm origem na mesma palavra (*panelaço*, aparentemente), que se apresentou como uma metáfora da falta de alimentos e de problemas econômicos que levam à falta de víveres. *Panela*, *saia*, *beijo*, *punheta*, uma vez sufixados, tornam-se metáforas que os indivíduos, em um contexto sócio-histórico determinado, são plenamente capazes de recuperar.

Uma derradeira consideração: além da ampliação de incidência sobre a categoria cognitiva de objeto/coisa para a categoria de evento/ação, há outra característica dessas ocorrências que merece atenção, e que pode ser mais uma provável novidade (a ser confirmada ou refutada no futuro) nos traços atribuídos por *-aço/1*: o acréscimo de traço positivo-humorístico até no radical sufixado. Esse valor humorístico seria responsável, inclusive, pela incidência do morfema em palavras-tabu como *punheta* e *siririca*, que, por efeito desse traço específico do sufixo *-aço/1*, não teriam sua carga tabu intensificada (não se trata do traço de aumentativo), mas sim amenizada. Evocando como exemplo a ocorrência de *punhetaço* (18), a notícia sobre essa manifestação mostra que o evento corresponde a uma *brincadeira* iniciada na internet: "Internautas **brincam** e organizam *punhetaço* contra PL antimasturbação" (negrito nosso). O mesmo sentido humorístico aparece a propósito de *deitaço* (14), em cujo fragmento se lê: "O que poderia ser uma nota chata para a atriz Letícia Sabatela virou **uma grande brincadeira** para seus seguidores" (negritos nossos). Após permitir ser fotografada deitada em uma rua, aparentemente bêbada, e receber muitas críticas nas redes sociais, os fãs da atriz se organizaram para realizar um *deitaço* em sua homenagem. Merece nota o fato de que alcoolizar-se ou drogar-se também é considerado um tabu em nossa sociedade, mas no âmbito do *deitaço* esse ato parece ser legítimo e até divertido.

Considere-se outro caso do suposto caráter humorístico que acompanha a palavra sufixada em *-aço/1*, mesmo que o termo utilizado não seja uma palavra-tabu:

(23) *Barrado em show porque calçava chinelos cria chinelaço. Segundo suas palavras, o objetivo do protesto é "defender o fim do preconceito com nosso pisante favorito na night".*[14]

O jovem que iniciou esse *chinelaço* pretendia frequentar uma casa noturna no Rio de Janeiro, mas foi impedido por usar chinelos. Como *chinelo* não tem a mesma carga tabu que os outros exemplos apresentados, o traço humorístico parece menos perceptível que em *deitaço*, *punhetaço* e *siriricaço*, entretanto, outros termos no enunciado em (23) garantem a interpretação de certa irreverência, como *night* para se referir à noite (no sentido de baladas e clubes noturnos) e *pisante*, para se referir àquilo que se calça (comumente compreendido como tênis e sapato).

Um último caso seria esse que envolve o verbo *capinar*, com referência a um ato geralmente considerado insalubre, indesejável. Utilizado em ditos populares, "mandar alguém capinar um terreno baldio" significa dizer que essa pessoa não tem algo de útil a fazer, corresponde a chamar alguém de "vagabundo". Relembre-se o enunciado em (15), a propósito da notícia sobre o *deitaço*: "Fazer um *capinaço* nos terrenos baldios ninguém quer". Nessa ocorrência, o *capinaço* não existe concretamente, mas apenas enquanto possibilidade, ele representa uma espécie de contradiscurso bem-humorado, embora ácido, ao *deitaço* e suas implicações.

Se, por um lado, o *apitaço* contra violência sexual, assim como os *panelaços e cadeiraços*, reveste-se de seriedade, em outros contextos, o humor parece funcionar melhor para atrair a atenção e angariar simpatizantes – afinal, o *chinelaço*, o *punhetaço* e o *siriricaço* continuam sendo manifestações sociais em busca de alguma melhoria, direito ou demanda, ainda que travestidas de brincadeira.

De qualquer forma, o significado de manifestação pública e o caráter metaforizante postos a funcionar a partir da derivação sufixal em *-aço/1* permanece operante em todos os casos analisados neste último tópico, inclusive incidindo sobre verbos e substantivos.

Para resumir essa provável novidade na descrição do funcionamento semântico do afixo em epígrafe, vale a pena considerar o que Silva e Medeiros (2016) comentam, retomando as teses de Camara Jr. (1970), sobre flexão e derivação:

> Na derivação, Câmara Jr. afirma que não é possível estabelecer paradigmas. É verdade que existem, por exemplo, vários sufixos nominalizadores, que de um verbo fazem um nome: *-ção* (de *destruir* se faz *destruição*), *-mento* (de *envolver* se faz *envolvimento*), *-ança* (de *lembrar* se faz *lembrança*), *-ura* (de *pintar* se faz *pintura*) etc. Mas, como lembra o autor, não existe nenhum modo de prever quando vai ser usado um certo sufixo – em particular, não existe nenhuma construção sintática ou situação discursiva que exija um sufixo ou outro. (Silva e Medeiros, 2016: 44)

A esse respeito, de fato, o sufixo *-aço/1* se enquadra no processo de derivação e não no de flexão, sujeito a critérios paradigmáticos. Concordamos que não existe uma construção sintática que demande um sufixo específico, entretanto, no que tange à situação discursiva, nossos dados apontam para uma realidade diferente do que assevera Camara Jr. Se se entende como situação discursiva o contexto enunciativo imediato, composto por seus interlocutores e aliado ao contexto sócio-histórico mais amplo (dentro dos limites de uma língua, de uma "cultura" e de uma "sociedade" determinadas), então seria possível afirmar que, no PB contemporâneo, a situação discursiva que implica manifestar engajamento de maneira pública exige o sufixo *-aço/1*. Nessa situação discursiva específica, o sufixo atribuirá ao radical o significado de manifestação pública, ao mesmo tempo em que põe em cena (evoca e legitima) o caráter metafórico do referente do substantivo ou verbo sufixado. Em alguns casos peculiares, *-aço/1* evocaria, ainda, um certo caráter humorístico que amenizaria a carga semântica negativa de palavras-tabu, bem como daria contornos cômicos a atos singelos como *deitar* e a práticas insalubres como *capinar.*

Poder falar publicamente de questões de gênero, protestar sobre a maneira de se vestir ou mesmo sobre questões sexuais de foro privado parece ser uma característica do mundo hodierno, em especial do espaço social brasileiro, e expressa, nas palavras de Domenico Russo, novidades que a comunidade de falantes traz consigo. Para este autor,

> [...] O "nascimento" de um neologismo semântico pode depender de uma infinidade de fatores diferentes; sua aparência, no entanto, sempre responde à necessidade de expressar as novidades que o progresso da vida civil de uma comunidade de falantes inevitavelmente traz consigo. (Russo, s/d: 31; tradução nossa)[15]

CONSIDERAÇÕES FINAIS

Para concluir, relembramos, junto com Ilari (2011), que a análise diacrônica do funcionamento de um afixo é de difícil apreensão, especialmente quando equiparada às palavras plenas. Entretanto, não se pode negar que a compreensão dos traços atribuídos pelos afixos é essencial para a descrição do significado – grande empreendimento da Semântica.

No caso do trabalho empreendido, a principal constatação foi a diminuição (e a tendência à extinção) do traço negativo/pejorativo de *-aço/1*, que poderia ser comprovada, ao menos enquanto tendência, pelo aparente desaparecimento de expressões pejorativas formadas pela atribuição do sufixo *-aço/1* a um radical que não era pejorativo antes. O principal exemplo de desuso de palavras com essa conotação é o termo *doutoraço*, relativamente popular nos séculos XVI, XVII e XVIII, conforme se verificou em excertos literários da época, mas praticamente ausente de textos contemporâneos, figurando apenas em dicionários, como exemplificação do léxico de antanho.

Um dado adicional, ainda que periférico, sobre a diminuição do caráter negativo de *-aço/1* é o fato de que até mesmo seu homônimo, *-aço/2* (cujo sentido de *golpe violento* poderia ser categorizado no conjunto de "sentidos negativos"), é cada vez menos popular, o que foi comprovado por gramáticos e linguistas, bem como por buscas gerais de termos sufixados em *-aço/2* e em *-ada*, sendo que este manifesta incidência muito maior que aquele, na formação de palavras que designam golpes.

Em relação à outra bandeja da balança – a ascensão de valores positivos/eufóricos transmitidos por *-aço/1* ao radical –, observou-se a acentuada produtividade do significado de manifestação pública, e o que estamos considerando um provável novo valor, a atribuição de um viés humorístico a certas palavras-tabu (como *punheta* e *siririca*) e a comportamentos/atitudes mal vistos pelas camadas socialmente dominantes da sociedade (ficar bêbado e deitar-se na sarjeta, ir a uma festa noturna calçando chinelos, o ato de dois homens ou duas mulheres se beijarem, homens usando roupas femininas e mulheres, roupas masculinas), acompanhados de termos como *brincadeira* e os verbos *divertir-se* e *brincar*. Como efeito, haveria uma atenuação de valores-tabu e sentidos disfóricos e uma ascensão de valores e sentidos eufóricos, conforme já mencionado.

À guisa de conclusão, talvez seja importante insistir que o objetivo deste capítulo não é dizer que a atribuição de traço pejorativo pelo sufixo *-aço/1* esteja completamente extinta. O que o capítulo tenta é descrever um processo de mudança semântica em curso, que pode ou não se completar. Trata-se de explorar uma intuição, seguida de um exercício de análise.

ANEXO

NOTAS

1 No artigo citado, o autor apresenta inúmeras ocorrências de palavras sufixadas em *-azo/-aço*, cujas línguas são geralmente identificadas como OSp. (Old Spanish), OPort. (Old Portugese), Gal. (Galicius), entre outras, mas poucas são datadas. Raras marcações cronológicas podem ser encontradas em exemplos como os que seguem, aqui mencionados apenas para registrar temporalmente esses usos. Destacam-se um caso de aumentativo "OPtg. *terraço*, OSp. *terrazo*, in Escorial Glossary, 1452" (Malkiel, 1959: 237); e alguns de pejorativo "The evolutionist finds the most relevant material in texts ranging from 1400 to 1650 [...] *animalazo* 'ugly big beast' [Lope de Rueda and Comedia La Lena], *boyazo* 'uncouth fellow', lit. 'big ox' [D. Sánchez de Badjoz, G. Pérez]. In D. Sánchez de Badajoz's *Farsa del Rey David* [middle of 16th century] one observes side by side *vacazo*, *marranazo*, *porcazo*, opprobiously applied to humans by rustics, [...] *asnejonazo* 'big ass' [Minsheu, Franciosini, F. de Silva]" (Malkiel, 1959: 243-244).

2 Pesquisa realizada em janeiro de 2018: *Panelaço*: 209.000 resultados, *panelão:* 160.000 resultados. *Apitaço:* 48.100 resultados, *apitão:* 32.300 resultados.

3 Há outros critérios, menos utilizados, para ordenar as acepções nos verbetes, conforme descrito por Oliveira (2010). A autora observa que alguns dicionários, embora declarem basear-se, por exemplo, no critério etimológico-cronológico, não o fazem na prática, o que gera inconsistências nas informações apresentadas e dificulta a consulta (2010: 86-87). Esse fato talvez explique a preferência pelo critério de frequência e talvez seja o motivo pelo qual grandes repositórios lexicais on-line como as plataformas *Google Tradutor* e *Linguee* também ordenem as acepções utilizando como critério as ocorrências mais frequentes.

4 Original: "L'aggiunta del sufisso, più che cambiare veramente, modula il significato della parola di partenza aggiungendo una sfumatura che può essere diminutiva o accrescitiva, e che può combinarsi con sfumature affetive di natura positiva (che possono essere vezzeggiative, apprezzative, ammirative ecc.) o di natura negativa (che possono essere peggiorative, denigrative, spregiative, ecc.). I significati delle parole formate per derivazione sono invece ben distindinguibili dai significati dele parole di partenza, ache se mantegono con questi solidi legami semantici".

[5] Versão (nossa) para o PB: "DIABO: Entra! Põe aqui o pé! / TOLO: Calma! Não tombe o barco! / DIABO: Entra, *tolaço* eunuco, que se nos vai a maré! / TOLO: Aguardai, aguardai, calma! E aonde vamos?" Gil Vicente, *Auto da barca do inferno*, 1516.

[6] Versão (nossa) para o PB: "Roberto não há de querer ver seu filho, vê-lo fora de casa perdido, desemparado, a mãe triste, a revolta no povo, que o hão de praguejar de *madraço*, parvo, que foi se envolver com uma moça sem pai. [...]". Antônio Ferreira, *Poemas Lusitanos*, 1569 (publicado postumamente em 1598).

[7] Versão (nossa) para o PB: "Descarado, infame, vil alcoviteiro, / Das fodas é cafetão / E dos *apetites sexuais*, curandeiro" (Gregório de Mattos Guerra, *Poemas*, 1680).

[8] Raphael Bluteau, *Vocabulario portuguez & latino: aulico, anatomico, architectonico*, Coimbra, Collegio das Artes da Companhia de Jesus, 1728.

[9] Versão (nossa) para o PB: "Zombemos um pouco, amigo, de certos *doutoraços* puritanos". Filinto Elísio, *Versos*, I, p. 60, ed. 1797.

[10] *Grande enciclopédia portuguesa e brasileira*, v. 21, 1935, citando um fragmento (trecho em destaque) de Camilo Castelo Branco, *O santo da montanha*, 1866.

[11] Há outro tipo de *cadeiraço*, feito com cadeiras e carteiras escolares, geralmente empilhando-as no pátio ou em frente à escola, ou ainda bloqueando portas e corredores com os amontoados de cadeiras. Assim como na versão com cadeiras de rodas, o objetivo é protestar.

[12] Esse protesto visou a anulação do Projeto de Lei (PL) 6.449/2016, que pretendia obrigar as operadoras de telefonia e provedores de internet a criarem sistemas que filtrem e interrompam automaticamente todos os conteúdos de sexo virtual, prostituição, sites pornográficos etc. O PL é de autoria do deputado federal Marcelo Aguiar (DEM-SP), pastor evangélico e ex-cantor sertanejo, para quem a masturbação é prejudicial a todas as pessoas, principalmente aos jovens. A proposta e algumas de suas repercussões podem ser vistas em: <https://goo.gl/cUg7EN>, acesso em 6 de março de 2018.

[13] Desde Varrão, que descreveu o latim no primeiro século a.C., sabe-se que há dois tipos de declinação: a voluntária, que corresponde à derivação a partir de um nome já existente, por vontade do falante, e a natural, que abrange os mecanismos de flexão, em um processo regrado, submetido aos princípios linguísticos. O PB contempla tanto a flexão (verbal e nominal), quanto os processos de derivação em que os sujeitos falantes são relativamente livres para atuar na geração de itens lexicais.

[14] Notícia disponível em <https://goo.gl/dcfetC>, acesso em 2 de março de 2018.

[15] Original: "la 'nascita' di un neologismo semantico può dipendere da una infinità di fattori diversi; la sua comparsa risponde però sempre alla necessità di dare espressione alle novità che il progresso della vita civile di una comunità di parlanti porta inevitabilmente con sé".

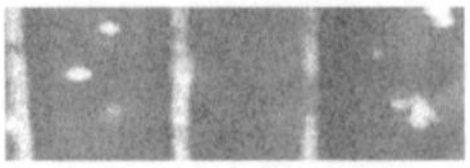

MUDANÇA SEMÂNTICA NO DOMÍNIO INTRAVOCABULAR: O CASO DAS RAÍZES *CRANBERRY* DO PORTUGUÊS

Maurício Resende

SUMÁRIO

Dentro dos estudos linguísticos, há muito tempo já é sabido que uma mudança em algum nível do sistema, por menor que seja, não raramente gera consequências para outros níveis; por exemplo, já é consenso que, na passagem do latim para as línguas românicas, a erosão fonética das consoantes finais no sistema nominal latino provocou a perda do sistema morfológico de caso, o que teve como consequência o enrijecimento da ordem sintática. Outro caso conhecido é o de *você*, que passou de forma de tratamento a pronome pessoal de segunda pessoa, fenômeno que levou a uma reestruturação do paradigma pronominal do português brasileiro, com consequências para a (morfo)sintaxe, relativas à concordância.

Na verdade, muitos dos casos de mudança linguística atestados e documentados fazem referência a mutações fonético-fonológicas que provocaram modificações na morfologia (e, posteriormente, na sintaxe), ou ainda a mudanças (morfo)sintáticas que geraram consequências para a construção do sentido. Adicionalmente a esses casos, muitos linguistas – mas também alguns gramáticos – já atentaram para palavras que, sincronicamente, apresentam a mesma forma fonológica, mas têm origens diferentes. Um exemplo clássico é o da palavra *manga*, que pode significar tanto "parte de uma peça de roupa" quanto "fruto da mangueira"; essa sequência de sons apresenta dois sentidos não relacionados: o primeiro tem origem no latim, *manĭca* – derivado de *manus* ('mão') – e o segundo vem de um decalque do malaiala, *mangā* ('fruto da mangueira'). Outro exemplo é o de *pena*, cujos sentidos remetem ambos a palavras latinas, quais sejam, *poena* ('castigo, punição') e *penna* ('pluma'). Naturalmente, casos como *manga* e *pena* não são instâncias de mudança semântica, já que o que houve não foram modificações no sentido, mas sim mutações morfofonológicas que culminaram na coincidência de formas no português brasileiro contemporâneo. Esses casos constituem exemplos de *homonímia*.

Por outro lado, algumas palavras podem estender o seu significado a outros usos com o passar do tempo, como é o caso de *janela* que pode se referir à "janela da casa", "janela do dente", "janela no horário", "janela imunológica", "janela do computador" etc.; no entanto, com *janela* não houve uma mudança semântica, pois todos esses empregos da palavra preservam algum significado comum, relativo a um "espaço físico" e posteriormente, por metáfora, a um "espaço no domínio temporal", ou seja, há diferentes especializações de uso para uma mesma palavra que não são percebidas como ocorrências de palavras diferentes. Exemplos como esse são comumente tratados como instâncias de *polissemia*.

Com foco em outro fenômeno, o presente capítulo visa a investigar algumas mudanças semânticas no domínio intravocabular, isto é, nos constituintes internos de uma palavra. Dito de outro modo, este estudo se debruça sobre a mudança semântica de algumas raízes, que pode ter levado a uma reinterpretação de palavras que provêm diacronicamente de uma mesma raiz como não sendo sincronicamente relacionadas; essa mudança, que pode ter levado, em última análise, a uma reorganização de certas famílias de palavras, é exemplificada por Lemle (2008) com casos como *restaurante* e *apartamento*, palavras derivadas que não são mais relacionadas (morfológica ou semanticamente) com as palavras primitivas da mesma família: *restaurar* no primeiro caso e *apartar* (ou *parte*) no segundo.[1]

Nessa mesma perspectiva, a mudança semântica interna à palavra, foco deste capítulo, envolve o que ficou conhecido na literatura como instâncias do "morfema *cranberry*".[2,3] Conforme discutido em Aronoff (1976), esse problema diz respeito à existência de morfemas – mais especificamente, raízes – que sincronicamente parecem não apresentar nenhum significado "autônomo", apenas contextual; ou seja, não seria possível determinar o significado de algumas raízes quando isoladas dos prefixos com os quais elas normalmente ocorrem, como é o caso, em português, da raiz √MIT em *ad<u>mit</u>ir*, *e<u>mit</u>ir*, *de<u>mit</u>ir*, *o<u>mit</u>ir*, *per<u>mit</u>ir*, *re<u>mit</u>ir* e *trans<u>mit</u>ir*.

Sob essa perspectiva, o problema é ainda mais complicado, porque é difícil não só determinar um significado independente (isto é, que não envolva prefixos) da raiz √MIT, como também relacionar semanticamente os verbos derivados dessa raiz – o que seria esperado em uma família de palavras. Ora, se √MIT apresentava um significado autônomo em latim – por exemplo, no verbo *mittō* ('enviar, lançar') – mas apresenta apenas um significado contextual em português, parece que se está diante de uma mudança semântica diacrônica, ou seja, de uma perda de sentido que atingiu uma parte da palavra – a raiz/o morfema lexical – ao longo do tempo. Como discutido adiante na seção "O conteúdo semântico das raízes: o antes e o depois", esse é um caso de perda semântica parcial, mas não total; isto é, há evidências de que ainda que o significado das raízes *cranberry* fique mais evidente no contexto de certos prefixos, algum tipo de informação semântica está preservado.

Sob esse ponto de vista, entretanto, dois pontos devem ficar claros: primeiramente, a indeterminação sincrônica da semântica de uma raiz não constitui necessariamente um caso de morfema *cranberry*. Rocha (1998), por exemplo, mostra que algumas palavras têm uma derivação *ex nihilo*, tais como *tcham*, *escambau*, *maçaroca*, *desmilinguido*, *bagunça*, *pilantra*, *ranzinza* etc.; logo, não se espera que palavras formadas por "geração espontânea" (nos termos do autor) contenham raízes cuja semântica possa ser depreendida facilmente, mesmo no caso de *desmilinguido* em que a ocorrência do prefixo *des-* sugeriria (à primeira vista) um significado composicional.

Em segundo lugar, o objetivo deste trabalho não é nem fazer uma análise sincrônica das raízes *cranberry*, no sentido de investigar o estatuto e a identidade desses morfemas nos processos de formação de palavras do português brasileiro,[4] nem fazer uma análise diacrônica desse fenômeno, visando a um tratamento documental e/ou a uma reconstrução histórica dessas raízes.[5] Na verdade, o presente trabalho se apropria de algumas ferramentas da análise diacrônica (na seção "As raízes *cranberry* do português") e de alguns recursos da análise sincrônica (na seção "Evidências formais da mudança semântica") para tentar capturar a mudança semântica dessas raízes ao longo do tempo e, além disso, para sugerir critérios que sirvam como pistas dessa mudança de sentido.

AS RAÍZES *CRANBERRY* DO PORTUGUÊS

O presente estudo se debruça sobre um grupo de raízes que eram produtivas e semanticamente independentes em latim, mas que, em português, apresentam um significado que só é depreendido contextualmente;

nesse caso, na presença de um prefixo, o qual igualmente porta algum tipo de conteúdo semântico. A respeito disso, a denotação dos prefixos latinos relevantes para este estudo pode ser encontrada na Tabela 1, com dados de Romanelli (1964).

Tabela 1 – Denotação dos prefixos latinos de acordo com Romanelli (1964)

Prefixo	Significado
ab[6] / abs / au	"afastamento, separação"
ad[7] / a	"aproximação, direção para"
com[8] / con	"companhia; simultaneidade"
de	"afastamento; movimento de cima para baixo"
ex	"movimento de dentro para fora"
dis[9] / dif	"separação, mudança de direção"
in	"movimento para dentro; entrada"
per	"duração, plenitude"
pre[10]	"precedência, anterioridade"
pro	"adiantamento, avanço"
re	"repetição; movimento para trás"
sed[11] / se	"afastamento; isolamento"
sub	"diminuição; inferioridade"
trans	"levar adiante; mudança"

Adicionalmente, para ilustrar a distinção entre significado contextual e significado autônomo, pode-se considerar, por exemplo, o verbo *fazer*, derivado da raiz √FAZ e morfossemanticamente relacionado a outros verbos, como pode ser visto em (1).

(1) a. *fazer*
b. *refazer* = "fazer novamente"
c. *desfazer* = "reverter o processo de fazer"
d. *perfazer* = "fazer completamente"

Assumindo que o significado de uma raiz está próximo ao significado do que – nesse caso – o seu "verbo primitivo" denota, em (1a), o verbo *fazer* tem um significado autônomo e, por isso, pode ocorrer como palavra independente; nos casos de (1b-d), os verbos derivados de *fazer* por prefixação[12] apresentam um significado para o qual contribuem composicionalmente os significados do prefixo e da base. Diferentemente, em casos como (2), as bases verbais não apresentam um significado autônomo (o que não significa que suas raízes não carreguem algum tipo de informação semântica) e, logo, não ocorrem longe de prefixos, em português.

(2) a. √DUZ: *abduzir*, *deduzir*, *conduzir*, *induzir*, *introduzir*, *reduzir*, *produzir*, *seduzir*
b. √FER: *aferir*, *auferir*, *conferir*, *deferir*, *diferir*, *inferir*, *preferir*, *proferir*, *referir*, *transferir*
c. √GRED: *agredir*, *progredir*, *regredir*, *transgredir*
d. √TRA: *abstrair*, *atrair*, *contrair*, *distrair*, *extrair*, *retrair*, *subtrair*

Os exemplos em (2) mostram famílias de verbos derivados de uma raiz comum, mas – em alguns casos – pouco (ou nada) relacionáveis semanticamente no português atual. Interessante notar, contudo, que o não reconhecimento dessas palavras como pertencentes a uma mesma família (isto é, de uma origem/uma raiz comum) não se deve a mutações morfofonológicas – já que em todos os casos a forma da raiz é a mesma –, mas sim a uma mudança semântica, de tal modo que, sincronicamente, não parece mais ser possível relacionar algumas dessas palavras. Um outro argumento em favor dessa conclusão vem do fato de que palavras com formas morfofonológicas diferentes são plenamente relacionáveis em virtude de preservarem uma semântica comum, como é o caso de *cabelo*/*capilar*, *nariz*/*nasal*, *fiel*/*fidelidade* etc.

Seja como for, a hipótese de que o que tornou irreconhecível a antiga família de palavras foi uma perda de sentido/uma mudança semântica vale-se do fato bem sabido de que raízes como √DUZ, √FER, √GRED e √TRA eram autônomas e produtivas em latim. Naturalmente, o conjunto de dados em (2) está longe de ser exaustivo; de todo modo, convém olhar com maior detalhe para cada uma dessas raízes com o intuito de investigar de maneira mais sistemática a mudança semântica ocorrida no domínio intravocabular.

O primeiro caso é o da raiz √DUZ que aparece nos verbos do português indicados em (2a) e remete ao verbo latino *dūcō* ('guiar, conduzir')[13] que, em latim, serviu de base para outros verbos derivados por prefixação; todavia, os verbos que chegaram ao português foram somente os derivados, de tal forma que *duz*-, diferentemente de *faz*- em (1), não é (mais) interpretado como tendo um sentido autônomo, já que não ocorre isoladamente. A Tabela 2 indica o significado que os verbos derivados tinham em latim e, em seguida, a data de entrada desses verbos em português – conforme Cunha (2010) – por ordem de palavra mais antiga para palavra mais nova.

Tabela 2 – Derivados da raiz √DUZ

Verbo	Significado em latim	Data de entrada no português
induzir	"introduzir; conduzir para"	século XIV
introduzir	"levar para dentro"	século XV
reduzir	"conduzir para trás"	século XV
conduzir	"conduzir juntamente"	ano 1572
deduzir	"fazer descer; fazer sair"	século XVI
produzir	"levar adiante"	século XVI
seduzir	"conduzir à parte; desviar"	século XVI
abduzir	"levar, afastar"	século XX

Como pode ser observado na Tabela 2, o significado que os derivados de *dūcō* tinham em latim é bastante composicional, ou seja, resulta da soma do significado do prefixo ao significado do verbo base como, por exemplo, em *reduzir* que significa "levar" (*dūcō*) + "movimento para trás" (*re*-). Com a exceção de *con*-, todos os prefixos que ocorrem com essa base disparam uma ideia de movimento que, inclusive, é o sentido primeiro de *dūcō* ('guiar'). Além disso, convém destacar que os derivados dessa raiz continuaram entrando na língua até muito recentemente – e com a mesma ideia de movimento –, o que é exemplificado por *abduzir*.

De todo modo, o que é interessante nesses casos é que, ainda que alguns verbos derivados tenham em português um significado relacionado ao que denotavam em latim, em outros verbos – tais como *deduzir*, *induzir*, *produzir* e *seduzir* – a ideia de movimento está, em última análise, perdida; apenas metaforicamente é possível identificar em *deduzir* o significado de "fazer sair" ("fazer sair uma conclusão, por exemplo") ou em *produzir*, o de "levar (algo) adiante"; no entanto, o significado composicional de *abduzir*, por exemplo, é muito mais facilmente depreendido.

Uma hipótese para esse comportamento seria a de que palavras mais antigas tiveram mais tempo para sofrer especializações semânticas, seja por polissemia (como no caso de "janela"), seja por metonímia ou por metáfora, como pode ser visto no contraste entre *induzir* (século XIV) e *abduzir* (século XX). Além disso, o difícil reconhecimento de *se-* e *de-*, como prefixos do português, por exemplo, pode ter servido como fator adicional para a mudança de sentido. Ademais, o fato de o verbo primitivo não ter entrado na língua, assim como seus derivados, pode ter facilitado a "dispersão semântica" dessas palavras, em sua origem, cognatas.

A raiz √FER vem do verbo latino *ferō* ('levar, carregar')[14] e aparece em português tanto em verbos, como mostra (2b), quanto em adjetivos, tais como *frutífero* ('que carrega frutos') e *mortífero* ('que carrega a morte') ou nomes como *Lúcifer* ('aquele que traz a luz'). Por questões de escopo, este capítulo se dedica apenas à etimologia dos verbos, mas é possível estender algumas generalizações igualmente ao domínio não verbal. A Tabela 3 reúne as informações sobre os derivados de √FER – as datas vêm de Cunha (2010) – nos moldes do que foi feito para os derivados de √DUZ.

Tabela 3 – Derivados da raiz √FER

Verbo	Significado em latim	Data de entrada no português
preferir	"levar na frente"	século XVII
proferir	"trazer para a frente; exibir"	século XVIII
referir	"trazer de novo"	século XVIII
deferir	"trazer de cima para baixo"	século XV
diferir	"levar para diferentes partes"	ano 1572
conferir	"levar para o mesmo lugar"	século XVI
inferir	"levar a; levar contra"	século XVI
transferir	"levar de um lugar para outro"	século XVI
aferir	"levar para; levar contra"	ano 1712
auferir	"levar para longe, retirar"	ano 1881

Como apontam os dados da Tabela 3, os derivados (verbais) de *ferō* são bastante numerosos em português e adentram a língua durante, pelo menos, seis séculos, ainda que, como no caso de *dūcō*, o verbo primitivo não tenha sobrevivido. Além disso, o que os dados dessa tabela mostram é que esses verbos tinham em latim uma denotação muito semelhante ao resultado composicional, prefixo + base, com uma pequena ressalva para *proferir* que, em latim, já tinha uma acepção metafórica pela qual "levar algo para a frente" é "mostrar, exibir".

No entanto, com relação ao que esses verbos denotam em português atual, apenas *transferir* parece preservar a ideia de "levar, carregar". Os outros casos parecem apenas vincular remotamente, por meio de uma metáfora talvez, a ideia etimológica composicional, como pode ser observado em *preferir* ("deixar na frente, levar para a frente (dos outros)") ou *diferir* ("levar/seguir para direções diferentes"). O fato de *au-*, *di-* e *pre-* não serem prefixos produtivos torna mais nebulosa a depreensão de um significado composicional. Ademais, o que é curioso no caso dessa família de palavras é que a data de entrada dos vocábulos na língua não parece ser tão condicionante para a dispersão semântica – quanto para os derivados de √DUZ, por exemplo.

Quanto ao terceiro caso, a raiz que aparece nos dados em (3c) tem origem no verbo depoente latino *gradĭor* ('andar, avançar'); porém, a forma que aparece em português (*gred-*) não é a que aparece no verbo primitivo latino (*grad-*), mas sim aquela que ocorre nos seus verbos derivados, tais como *a-(g)gredior*, *pro-gredior*, *re-gredior* e *trans-gredior*.[15] O fato de que é essa a forma que entrou no português é uma evidência adicional para a conclusão de que o verbo primitivo não entrou isoladamente na língua; entraram apenas os seus derivados, e a partir deles formou-se uma família de palavras em português, morfofonologicamente mais homogênea do que a que havia em latim. As informações sobre essa família de palavras estão reunidas na Tabela 4, com datas de Cunha (2010).

Tabela 4 – Derivados da raiz √GRED

Verbo	Significado em latim	Data de entrada no português
transgredir	"passar além; passar por cima"	ano 1813
progredir	"ir para adiante; avançar"	ano 1836
agredir	"ir em direção a"	ano 1871
regredir	"andar para trás, voltar"	século XX

O que a observação da Tabela 4 revela é que os verbos derivados de √GRED são palavras extremamente novas na língua – datam de pouco mais de 200 anos –, o que reforça a hipótese de que, em comparação com os derivados de √DUZ e √FER, houve muito menos tempo para "dispersões semânticas"; logo, segundo essa hipótese, é esperado que esses verbos estejam mais relacionados semanticamente na sincronia, ou seja, preservem um significado composicional, como pode ser visto em *regredir* ('andar para trás') e *progredir* ('andar para frente') e, ainda que metaforicamente, em *transgredir* ('avançar através de/para além de') no sentido de que quem transgride uma regra passa por cima de uma regra, e em *agredir* ('avançar em direção a'), com a leitura de que agredir alguém envolve a ideia de avançar em direção a alguém.

A última raiz *cranberry* do português elencada para esta análise é aquela da qual derivam os verbos em (3d). Com sua origem no verbo latino *trahō*[16] ('puxar, arrastar'),[17] √TRA também não entrou isoladamente na língua, mas aparece em vários verbos formados por prefixação, como mostra a Tabela 5, juntamente com as datas retiradas de Cunha (2010).

Tabela 5 – Derivados da raiz √TRA

Verbo	Significado em latim	Data de entrada no português
subtrair	"tirar de baixo; subtrair"	século XII
retrair	"puxar para trás"	século XIII
atrair	"puxar para si"	século XV
abstrair	"separar de; afastar de"	século XVI
distrair	"puxar em diversos sentidos"	século XVI
contrair	"fazer vir juntamente"	século XVII
retrair	"puxar para trás"	ano 1813

Com base na Tabela 5, uma observação interessante acerca dessa família de palavras é que seus membros adentraram a língua portuguesa desde o século XII, mas – diferentemente dos derivados de √FER, por exemplo – muito do significado composicional etimológico pode ser recuperado sincronicamente, quer evoque a ideia de movimento como *extrair* e *retrair*, quer dispare uma leitura metafórica a partir da ideia do movimento, como em *atrair*, *abstrair*, *contrair*, *distrair*.

Em síntese, o que a etimologia dos derivados dessas quatro raízes mostrou é que o significado que havia em latim para os verbos derivados era muito próximo (para não dizer totalmente, em alguns casos) do significado composicional prefixo + base; no entanto, a observação do que esses verbos denotam em português atual mostra que, em muitos casos, não é mais possível recuperar o significado composicional do verbo derivado e, em outros, ele é recuperado apenas metaforicamente. Assim, se o conteúdo semântico de uma raiz for, em alguma medida, equivalente ao conteúdo semântico do verbo primitivo, e alguns verbos derivados não estão mais semanticamente relacionados na sincronia aos seus verbos primitivos, então, houve uma mudança semântica na raiz.

Adicionalmente a essa conclusão, três hipóteses foram levantadas nesta seção, a saber, (i) o nível de dispersão semântica de um dado vocábulo é proporcional ao seu tempo de existência na língua, isto é, quanto mais antiga uma palavra derivada mais longe o seu significado está do seu sentido composicional etimológico; (ii) a atual improdutividade de um dado prefixo pode servir como catalizador da dispersão semântica, ou seja, o não reconhecimento de uma 'peça morfológica' como tendo um significado autônomo pode facilitar uma reinterpretação não composicional da palavra derivada; (iii) o verbo primitivo não ter entrado na língua pode ter sido um fator determinante para o movimento de membros de uma mesma família ter seguido direções semânticas distintas.

EVIDÊNCIAS FORMAIS DA MUDANÇA SEMÂNTICA

Como mostrado na seção anterior, existem, em português, casos de mudança semântica intravocabular, ou seja, exemplos de raízes que entraram na língua por meio de (somente) verbos derivados e que foram, em alguns casos, alvo de mudanças semânticas a tal ponto drásticas, que não parece mais ser possível reconhecer duas raízes com a mesma forma fonológica como sendo a mesma raiz (uma "homonímia morfêmica"), em virtude das dispersões de sentido que podem ter sido causadas tanto por especializações semânticas ou pela "opacidade composicional" quanto pela data de entrada dos vocábulos derivados na língua.

Ainda na seção anterior, sugeriu-se que uma forma de determinar a mudança semântica é medindo a distância entre o significado composicional etimológico e o significado atribuído sincronicamente a um dado verbo; não obstante, existem processos morfológicos – e, portanto, formais – que podem servir como evidência para atestar a mudança ou a preservação do sentido de uma dada raiz, e o objetivo desta seção é apresentar e discutir esses processos.

Como já foi mencionado, uma mudança linguística em um dado nível, por menor que seja, pode gerar consequências para outros níveis da gramática. Sendo esse o caso, a mudança semântica em uma dada raiz, a tal ponto que seja possível reconhecer duas ocorrências de uma mesma raiz como sendo instâncias de raízes homônimas, pode trazer consequências para processos derivacionais na formação de novas palavras.

Para citar um exemplo, o verbo *curtir*, em português, com sentido de "aproveitar", quando nominalizado, assume a forma *curtição*; porém, mais recentemente, esse verbo passou a ser empregado como correspondente ao verbo *like* ('gostar') do inglês com o sentido de "aprovação a uma dada postagem na internet". Além disso, parece que *curtir* ("aproveitar") denota um predicado estativo ao passo que *curtir* ("aprovação a uma postagem na internet") denota um evento que implica volição, ou seja, o internauta deliberadamente (agentivamente) *curte* uma dada publicação. Nesse caso, então, parece que a raiz √CURT está passando por uma especialização semântica, de "apreciar" para "aprovar deliberadamente uma dada postagem na internet". Interessante notar que, com esse sentido, a nominalização de *curtir* deve ser *curtida* e não mais *curtição*; o que pode ser atestado no contraste entre (3) e (4).[18]

(3) a. *Pedro curtiu muito as férias; para ele, a* ***curtição*** *nem precisaria acabar.*
  b. *Pedro curtiu muito as férias; para ele, a* ***?curtida*** *nem precisaria acabar.*

(4) a. *Ana acabou de curtir a foto do Carlos. Mais uma* ***curtida****, e ele vai bater o recorde.*
  b. *Ana acabou de curtir a foto do Carlos. Mais uma* ***?curtição****, e ele vai bater o recorde.*

O que os exemplos em (3) e (4) parecem mostrar é que a reanálise de duas palavras derivadas como tendo sentidos distintos pode condicionar a preferência por um dispositivo nominalizador diferente, isto é, no caso dos verbos, uma evidência em favor do reconhecimento de uma mudança de sentido para uma dada raiz a ponto identificá-la como uma nova raiz é a formação de um nome deverbal diferente. No que tange às raízes *cranberry*, discutidas na seção anterior, pelo critério semântico, concluiu-se que os derivados de √TRA não sofreram mudanças semânticas significativas a ponto de serem identificados como raízes diferentes para os verbos derivados. Essa conclusão parece ser corroborada pelos dados em (5) que apontam o dispositivo nominalizador desses verbos.

(5)
a. ***atrair***-se pelo perigo → ***atração*** pelo perigo
b. ***abstrair*** as coisas ruins → ***abstração*** das coisas ruins
c. ***contrair*** uma doença → ***contração*** de uma doença
d. ***distrair***-se dos problemas → ***distração*** dos problemas
e. ***extrair*** o dente → ***extração*** do dente
f. ***retrair*** o mercado consumidor → ***retração*** do mercado consumidor
g. ***subtrair*** o saldo devedor → ***subtração*** do saldo devedor

Como mostra (5), todos os verbos derivados de √TRA nominalizam-se por meio do sufixo *-ção*, o que pode ser entendido como um indício de que esses verbos derivados são reconhecidos como membros da mesma família de palavras. Em oposição, (6)[19] mostra resultados diferentes para os derivados de √FER.

(6)
a. ***aferir*** a pressão arterial → ?***aferência*** da pressão arterial
b. ***auferir*** os rendimentos → ****auferência*** dos rendimentos
c. ***conferir*** o resultado → ***conferência*** dos resultados
d. ***deferir*** o pedido → ****deferência/deferimento*** do pedido
e. ***diferir*** dos demais → ****diferência/#diferença*** dos demais
f. ***inferir*** uma informação → ***inferência*** de uma informação
g. ***preferir*** dias chuvosos → ***preferência*** por dias chuvosos
h. ***proferir*** um discurso → ****proferência/proferimento*** de um discurso
i. ***referir***-se a um texto → ***referência*** a um texto
j. ***transferir*** os bens → ***transferência*** dos bens

Conforme a seção anterior, os derivados de √FER entraram na língua no período entre o século XIII (*referir*) e o século XIX (*auferir*, em 1881) e foram seguindo direções/especializações semânticas diferentes, afastando-se, assim, do significado composicional, que havia em latim. A respeito de (6), o que os dados mostram é que essa dispersão de sentido gerou consequências para a morfologia derivacional, de tal forma que algumas palavras – sob o critério apresentado – foram reanalisadas como sendo derivadas de outra(s) raiz(es). Dos dez verbos derivados de √FER, apenas cinco mantiveram-se constantes quanto ao emprego de *-ncia* como recurso nominalizador. No caso de *diferença* (já apresentando um alomorfe de *-ncia*: *-nça*), a leitura semântica é distinta da dos demais casos (ou seja, não eventiva); para os verbos *proferir* e *deferir*, a nominalização em *-ncia* não é nem mesmo possível;[20] quanto a *aferir* e *auferir*, não há nominalizações disponíveis – o que pode ser explicado pela baixa frequência desses verbos, o que leva a um cenário em que a criação de formas deverbais é desmotivada.

Além deste, um outro critério que pode servir como evidência formal para a mudança ou a preservação do significado de uma raiz é o que Harley (2014) chama de "identidade fonológica", a saber, algumas raízes podem assumir formas alomórficas em diferentes contextos e, por essa razão, espera-se que uma mesma raiz assuma o mesmo alomorfe em quaisquer de suas ocorrências (ou seja, em todos os membros da mesma família). A respeito disso, (7) ilustra a formação de adjetivos a partir de √GRED.

(7) a. *agredir → agressivo*
b. *progredir → progressivo*
c. *regredir → regressivo*
d. *transgredir → transgressivo*

Na seção anterior, concluiu-se que os verbos derivados de √GRED, pelo critério semântico, constituem uma mesma família no português atual; adicionalmente, com relação ao critério de identidade fonológica, com base em (7), há a mudança de *gred* > *gress* na formação de adjetivos. Além deste, um outro exemplo de alomorfia sistemática é aquele em que *duz* > *dut* na formação de nomes agentivos, como pode ser visto em (8).

(8) a. *abduzir* → *abdutor*
b. *conduzir* → *condutor*
c. *deduzir* → **dedutor*
d. *induzir* → *indutor*
e. *introduzir* → *introdutor*
f. *produzir* → *produtor*
g. *reduzir* → *redutor*
h. *seduzir* → *sedutor*

Com relação aos exemplos em (8), sistematicamente há a transformação de *duz* > *dut* na formação de nomes agentivos, à exceção apenas de *deduzir* (cujo nome agentivo **dedutor* é agramatical, ainda que a interpretação agentiva de "aquele que deduz" seja perfeitamente possível). De acordo com esse critério, então, apenas a raiz de *deduzir* parece ter sido reanalisada como uma nova raiz – talvez até mesmo como √DEDUZ. Além disso, convém lembrar que, como mostrado na seção anterior, o significado composicional de *deduzir* é remotamente recuperado apenas metaforicamente, já que *deduzir* significa "chegar a uma conclusão" e não algo que esteja relacionado a "fazer descer/sair", sobretudo porque a contribuição semântica de *de-* (diferentemente de *re-*, por exemplo) não é clara sincronicamente.

Um último critério que pode servir como evidência da mudança ou da preservação do sentido para uma dada raiz é aquele em que há uma regularização do paradigma verbal da flexão de certos verbos; por exemplo, etimologicamente, os verbos *entreter* – possivelmente do latim *intertenĕō* ('ter entre') – e *manter* – provavelmente provindo de *manutenĕō* (*manu* + *tenĕō*, 'ter em mãos')[21] – são derivados de *ter* – do verbo latino *tenĕō* ('segurar com as mãos'); a própria tradição gramatical prescreve que esses três verbos sejam conjugados segundo o mesmo paradigma, como indicado por (9), (10) e (11), para algumas formas verbais do pretérito perfeito.

(9)	a. *teve*	b. *tivemos*	c. *tiveram*
(10)	a. *manteve*	b. *mantivemos*	c. *mantiveram*
(11)	a. *entreteve*	b. *entretivemos*	c. *entretiveram*

Contudo, ainda que as formas em (10) e (11) sejam prescritas pela gramática tradicional, sabe-se que há uma tendência – não necessariamente dependente do grau de escolarização – a uma regularização do paradigma verbal, conjugando *manter* e *entreter* não mais à semelhança de *ter*, mas de acordo com a flexão dos verbos regulares da segunda conjugação, gerando formas como *manteu* (para 3ª pessoa do singular) e *manteram* (para 3ª pessoa do plural); no caso de *entreter*, a mudança paradigmática é ainda mais radical, pois ao lado de formas como *enterteu* e *enterteram* do pretérito perfeito, há, por exemplo, *enterto* (em vez de *entretenho*) para a primeira pessoa do singular do presente do indicativo – sem levar em conta, adicionalmente, a metátese entre /r/ e /e/.

Além disso, vale a pena notar que essa regularização paradigmática para os derivados do verbo *ter* não parece soar tão natural para derivados do verbo *fazer*, por exemplo, como atesta a estranheza de **refazeu* e **desfazo*. O que esses casos parecem mostrar é que, no que tange ao paradigma flexional, os verbos derivados de *ter*, *manter* e *entreter* não são mais associados à família do seu verbo primitivo e essa conclusão parece estar igualmente refletida na observação de que esses três verbos não parecem mais compartilhar sincronicamente uma semântica comum – suficiente para relacioná-los.

Com relação às raízes *cranberry* apresentadas na primeira seção, a despeito da mudança semântica constatada para vários membros dos derivados de √FER – e *deduzir* de √DUZ, por exemplo – não parece ter havido uma mudança paradigmática no inventário flexional desses verbos, ainda que seja conveniente observar que as formas *afiro* (de *aferir*) e *aufiro* (de *auferir*) sejam geradas menos automaticamente do que *confiro* (de *conferir*) e *transfiro* (de *transferir*), por exemplo.

Em resumo, o que esta seção tentou mostrar foi que a mudança semântica de uma dada raiz não se dá impunemente e pode gerar consequências para outros processos da língua. Naturalmente, nem toda mudança/especialização semântica resulta na criação de uma nova raiz e, da mesma forma, nem sempre o surgimento de uma nova raiz acarreta mudanças formais para um certo conjunto de raízes (sincronicamente) homônimas. Em todo caso, se os testes propostos estiverem na direção correta, é possível detectar pistas da mudança semântica das raízes com base no seu comportamento morfológico, em termos de derivação, flexão e alomorfia.

O CONTEÚDO SEMÂNTICO DAS RAÍZES: O ANTES E O DEPOIS

As seções anteriores mostraram que algumas raízes do português sofreram dispersões ou especializações semânticas ao longo do tempo em comparação ao que denotavam em latim. Ao lado do critério semântico, que procurou avaliar a distância entre o significado composicional etimológico e o significado corrente no português brasileiro, a seção anterior tentou apontar algumas evidências formais de que alguns verbos não são mais reconhecidos como derivados de uma mesma raiz ou como sendo pertencentes a uma mesma família de palavras, tendo como base os processos derivacionais, a identidade fonológica e o paradigma flexional.

Como já afirmado, o fato de o verbo primitivo não ter adentrado a língua juntamente com seus derivados pode ter sido um fator catalizador (ou determinante, em alguns casos) para a dispersão semântica de membros da mesma família, o que pode ter levado a uma reanálise da raiz ou do composto prefixo + raiz como sendo uma raiz diferente, a qual possui um significado independente e se comporta diferentemente diante dos mesmos processos morfológicos; por exemplo, com base nos critérios formais apresentados, o verbo *auferir* parece não estar mais relacionado (semântica ou morfologicamente) à raiz √FER, o que pode ter motivado o surgimento de uma raiz √AUFER – conclusão adicionalmente motivada pelo não reconhecimento de *au-* como um prefixo do português.

Assumindo que as raízes *cranberry* entraram na língua com uma identidade semântica mais ou menos bem definida e que em português contemporâneo, essa identidade de sentido foi, pelo menos em parte, perdida, a pergunta que fica é qual é a semântica das raízes *cranberry* no português brasileiro contemporâneo. Para Aronoff (1976) e, mais recentemente para Harley (2014), essas raízes estão desprovidas de conteúdo semântico, já que seu significado é depreendido apenas contextualmente (nesses casos, no contexto de um dado prefixo). Sob essa perspectiva, então, isso seria equivalente a afirmar que a mudança semântica transformou raízes de significado pleno (em latim) em raízes de significado nulo (em português).

Entretanto, o que a presente análise sugere é que o que faz com que os falantes relacionem membros de uma mesma família de palavras é a semântica da sua raiz, logo, deve haver ainda algum conteúdo semântico mínimo presente nelas; por exemplo, o fato de que, mesmo séculos depois, *agredir*, *progredir*, *regredir* e *transgredir* preservem uma identidade fonológica, se valham dos mesmos recursos nominalizadores e se enquadrem dentro de um mesmo paradigma flexional é o reconhecimento de uma semântica comum à sua raiz, o que não é o caso para *ter*, *entreter* e *manter* que, como mostrado, não só não estão mais semanticamente relacionados como também sofreram mudanças na maneira como são conjugados (a despeito da prescrição da gramática tradicional).

Além disso, como sugerido anteriormente, um argumento adicional em favor de que o que relaciona as palavras é a semântica da sua raiz é fornecido por Resende (2017), para quem pares de palavras morfofonologicamente distintos são tratados como derivados da mesma raiz em virtude do que a raiz denota, como em *maduro/maturidade*, *olho/ocular*, *mão/manual* etc. Dadas essas considerações, a dificuldade em determinar o conteúdo semântico de uma raiz não é uma premissa suficiente para a conclusão de que as raízes – cujo significado é depreendido contextualmente – não possuem nenhum conteúdo semântico.

Marantz (1997) entende que mesmo estruturas (palavras, sintagmas, sentenças) com significado especial, isto é, não composicional podem ter sua estrutura interna reconhecida, por exemplo, *chutar o balde* pode ser decomposto como a concatenação de um verbo a um sintagma nominal independentemente de a leitura ser idiomática (e, nesse sentido, contextual) ou literal (ou seja, composicional).

No que respeita às raízes *cranberry*, *induzir* pode ser reconhecido como a composição de um prefixo com uma raiz independentemente de a raiz √DUZ apresentar um significado autônomo (em um verbo independente, por exemplo) ou ainda de o composto prefixo + base não denotar um significado composicional, mas um significado "idiomático" (como "chegar a uma conclusão"). A partir disso, fica mais claro por que verbos derivados que contêm um prefixo improdutivo (como *au-* e *di-*) tendem a serem reinterpretados como uma raiz diferente, pois, além do significado não relacionado, a palavra se torna estruturalmente opaca para identificação de suas partes.

Sob essa mesma perspectiva, ainda que alguns dicionários de português definam, por exemplo, o nome *tranco* como "o salto que o cavalo dá", cabe a observação de que, pelo menos em algumas regiões do Brasil, essa não é uma palavra recorrente; talvez o significado autônomo desse nome não seja nem mesmo conhecido em alguns lugares. Ainda assim, não parece haver dificuldade para a interpretação de expressões como *pegar no tranco* ou *aos trancos e barrancos*. Portanto, o que esse caso parece mostrar é que ainda que o significado de *tranco* não seja facilmente reconhecível "longe dos contextos em que normalmente ocorre" não parece ser verdade que o nome *tranco* e – por consequência – a raiz √TRANC não contenham algum tipo de conteúdo semântico.

No que tange ao domínio intravocabular, o fato de haver uma certa dificuldade na determinação do significado autônomo/independente das raízes *cranberry* – o qual apareceria em um verbo "primitivo", por exemplo – não impede que essas mesmas raízes contenham ainda algum tipo de conteúdo semântico, o suficiente para agrupar verbos em uma mesma família, os quais se comportam morfofonologicamente de maneira semelhante ou, ainda, para extrair dessas raízes um significado mínimo comum.

A respeito disso, Minussi e Bassani (2017) entendem que existem dois tipos de conteúdo semântico para as raízes, e aquele que aparece nas raízes *cranberry* seria um *conteúdo semântico conceitual*; para os autores, por exemplo, (alguns) derivados de √TRA apresentariam um conteúdo semântico relacionado "conceitualmente" a movimento – o que recupera etimologicamente o significado latino "puxar, arrastar". Nessa mesma linha, a presente análise defende que, ao lado de um *conteúdo semântico conceitual* (o qual é mais facilmente depreendido contextualmente), existe um *conteúdo semântico referencial* que é aquele que aparece nas raízes que ocorrem independentemente, ou seja, raízes cuja semântica é facilmente recuperável longe de prefixos – como √FAZ em *fazer*, por exemplo.

Dadas essas considerações, o que este estudo defende é que, da passagem do latim para o português (brasileiro) contemporâneo, as raízes *cranberry* sofreram um certo tipo de perda semântica, a saber, passaram de uma semântica referencial para uma semântica conceitual. Naturalmente, a depreensão da semântica conceitual de uma raiz é muito menos clara (do que a de uma semântica referencial); ainda assim, ela é suficiente para que seja possível relacionar palavras derivadas, dentro de uma mesma família, na medida em que novas palavras são formadas. Nessa perspectiva, é esperado que os derivados dessa raiz continuem utilizando os mesmos recursos derivacionais e, adicionalmente, mantenham a identidade fonológica e obedeçam ao mesmo paradigma flexional.

CONSIDERAÇÕES FINAIS

Assim como as estruturas linguísticas (fonológicas, morfológicas, sintáticas) mudam com o passar do tempo, o significado (lexical, semântico, discursivo) também está sujeito a mudanças; o que os sintagmas, as palavras e as raízes denotam em um determinado estágio da língua pode sofrer mudanças significativas. Essas mudanças semânticas podem ser tanto de um significado menos especializado para um mais especializado quanto de um significado específico para um mais geral ou de uma dispersão semântica (parcial ou total). No caso das raízes *cranberry*, houve uma mudança semântica de um significado referencial para um significado conceitual. Tal mudança pode ser diagnosticada tanto pela distância entre o significado composicional etimológico e o significado corrente dos verbos derivados quanto por critérios formais, que dão pistas de que um certo vocábulo não está mais sendo reconhecido como pertencente à sua "família original".

Diferentemente do que alguns autores alegam,[22] a presente análise defende que existe uma identidade semântica nas raízes, ainda que ela só seja mais facilmente depreendida contextualmente; no caso das raízes *cranberry*, no contexto de um dado prefixo. Além disso, a data de entrada de uma dada raiz na língua, assim como o fato de ela ter entrado em um verbo primitivo ou em um verbo derivado, podem ser catalizadores (ou determinantes) para a sua dispersão/especialização semântica. Seja como for, a mudança de sentido no domínio das raízes não ocorre impunemente e reverbera nos mais variados processos morfológicos.

Finalmente, convém lembrar que o latim, considerado como língua de adstrato permanente, alimentou e continua alimentando o léxico do português brasileiro com expressões, palavras e raízes. Nesse sentido, é perfeitamente possível que formas hereditárias do latim convivam plenamente com formas emprestadas, extraídas diretamente da língua latina; um exemplo clássico desse fenômeno é o par *olho* – derivado de *oculus* ('olho') – e *óculos*, cujo primeiro elemento é resultado de mutações fonético-fonológicas da passagem do latim para o português, e o segundo é fruto de um empréstimo erudito.[23]

Sob essa perspectiva, muitos dos verbos derivados das raízes *cranberry* entraram na língua por meio de empréstimos eruditos e, nesse sentido, sua entrada pode ter ocorrido para preencher uma lacuna lexical já não relacionada à sua "família original"; por exemplo, pode ser que *deduzir* tenha entrado na língua para suprir uma unidade semântica não relacionável à ideia de movimento (presente na raiz √DUZ) e, por essa razão, essa palavra já entrou na língua dissociada semanticamente dos demais verbos em *-duzir*. Nesse sentido, é justamente a identidade semântica dessa "nova raiz" que impede que se associe diretamente um novo vocábulo à família de palavras já existente, ainda que eles tenham uma origem etimológica comum. De todo modo, o papel do empréstimo erudito na identidade semântica das famílias de palavras aguarda trabalhos futuros.

Em síntese, ainda que muitas das ferramentas desta análise sejam rudimentares e alguns dos critérios, especulativos, o que este capítulo tentou mostrar é que, além de mudanças lexicais (que dizem respeito a mudanças semânticas no domínio da palavra, como um todo), existem mudanças no domínio intravocabular, ou seja, nas peças morfológicas (raízes e afixos) que formam as palavras.[24]

NOTAS

1 Todavia, deve ficar claro que não existe uma relação de dependência entre "ter uma origem comum" e "estar associado sincronicamente", já que pode acontecer que palavras com percursos etimológicos diferentes sejam associadas sincronicamente e que palavras com uma origem comum não sejam relacionadas na sincronia.

2 O rótulo "*cranberry*" faz referência ao fato de que, em inglês contemporâneo, existe um conjunto de palavras compostas com *-berry* (*strawberry*, *blueberry*, *blackberry* etc.) cujo primeiro morfema apresenta um significado autônomo; no entanto, no caso de *cranberry*, o morfema *cran-* só tem um significado contextual (isto é, no contexto de *-berry*); longe de *-berry* não é possível determinar sincronicamente o significado de *cran-*.

3 Também conhecida como morfologia de "bases presas", cf. Rocha (1998) para discussão e exemplos.

4 Cf. Bassani (2013) para essa abordagem.

5 Cf. Viaro (2004) para um estudo nessa linha.

6 Segundo Almeida (2011), *ab-* > *au-* quando precede /f/, *ab-* > *a-* diante de labiais sonoras e *ab-* > *abs-* diante de sons oclusivos surdos.

7 De acordo com Almeida (2011), o /d/ de *ad-* é assimilado pela consoante seguinte.

8 Conforme Romanelli (1964), *com-* > *con-* quando precede sons oclusivos ou /i/ e /u/ sonânticos.

9 De acordo com Almeida (2011), *dis-* > *dif-* antes de /f/.

10 A mudança responsável pela transformação de *præ* > *pre-* foi a da redução dos ditongos no período do latim vulgar. O mesmo pode ser visto em *cælum* > *céu* e *cæcum* > *cego*.

11 Segundo Romanelli (1964), *sed* > *se* quando a palavra precedente começa por consoante ou /i/ e /u/ sonânticos.

12 Alguns trabalhos, no entanto, defendem que a derivação de uma palavra por meio da junção de um prefixo e uma base é melhor caracterizada como "composição" e não como "prefixação"; cf. Rocha (1998) para discussão e referências.

13 A forma que aparece em português é resultado da palatalização, e posterior sonorização, de /k/ diante das vogais anteriores /e/ e /i/, que transformou *duc-* em *duz-*; esses metaplasmos ocorreram igualmente com *uicinum* > *vizinho, placere* > *prazer* etc.

14 Essa raiz não deve ser confundida com √FER do verbo *ferir*, que tem sua origem no verbo latino *ferĭō* ('ferir').

15 Isso se deve ao fato de que, em latim, a vogal /a/ no meio de uma palavra se alça para /e/; outros casos são *factus* → *confectus* e *capio* → *partĭceps* – cf. Almeida (2011) para uma descrição completa e para mais exemplos.

16 A forma que aparece no português atual resulta de dois processos fonológicos que ocorreram com a forma que havia em latim: primeiramente o desaparecimento da fricativa glotal /h/ e, posteriormente, a epêntese da semivogal palatal /j/.

17 Essa raiz não deve ser confundida com √TRADO verbo *trair*, que se origina do verbo latino *trādō* ('transmitir, entregar').

18 Há ainda um terceiro sentido para o verbo *curtir*, como em *curtir o couro*, cuja nominalização é *curtição* ou *cortume*, mas esses casos não são discutidos neste capítulo.

19 Neste trabalho, a notação com asterisco (*) está sendo empregada para fazer referência a uma forma agramatical na sincronia – e não para indicar uma forma reconstruída, por exemplo.

20 Ainda que Cunha (2010) ateste a forma *deferência* no século XIX (mesmo que o verbo *deferir* tenha entrado ainda no século XV), os falantes dispuseram de outro sufixo para a nominalização desse verbo (*deferimento* surge em 1899).

21 Cf. *manutenção*.

22 Cf., por exemplo, Harley (2014) e trabalhos relacionados.

23 Cf. Resende (2017) para discussão e exemplos desses casos.

24 Agradeço a Rodolfo Ilari, Mário Viaro, Renato Basso e Beatriz Pires Santana pela leitura de versões anteriores deste trabalho e por todos os comentários e sugestões que ajudaram a levar este texto à sua versão final; contudo, qualquer erro ou problema que tenha permanecido é de minha inteira responsabilidade.

TERCEIRA PARTE

GRAMÁTICA

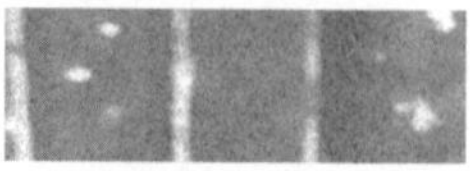

O PPC NA HISTÓRIA DO PORTUGUÊS NO BRASIL

Martin Becker

SUMÁRIO

Neste capítulo,[1] estudaremos a evolução do pretérito perfeito composto (PPC) no português do Brasil. Partiremos das obras escritas pelo padre A. Vieira no século XVII, porque nelas se cristalizam já muitas das evoluções posteriores, e, por ter sido ele um autor que, mais que nenhum outro, viveu em estreito contato com o português falado no Brasil.

A nossa análise das evoluções entre os séculos XVIII e XX se baseia nos documentos do *corpus* do Projeto Para a História do Português Brasileiro, que reúne diferentes gêneros textuais, tais como manuscritos, cartas, diários, impressos e obras literárias (veja-se o link https://sites.google.com/site/corporaphpb/). Para o século XIX levamos também em consideração os textos do *corpus* Tycho Brahe, que enriquecem a nossa base dos dados.

Além do mais, tiramos proveito da variação diatópica representada no *Corpus* do Português (Ferreira e Davies) através de dois sub-*corpora*, um brasileiro, outro europeu, que – com quase igual peso quantitativo (10 milhões de palavras do português brasileiro (PB) e 10,2 milhões de palavras do português europeu (PE)) – também permitem identificar tendências caraterísticas nas duas principais variedades da língua portuguesa. Ademais, a função estatística disponibilizada no *Corpus* do Português permite comparar proporções relativas nas duas variedades, e assim reconhecer tendências evolutivas do PPC a longo prazo.

Para poder apreciar a complexidade da trajetória evolutiva que vamos analisar e descrever, começamos com a situação linguística atual, caracterizando brevemente a semântica do PPC na língua contemporânea.

Nas gramáticas (Hundertmark-Santos Martins, 1982: 180; Gärtner, 1998: 23) assim como na literatura linguística (Paiva Boléo, 1936: 127; Ilari, 2001: 66; Schmitt, 2001: 439; Vieira Novais e Barros Nespoli, 2013) se identificam duas leituras prototípicas do PPC, uma leitura durativa e outra iterativa. Comparem-se os exemplos (1) e (2):

(1) *Tem estado muito calor.* (Hundermark-Santos Martins, 1982: 180)
(2) *Tenho vivido bons momentos desde que a Maria nasceu* (http://caras.sapo.pt/famosos/2011/07/04/claudia-vieira-tenho-vivido-bons-momentos-desde-que-a-maria-nasceu)

Essas leituras constituem as manifestações de uma semântica abstrata do PPC que reúne várias caraterísticas elaboradas pela literatura linguística (cf. Schmitt, 2001; Ilari, 1999, 2001; Barbosa, 2008, 2012; Cabredo-Hofherr e Laca, 2010; Molsing, 2010; Amaral e Howe, 2012):

- O PPC envolve uma pluralidade de eventos (ou de subeventos) do tipo descrito pelo verbo, já que introduz um operador de quantificação indeterminada de eventos ou subeventos (cf. Becker, no prelo, mas vejam-se também Barbosa e Oliveira Longo, 2003: 15; Barbosa 2008: 98 e 2012: 182, que menciona o "aspecto quantificacional", assim como o traço [+ indefinido]):
- A leitura (durativa ou iterativa) depende das propriedades aspectuais dos predicados verbais;
- O PPC introduz um intervalo temporal que se prolonga desde um ponto inicial no passado (delimitação à esquerda), inclui o momento da fala (delimitação à direita) e pode ir, num contexto adequado que gera uma implicatura, até um futuro aberto. Este intervalo constitui o intervalo de asserção, relevante em termos vericondicionais e equivale ao "*perfect time span*" (ao intervalo de perfeito das abordagens teóricas de tipo "*Extended-now*" (McCoard, 1978; Von Stechow, 1999; Iatridou et al., 2003; Molsing, 2007: 135 e 147). A literatura frisou também que o intervalo temporal tem de se caraterizar por uma extensão suficiente ("*sufficiently long interval*") desde um ponto de vista pragmático (cf. Cabredo-Hofherr e Laca, 2010: 78).

A literatura linguística tirou proveito da noção de pluriacionalidade, introduzida na análise semântica por Lasersohn (1995, cf. Molsing 2010: 124), para refinar a descrição da semântica do PPC. Cabredo-Hofherr e Laca (2010: 78) põe em destaque a descontinuidade e a distribuição de uma eventualidade (com as suas instâncias) através de um intervalo suficientemente prolongado como condições necessárias para o uso apropriado do PPC. O critério de descontinuidade obedece, nesse contexto, à exigência de lacunas temporais ("*temporal gaps*"), o que garante a pluralidade das instâncias de caráter discreto evocadas pelo predicado verbal. Ilari, nas suas distintas contribuições sobre a semântica do PPC (p. ex. Ilari, 2001 e 2001), recorre, nesse contexto, à pertinente metáfora do "escalonamento de eventos no tempo".

Laca (2006: 8) fornece uma definição rigorosa de pluriacionalidade, esclarecendo que a noção de pluracionalidade se refere (a) tanto à contribuição de certas perífrases verbais (p. ex. *andar*, *ir* + gerúndio) quanto a (b) casos de "coação" ("*coercion*") nos quais – com base na interação entre a semântica do verbo (acrescentamos: e dos seus argumentos), uma determinada forma verbal e expressões adverbiais adequadas – surgem leituras iterativas, frequentativas, habituais etc., ou seja leituras de pluralidade de eventos (ou subeventos) (cf. Laca, 2006; vejam-se também Amaral e Howe, 2012).

Porém, a literatura semântica diverge um tanto no que diz respeito à abrangência do termo "pluriacionalidade". Bertinetto e Lenci (2012) entendem o termo num sentido amplo e defendem uma definição abrangente com as seguintes palavras: "*the same event repeats itself in a number of different situations*" ("o mesmo evento se repete numa série de situações/ocasiões diferentes"). É de notar que este conceito inclui também casos de puras inferências pragmáticas (p. ex., a combinação de uma forma verbal com um objeto direto no plural). (Bertinetto e Lenci 2012, 2); Cabredo-Hofherr e Laca, por outro lado, restringem a noção de pluriacionalidade a uma pluralidade indeterminada de eventos. Conforme este entendimento do termo, elas excluem, por exemplo, contextos no escopo de uma quantificação determinada, ou seja, uma quantificação cardinal ("*incompatibility with cardinalised expressions*") (Cabredo-Hofherr e Laca, 2010: 83 e 84; veja-se também Amaral e Howe, 2012: 27).

Na nossa contribuição usaremos o termo "pluriacionalidade" num sentido mais amplo, o que quer dizer que o aplicaremos também a leituras cujo caráter pluralizante (ou de pluralidade) decorre de uma inferência pragmática.

Para terminar a caraterização da semântica do PPC no português atual, mencionamos também que se abriu um debate sobre se a continuação da iteração de um evento, caraterística do PPC, em muitos contextos de ocorrência, constitui um traço semântico (inerente à forma) ou se é mais exatamente uma implicatura conversacional com potencial de se convencionalizar no futuro. Cabredo-Hofherr e Laca (2010) (e também Barbosa, 2008: 98, com a introdução do traço [+ genérico]) sublinham a continuação do padrão repetitivo para além do momento da fala ("*pattern of repetition ... continues beyond Utt-T*") e salientam a proximidade conceitual com a leitura habitual ("*relies on a non-accidental generalization*", "*patterns on a par with habituals*", 2010: 89). Sem dúvida exemplos como o da oração (3), em que se descreve um hábito que João desenvolveu,

(3) *(Ultimamente) O João tem bebido muito*

ilustram o papel caracterizador que o PPC vem ganhando no português contemporâneo. Porém, vamos ver na nossa análise diacrônica que a leitura caracterizadora (que se assemelha à leitura habitual) se enraizou fortemente como manifestação da semântica do PPC ao longo da história dessa forma verbal.

OS PRIMÓRDIOS NO SÉCULO XVII: O PPC NOS ESCRITOS DO PADRE A. VIEIRA

As publicações do padre A. Vieira constituem o ponto de partida do nosso estudo sobre o desenvolvimento do PPC no português do Brasil. Religioso, filósofo, escritor e orador da Companhia de Jesus, Vieira não só é o expoente máximo da prosa portuguesa no século XVII – aliás representado com o maior peso quantitativo no *Corpus* do Português de Davies e Ferreira –, mas é também o grande personagem de destaque que se movimentou entre o velho e o novo continentes. Vieira veio para o Brasil com os seus pais à idade de 6 anos (em 1614) e passou a maior parte da sua vida (com maiores interrupções entre 1641 e 1653 e entre 1661 e 1681) em várias partes do Brasil colônia (na Bahia, em Pernambuco e no Maranhão). (Vejam-se as entradas na *Encyclopaedia Britannica*, https://www.britannica.com/ biography/Antonio-Vieira assim como no *Lexikon für Theologie und Kirche*, t. 10, Vieira.)

Nos escritos de Vieira, podemos identificar vários usos e leituras do PPC, dependendo da interação entre o verbo e os seus argumentos e adjuntos, assim como determinadas indicações temporais (advérbios e adverbiais temporais). Vemos que, por um lado, as propriedades acionais (i.e., o aspecto lexical), tais como estatividade *vs.* dinamicidade, telicidade *vs.* atelicidade e pontualidade *vs.* duratividade, desempenham um papel decisivo nessa interação. Por outro lado, os dados analisados deixam entrever também o papel decisivo da pertença dos verbos a classes particulares, tais como a dos verbos psicológicos, cognitivos ou comunicativos. Além disso, em alguns casos, combinações estabelecidas e convencionais que juntam o PPC e determinados verbos (p. ex. *tenho dito*, *tenho falado* etc.) têm de ser consideradas se quisermos capturar todas as potencialidades semânticas do PPC. Como vamos ver, os usos do PPC variam bastante conforme o contexto – uma variação que aponta para um processo complexo de mudança linguística em andamento.

O PPC começa a sua trajetória gramatical como um típico perfeito resultativo, como mostra o exemplo seguinte tirado do século XV:[2]

(4) *E vós tendes todos de mim terra e sodes meus vassalos que* ***me havedes feito menageme juramento*** *e por esto vos rogo, polo direito que devedes a fazer, que vós me ajudedes e conselhedes assi como homens bõõs que devem a conselhar seu senhor, em guisa que m~ia desonra seja vingada e que vós hajades honra em britar e confunder aqueles que me esta desonra fezerom.* (CIPM: Demanda, CdP)

Nesta leitura resultativa, o perfeito se combina com a expressão performativa “fazer juramento”, que descreve um ato no passado cujo estado resultante possui vigência no presente e para além dele. O PPC é compatível tanto com uma única ocorrência de um evento (ou tipo eventivo) quanto com uma pluralidade de instâncias de um determinado tipo eventivo, pluralidade inferível da informação semântica proporcionada pelo cotexto. Os casos que remetem a uma pluralidade de eventos ou subeventos constituiriam o germe de uma série de leituras que terão sucesso no decurso das evoluções da língua portuguesa e que podemos agrupar sob o rótulo de “leituras pluriacionais”.

Vejamos um exemplo tirado da obra de João de Barros da primeira metade do século XVI, no qual o PPC (com uma semântica resultativa) gera uma inferência semântica segundo a qual estamos diante de uma série indeterminada de eventos de um determinado tipo (fazer insultos e cometer roubos), que se inscrevem num intervalo temporal. Esse intervalo temporal se estende de um momento no passado em direção ao presente, sem incluir o momento da fala, que atua como o ponto de perspectiva a partir do qual a série de eventos é considerada e verificada:

(5) *E porque Raix Soleimão é turco e veo ao serviço do Soldão, fugido do Turco, pelos* ***insultos e roubos que tem feito em sua própria pátria****, e ora com esta nova quererá tomar voz por ele, pera se restituir na sua graça, enquanto se ele anda enchendo de dinheiro e riquezas, que houve na tomada de Zeibide* [...] (Barros: Asia3, CdP)

Nas obras de António Vieira, podemos apreciar uma expansão considerável das leituras de pluralidade.

Em primeiro lugar, podemos salientar a leitura sumativa que já se tinha afirmado no século XVI, por exemplo, na obra historiográfica de Luís Fróis (em particular, na *História do Japão*). Tipicamente, a leitura sumativa decorre seja de um sintagma nominal objeto direto no plural (*X tem feito roubos*), seja de uma expressão adverbial que contém um determinante indefinido com valor distributivo (p. ex., *em cada N*). Podemos ilustrar e caracterizar a leitura sumativa baseando-nos no exemplo seguinte, tirado da obra de Barros, outro historiógrafo-cronista do século XVI:

(6) *E em cada mosteiro destes* ***tem posto no altar****, em logar de fotoque, a figura do* ***Caysan****, id est, do primeiro bonzo que foi seu instituidor, e diante delle seos perfumes e flores, metidas em certos vazos por ornamento do altar.* (Frois: Japam2, CdP)

Nesse exemplo, *cada* figura na indicação local *em cada mosteiro*. Sob um ponto de vista semântico, o macroevento de "pôr a figura do Caysan no altar" se distribui em vários subeventos que se desenrolam em lugares diferentes. Em outras palavras: em cada lugar do tipo "mosteiro" existe um subevento que consiste em colocar a figura do Caysan no altar, em lugar de "fotoque".

É interessante observar que os contextos que desencadeiam uma leitura sumativa se multiplicam na obra de A. Vieira. Encontramos também exemplos nos quais *o sintagma sujeito* aponta para uma pluralidade de subeventos de um mesmo tipo:

(7) *Este e semelhantes terrores* ***têm feito*** *o nome dos Portugueses odioso nos sertões, e desautorizado muito a fé, entendendo os bárbaros que é só em nós pretexto de cobiça, com que muitos se*

têm retirado mais para o interior dos bosques, e outros depois de vir se tornam desenganados, outros nos fazem guerra e o mal que podem, e todos (que é o que mais se deve sentir) se estão indo a milhares ao Inferno. (Vieira: *Cartas*, 1626-1692, CdP)

No exemplo (7), Vieira fala sobre um fenômeno, "terrores", cujo efeito foi *que eles fizeram o nome dos portugueses odioso.*

Como se pode apreciar no seguinte exemplo, a leitura sumativa torna-se inclusive possível com verbos estativos:

(8) *Lá parece que cessaram os pasquins, mas das portas das igrejas; mas nos púlpitos **tem havido** quem falasse, ou modestamente pelo Papa ou indecentemente contra ele e seus ministros, e para maior indecência na mesma capela real.* (Vieira: *Cartas*, 1626-1692, CdP)

A expressão *nos púlpitos tem havido quem falasse* se refere a um conjunto de pessoas – cujo número e identidade, como indica o modo subjuntivo, permanecem indeterminados – e que, possivelmente, se pronunciaram da maneira (modesta ou indecente) indicada na citação. Uma leitura paralela se dá com verbos pontuais e télicos, especialmente com o verbo "chegar". Nessa leitura, que eu chamaria de leitura "incrementativa", o falante ressalta a acumulação de resultados crescentes ou decrescentes de um processo em andamento e cuja "soma" ou cujo resultado é considerado no momento da fala. Vieira, que usa com frequência verbos como "chegar" nessa leitura, quer destacar uma etapa específica de um determinado processo.

Em (9), Vieira considera o momento da passagem para o último capítulo, o que pressupõe um avanço importante (e resultados de uma progressão) no processo da redação textual.

(9) *Eu **tenho chegado** ao último capítulo da carta de V. Ex.ª, o qual me parece um manifesto ou apologia contra o primeiro, e que das queixas daquele se pode a fortuna defender com este* [...] (Vieira: *Cartas*, 1626-1692, CdP)

No exemplo (10), Vieira marca o ponto final de um processo de declínio que o Brasil vem sofrendo desde um determinado momento no passado.

(10) [...] *porque ainda em tempos menos apertados fora muito mal recebida semelhante prática, quanto mais nos presentes, em que o Brasil* ***tem chegado*** *quase a última miséria.* (Vieira: *Cartas*, 1626-1692, CdP)

A leitura incrementativa pode estabelecer-se também com base num nome abstrato de quantificação indeterminada (como p. ex. *dano*). No exemplo seguinte, o quantificador indefinido *tanto* sinaliza um grau muito alto (mas não especificado) numa escala e pressupõe uma acumulação gradual de "porções" de dano:

(11) [...] *o decreto último que tanto dano nos* ***tem causado****, e ainda não está de todo esquecido.* (Vieira: *Cartas*, 1626-1692, CdP)

A contrapartida semântica, a leitura sumativa com base no quantificador indefinido *tanto*, se manifesta com nomes contáveis que designam entidades discretas. No exemplo seguinte, o falante deplora a grande quantidade de lágrimas derramadas:

(12) [...] *sei contudo que deseja muito um retrato seu natural, não para recordo da memória, mas para consolação dos olhos, a quem tantas lágrimas* ***tem custado***. (Vieira: *Cartas*, 1626-1692, CdP)

É também em Vieira que encontramos, pela primeira vez e de maneira sistemática, a leitura iterativa, a que as gramáticas descritivas da língua portuguesa dão tanta ênfase. Cabe ressaltar que a leitura iterativa se distingue claramente da leitura sumativa: se, no primeiro caso, o falante se refere ao mesmo tipo de evento que é repetido numa quantidade indeterminada de vezes, no segundo caso, o falante aponta para subeventos de um mesmo macroevento. Neste caso, a interpretação pluriacional decorre ou, melhor dizendo, pode ser inferida de um elemento do contexto, em especial da pluralidade do objeto direto ou de uma expressão adverbial com valor distributivo. Essa diferença é suscetível de ser capturada formalmente: na leitura iterativa, o quantificador (indeterminado ou determinado) tem escopo sobre a proposição inteira enquanto que a leitura "sumativa" provém de um constituinte "encaixado" (ou seja, um objeto direto ou um adjunto com valor de quantificação) numa posição "mais baixa" na estrutura oracional. Na interpretação semântica (na forma lógica, para usar a terminologia gerativista), o quantificador inferido "sobe para cima", tomando a inteira proposição no seu escopo.

Encontramos, pela primeira vez, em Vieira um grande leque de operadores que quantificam sobre os eventos em questão. É muito comum o emprego de quantificadores indeterminados tais como ***muitas vezes*** e ***tantas vezes***, mas já atestamos também expressões como ***repetidas instâncias***.

(13) *se bem é tanta a sua pontualidade, que lhe tenho ouvido* ***muitas vezes*** (Vieira: *Cartas*, CdP)

(14) *como* ***tantas vezes*** *se têm perdido* (Vieira: *Cartas*, 1626-1692, CdP)

(15) *O núncio, depois do seu requerimento, verbal e por escrito, tem feito por si e pelo padre confessor* ***repetidas instâncias*** *pela resposta* (Vieira: *Cartas*, 1626-1692, CdP)

Mas atestamos também casos nos quais o PPC aparece com uma quantificação determinada como em (16), onde o falante faz a indicação cardinal de ***três vezes***:

(16) [...] *porque o príncipe, segundo a sua primeira promessa, há-de mandar, como* ***três vezes*** *tem mandado, ao seu ministro que nem por uma nem por outra parte se meta neste negócio* [...] (Vieira: *Cartas*, 1626-1692, CdP)

Acabamos de documentar as diferentes leituras pluriacionais que se afirmam de maneira sistemática na obra de A. Vieira. Porém, não podemos perder de vista que a prosa de Vieira ainda atesta majoritariamente (!) leituras tanto tradicionais como representantes prototípicas do valor de perfeito.

Estudemos no parágrafo seguinte os diferentes casos de maneira mais detalhada.

Um primeiro caso que chama a atenção é representado pelos verbos de comunicação que aparecem com regularidade nos escritos de Vieira com o PPC. Vejamos alguns exemplos:

(17) *Não deito esta fora para dizer a V. Rev. o que lhe* ***tenho dito*** *e o mais que lhe direi* (Vieira: *Cartas*, CdP, 1626-1692)

(18) *Também* ***tenho escrito*** *a V. Rev. um sobre a de Cabo Verde e costa de Guiné, que é outro oceano ou Negro Ponto de Almas, que se estão perdendo à falta de ministros do Evangelho.* (Vieira: *Cartas*, 1626-1692, CdP)

(19) *O inquisidor já falou com o Papa, como* ***tenho avisado***, *e além da carta do príncipe deu outra da rainha.* (Vieira: *Cartas*, 1626-1692, CdP)

É difícil avançar uma explicação única para o emprego do PPC em conjunto com verbos de comunicação, um emprego, que, como vamos ver, iria se converter mais tarde num uso totalmente convencionalizado. Podemos levantar, pelos menos, três hipóteses diferentes:

- Os atos comunicativos representam eventos complexos que pressupõem subeventos. Vamos ver que a complexidade dos eventos se revela um critério importante para motivar o uso do PPC com verbos psicológicos.
- Além disso, podemos manter que o emprego da forma com os verbos comunicativos marca a relevância do ato comunicativo para o presente, ou seja, o falante põe em relevo que os conteúdos do ato da fala estão presentes (no fundo de conhecimentos compartilhados pelos interlocutores) e acessíveis no momento da fala.
- Relacionada com essa interpretação está uma terceira hipótese, particularmente relevante para os documentos jurídicos: o PPC pode marcar um resultado persistente, ou seja, um resultado que tem alguma força ou "vigência", ou seja, um efeito legal vinculante, no presente.

Mesmo que não estejamos em condições de decidir qual hipótese é a correta, podemos admitir a validade de cada explicação com respeito a determinadas classes verbais.

A primeira hipótese, a da complexidade do evento, mostra-se especialmente relevante no caso dos verbos psicológicos marcados pelo PPC. O seguinte exemplo (20)

(20) [...] *e com grandes esperanças de que este caso não foi acaso, senão disposição altíssima da Providencia Divina, como já neste Cabo Verde* ***tenho experimentado****, em tão manifesto fruto das almas* [...] (Vieira: *Cartas*, 1626-1692, CdP)

ilustra que o PPC em combinação com esta classe verbal realça a intensidade e profundidade de um evento emotivo, que se constitui de vários momentos que se sucedem no eixo temporal (traço de duratividade). O mesmo vale também para os verbos cognitivos, que também apontam para eventos complexos e duradouros, no caso particular, processos mentais. No exemplo (21), a expressão "fazer a devida ponderação" designa um processo prolongado e composto de várias fases de reflexão:

(21) ***Tenho feito*** *a devida ponderação sobre o texto da última posta, e sobre a futilidade da distinção entre o embaixador e a rainha.* (Vieira: *Cartas*, 1626-1692, CdP)

Ora, o aspecto da persistência do resultado resulta particularmente importante para verbos performativos com os quais os falantes podem realizar determinados atos de fala. Nesse contexto se destaca particularmente o verbo comissivo *prometer*. Este verbo é usado regularmente na primeira pessoa, sublinhando o engajamento que assume o falante de realizar um determinado compromisso contraído. Num exemplo como

(22) *V. S.ª se sirva de me restituir estes papéis, porque* ***tenho prometido*** *a comunicação deles a algum amigo, exceptas as cartas do marquês de Marialva, que se mandam em toda a confiança e segredo, e só de V. S.ª as fio, e folgarei que nenhuma outra pessoa saiba que eu as comunico, porque tudo se diz e em toda a parte há espias.* (Vieira: *Cartas*, 1626-1692, CdP)

o PPC sinaliza que a promessa tem efeitos vinculantes que se prolongam para o presente e inclusive para mais além.

Encontramos também alguns exemplos nos quais um verbo comissivo se junta a um verbo de comunicação (p. ex., *já* ***tenho declarado*** *a V. S.ª. e* ***prometido***, Vieira, *Cartas*, 1626-1692). A esse grupo pertence o verbo "perdoar" que conhece também um uso performativo com o PPC, no qual o falante destaca o resultado efetivo e duradouro de um ato de "perdoar":

(23) *A todos* ***tenho perdoado*** *muito de coração e em todas as minhas orações e sacrifícios peço a Deus lhes de a luz necessária para que façam aquelas restituições* [...] (Vieira: *Cartas*, 1626-1692, CdP)

A marcação do resultado persistente se revela particularmente importante no âmbito do direito, já que ela indica que um determinado efeito legal (ou "estado legal") entrou em vigor. No exemplo (24),

(24) *O mistério da ratificação da paz, e o secreto com que se observa, não é menor que não se tratar do casamento de quem já* ***tem entrado*** *nos 18 anos.* (Vieira: *Cartas*, 1626-1692, CdP)

a idade de 18 anos representa o cumprimento de um pré-requisito que deixa de ser impedimento à realização do matrimônio.

Para fins analíticos, é possível fazer uma distinção entre a *leitura de resultado persistente* e *a leitura de relevância atual* ("*current relevance*"). Se a leitura de relevância atual enfoca simplesmente o resultado natural, ou seja, o estado posterior (o "*post state*") de um evento, a leitura de resultado persistente implica o nascimento de um vínculo legal ou ético-moral (p. ex., de um estado legal ou de uma obrigação vinculante devidos a uma promessa) ou a criação de uma entidade concreta e material (um objeto qualquer).

Um simples estado posterior nasce, por exemplo, através de um evento do tipo "destruição" (25) ou "conquista" (26):

(25) *A peste das bexigas se seguiu a fome, e a fome a guerra intestina que* ***tem destruído*** *e arruinado tudo.* (Vieira: *Cartas*, 1626-1692, CdP)

(26) *Já disse a V. S.ª que el-rei cristianíssimo, com os seus exércitos, a primeira cidade que* ***tem conquistado*** *é Roma, onde lhe concederão quanto seus ministros quiserem, sobre os bispos franceses mandados ao Oriente pela Propaganda.* (Vieira: *Cartas*, 1626-1692, CdP)

Chama a atenção que o PPC aparece também com grande frequência com verbos que marcam uma determinada fase de um evento, por exemplo a fase inicial (*começar*), intermédia (*continuar*) ou final (*terminar*, *concluir*). Vejamos os seguintes dois exemplos: em (27) o falante salienta que o evento está em andamento no momento da fala enquanto em (28) ele afirma que o ato de fala complexo, uma forma de confissão, terminou definitivamente. Aqui o PPC sublinha o caráter conclusivo do trecho textual em que está inserido:

(27) *A S. M. representa que importará ainda, para seu serviço, que os desta qualidade se premeiem como merecem, para que haja quem continue o que D. Pedro* ***tem começado***. (Vieira: *Cartas*, 1626-1692, CdP)

(28) *Entendo que não pode ser outro senão este. Com que* ***tenho concluído*** *toda a minha confissão.* (Vieira: *Cartas*, 1626-1692, CdP)

A expressão ***entrar em***, em ligação com o PPC, pode também sinalizar o estágio inicial de um evento, no exemplo seguinte de um determinado estado de ânimo que se tornou relevante para presente do falante.

(29) *Me diz que o Sr. Marquês é do mesmo parecer,* ***tenho entrado*** *em maiores esperanças; e é tanta a minha ambição, que não quisera nelas companheiros, e assim me não posso alegrar com o tratado de Inglaterra e França.* (Vieira: *Cartas*, 1626-1692, CdP)

Além dessas classes de uso do PPC que acabamos de apresentar, cristalizam-se outras constelações em interação com um intervalo de perfeito estabelecido mediante o emprego de determinados advérbios ou expressões adverbiais. O intervalo de perfeito evocado pelas expressões em questão é caraterizado por uma delimitação, tanto à esquerda (um momento no passado) quanto à direita – esta última uma delimitação que pode ou não pode coincidir como o momento da fala. Os eventos desse intervalo são considerados e avaliados desde o momento da fala, que atua como ponto de perspectiva. Estudemos algumas constelações:

- A expressão adverbial ***até agora*** ocorre muitas vezes em ligação com o PPC e marca uma constelação na qual o intervalo de perfeito evocado se estende desde um momento indeterminado no passado até o momento da fala, tal como no exemplo seguinte:

(30) *As melhores receitas para mim são sempre as cartas de V. S.ª, pois só nelas acho certo o alívio, e em todas as outras até agora* ***tenho experimentado*** *tão pouco remédio que, com cada um dos que me aplicam, cresce e empiora o mal* [...] (Vieira: *Cartas*, 1626-1692, CdP)

- Com a expressão ***ainda não***, o falante evoca o mesmo tipo de intervalo: ele abrange um lapso temporal que vai desde um momento indeterminado no passado até o momento da fala, especialmente enfocado por ***ainda***. Dentro desse intervalo, é verdadeira, de maneira complementar com respeito a ***até agora***, a proposição não-p. Um exemplo:

(31) [...] *se V. S. o alcança, estimarei que mo participe, porque a agudeza do juízo dos Italianos, que diz* ***o têm penetrado e louvado***, ***ainda me não tem chegado*** *a notícia, não sendo aqueles com quem trato os mais obtusos suspeitaria eu*, [...] (Vieira: *Cartas*, 1626-1692, CdP)

Se a expressão adverbial ***até agora*** destaca a duração do intervalo temporal, o advérbio ***já*** somente marca o ponto de perspectiva desde o qual é considerada a conclusão de um evento (e eventualmente de um resultado correspondente). Se o ponto de perspectiva coincide com o momento da fala, o término do evento pode ser anterior a esse momento – se o meu amigo Gianni chega às dez horas, ainda posso dizer às onze horas: **já chegou**!

(32) *Mas, tornando aos Castelhanos, não sei se disse já a V.S.ª que algum deles, e participe dos arcanos da monarquia, nos prognosticava dominados dentro em três meses, de que já* ***tem passado*** *um.* (Vieira: Cartas, 1626-1692, CdP)

Atestamos também muitas maneiras de determinar a exata extensão do intervalo de perfeito. É possível, por exemplo, determinar a sua duração exata mediante expressões tais como *há X anos* ou simplesmente *V + X anos*, como em:

(33) *Assim o* ***tenho representado há mais de três anos****, quase em todas as cartas, e neste último correio o faço com mais instância, e último desengano de que este homem, sem embargo das ordens que tem, o há-de deitar a perder.* (Vieira: *Cartas*, 1626-1692, CdP)

(34) *E, se V. S.ª ainda me não conhece, saiba que diz estes disparates a V. S.ª quem* ***tem estudado quarenta e cinco anos*** *pelos teólogos, e estima mais não cometer um pecado venial que todas as coroas e tiaras do mundo.* (Vieira: *Cartas*, 1626-1692, CdP)

É interessante encontrarmos também o PPC com os típicos intervalos de referência que estabelecem um vínculo com o *hic et nunc* (o aqui e agora) do falante e que representam os contextos prediletos para a extensão do uso da forma composta em línguas românicas tais como o italiano ou o espanhol (cf. Thibault, 2000: 159s.). Nos escritos de Vieira encontramos vários exemplos de intervalos de referência do tipo "*no presente N*" ("no presente inverno") ou *este N* ("este ano").

(35) *Elege-se por costume o juiz do povo em dia de S. Tomé, e* ***este ano tem sido*** *tão controversa a eleição que, sendo hoje a segunda oitava de Natal, ainda não está eleito nem ele nem todos os mesteres*, [...] (Vieira: *Cartas*, 1626-1692, CdP)

(36) *Mas* ***tem sucedido*** *tanto pelo contrário* ***no presente Inverno*** *que, sem evidente perigo de vida, não poderei suportar o que resta dele*, [...] (Vieira: *Cartas*, 1626-1692, CdP)

Finalmente, cabe ressaltar o frequente uso do PPC em conjunto com o quantificador *sempre*, assim como com a expressão *em todo o tempo*.

(37) *Confesso que são muitas as (palavras, M. B.) que recebo e* ***sempre tenho recibido*** *de toda a nação espanhola, em quem anda sempre a agudeza junta com a política* [...] (Vieira: *Cartas*, 1626-1692, CdP)

(38) *E posto que V. M. chame a D. Pedro de Melo para mais perto da real pessoa de V. M., por concorrerem neste fidalgo as qualidades mais necessárias para o tempo presente, como nele* ***tenho conhecido em todo o tempo que o tratei*** [...] (Vieira: *Cartas*, 1626-1692, CdP)

Dependendo do contexto, o advérbio *sempre* pode indicar uma quantificação universal como, por exemplo, na oração *Eu sempre vivi em Berlim*. Nesse contexto, se considera o intervalo inteiro, e para todo momento (ou seja, para todos os índices temporais t_1 ... t_n) podemos afirmar: *Eu vivo em Berlim*. Porém, no nosso exemplo (37), o advérbio somente quantifica sobre o número indeterminado de casos sobre os quais podemos predicar: *sempre p*. O mesmo vale também para o seguinte caso caraterizado pela expressão *em todo o tempo*. A quantificação é restrita mediante a oração relativa ("que o tratei"), o que limita a sua abrangência a casos (quantitativamente indeterminados) nos quais o falante teve algum tipo de contato com a pessoa em questão. A quantificação se restringe, portanto, a todos os casos do domínio vagamente determinado pelo contexto (em (37) o número de ocasiões relevantes) ou por uma indicação explícita (como em (38)).

Em resumo, atestamos nos escritos de Vieira uma situação muito complexa e, ao mesmo tempo, muito dinâmica, e que marca um momento transicional na evolução do sistema dos tempos do passado e especialmente do PPC.

Primeiro, identificamos diferentes leituras pluriacionais que enfocam uma série de eventos, subeventos ou também estágios de um processo em andamento. O emprego do PPC nestas leituras pluriacionais se estende a novos contextos, tornando-se sistemático e frequente. Porém, estas leituras ainda estão bem longe de ser majoritárias.

Segundo, podemos apreciar, ao mesmo tempo, a importante presença do PPC em contextos que salientam o resultado persistente ou a relevância atual de um determinado (e único!) evento. Trata-se, mais tipicamente, de um ato comunicativo e/ou comissivo com efeito legal ou ético-moral, mas também é frequente um *accomplishment* que gera um objeto concreto e material (enquanto resultado persistente). Ademais, conseguimos documentar casos de *achievements* cuja culminação desemboca num simples estado posterior (*post-state*) com relevância atual. E também consideramos contextos nos quais o falante assinala uma fase (inicial, intermédia ou final) de um evento em andamento.

Terceiro, destacamos a importância de advérbios e expressões adverbiais caraterísticas que evocam (ou pressupõem) um intervalo de perfeito que pode (mas não precisa necessariamente) estender-se até o momento da fala (analisável como ponto de perspectiva) e no qual se inscrevem um, vários ou nenhum evento. Como vimos, as distintas expressões tais como *até agora, ainda não, já, sempre* etc. surgem em constelações diferentes com respeito a este intervalo temporal.

Para terminar, podemos resumir que o PPC pode referir-se, no século XVII (tal como o capturamos na obra do seu autor mais prolífero do momento), tanto a eventos singulares quanto a eventos múltiplos (as leituras de pluralidade) e "intensivo-complexos" (as leituras com verbos psicológicos, cognitivos e incrementativos). Em sua interação com o intervalo de perfeito, estabelecido ou evocado por indicadores temporais explícitos, o PPC parece enveredar pelo mesmo caminho que as outras línguas românicas. Porém, com as suas leituras variadas e multifacetadas, o PPC se encontra numa encruzilhada nos finais do século XVII: afirmar-se como forma temporal de perfeito ou especializar-se como forma com claro perfil aspectual.

TENDÊNCIAS DIFERENCIADORAS NO PORTUGUÊS DO BRASIL NO SÉCULO XVIII

Para estudar as evoluções que ocorreram especificamente no Brasil, recorremos aos documentos recolhidos e disponibilizados pela internet no quadro do PHPB (Projeto Para a História do Português Brasileiro). São de especial interesse os documentos provenientes dos estados federais do Rio de Janeiro (RJ), da Bahia (BA), do Rio Grande do Norte (RN) e de Pernambuco (PE).

Ora, no século XVIII se manifesta – como tendência geral – uma extensão muito importante das leituras pluriacionais nos dados analisados – tanto sob um ponto de vista quantitativo (frequência) quanto a partir de uma perspectiva qualitativa (tipos de leitura). Este desenvolvimento no Brasil é tanto mais interessante quanto não conseguimos capturar a mesma tendência com nitidez nos documentos portugueses contidos no *Corpus* do Português de Ferreira e Davies, já que os autores principais, em especial, Bluteau, Macedo e Verney, usam o PPC com pouca frequência e, além disso, em regra geral, numa leitura tradicional, ou seja, de sentido resultativo e enfocando num evento singular.

Nos documentos brasileiros do século XVIII, encontramos, entre as leituras pluriacionais, muitos contextos de interpretação sumativa. Os falantes evocam a pluralidade de instâncias de um determinado tipo de evento mediante sintagmas nominais no plural. É fácil encontrar exemplos como estes nas cartas, especialmente aquelas provenientes de Salvador:

(39) *Estes são* [...] *coatro Congregados que todos tem culpas em aberto nas devassas tiradas dos que* ***tem feito*** *com armas de toda a sorte, principalmente com facas de ponta.* (Carta/BA/1798, retirado de Lobo, 2001)

(40) *Nestas circunstancias* [...] *se fás indispençavel aminha acistencia para o adiantamento do Córte do Páo-Brazil, sobre que* ***tem ocorrido*** *alguns inconvenientes* [...] (Carta/BA/1785, retirado de Lobo, 2001)

(41) [...] *hé forçozo fazer com muita magoa Lembrança delle a Vossa Excelencia, dequem espero* [...] *satisfação a tantos males que* ***tem*** *este sujeito* ***cauzado****, aos nacionais, e circunvizinhos desta mencionada Villa.* (Carta/BA/1797, retirado de Lobo, 2001)

(42) *Jozé Affonço Liberato, que alem de inumeraveis êrros e falcidades, que* ***tem cometido*** *na serventia do dito officio vive sem temor das Justiças* [...] (Carta/BA/1797, retirado de Lobo, 2001)

Em todos os exemplos, os falantes se referem a um macroevento, p. ex., "fazer ferimentos" ou "causar males" que gera a inferência de que estes macroeventos em questão se compõem de uma série indeterminada de instâncias que se desenrolam em circunstâncias apropriadas (p. ex., este sujeito faz (n) males aos nacionais $y_{(1,...,n)}$). Na mesma data aparecem também os primeiros exemplos com um sintagma nominal de sujeito no plural. Nesses contextos, o sujeito exerce/cumpre a função seja de um agente-causador (relacionado com o traço + animado) seja de uma causa (entidades não animadas ou abstratas).

No seguinte exemplo, o evento complexo de "embaraçar a viagem" acontece graças ao concurso de várias forças (ou graças a uma força abstrata), os ventos contrários, que contribuem para vários momentos (ou instâncias) de ação contrária.

(43) [...] *os ventos contrarios* ***tem embaraçado*** *a viagem da Embarcação em que vay.* (Carta/BA/1795, retirado de Lobo, 2001)

Porém, existem outras leituras pluralizantes desencadeadas pela interação das caraterísticas acionais do verbo e das propriedades específicas do sintagma nominal (geralmente de *objeto direto*). No caso da leitura incrementativa, como já vimos na seção anterior, o PPC em interação com expressões de *achievement* (p. ex., *conseguir*, *chegar*) ou de tipo incrementativo (*reduzir*) faz surgir uma leitura particular: nessa leitura, o PPC enfoca o resultado de um processo considerado desde o momento da fala, que consiste na acumulação de "porções" de subresultados crescentes ou decrescentes.

O falante pode salientar o ponto final (44), um ponto particular (cf. a expressão "ao ponto de que" em (45)) ou um estágio de um processo, caraterizado por um determinado grau de realização de uma caraterística (por exemplo, "a tal miséria" em (46)):

(44) *Só o* ***tem consegido*** *o actual Dezor. e Ouvor. desta commca Jozé de Mendonsa De Matos Moreira* [...] (Carta/PE/1795, retirado de Santos/Fonseca B)

(45) ***Tem chegadoao ponto*** *de que hu'negro que valia por exemplo cincoenta mil réis vale hoje cem, e mais.* (Carta/RJ/1798, retirado de Barbosa, 1999, documento 106, p. 16)

(46) [...] *Capitam –Mor dos Indios da Villa de Santarem Bento de Aguiar Gonçalves, o qual pela sua inebriação* ***se tem reduzidoa tal miséria****, e pobreza, que anda roto, nû, e sem respeito algum* [...] (Carta/BA/1787, retirado de Lobo, 2001)

Além disso, a leitura incrementativa pode surgir como resultado da interação entre uma nominalização deverbal, tal como "procedimento", que pressupõe um processo estruturado em fases, e um verbo conjugado no PPC (nesse caso, o verbo *fabricar*):

(47) [...] *naõ compri adita Provizaõ, e a pronunciei nula mente (im)petrada, e alcançada Subreticia na forma da Ordenação de Vossa Magestade, de cujo procedimento* ***tem fabricado*** *odito Réu varias micilanias neste auditorio,* [...] (Carta/BA/1766, retirado de Lobo, 2001)

É notável que encontramos uma série de novas leituras do PPC nas cartas brasileiras do século XVIII.

À primeira dessas leituras eu gostaria de chamar de *leitura caracterizadora*. Esta leitura descreve uma ação que é realizada sistematicamente ou um determinado comportamento característico de uma pessoa. Essa descrição se constitui de um objeto direto abstrato, tal como *exercício* (48), *abuzo* (49) ou *má creação* (50), que implica subeventos, ou seja, múltiplas instâncias de uma ação sistemática ou de um comportamento típico, suscetíveis de representar um fenômeno abstrato classificado como "exercício", "abuzo" ou "má creação":

(48) *De todos os Ramos destas matas adequerido no laborioso* ***exercicio*** *que* ***tem tido*** *nas Ademenistração das grandes construsoe'ns deq'.* (Carta/PE/1795, retirado de Santos e Fonseca B)

(49) [...] *e porque o reputo Vádio, e digno de Castigo pelo* ***abuzo****, que* ***tem feito*** *da Credulidade dos Póvos* [...] (Carta/BA/1788, retirado de Lobo, 2001)

(50) [...] *nem o Pai merece atenção algu~a, pela* ***má creação****, que* ***tem dado*** *a este, e aos outros filhos.* (Carta/BA/1785, retirado de Lobo, 2001)

Identificamos também um subtipo especial da leitura caracterizadora que envolve verbos de "manifestação" e ocorre, de preferência, em combinação com o PPC. São verbos como *manifestar(-se)*, *mostrar(-se)*, *verificar(-se)*, *apresentar(-se)*, que "mostram" ou "evidenciam" a existência, realidade e verdade, de um fenômeno com traços caraterísticos (é a sistematicidade da "manifestação" de um fenômeno com os seus traços caraterísticos que revela o seu estatuto fenomenológico). Vejamos alguns exemplos:

(51) [...] *isto* ***tem mostrado*** *a experiencia de tantos annos;* (Carta/PE/1713, retirado de Iapechino, 2010a)

(52) *S. Mage. Espera que v. Sa. Fazendo cessar toda a animozidade que se* ***tem manifestado****, entre a companhia, e os Habitantes dessas capitanias* [...] (Carta/PE/1773, retirado de Santos e Fonseca B)

(53) *Esta* ***se tem verificado*** *mais seriamente quando ja sem effeito algum, apezar dos anos se passarem* [...] (Carta/RJ/1798, retirado de Barbosa, 1999, documento 105, p. 12)

Estes exemplos ainda não são muito frequentes, mas permitem vislumbrar as evoluções posteriores: o PPC tem afinidade com sujeitos abstratos (como, por exemplo, *experiência*, *animosidade*, *tendência* etc.) que desempenham o papel semântico de causa ou efeito e que se manifestam em múltiplos subeventos de "manifestação" de um fenômeno do tipo "experiência", "animosidade" ou "tendência" etc.

A segunda leitura que convém salientar neste contexto é a durativa. Ela se dá com verbos estativos (ou seja, não dinâmicos) que, em conjunto com o PPC, implicam um intervalo temporal prolongado, no qual o estado em questão se verifica. Nos exemplos seguintes encontramos estados prolongados de diferentes tipos, por exemplo, os espaços da cidade, a demora de um evento, o valor de um objeto:

(54) *Já dei conta a Vossa Excelência da saca e travesia de mantimentos, que* ***tem havido*** *nesta Cidade,* [...] (Carta/RJ/1793, retirado de Barbosa, 1999, documento 109, p. 29)

(55) [...] *Juntamente há de Vossa Excelencia ter as transsádas ademasiádas demorá que* ***tem havido*** *na espedição da chamada Esquadra de Lanças* [...] (Carta/BA/1793, retirado de Lobo, 2001)

(56) *Se os fundamos. naó podiaõ Ser milhores, escuzàraõ de dar principio a huã Fortalleza taõ grande q'.* ***tem custado*** *mais de oitenta mil cruzados* [...] (Carta/PE/1703, retirado de Santos e Fonseca A)

Nas cartas do século XVIII, atestamos também muitos usos do PPC com expressões quantificadoras. Um tipo de quantificadores consiste na classe de indicadores de grau que marcam a duração ou intensidade de um evento, tal como é o caso do advérbio *muito*:

(57) [...] *pois se o Senhor Marques morrece de que Deus tal não permita antes de dar a Vossa Excelência o que* ***tem merecido*** *pelo muito que tem trabalhado nessa Capitania*, [...]. (Carta/RJ/1773, retirado de Rumeu, 2004)

O determinante *todo/a(s)* e o pronome *tudo* remetem à noção de totalidade, seja a totalidade de uma classe de Ns ("todos os meios"), seja a quantidade completa de um conjunto ("tudo"). Em todos os contextos com *todo* + PPC dos exemplos (58) a (60), o falante evoca múltiplos subeventos de *usar de* ou *procurar* determinados meios ou de *sofrer com paciência* um conjunto de adversidades:

(58) ***Tenho usado*** *de todos os meios de suavidade, para os Compôr, e trazer ao seu destino* [...] (Carta/BA/1788, retirado de Lobo, 2001)

(59) [...] ***tenho procurado*** *todos os meios doceis, e de ameaços para os persuadir* [...] (Carta/BA/ 1796, retirado de Lobo, 2001)

(60) [...]*tudo* ***tenho sufrido*** *com paciencia, esperando da honra de Vossa Excelencia huã publica satisfaçaõ, e exemplo contra esta temeridade.* (Carta/BA/1796, retirado de Lobo, 2001)

No século XVIII aparece também um maior número de ocorrências com quantificação indeterminada baseada em expressões do tipo "X vezes", em especial "por vezes", "tantas vezes", "muitas vezes", mas também do tipo "X modos" (p. ex., "por tantos modos"). A maior frequência dessas expressões nas cartas do século XVIII demostra a consolidação da leitura iterativa em ligação com o PPC. Citemos alguns exemplos:

(61) *Já* ***tenho pedido*** *a V Magde* ***por vezes*** *os petrexos, e moniçoẽs q' constaõ da Rellaçaõ junta asignada pelo Tenente General Engenheiro Diogo da Silvra. Vellozo* [...] (Carta/PE/1735, retirado de Santos e Fonseca A)

(62) *Certifico que o Ajudante* [...] ***tem ficadomuitas vezes*** *porcabo, e a seu cargo as miniçoims, e petrechos da Artilharia* [...] (Carta/PE/1710, retirado de Iapechino, 2010a)

(63) [...] *me julgue Sua Magestade segundo meo merecimento, dignandose dar-me successor, como* ***tantas vesestenho implorado***. (Carta/RJ/1793, retirado de Barbosa, 1999, documento 110, p. 39)

(64) [...] *esperamos que àsim como* ***por tantos tantos modostem beneficiado*** *os Povos desta Capitania, o fásia Vossa Exa.* [...] (Carta/PE/1795, retirado de Santos e Fonseca B)

É interessante notar que também existem exemplos de uma quantificação determinada como no exemplo seguinte marcado pela expressão *duas vezes*:

(65) [...] *me foraõ prezentes, e emtregues as Rellaçoens* [...], *faltando taõ somente de villa de Cairú e de Boipeba, sendo que* ***tenhopor duas veses repetido*** *ordens para me serem remetidas.* (Carta/BA/1797, retirado de Lobo, 2001)

À semelhança do século XVII, o PPC continua a aparecer com expressões que evocam um intervalo de perfeito. Esse intervalo inclui, em regra geral, o momento da fala que atua como ponto de perspectiva. Nesse intervalo de referência acontecem várias ocorrências de um determinado tipo de evento ou se desenrola um determinado estado não delimitado. Em concreto, esse intervalo pode, por exemplo, estar associado a um (mau) costume, como no caso de quem "*tem tirado provisão em suo nome*" (exemplo (70)) ou a um *status* social ("*tenho servido de Juis*", exemplo (66) – exemplo que ilustra mais uma vez a leitura caracterizante. Vejamos algumas entradas nas cartas do século XVIII:

- *De alguns annos a esta parte*

(66) *Mas nem Vossa Excelência achará no porto destaCidade Embarcação* [...] *pois que* ***de alguns annos a esta parte***, *que* ***tenho servido*** *de Juis e Ouvidor desta Alfândega, não me consta de Embarcaçam* [...] (Carta/RJ/1798, retirado de Barbosa, 1999, documento 107, p. 20)

(67) [...] *a camara datita villa comcorre todos os anos com cento e vinte e cinco mil reis, e como* ***de alguns annos a esta partetem ocorrido*** *avenda há sojeos destes* [...] (Carta/PE/1708, retirado de Santos e Fonseca A)

• *Até agora*

(68) [...] *q'estes não pratiquem com os efeitos, q'lhes vem consignadoz noz sobre ditoz trez Navios, oq'* ***ate agoratem praticado*** *com a mayor parte dos q'se lhes tem remetido.* (Carta/PE/1779, retirado de Santos e Fonseca B)

• *Athe o prezente*

(69) *Este Escrivam Excelentissimo Senhor ainda* ***athe o prezente nao tem delinquido*** *em couza alguma por onde meressa o menor castigo* [...] (Carta/BA/1796, retirado de Lobo, 2001)

• *A trez annos ou mais*

(70) [...] *e* ***a trez annos ou mais tem tirado*** *Provizaõ em Seu nome* [...] (Carta/BA/1796, retirado de Lobo, 2001)

A interação do PPC com o advérbio *já* não deixa de ser um caso à parte, visto que se articula, em regra geral, em redor de eventos singulares, tal como no exemplo (71)

(71) *Esta extracção de farinha em concurso da que já* ***tem ido*** *para fora, vai certamente fazer hua concideravel falta n'esta Cidade* [...] (Carta/BA/1789, retirado de Lobo, 2001)

Todavia, os típicos verbos que aparecem com o advérbio *já* no PPC, são verbos perceptivos e psicológicos. Portanto, destacam-se fórmulas do tipo "já se tem visto" e "já se tem experimentado". Desconhecemos a motivação mais profunda para o uso do PPC nesses contextos com *já*. É possível que seja um uso tradicional do PPC para marcar a relevância atual de um resultado, considerado pelo falante desde o momento da fala. Mas não podemos excluir que a preferência pelos verbos perceptivos e psicológicos marque já uma evolução: nessa hipótese, o PPC enfocaria a duração de uma impressão perceptiva ou psicológica cuja efetividade se prolonga desde o momento da experiência (sensorial ou emotiva) até o momento da fala (e para mais além).

Porém, a situação é bem mais complexa, visto que encontramos também diferentes leituras com verbos perceptivos (basicamente *ouvir*) e psicocognitivos (*conhecer* no sentido de "compreender") conjugados no PPC, especialmente quando não estão associados a um intervalo temporal:

(72) [...] *e da mesma sorte* ***tem ouvido*** *dizer elle testemunha que no termo desa villa de Agoafria, há hum* [...] *mosso branco* [...] (Carta/BA/1771, retirado de Lobo, 2001)

(73) [...] *com a devida reflexao* ***tenho conhecido*** *que naõ houve convocaçaõ de escravos armádos* [...] (Carta/BA/1789, retirado de Lobo, 2001)

Em (72), o falante sublinha a relevância atual do ato perceptivo em questão (como fonte de evidência), enquanto em (73) fica claro que a tomada de consciência é a culminação de um processo (gradual) de reflexão.

Ademais, cabe salientar a frequente interação do PPC com a negação. Nesse contexto, o falante predica que para todos os índices temporais de um intervalo explícito (como em (75)) ou implícito se verifica: não-p. Podemos afirmar, portanto, que a negação, que se refere a um determinado estado de coisas num intervalo prolongado, faz surgir uma leitura durativa. Eis alguns exemplos:

(74) [...] *nem* ***tem praticado*** *acçaõ alguma contra apublico socégo dos Povos* [...] (Carta/BA/1796, retirado de Lobo, 2001)

(75) [...] *Athé hoje espero* [...] *o dinheiro* [...] *ou Solução do Juiz a esse respeito, e nada* ***tem cumprido****, com ocostuma á qualquer Ordem que lhe dirijo* [...] (Carta/BA/1796, retirado de Lobo, 2001)

Nas cartas do século XVIII, atestamos também alguns usos do PPC ligados a verbos que marcam uma determinada fase de um evento tais como *principiar*, *continuar*, *deixar* e *concluir*. Com o PPC, os falantes enfocam seja o desenrolar atual (com a sua relevância correspondente) de um evento (com base nos verbos *principiar* e *continuar*), seja o resultado atual (e igualmente relevante) de um evento (o caso de *concluir* e de *deixar*).

(76) ***Temos continuado*** *a deligencia do Cobre, e ainda que o ha em quantidade a dezoito vinteis a libria* [...] *ha muitoas dificuldades* [...] (Carta/RJ/1773, retirado de Rumeu, 2004)

(77) *(a igreja) carece percizamente de se lhe continuar o muro que ja* ***tem principiado*** *para com este evitar o dano que pelo tempo adiante pode ter toda a igreja.* (Carta/PE/1718, retirado de Iapechino, 2010)

(78) ***Tenho concluído*** *as contas das Confrarias Militáres deste prezidio do Morro* [...] (Carta/BA/1783, retirado de Lobo, 2001)

Passemos agora a dois tipos de uso nos quais o emprego do PPC parece continuar uma leitura tradicional, ou seja, a leitura resultativa, que envolve, em muitos casos, um evento singular. Esse emprego do PPC ocorre sistematicamente quando os falantes se referem a atos oficiais, inclusive atos legais promulgados por uma autoridade e especialmente pelo rei enquanto autoridade máxima. Nesses contextos particulares, o PPC marca a persistência do efeito do ato promulgado, ou seja, a sua vigência legal. Este uso do PPC num contexto legal se manifesta como uso convencionalizado recorrente nos documentos de todas as regiões consideradas: Pernambuco, Rio e Bahia. Transcrevo somente alguns dos inúmeros exemplos que encontrei nos documentos da época:

(79) *Vossa Majestade é servido amparar* [...] *esta sua congregacao que* ***tem tomado*** *debaixo de sua Real proteçaõ ordenando senós desse da sua Real sinco mil cruzados* [...] (Carta/PE/1711, retirado de Iapechino, 2010a)

(80) *Estimarei que esta execuçáo* ***que tenho*** *dado a Real Ordem* [...] *mereça a aprovaçaó da mesma Senhora, e de V. Exa.* (Carta/PE/1779, retirado de Santos e Fonseca B)

(81) [...] *cuja graca Vossa Majestade* ***tem concedido*** *por similhantes motivos a outros vassallos de mesma Capitania.* (Carta/PE/1792, retirado de Iapechino, 2010b)

(82) [...] *Sua Majestade* ***tem ordenado*** *a Vossa Excelência tudo o que quer se faça nessa Capitania com muita Recomendação* [...] (Carta/RJ/1773, retirado de Rumeu, 2004)

(83) [...] *se eu não fizer dexo de cumprir como que Vossa Excelência me* ***tem emcarregado*** [...] (Carta/BA/1794, retirado de Lobo, 2001)

(84) ***Tenho cumprido*** *a ordem de Vossa Excelência a Respeito do Juis ordinário a Vila do Cairú* [...] (Carta/BA/1795, retirado de Lobo, 2001)

(85) *Este, e os mais,* ***que tenho*** *mandádo na qualidade de volutários, hé o primeiro exemplo* [...] (Carta/BA/1783, retirado de Lobo, 2001)

Os exemplos revelam diferentes maneiras pelas quais o conteúdo proposicional das frases marcadas pelo PPC pode ser vinculante: a efetividade da proteção real (79), a execução de uma ordem real ("*Real Ordem*") ((80) e (84)), a graça concedida pelo rei (81), a ordem e o encargo real (82 e 83) e finalmente a ordem dada por parte do falante (85). Pode-se dizer que, nesses contextos, o PPC marca o caráter efetivo do ato descrito na oração, o qual, na maioria dos casos, tem consequências legais e/ou éticas vinculantes.

Pelo menos parcialmente comparável a este grupo composto de verbos performativos (especialmente diretivos e comissivos), se revela o grupo dos *verbos de comunicação* que coocorrem também com regularidade com o PPC. Nas cartas do século XVIII figuram verbos como *dizer*, *expor*, *representar*, *nomear*, mas também o verbo *escrever* (enquanto verbo de comunicação escrita):

(86) *Naõ obstante tudo o que* ***tenho dito****, eu ficarei satisfeito com todo o procedimento, que V. Exa. Tever no prezente caso.* (Carta/PE/1786, retirado de Santos e Fonseca B)

(87) *Eu* ***tenho dito*** *ao senhor Affonço Bottelho que nas comversas ou conferençias que tiver com o Senhor Marquez* [...] (Carta/RJ/1773, retirado de Rumeu, 2004)

(88) [...] *este acordo atacava as vistas, á que se dirigião as aparatozas diligencias, que* ***tenho exposto*** *á Vossa Excelência* [...] (Carta/RJ/1793, retirado de Barbosa, 1999, documento 109, p. 32)

(89) *Alem dos extravagantes prossedimentos que* ***tenho reprezentado*** *a Vossa Excelencia do dito Jozé Affonço me ocorre mais reprezentar que o mesmo* ***tem destrebuido*** *varias porsoens de dinheiros* [...] (Carta/BA/1797, retirado de Lobo, 2001)

(90) [...] *havendo por bem de que fique servindo o dito officio de Escrivam o que* ***tenho nomiado*** [...] (Carta/BA/1797, retirado de Lobo, 2001)

(91) [...] *d'elle* ***tem escrito*** *do trato, e carta, que conforma o fretamento com circunstancias, que confirmão o pessimo dezignio do contrabando.* (Carta/BA/1785, retirado de Lobo, 2001)

O verbo marcado pelo PPC pode se referir a um processo de comunicação complexa e múltipla (composto de vários subeventos comunicativos), mas pode remeter também a um ato singular (veja-se o exemplo (89): "*Eu tenho dito ao senhor Affonço*"). Logo, o PPC marca não tanto o caráter complexo ou pluriacional dos eventos comunicativos, mas sim a vigência/validade e a relevância do ato de comunicação feito/emitido no momento da fala. Os falantes lembram, dessa maneira, a atualidade das palavras faladas e escritas como elementos do fundo comum de conhecimentos, que determina a interação dinâmica entre os interlocutores.

As cartas brasileiras do século XVIII refletem um momento muito dinâmico na evolução do PPC. Essa dinâmica evolutiva repercute em várias leituras que não permitem a identificação de uma leitura principal, nem a derivação de uma leitura abstrata e abrangente. Pudemos apreciar, entretanto, algumas tendências sumárias que caracterizam o uso e a presença do PPC nos documentos do século XVIII.

Primeiro, cabe destacar que as leituras pluriacionais já estabelecidas se expandem e que, ao mesmo tempo, surgem novas leituras pluralizantes. Analisamos e documentamos não somente leituras sumativas e incrementativas, mas também leituras caracterizadoras e durativas. Reforçou-se também a presença da leitura iterativa que admite tanto um número indeterminado de ocorrências quanto um número bem determinado delas (p. ex., *duas vezes*).

Destacamos também diferentes constelações que se dão nos limites de um intervalo de perfeito explicitamente marcado por uma expressão adverbial ou implicitamente evocado por um operador, especialmente o operador de negação.

Se este intervalo abrange, em regra geral, na sua interação com uma expressão adverbial, uma série de eventos, perdura também a constelação bem particular com o advérbio *já*. No entanto, não é possível determinar com toda certeza se o advérbio *já* assume a função de sinalizar a conclusão definitiva de um determinado evento ou se salienta a efetividade posterior do resultado que se prolonga até o momento da fala.

Por outro lado, está fora de dúvida que o PPC, em combinação com verbos performativos ou de comunicação, marca a efetividade dos "atos de fala" na grande maioria dos casos. Especialmente em contextos de atos promulgados por autoridades, o PPC ressalta o caráter vinculante do ato legal ou a validade/vigência da palavra pronunciada e transmitida por escrito. Nesses últimos contextos, o PPC desempenha o papel de um marcador da efetividade e/ou atualidade do conteúdo proposicional veiculado pela oração. Mesmo se o ato de realização se situa no passado, o seu resultado ou efeito se verifica como atual, relevante e vinculante. O ato (performativo ou comunicativo) em si não tem de ser necessariamente complexo ou múltiplo, é suficiente que o efeito se prolongue até o presente e além.

O PPC NO BRASIL NO SÉCULO XIX

Para traçar o quadro sintético das evoluções, pudemos recorrer tanto aos documentos disponibilizados pelos distintos grupos de pesquisa diacrônica quanto aos do *Corpus* Tycho Brahe. As tendências evolutivas que se refletem nos dados desses *corpora* convergem, de forma que é lícito generalizar os resultados.

Uma primeira tendência que se destaca claramente é a consolidação e a continuada expansão dos distintos usos pluriacionais do PPC. Esta expansão se traduz tanto em termos quantitativos quanto na diferenciação do leque de leituras possíveis.

Façamos um percurso das diferentes leituras pluralizantes:

Consolidam-se as leituras durativas baseadas em verbos estativos em todos os *corpora* considerados:

(92) *Bastante extenso* ***temos sido****, porém assim é preciso, e esperamos pela deliberação de Vossa Excelência para voltarmos ao assumpto.* (*O Guerreiro*/RJ/1853, retirado de Barbosa e Lopes, 2004a, carta 365, p. 5)

(93) *O estreito circulo do consumo* ***tem se*** *conservado no que éra, não tendo havido exforços de nosso governo* [...] (*O Dezenove de Dezembro*/PR/1854, retirado de Barbosa e Lopes, 2006b, carta 130, p. 6)

A leitura caracterizadora ganha particularmente peso no século XIX. Ela surge em distintas constelações com um verbo conjugado no PPC:

- Com um sujeito pessoal cujo comportamento (ex. 94) ou papel social (ex. 95) é caraterizado pelo verbo no PPC:

(94) *Eu, amigo,* [...] ***tenho marchado*** *antes pelo caminho da honra* [...] (*O Propugnador*/RJ/1824, retirado de Barbosa e Lopes, 2006a, carta 188, p. 4)

(95) ***Tem sido*** *governadores das armas da corte alguns Brasileiross natos, e muitos adoptivos* [...] (*O Cidadão*/RJ/1838, retirado de Barbosa e Lopes, 2006a, carta 190, p. 6)

- Com um sujeito abstrato que designa um fenômeno complexo (ex. 96) ou um coletivo de pessoas (ex. 97)

(96) *Esta dolorosa enfermidade* ***tem zombado*** *dos esforcos dos mais habeis medicos e dos melhores remedios.* (*A Nação*/RJ/1873, retirado de Guedes e Berlink, 2000)

(97) *Sabe ainda o publico qual* ***tem sido*** *a missão diffamatoria, que se impóz na folha* [...] (*O Caixeiro*/RN/1893, retirado de Martins e Costa, s.d. A, p. 10)

Nesse contexto cabe mencionar o papel primordial do quantificador *sempre* que aparece com frequência com leitura caracterizante. É um fato interessante que *sempre* não desempenhe a função lógica de quantificador universal na língua cotidiana, mas que atue como operador genérico:

(98) *Você sabe* [...] *do meu amor* [...] *por minha patria por que* ***me tenho sacrificado sempre***: [...] (*O Propugnador*/RJ/1824, retirado de Barbosa e Lopes, 2006a, carta 187, p. 3)

(99) [...] *a attenção dos eleitos do senhor ministro do imperio* ***sempre-tem estado voltada*** *para os negocios gordurosos da carne verde* [...] (*Diário Fluminense*/RJ/1884, retirado de Barbosa e Lopes, 2006c, carta 215, p. 14)

No exemplo (98), o falante respectivo põe em destaque que ele é um patriota, quer dizer que se comporta de maneira patriótica quando a situação adequada se dá. No exemplo (99), destaca-se que o ministro em questão atua tipicamente como um negociante/comerciante quando uma determinada situação reúne as condições necessárias e suficientes. O uso de *sempre* em sentido de "tipicamente" ou "de maneira característica", ou seja, com um significado de quantificação indeterminada, é suscetível de explicar também a sobrevivência do uso do PPC ao longo do século XX (como veremos).

Não quero alongar-me novamente sobre o significado das leituras sumativa e incrementativa, já comentadas em detalhe nas seções anteriores. Porém, vale a pena chamar a atenção sobre o grande leque de constelações nas quais podem surgir as leituras em questão.

- A leitura sumativa pode ser desencadeada por um sujeito plural em ligação com um predicado inacusativo, p. ex., *vir*, *cair* e outros verbos:

(100) [...] *(...) isto de estar ppelo que elles dizem e querem é mau vêso, donde nos* ***tem vindo*** *os males de que nos queixamos* [...] (*A Galeria Illustrada*/PR/1888, retirado de Barbosa e Lopes, 2006d, carta 262, p. 11)

- O sujeito marcado pelo plural pode ser um estímulo (uma causa) no caso dos verbos psicológicos ou um agente-causador em ligação com um verbo causativo:

(101) *Essa idéa do momumento á si e a seus e a seus collegas* ***tem preoccupado*** *o esprito do senhor Nobre* [...] (*Diário Fluminense*/RJ/1884, retirado de Barbosa e Lopes, 2006c, carta 215, p. 14)

(102) *De passagem aconselhamos a Vossa Excelência que não siga os exemplos dos seos immortaes antecessores que* ***tem manchados*** *os seos ministerios com mil crimes* [...] (*O Carijó*/RJ/1833, retirado de Barbosa e Lopes, 2004b, carta 346, p. 6)

- A leitura sumativa é evocada com vários tipos de objetos no plural – com objetos diretos (103) e indiretos (104), mas também com objetos oblíquos (exemplo (105), "ler nos autores"):

(103) *Muitos telegrammas* ***tenho passado*** *para a imprensa de outros pontos do paiz* [...] (*O Caixeiro*/RN/1893, retirado de Martins e Costa, s.d. A, p. 10)

(104) [...] *uma mae, que* ***tem amamentado*** *a seus filhos merece os respeitos conferidos a divinidade* [...] (*O Ateneu*/BA/1833-1850, retirado de Tycho Brahe, jornais da Bahia, 1833-1850)

(105) *É o que me* ***tem ensinado*** *a longa pratica, é esto o que* ***tenho lido*** *nos autores.*(*Gazeta Médica do Rio de Janeiro*/RJ/1864, retirado de Barbosa e Lopes, 2006c, carta 206, p. 5)

- A leitura sumativa pode dar-se também com um adjunto – p. ex., um sintagma preposicional ou uma construção superlativa – que caracteriza a maneira de realizar o predicado (P: "trabalhar"). Essas indicações modais sugerem uma extensão temporal prolongada necessária e prevista para a realização das atividades em questão.

(106) *O rev. Vigario interino* [...] ***tem trabalhado*** *com esmero para dar o maior explendor a esse acto, um dos mais elevados da nossa santa religião.* (*Brado Conservador*/RN/ 1881, retirado de Martins e Costa, s.d. A, p. 7)

- Uma série de eventos é também evocada pela fórmula exclamativa "quanto/a(s) NP", o que pressupõe que havia (quantitativamente) muitas instâncias de um evento, mas em grau excessivo (sob um ponto de vista valorativo), como, por exemplo, no caso de "gemer submissa a enganos, ilusões e extorsões":

(107) *A Bahia* ***tem gemido*** *submissa a quantos enganos, a quantas ilusões, a quantas extorsões lhe* ***tem querido*** *fazer os sucessivos governos da mãe pátria, o Rio de Janeiro.* (*Novo Diário da Bahia*/BA/1837, retirado de Tycho Brahe, jornais da Bahia, 1833-1850)

- Adverbos de quantificação (*muito*, *pouco* + VP) implicam também um conjunto limitado ou importante de instâncias de um determinado tipo eventivo descrito pelo SV:

(108) *Daí a utilidade da Anatomia Patológica, que muito* ***tem alumiado*** *os trabalhos dos médicos modernos* (*O Ateneu*/BA/1833-1850, retirado de Tycho Brahe, jornais da Bahia, 1833-1850)

É importante notar que o papel desempenhado pela leitura incrementativa é enorme no século XIX. A grande afinidade entre o PPC, por um lado, e os verbos de *achievement*, assim como os verbos incrementativos, por outro, só dificilmente pode ser supervalorizada. Com verbos de *achievement*, o PPC, em conjunto com um indicador estruturante tal como *até que ponto*, marca um processo em (avançada) progressão:

(109) *Quem entrar nos miseros cubiculos, em que se acouta o operario, ahi pode avaliar* ***ate que ponto tem chegado*** *a incuria dos governos do paiz.* (*Jornal de Notícias*/RJ/1875, retirado de Barbosa e Lopes, 2006, carta 211, p. 11)

Também é possível marcar a distância de um caminho percorrido (entre fonte e destino), sublinhando dessa forma a duração e a complexidade do processo de divulgação de uma informação:

(110) ***Tem chegado*** *á minha notícia, que maõ inimiga procua infamar-se* [...] (*Diário Novo*/PE/1849, retirado de Silva e Silva, 2010a, carta de leitor 16, p. 32)

Por outro lado, a lista dos verbos incrementativos que aparecem com o PPC é longa e abrange verbos como *espalhar* ("[...] *este boato, que se* ***tem espalhado*** [...]", *O Cidadão*/RJ/1838, retirado de Barbosa e Lopes, 2006), *crescer* ("*a opposicao* ***tem crescido***", *O Cidadão*/RJ/1838, retirado de Barbosa e Lopes 2006a, carta 193, p. 9), *divulgar* ("[...] *onde* ***se tem divulgado*** *por mais vezes ser um valhacouto* [...]", *Diário da Bahia*/BA/1835, retirado de Tycho Brahe, jornais da Bahia, 1833-1850), *desenvolver-se* ("*como esta Provincia*, [...], ***se tem desenvolvido***", *Diário de Pernambuco*/PE/1839, retirado de Silva e Silva 2010a, carta de leitor 9, p. 18), *contribuir* ("*estes elementos de prosperidade* [...] ***tem contribuido*** *para o grande progresso* [...]", Diário de Pernambuco/PE/1829, retirado de Gomes 2010, editorial 6, p. 11), *transtornar* ("*o partido republicano que tudo* ***tem transtornado*** *no Brasil*, [...]", *Diário de Pernambuco*/PE/1838, retirado de Gomes 2010, editorial 13, p. 26).

Se podemos afirmar que as leituras pluriacionais (especialmente as durativas, caracterizadoras, sumativas e incrementativas) se impõem como as mais notórias ao longo do século XIX, não devemos perder de vista que encontramos ainda poucos exemplos da leitura iterativa, explicitamente marcada por um operador de quantificação. As indicações com *X vezes* são bem raras e nos nossos documentos somente encontramos alguns exemplos com *tantas vezes* (acompanhadas ocasionalmente pelo operador de negação):

(111) [...] *o espirito desenfreado da Democracia se* ***tem desenvolvido tantas vezes*** *de huma maneira positiva;* [...] (*O Cruzeiro*/PE/1829, retirado de Barbosa e Lopes, 2006e, carta 272, p. 1)

(112) *Não* ***tem*** *elle* ***visto*** *com magoa gastar se* ***tantas vezes*** *o tempo precioso em questões innuteis*, [...] (*Diário de Pernambuco*/PE/1839, retirado de Gomes 2010, editorial 16, p. 32)

Este último aspecto nos leva às funções e tipos de intervalos criados por advérbios e expressões temporais. Os falantes podem marcar o ponto de perspectiva a partir do qual consideram eventos usando expressões adverbiais caraterísticas:

• *agora*:

(113) *Vejamos* ***agora*** *qual* ***tem sido*** *a conducta do Senhor Olanda depois que entrou para o Ministerio.* (*Diário de Pernambuco*/PE/1831, retirado de Barbosa e Lopes, 2006e, carta 160, p. 3)

Mas os falantes recorrem também a várias expressões para sinalizar diferentes extensões do intervalo de perfeito. Alguns exemplos:

• *nestes últimos dias*:

(114) ***Tenho nestes ultimos dias***, ***lido*** o seu popular jornal. (*Diário do Brazil*/RJ/1881, retirado de Barbosa e Lopes, 2004a, carta 385, p. 14)

• *desde X (desde o dia 16 do mes atual)*:

(115) [...] *passo agora a mostrar*, [...] *com o § 30 do Art. 179 do Tit. 8º da constituição do Imperio que n'ella* ***tem havido*** *infracoes* ***desde o dia*** *16 do mez actual* [...] (*Diário de Pernambuco*/PE/1829, retirado de Silva e Silva, 2010a, carta de leitor 3, p. 4)

• *por muito tempo*:

(116) *A ignorancia do homem que* ***por muito tempo tem dominado*** *sobre a terra foi sempre o manancial fecundo da máxima parte dos males* [...] (*Diário de Pernambuco*/PE/1829, retirado de Gomes, 2010, editorial 6, p. 6)

• *no século XIX*:

(117) [...] *é das melhores pecas*, *que se* ***tem publicado no século*** XIX [...] (*O Espelho*/RJ/1870, retirado de Barbosa e Lopes, 2004a, carta 371, p. 8)

É significativo que de todas as constelações de predicados e indicadores de intervalos decorrem leituras pluriacionais. Entre os exemplos, podemos apreciar leituras sumativas ("*tem havido infrações*", "*peças que se tem publicado*"), incrementativas ("*tem chegado*"), durativas ("*tem dominado*") e iterativas ("*tenho lido*").

Os contextos caraterizados pela negação (ou seja, pelo operador de negação) apontam para a mesma evolução. Os falantes predicam sobre os índices de um intervalo prolongado e asseveram que para todo o intervalo se dá não-p. Portanto, se trata, de fato, de uma leitura durativa (perdura o estado não-p para todos os índices do intervalo). Em muitos casos, este intervalo relevante para a valorização do conteúdo proposicional permanece implícito, tal como nos casos seguintes (p. ex., "ninguém tem podido duvidar" = para todos os N: ¬ (poder_duvidar)):

(118) [...] *mas ninguem* ***tem podido*** *duvidar da verdade deste boato!* (*O Cidadão*/RJ/1838, retirado de Barbosa e Lopes, 2006, carta 192, p. 7)

(119) *Nada se* ***tem feito*** *nesse sentido e nem ao menos preparar as cousas de modo a evitar um cataclismo na principal fonte de riqueza do paiz.* (*Jornal de Notícias*/RJ/1875, retirado de Barbosa e Lopes, 2006, carta 211, p. 11)

Noutros casos, o intervalo de valoração é marcado explicitamente pelas expressões adverbiais *ainda não* (que salienta o momento da fala enquanto ponto de perspectiva) assim como *até à data* (*não*) e *até hoje (não)*:

(120) *Se* ***até hoje nao tenho publicado*** *isto, é por ter estado a espera do competente documento* [...] (*Diário do Rio de Janeiro*/RJ/1846, retirado de Barbosa e Lopes, 2006, carta 198, p. 12)

(121) [...] *o collega* ***ainda nao tem visto*** *e tratado feridas contusas em diversos grãos* [...] (*Gazeta Médica do Rio de Janeiro*/RJ/1864, retirado de Barbosa e Lopes, 2006, carta 198, p. 12)

(122) [...] *Vossa Excelência* ***até a data desta nada tem decidido*** [...] (*O Guerreiro*/RJ/1853, retirado de Barbosa e Lopes, 2004a, carta 363, p. 1)

Como já mencionamos, encontra-se, em poucas ocasiões, uma quantificação explícita referente a um evento (p. ex. *tantas vezes* em (123)):

(123) *Nao* ***tem*** *elle* ***visto*** *com magoa gastar se* ***tantas vezes*** *o tempo precioso em questões innuteis* [...] (*Diário de Pernambuco*/PE/1839, retirado de Gomes 2010, editorial 16, p. 32)

Mencionemos brevemente que os verbos perceptivos, assim como os verbos cognitivos, se apresentam com elementos pluralizantes e geram uma leitura sumativa como nos casos seguintes:

(124) ***Temos visto*** *varios Projectos dos Ilustres Senhores Deputados relativamente á moeda de cobre* [...] (*Diário de Pernambuco*/PE/1838, retirado de Gomes 2010, editorial 9, p. 19)

(125) ***Temos ponderado*** *a Vossa Excelência as razoes pelas quaes o seu official maior Cunha Mattos* [...] (*O Guerreiro*/RJ/1853, retirado de Barbosa e Lopes, 2004a, carta 365, p. 4)

Todas essas observações redundam no fato de que – pelo menos no que diz respeito aos dados proporcionados pelos documentos arquivados – já quase não existem contextos nos quais o PPC se refere a uma eventualidade singular, pondo em relevo o estado resultativo (forçosamente posterior) de uma única instância de tipo eventivo. Em todos os contextos marcados pela negação, em contextos de uma indicação explícita de duração do intervalo, com verbos psicológicos ou cognitivos, e até em contextos caraterizados por verbos de *achievement*, a leitura relevante, mesmo não sendo iterativa, sempre possui uma *nuance* pluralizante.

Restam os verbos performativos e de comunicação: continuam frequentes os verbos de comunicação com o PPC. Nos documentos de Pernambuco, destaca-se a fórmula *tenho dito* com a qual os falantes concluem, de maneira estereotipada, o seu ato de proferir um discurso. Essa fórmula representa uma rotina discursiva congelada que se prolonga até o século XX. Porém, atestamos também exemplos com verbos de comunicação tais como *declarar*, *noticiar*, *expender* e *prevenir*. O PPC parece salientar o peso das palavras do falante, sublinhando o caráter atual ou o efeito persistente dos conteúdos proferidos/emitidos.

(126) [...] *já* ***tenho declarado*** *por mais de uma vez* [...] *que lhe mandarei pagar de 3 a 4 mezes* [...] (*Brado Conservador*/RN/1877, retirado de Martins e Costa, s.d. A, p. 2)

(127) [...] ***tenho expendido*** *o que sinto a respeito dos tres indicados para serem eleitos.* (*Diário de Pernambuco*/PE/1847, retirado de Barbosa e Lopes, 2006e, carta 160, p. 4)

(128) *E porque* [...] *se* ***tem prévenido*** *este inconveniente recebendo se no Recife no Botequim* [...] (*Diário de Pernambuco*/PE/1825, retirado de Gomes, 2010, editorial 1, p. 1)

Em conclusão, podemos afirmar que o PPC assume plenamente uma semântica pluralizante (ou pluriacional) no século XIX. Desaparecem, em grande medida, as leituras episódicas que denotam uma única instância de um determinado tipo eventivo. Especialmente, escasseiam as leituras resultativas com verbos de *achievement*. Essas tendências manifestam-se também nos empregos do PPC em contextos de negação, com um intervalo temporal explícito e com verbos psicológicos e cognitivos. Em todos esses contextos, os estados ou eventos tematizados implicam uma duração ou um processo estruturado e complexo.

Os empregos do PPC com verbos de comunicação estão se convertendo numa rotina discursiva estereotipada e formulaica, de forma que representam usos mais bem congelados que produtivos. Porém, as leituras iterativas (marcadas por quantificadores tais como *X vezes*, mas também por *ultimamente*) ainda são minoritárias e deixam vislumbrar um potencial de desenvolvimento para os períodos ulteriores.

O PPC DA PRIMEIRA À SEGUNDA METADE DO SÉCULO XX

Os nossos dados do século XX deixam entrever uma clara evolução no decurso do século sem que seja possível indicar o momento exato de viragem das tendências evolutivas. Se as tendências gerais do século XIX se prolongam na primeira metade do século XX, é perceptível uma mudança mais acentuada na segunda metade deste.

Não nos debruçaremos novamente sobre as leituras típicas do PPC que acabamos de comentar em detalhe no capítulo anterior. Será suficiente documentar brevemente sua continuidade.

Continua a manifestar-se no século XX a leitura durativa, embora a documentação não seja abundante:

(129) *Faltaria a um dos mais sagrados devêres, se deixando de parte o silencio em que* ***me tenho conservado****, não procurasse hoje dar a Vossa Senhoria as minhas noticias*, [...]. (Carta/1902, retirado de Carneiro, 2005, carta 209, p. 1)

Também a leitura sumativa não perde a sua vitalidade, embora apareça nas constelações em que é gerada com sujeitos no plural (p. ex., com função de tema em ligação com um verbo inacusativo, ex. 130), com objetos diretos no plural (131), com um elemento quantificador (p. ex., *tudo* em (132)), mas também com um pronome relativo que tem por antecedente *que* (133)):

(130) *Com as chuvas que* ***têm caído****, a prestação, nesta nossa cidade* [...] *o calor assalhou-se* [...] (*A Ordem*/RN/1950, retirado de Martins e Costa, s.d. A, p. 6)

(131) *CYSTEX* ***tem auxiliado*** *milhões de pessoas há mais de 30 anos.* (*O Estado*/SC/1960, retirado de Coelho, s.d. A, p. 3)

(132) *Em troca de tudo que* ***tenho escrito*** *e você não* ***tem gostado****, receba velhinha, tôdo o carinho de Otto.* (*Carta*/BA/1950, retirado de Granda, 2010, carta 12/06/50-or – Fol. 1 - r, p. 122)

(133) *Um livro* [...] *condensava todas quantas falsidades e injustiças se* ***tem dejectado*** *contra a religião de Pedro a Pio IX* [...] (*Jornal do Brasil*/RJ/1910, retirado de Almeida e Thomé Viegas, 2013, p. 7)

A leitura incrementativa mantém também o seu peso e se vê, em muitos casos, reforçada por um advérbio adequado, por exemplo, advérbios de dimensionalidade (*amplamente* (137)) , de maneira (*escrupulosamente* (135)) ou de agente (*decisivamente* (136)) que contribuem para sublinhar o caráter prolongado e gradual do processo em questão. A mesma função pode assumir uma indicação adverbial temporal (p. ex., *ultimamente* (134)), o que extrai e delimita um determinado intervalo temporal (mais recente):

(134) *O calor, nesta Villa,* ***tem chegado ultimamente*** *a uma graduação tal* [...] (*A República*/RN/1906, retirado de Martins e Costa, s.d. B, p. 10)

(135) *Ajuntade revisão deste município* ***tem cumprido*** *o mais* ***escrupulosamente*** *possível com os seus deveres.* (*A República*/RN/1906, retirado de Martins e Costa, s.d. B, p. 11)

(136) *A participação de AN, em sua longa jornada de autuação,* ***tem contribuído decisivamente*** *para o progresso do Estado.* (*A Notícia*/SC/1996, retirado de Coelho, s.d. B, p. 39)

Como outra leitura de destaque perdura a leitura caracterizante na qual o PPC marca a atribuição de uma propriedade, tal como nos seguintes casos:

(137) *Os trabalhos dessa comissão* ***tem sido*** *amplamente divulgados atraves das atas de reunião distribuídas para os jornais e membros da comunidade.* (*Jornal do Brasil*/RJ/1983, retirado de Almeida, 2011, p. 33)

(138) *Na verdade* ***tem sido*** *um circulo vicioso.* (*Carta*/BA/1950, retirado de Granda, 2010, carta 26/07/50-or – fol. 1 - r, p. 447)

(139) *A meu ver, o que* ***tem caracterizado*** *o péssimo Governo de FHC é que ele só toma decisões dificeis e quando deixar de tomá-las se tornará mais difícil ainda* [...] (*Jornal do Commercio*/PE/1999, retirado de Silva e Silva, 2010d, carta de leitor 50, p. 42)

(140) [...] *sabe você marcou muito em mim, você* ***tem sido*** *uma pessoa gloriosa em minha vida* [...] (*Carta*/SP/1992, retirado de Martins, Moura e Ferreira, s.d., p. 22)

No exemplo seguinte, podemos apreciar o emprego do PPC para a caraterização de um processo errático:

(141) *Das relativas a este saldo o preço das ultimas vendas* ***tem sido*** *ou, antes, tem oscilado entre 75% e 80%.* (*Carta*/RJ/1901, retirado de Carneiro, 2005, carta 289, p. 267)

Como sabemos, a leitura caracterizante pode também surgir com sujeitos abstratos que desempenham o papel de “causa” no contexto de um processo complexo dotado de um efeito. Vejamos os seguintes exemplos:

(142) [...] *para nós está sendo muito mais necessário que a pretensa "mentalidade revolucionaria" que só* ***tem feito*** *atrapalhar o Brasil, neste ano e pouco de confusão em que nos achamos.* (*Diário de Pernambuco*/PE/1932, retirado de Gomes e Silva, 2010a, editorial 10, p. 18)

(143) *Não se referiu o famoso paisagista ao Recife, mas todos testemunhamos aqui, em um crescendo de ano para ano, a ação verdadeiramente predatória que a febre imobiliária* ***tem deflagrado*** *contra a natureza.* (*Diário de Pernambuco*/PE/1972, retirado de Gomes e Silva, 2010b, editorial 22, p. 15)

Nesse contexto, destacamos mais uma vez que o quantificador *sempre* não atua como operador lógico de quantificação universal, mas, sim, no uso linguístico, como marcador caracterizante de valor genérico. Vejamos os exemplos (144) e (145):

(144) [...] *os nossos processos politico-partidarios não poderão perder de todo as feições primitivas que os* ***têm caracterizado sempre****, através de tantos annos de pratica republicana.* (*Jornal do Commercio*/PE/1935, retirado de Gomes e Silva, 2010a, editorial 10, p. 19)

(145) *Ross* ***tem telefonado sempre****. Da última vez confirmou que chegará aqui dia 22 próximo, só por cinco dias, o que me parece um absurdo, para tão longa viagem.* (*Carta*/SC/1989, retirado de Coelho, s.d. C, p. 39)

Em (144) o falante quer pôr em relevo uma caraterística típica dos partidários (e não um traço exclusivo que não admite exceções), enquanto em (145) o falante tematiza um hábito (e não um problema de uso ininterrupto e doentio do telefone).

Cabe a pergunta se ainda existem leituras puramente resultativas com verbos télicos, especialmente com verbos de *achievement*. Eis uns poucos exemplos encontrados nos documentos da primeira metade do século, nos quais o falante usa predicados de *achievement* (tais como *entrar*, *aparecer*, *passar*) e de *accomplishment* (*abrir um curso*) para se referir a eventos singulares:

(146) *Faço bem, o Banco Rural* ***tem entrado*** *no mercado e comprado esse grupos de letras* [...] (*Carta*/BA/1902, retirado de Carneiro, 2005, carta 252, p. 723)

(147) *Tendo mudado sua residencia* [...] *avisa* [...] *que* ***tem aberto*** *um curso dessa lingua á praça da Independencia.* (*Diário de Pernambuco*/PE/1910, retirado de Silva e Silva, 2010b, anúncio 14, p. 15)

(148) *O João* ***tem apparecido*** *aqui, depois das ferias, que connosco passou desde que o Roche se foi* [...] (*Carta*/RJ/1901, retirado de Carneiro, 2005, carta 268, p. 813)

(149) *De saude, como* ***tens passado****? Ainda tens as tuas enxaquecas?* (*Carta*/RJ/1901, retirado de Carneiro, 2005, carta 268, p. 813)

É possível que os falantes queiram apresentar os eventos como complexos, ou seja, compostos de vários estágios particulares. Isso se verifica particularmente nos exemplos (146) e (147), nos quais o falante, caracterizando os processos de entrar no mercado e de abrir um curso de língua estrangeira na praça central como algo complexo e estruturado, salienta também o caráter proeminente desses eventos. É possível, porém, que em (148) o falante considere várias aparições de João e que, no exemplo (149), introduzido por um delimitador de domínio ("falando de saúde"), o falante espere um relatório mais detalhado sobre vários estados de saúde no período considerado.

Embora sejam muito raros, os exemplos com verbos télicos não desaparecem por completo na segunda metade do século XX.

(150) *Agora vai entrar a parte relativa a Corumbá.* ***Tenho cortado*** *muita coisa, capítulos inteiros, e não posso ainda avaliar o acerto de meus cortes.* (*Carta*/SC/1990, retirado de Coelho, s.d. C, p. 29)

(151) *Celeste* ***tem vindo*** *aqui ver a casa e gostou de tudo. Mas por enquanto fica em Floripa: tem lá a igreja, as amigas, o telefone.* (*Carta*/SC/1991, retirado de Coelho, s.d. C, p. 33)

(152) *O ponto fica a uns 300 metros da casa.* ***Tenho vindo*** *de táxi para trazer coisas; não é muito caro.* (*Carta*/SC/1991, retirado de Coelho, s.d. C, p. 33)

Se (150) é um caso típico de leitura sumativa (o falante unifica um conjunto de capítulos cortados), nos exemplos (151) e (152), ao que parece, os falantes se referem a vários eventos de "vir ver a casa" assim como de "vir de táxi para trazer coisas". Se for assim, o valor pluriacional do PPC teria se generalizado inclusive nesses contextos particulares, determinados por verbos télicos.

Essa hipótese se vê confirmada pelo fato de que já não acontecem exemplos atestando a constelação PPC + *já* na evocação de um evento singular. O único exemplo com *já* + PPC que encontramos nos documentos deixa claro de maneira explícita (ou seja, pela expressão de quantificação *várias vezes*) que se apoia, em sua argumentação, em vários eventos do tipo "testemunhar por escrito".

(153) *E' innegavel, já se* ***tem escripto*** *varias vezes, que ha muito a desejar de civilização de parte da nossa população.* (*A Provincia*/PE/1924, retirado de Silva e Silva, 2010c, carta de leitor 11, p. 17)

Um levantamento quantitativo no *Corpus* do Português atesta, porém, a presença do padrão *já* + PPC tanto no português brasileiro quanto no português europeu ao longo do século XX. Além do mais, reflete também o peso menor que desempenha essa constelação no português do Brasil. Nos dois *subcorpora* de textos brasileiros e de textos europeus de quase igual peso (PE: 10,2 milhões *vs.* PB: 10 milhões de palavras), se opõem 52 ocorrências do tipo "*já tenho/tem/temos/têm + -do*" no PB e 132 ocorrências no PE, o que equivale a uma relação percentual de 28,3% para 71,7% a favor do PE.

A leitura iterativa continua a progredir no século XX. Nos documentos dos distintos arquivos do Brasil, as leituras iterativas se configuram de maneiras diferentes:

- com advérbios de quantificação, tais como *muito*, *pouco* etc.:

(154) ***Muito*** *se* ***tem falado*** *sobre denúncia vazia, mas infelizmente todos colocam a paixão e os interesses acima do problema social.* (*Jornal do Brasil*/RJ/1976, retirado de Almeida, 2011, p. 24)

• Com diferentes quantificações baseadas nas expressões do tipo "X vezes" (*tantas*, *em outras*, *várias*, etc. *vezes*); este contexto inclui também casos com um elemento *qu-* em uso exclamativo (*quanto/a(s) vezes*):

(155) *No entanto, apesar do que representam para o aperfeiçoa- | mento dos nossos processos democraticos essas conquistas, cuja | importancia* ***tem sido comprovada tantas vezes*** *[...] o regime da fraude nao desappareceu do Brasil [...]* (*Jornal do Commercio*/PE/1935, retirado de Gomes e Silva, 2010a, editorial 11, p. 20)

(156) *Para isso procurei o Dr. Godinho que depois de delongas sem esplicação, recusou-se, como aliás* ***tem feito em outras vezes*** [...]. (*Carta*/RJ/1ª década do séc. XX, retirado de Carneiro, 2005, carta 263, p. 769)

(157) ***Quantas vezes*** *se* ***tem visto*** *de ca- | sas de boa apparencia jogar-se á rua desrictos de frutas, papeis servidos, etc.?* (*A Provincia*/PE/1924, retirado de Silva e Silva, 2010c, carta de leitor 11, p. 17)

• Os sintagmas *muito(s) N e tanto(s) N constitue*m outras formas de evocar iteratividade:

(158) *Ella continua saudósa, não obstante já ter começado a passeiar, e* ***as muitas visitas*** *que* ***temos tido***, *entre as quaes as patricias filhas da Neiva e do Satyro, que já a vierão ver.* (*Carta*/RJ/1901, retirado de Carneiro, 2005, carta 304, p. 932)

(159) *Nós estamos no ultimo ano da guerra. A maquina suicida de Hitler que tantos seres preciosos* ***tem ceifado***. (*Diário de Pernambuco*/PE/1945, retirado de Silva e Silva, 2010c, carta de leitor 19, p. 31)

• O que marca também o avanço progressivo da leitura iterativa é simplesmente a falta de uma marca iterativa explícita. Em outras palavras, a noção de pluriacionalidade se generalizou em tal medida que ela faz parte do significado (de "semema") do PPC:

(160) ***Tenho lido*** *bastante. Consegui encontrar Moby Dick mas não estou conseguindo atravessar.* (Carta/SC/1989, retirado de Coelho, s.d. C, p. 23)

(161) [...] *tão grande* ***tem sido*** *a procura, pelo usuário destes produtos, em decorrência do que alguns itens já foram esgotados mas deverão chegar na semana que vem.* (*A Notícia*/SC/1983, retirado de Coelho, s.d. B, p. 31)

Porém, o que temos de levar em consideração são também aspectos quantitativos. Se compararmos as diferentes entradas de *X vezes* (X = *muitas*, *tantas*, *poucas*, *duas/três vezes*) com base no *Corpus* de Ferreira e Davies (que, como já indicamos, oferece dois *subcorpora* compostos de documentos portugueses e brasileiros, de peso quantitativo quase igual (PB: 10 milhões de palavras *vs.* PE: 10, 2 milhões de palavras), nos apercebemos diretamente do número mais alto de ocorrências no português europeu. Veja-se a tabela seguinte que resume os resultados da nossa pesquisa:

	Português Brasileiro				Português Europeu			
	tenho	tem	temos	têm + do	tenho	tem	temos	têm + do
inúmeras vezes	1							
um ror de vezes	1							
muitas vezes	3	3		1	10	4	2	1
tantas vezes		2	1			2		1
quantas vezes	1				1		1	
várias/diversas vezes	1				4	3		
algumas vezes	1	2			2	2		
às vezes		1	1		2	3		
por vezes/pelas vezes						2	1	1
reiteradas vezes								
não poucas vezes					1			1
poucas/raras vezes	1				5			
Total	9	8	3	1	25	16	4	4
Total PPC/Relação	21/70: 30%				49/70: 70%			

Como mostra a comparação das frequências entre o PB e o PE, o peso quantitativo da leitura iterativa (explicitamente marcada por uma indicação do tipo *X vezes*) no PE ultrapassa com mais do dobro de ocorrências (30% *vs.* 70%) o peso quantitativo no PB.

Esse resultado coincide também com o fato que o PPC se manifesta geralmente numa proporção menor no português do Brasil, como demonstra a relação normalizada (ou seja, calculada por 1 milhão de palavras) entre o PB e o PE:

	PB	PE	Total
tenho -do	33,34/mil	46,89/mil	80,23/mil
tem -do	163,11/mil	272, 82/mil	435,93/mil
temos -do	10,65/mil	15,76/mil	26,41/mil
têm -do	54,93/mil	108,76/mil	163,69/mil
Total	262,03/mil	444,23/mil	706,26/mil
Relação	37,1%	62,9%	100%

Passemos agora à interação do PPC com indicações que evocam ou estabelecem explicitamente um intervalo de perfeito.

Os intervalos de perfeito se prolongam, sem exceção, de algum momento do passado até o momento da fala. Além disso, em todos os contextos, se inscrevem seja uma série de eventos ou subeventos, seja um estado extenso no intervalo, de forma que os intervalos explicitamente marcados coincidem com distintas leituras pluriacionais. Nos documentos, encontramos, como indicações de intervalo, expressões tais como *nestes ultimos anos* (IMP, PE, 20/2), *este anno* (Lit 20/1), *nestes anos* (IMP, PE, 20/2), *desde 1900* (Lit 20/1), *até hoje* (IMP, PE, 20/1), *até o presente* (Lit 20/1), *ha 5 meses* (IMP, SC, 20/1) e *ultimamente* (IMP, RN, 20/1 e IMP, SC, 20/2). Não vamos enumerar todos os exemplos encontrados nos documentos, mas vamos ao invés disso destacar três casos particularmente representativos.

Em (162) podemos apreciar como o intervalo de perfeito contribui, em interação com o PPC, para uma leitura incrementativa:

(162) *Se conseguimos eliminar o cangaceirismo organizado, tambem poderemos fazer baixar a media da criminalidade, que nestes ultimos anos* ***tem atingido*** *em Pernambuco a cifras verdadeiramente alarmantes.* (*Diário de Pernambuco*/PE/1951, retirado de Gomes e Silva, 2010b, editorial 15, p. 2)

Em (163) temos um exemplo de leitura caracterizadora que condiz com o intervalo *até hoje*:

(163) [...] *os representantes do Chile não se [mostram]*[3] *inclinados a ceder na questão da arbitragem internacional ampla e obrigatoria a qual se* ***tem opposto até hoje***. (*Diário de Pernambuco*/PE/1902, retirado de Gomes e Silva, 2010a, editorial 1, p. 2)

Em (164), uma leitura durativa é evocada em conjunto com o intervalo *até o presente*:

(164) ***Temos***, ***até o presente***, *vivido a custa da dedicação e do sacrificio dos funccionarios, em materia de administração de saude.* (Carta/RJ/1902, retirado de Carneiro, 2005, carta 297, p. 901)

Destaca-se também a expressão temporal "*ultimamente*", que se fixa como marco delimitador de uma eventualidade pluriacional – no exemplo seguinte de um processo psicológico complexo:

(165) *Dizemos isto, por que somos também leitores do outro matutino da cidade confrade seu, que sem o menosprezar, pois já teve no apogeu da fama,* ***temos notado ultimamente*** *que está alguns passos atrás* [...] (*A Nação*/SC/1965, retirado de Coelho, s.d. B, p. 13)

Um levantamento quantitativo do padrão PPC + *ultimamente*, baseado de novo no *Corpus* de Ferreira e Davies, mostra, mais uma vez, um peso maior do PPC no português europeu, que, porém, resulta claramente menor em comparação com as constelações iterativas que estudamos mais acima.

	PB	PE
tenho feito	3	4
tem feito	15	15
temos feito	1	1
têm feito	5	10
Total	24	30
Proporção	44,4%	55,6%

Vimos que a negação pode também evocar um intervalo temporal para o qual um determinado estado de coisas não se verifica. Em especial, na segunda metade do século XX, quase já não atestamos o operador de negação com o PPC. A exigência fundamental para o emprego do PPC é o caráter pluriacional do conteúdo proposicional, de forma que a simples delimitação por um intervalo temporal se torna insuficiente. Citamos os dois únicos exemplos nos quais o PPC se combina com o operador de negação.

(166) *Por mais incrível que pareça ninguem* ***tem cuidado*** *do caso da muriçoca.* (*Jornal do Commercio*/PE/1962, retirado de Silva e Silva, 2010d, carta de leitor 28, p. 7)

(167) *Nada tem a ver com a novelinha a que tanto amei. Nada* ***tenho escrito***. (*Carta*/SC/1989, retirado de Coelho, s.d. C, p. 23)

A tendência à generalização das leituras pluriacionais que vem à tona nos contextos que acabamos de comentar se afirma também em contextos determinados por verbos psicológicos, cognitivos e de percepção.

Se na primeira metade do século encontramos ainda poucas ocorrências desses verbos no PPC, já na segunda metade tais ocorrências desaparecem quase por completo. E os poucos casos que podemos documentar na primeira metade do século XX se destacam, em regra geral, por uma leitura pluralizante: (168), marcando a abertura de intervalo, é um exemplo ainda muito tradicional, mas os exemplos (169) a (172) remetem para várias instâncias do evento em questão, ou seja, para uma percepção duradoura, uma emoção intensa, um pensamento profundo etc.:

(168) *Está com três filhos- quer dizer* ***tem começado*** *e o melhor que póde fazer é* [...] (*Carta*/RJ/1901, retirado de Carneiro, 2005, carta 273, p. 812)

(169) *O Silviano está agonisante e o seu nome é apresentado para substitui-lo. É a afirmacao que* ***tenho visto*** *manifestar-se.* (*Carta*/RJ/1902, retirado de Carneiro, 2005, carta 222, p. 37)

(170) *O resultado será a mais deliciosa surpresa que a senhora* ***tem experimentado***.(*A Ordem*/SC/1938, retirado de Martins e Costa, s.d. C, p. 47)

(171) *Em minha ultima carta manda dizer a Vossa Excelencia que **tenho pensado** em reorganizar a Empreza estabelecendo a sede na Capital Bahiana, uma superintendencia aqui e uma agencia em Joazeiro.* (*Carta*/RJ/1901, retirado de Carneiro, 2005, carta 249, p. 706)

(172) ***Tenho pensado** em dar a nova direcao uma organisação semelhante as que tem as companhias estrangerias que aqui funcionam* [...] (*Carta*/RJ/1ª década do séc. XX, retirado de Carneiro, 2005, carta 263, p. 770)

O único exemplo de um verbo cognitivo conjugado no PPC, que data da segunda metade do século XX e enfoca um processo de reflexão intensa e prolongada, é o seguinte:

(173) ***Tenho pensado** em refazer o romance e encontrei uma saída que talvez sirva.* (*Carta*/SC/1989, retirado de Coelho, s.d. C, p. 23)

Por outro lado, os casos do PPC com verbos de "manifestação", tais como *manifestar-se*, *verificar-se*, *demostrar*, *provar(-se)* e *mostrar-se*, resultam ainda bem frequentes na segunda metade do século XX. Essas constelações são perfeitamente compatíveis com a semântica pluriacional do PPC, já que geram leituras ora incrementativas (encaminhamento e culminação de um processo de manifestação), ora durativas (o estado que resulta de ter sido provado o caso):

(174) *Eu diria, que quando a cotação foi £ 46 no anno passado foi devido ás esperanças que a encampação daria melhores resultados aos accionistas do que se **tem provado** ser o caso.* (*Carta*/1902, retirado de Carneiro, 2005, carta 292, p. 881)

(175) *Nos dias de chuva, vento e frio, o telefone **tem demonstrado** ser o seu melhor amigo.* (*O Estado*/SC/1975, retirado de Coelho, s.d. A, p. 20)

(176) *Mas o Presidente, que **tem se mostrado** um "soldado velho" nessas questões da política, não somente afirmou que se dirigia ao Legislativo* [...] (*A Ordem*/RN/1950, retirado de Martins e Costa, s.d. D, p. 7)

Continuamos a documentar uns poucos exemplos do PPC usados em contextos de destaque conferido a conteúdos proposicionais. Nesses contextos – em muitos casos com relevância ou ligação jurídica –, o PPC marca a persistência de um resultado e a sua efetividade (moral ou legalmente) vinculante no momento da fala e além. Se (177) representa um uso marcadamente tradicional, os exemplos (178) e (179) são suscetíveis de ser interpretados de maneira iterativa (vários atos de perdão, assim como de aplicação de um determinado medicamento):

(177) *O governo* ***tem sido*** *o primeiro em lamentar as vítimas da referida violência e – por isso – tem encarregado à Justiça ordinária do Chile a investigação das responsabilidades correspondentes* (*Jornal do Brasil*/RJ/1986, retirado de Duarte, 2012, p. 6)

(178) [...] *não merêço teu perdão, embora | já o* ***tenho recebido*** (*Carta*/SC/1969, retirado de Coelho, s.d. D, p. 9).

(179) *Atesto que* ***tenho empregado*** *com bons resultados o ELIXIR 914* [...] (*A Ordem*/RN/1952, retirado de Martins e Costa, s.d. E, p. 4).

Passemos à última classe de verbos levados em consideração em nosso estudo: os exemplos de verbos de comunicação marcados pelo PPC, que atestamos nos documentos do século XX, confirmam, em regra geral, as tendências evolutivas. Praticamente, já não encontramos usos formulares do PPC (por exemplo a fórmula "*tenho dito*"), mas sim contextos com verbos de comunicação nos quais se evocam vários (sub)eventos de uma atividade comunicativa: nos exemplos a seguir, alude-se a conteúdos múltiplos (*muita coisa*, (180)), várias instâncias (*mais de uma vez*, (181)) ou intervalos prolongados (*até hoje*, (181)):

(180) ***Muita cousa*** *que você* ***tem dito*** *– e muita cousa que não tem dito-ficou a "chatear" na minha cabeça* [...] (*Carta*/BA/1949, retirado de Granda, 2010, carta 03/11/49-OR – fol. 1 - r, p. 44)

(181) [...] *com prazer repetia o que* ***ja mais de uma vez tenho dito*** *a Vossa Excelência, isto é, que mais do que nunca estava aqui ao inteiro serviço de vossa Excelência* [...] (Carta/RJ/1901, retirado de Carneiro, 2005, carta 245, p. 694)

(182) *Portanto, recapitulando o que **até hoje tenho dito**, devemos procurar fazer acquisição dos debentures ao preço mais baixo possível* [...] (*Carta*/RJ/1902, retirado de Carneiro, 2005, carta 255, p. 735)

No exemplo seguinte, o falante se refere a vários eventos de "propor um Brasil mais aberto", caracterizando o próprio discurso político:

(183) *Ele **tem proposto** um Brasil mais aberto à comunidade internacional, com maior inserção nos fluxos mundiais de comércio e ativa, participação no processo de globalização* (*Diário de Pernambuco*/PE/1999, retirado de Gomes e Silva, 2010b, editorial 30, p. 31)

O subgrupo de verbos de comunicação (de realização escrita) se manifesta ainda na primeira metade do século XX, junto com o PPC, em usos tipicamente formulares, especialmente na fórmula *atesto que* + PPC – vejam-se os exemplos (184) e (185). Em outros contextos, o emprego do PPC se explica pelo conteúdo iterativo da oração (ex. (186)):

(184) *Attesto que **tenho** em minha clinica **empregado**, com feliz êxito nas affecções pulmonares A Emulsão de Scott* [...] (*A República*/RN/1910, retirado de Martins e Costa, s.d. C, p. 4)

(185) *Attesto que **tenho empregado** em minha clinica hospitalar e civil, o preparado pharmaceutico dos srs. Scott & Bowne* [...] (*A República*/RN/1910, retirado de Martins e Costa, s.d. C, p. 7)

(186) *Baluarte que sois na defesa dos interesses do povo desta grande metrópole, e, repisando mais uma vez no que tanto **tem escrito** o JORNAL DO BRASIL, venho mais uma vez* [...] *chamar a atenção da Diretoria de utilidade Publica* [...] (*O Jornal do Brasil*/RJ/1940, retirado de Duarte, 2012, p. 4)

Resumindo os resultados deste capítulo, podemos afirmar que as distintas leituras pluralizantes (ou seja, a sumativa, a incrementativa, a caracterizadora etc.) se generalizam no século XX. Especialmente, a leitura iterativa avança consideravelmente e se converte em leitura proeminente. Essas tendências se veem reforçadas pela introdução, em muitos contextos, de indicações explícitas (tais como *nestes últimos anos*, *este ano*, *desde X*, *até hoje*, *até o presente*, *ultimamente* etc.) que evocam ou marcam um intervalo prolongado no qual se inscreve uma série de instâncias de um evento ou de um subevento descrito pelo predicado verbal. Observamos, porém, uma segunda tendência, ou seja, o declínio espetacular do PPC em termos quantitativos no português do Brasil. Se o rendimento do PPC é bem modesto em todas as variedades no português, o valor funcional da forma é ainda bem menor no português do Brasil, tal como atesta a relação percentual do aproveitamento da forma nas duas variedades (62,9% PE *vs*. 37,1% PB).

Esses resultados estão perfeitamente de acordo com os resultados de Barbosa (2008; 2012), que demonstram, com base num pequeno *corpus* de textos europeus e brasileiros, não somente que o PPC "*não tem grande peso no sistema verbal do português brasileiro*" (Barbosa, 2008: 104 e 198), mas também que "*o número de ocorrências do PPC diminuiu do século XIX (80%) para o século XX (29%)*", de maneira contundente em textos escritos (Barbosa, 2008: 106). Além disso, a "nossa" forma é praticamente "*irrelevante na modalidade falada da linguagem*" (Barbosa, 2008: 104).

CONSIDERAÇÕES FINAIS

Iniciamos o nosso percurso da evolução do PPC num momento transicional, ou seja, nas obras de A. Vieira ao longo do século XVII. Basicamente, estudamos como a relação entre as leituras tradicionais, especialmente a resultativa com referência a uma instância singular de um evento, e as leituras inovadoras, com suas diferentes manifestações de pluriacionalidade, se inverteu. No decurso dos quatro séculos estudados, entre o século XVII e o século XX, as leituras iterativas conseguiram se generalizar, enquanto as leituras referidas a um evento singular tornaram-se cada vez mais marginais e foram relegadas ao domínio dos empregos congelados de valor formulaico. Estudamos o nascimento das diversas leituras pluriacionais que surgiram, se consolidaram e se propagaram nos diferentes momentos do desenvolvimento da língua portuguesa no Brasil. Também atestamos como estes usos do PPC em contextos com verbos performativos foram diminuindo até que desapareceram praticamente por completo na realidade linguística mais recente. Com esse desaparecimento, o PPC perdeu uma função importante, ou seja, a função de atuar como marcador de efetividade ou de relevância atual.

Este estudo também chamou a atenção para um fenômeno pouco lembrado nas descrições gramaticais convencionais: o potencial semântico do PPC não se esgota numa leitura iterativa (baseada em verbos dinâmicos) e numa leitura durativa (com base em verbos estáticos), mas se desdobra em muitas leituras pluriacionais que caracterizamos em cada momento através de designações mais refinadas (desde as leituras caracterizadoras, passando por leituras sumativas, incrementativas e intensivas, até as leituras durativas). Além disso, vimos interações nos limites de intervalos temporais evocados por diferentes expressões linguísticas (advérbios e expressões adverbiais temporais, o operador negativo, operadores de quantificação).

Pudemos também tirar uma conclusão com respeito às particularidades das evoluções do PPC no português do Brasil em comparação com o português europeu, mesmo que tenhamos de sublinhar que ainda falta uma descrição extensa e esmiuçada do desenvolvimento do PPC no português europeu (para algumas tendências veja-se Becker 2016): o PPC possui, no português do Brasil, um peso quantitativo bem menor no plano geral (37%) em comparação com o português europeu (*vs.* 63%), com diferenças acentuadas nos diferentes contextos de uso (mais presente no PB no caso de "ultimamente" e ainda mais fraco em contextos com "X vezes"). Esses resultados também estão perfeitamente de acordo com os resultados de Barbosa (2008), que salienta particularmente o declínio espetacular do PPC nos textos brasileiros entre o século XIX e o século XX (Barbosa, 2008:106).

Esse resultado coloca vários desafios a uma pesquisa futura sobre o PPC. Por um lado, será importante explicar estas tendências quantitativas da evolução divergente do PPC no português europeu em contraste com o português do Brasil. Por outro lado, como sugere o artigo de Cabredo-Hofherr e Laca, valerá a pena estudar as evoluções semânticas particulares nas distintas modalidades do português do Brasil, com restrições de uso mais ou menos acentuadas.

FONTES/OBRAS PRIMÁRIAS:

Almeida 2011: Almeida, Eria Sousa de. Cartas de Leitores. Rio de Janeiro. Rio de Janeiro: Projeto PHPB / RJ, 2011.

Almeida/Thomé Viegas 2013: Almeida, Erica Sousa de; Thomé Viegas, Elaine Marques. Editoriais. Rio de Janeiro. Rio de Janeiro: Projeto PHPB | RJ, 2013

Barbosa 1999: Barbosa, Afranio Gonçalves. Para uma História do Português Colonial: aspectos linguísticos em cartas de comércio. Rio de Janeiro: UFRJ, Fac. de Letras, 1999. 484 fl. mimeo. Tese de Doutorado em Língua Portuguesa

Barbosa/Lopes 2006: Barbosa, Afranio G.; Lopes, Célia Regina dos S. Críticas, queixumes e bajulações na Imprensa Brasileira do séc. XIX: cartas de leitores. Rio de Janeiro: UFRJ, Pós-Graduação em Letras Vernáculas: faperj, 2006.

Carneiro 2005: Carneiro, Zenaide de Oliveira Novais. Cartas Brasileiras (1808-1904): um estudo linguístico-filológico. Tese de doutorado. Universidade Estadual de Campinas, Institudo de Estudos da Linguagem. Campinas, SP, 2005. Orientador: Charlotte Marie Chambelland Galves, 2º volume, 2ª parte: cartas para Severino.

CdP: Davies, Mark & Ferreira, Michael (2006-): *Corpus* do Português: 45 million words, 1300s-1900s. Disponível em: http://www.corpusdoportugues.org/hist-gen/. (último acesso: 30.10.2017)

Coelho A: Coelho, Izete Lehmkuhl (coord.) et al. Anúncios de Santa Catarina - 2ª metade séc. XX. Santa Catarina: Centro de Comunicação e Expressão – UFSC / Projeto Para a História do Português Brasileiro de Santa Catarina. Disponível em: https://docs.google.com/viewer?a=v&pid=sites&srcid=ZGVmYXVsdGRvbWFpbnxjb3Jwb3JhcGhwYnxneDoyYTZkNDkzYTU5MDgwNDAz (último acesso: 30.10.2017)

Coelho B: Coelho, Izete Lehmkuhl (coord.) et al.. Cartas de Leitores de Santa Catarina - 2ª metade Séc. XX. Santa Catarina: Centro de Comunicação e Expressão – UFSC / Projeto Para a História do Português Brasileiro de Santa Catarina. Disponível em: https://docs.google.com/viewer?a=v&pid=sites&srcid=ZGVmYXVsdGRvbWFpbnxjb3Jwb3JhcGhwYnxneDo2YzU1OWU2ZDE1MjlhNzA3 (último acesso: 30.10.2017)

Coelho C: Coelho, Izete Lehmkuhl (coord.). Cartas pessoais de Santa Catarina - 2ª metade Séc. XX. Santa Catarina: Centro de Comunicação e Expressão. – UFSC / Projeto Para a História do Português Brasileiro de Santa Catarina. Fonte: Melo, Maria Albertina Freitas de. As cartas de Harry Laus e da sua tradutora francesa. Dissertação de Mestrado em Literatura. Florianópolis: UFSC, 2001, p.29-144. Disponível em: https://docs.google.com/viewer?a=v&pid=sites&srcid=ZGVmYXVsdGRvbWFpbnxjb3Jwb3JhcGhwYnxneDpjNWFiMDgyOTA1ZDZhNw (último acesso: 30.10.2017)

Coelho D: Coelho, Izete Lehmkuhl (coord.) et alii. Cartas pessoais de Santa Catarina – 2ª metade Séc. XX. Santa Catarina: Centro de Comunicação e Expressão – UFSC / Projeto Para a História do Português Brasileiro de Santa Catarina. Disponível em: https://docs.google.com/viewer?a=v&pid=sites&srcid=ZGVmYXVsdGRvbWFpbnxjb3Jwb3JhcGhwYnxneDo1ZDM4MzAzNWU1ZjhjMzZj (último acesso: 30.10.2017)

Duarte 2012: Duarte, Maria Eugênia. Cartas de Leitores em Jornais Cariocas: 2ª metade do século XX. Rio de Janeiro: www.letras.UFRJ.br/PHPB-RJ, 2012

Gomes 2010: Gomes, Valéria Severina. Editoriais – *Pernambuco.* Recife: Projeto PHPB/PE, 2010, CD-ROM.

Gomes/Silva 2010:Gomes, Valéria Severina; Silva, Jéssica Pereira. Editoriais – Pernambuco. Recife: Projeto PHPB/PE, 2010, CD-ROM.

Granda 2010: Granda, Ana Sartori. Cartas de amor na Bahia do século XX: normas linguísticas, práticas de letramento e tradições do discurso epistolar. Dissertação de Mestrado - Universidade Federal da Bahia, Instituto de Letras, Salvador, 2010. 2v. + 1 CD-ROM.

Iapechino 2010: Iapechino, Mari Noeli Kiehl. Cartas oficiais – Pernambuco. Recife: projeto PHPB/PE 2010, CD-ROM.

Lobo 2001: Lobo, Tânia (Org.); Ferreira, Permínio Souza; Gonçalves, Uílton; Oliveira, Klebson (Colaboradores). Cartas baianas setecentistas. São Paulo: Humanitas/FFLCH/USP, 2001. (Série Diachonica: Fontes para a História da Língua Portuguesa, 3)

Martins/Costa A: Projeto de História do Português Brasileiro no Rio Grande do Norte (PHPB-RN). *Corpus* Mínimo Comum - Impresso. Cartas de Leitores XIX 2 RN. Organização: Marco Antonio Martins (UFRN); Alessandra Castilho Ferreira da Costa (UFRN). Disponível em: https://docs.google.com/viewer?a=-v&pid=sites&srcid=ZGVmYXVsdGRvbWFpbnxjb3Jwb3JhcGhwYnxneDo1NDMwYjMzMTUzYjk3OTcy (último acesso: 30.10.2017)

Martins/Costa B: Projeto de História do Português Brasileiro no Rio Grande do Norte (PHPB-RN). Córpus Mínimo Comum - Impresso. Anúncios XX 1 RN. Organização: Marco Antonio Martins (UFRN), Alessandra Castilho Ferreira da Costa (UFRN). Disponível em: https://docs.google.com/viewer?a=v&pid=sites&srcid=ZGVmYXVsdGRvbWFpbnxjb3Jwb3JhcGhwYnxneDo2NzY0MjM5YzJlYjI0Nzll (último acesso: 30.10.2017)

Martins/Costa C: Projeto de História do Português Brasileiro no Rio Grande do Norte (PHPB-RN). Córpus Mínimo Comum - Impresso. Cartas de Leitores XX 1 RN. Organização: Marco Antonio Martins (UFRN), Alessandra Castilho Ferreira da Costa (UFRN). Disponível em: https://docs.google.com/viewer?a=v&pid=sites&srcid=ZGVmYXVsdGRvbWFpbnxjb3Jwb3JhcGhwYnxneDoxNzZjOTAxMTRmN2UxNmYz (último acesso: 30.10.2017)

Martins/ Costa D: Projeto de História do Português Brasileiro no Rio Grande de Norte (PHPB-RN). Córpus Mínimo Comum - Impresso. Anúncios XX 2 RN. Organização: Marco Antonio Martins (UFRN); Alessandra Castilho Ferreira da Costa (UFRN). Disponível em: https://docs.google.com/viewer?a=v&pid=sites&srcid=ZGVmYXVsdGRvbWFpbnxjb3Jwb3JhcGhwYnxneDo1YjE2YTFhOTczYTZkMGFh (último acesso: 30.10.2017)

Martins/Costa E: Projeto de História do Português Brasileiro no Rio Grande do Norte (PHPB-RN). Córpus Mínimo Comum - Impresso. Cartas de Redatores XX 1 RN. Organização: Marco Antonio Martins (UFRN), Alessandra Castilho Ferreira da Costa (UFRN). Disponível em: https://docs.google.com/viewer?a=v&pid=sites&srcid=ZGVmYXVsdGRvbWFpbnxjb3Jwb3JhcGhwYnxneDo0ZWExNDZlYzk2NjE4ZDJm (último acesso: 30.10.2017)

Martins/Moura/Ferreira: Projeto de História do Português Brasileiro no Rio Grande do Norte (PHPB-RN). *Corpus* Mínimo Comum - Manuscrito. Cartas Particulares XX 2 RN. Organização: Marco Antonio Martins (UFRN); Kássia Kamilla de Moura (Doutoranda/PPgEL, UFRN); Renato Klebson Ferreira (Mestrando/PPgEL, UFRN). Disponível em: https://docs.google.com/viewer?a=v&pid=sites&srcid=ZGVmYXVsdGRvbWFpbnxjb3Jwb3JhcGhwYnxneDo2MWZjMGNlMGVmY2RlMmZl (último acesso: 30.10.2017)

Rumeu 2004: Rumeu, Márcia Cristina de Brito. Para uma História do Português no Brasil: Formas Pronominais e Nominais de Tratamento em Cartas Setecentistas e Oitocentistas. Dissertação de Mestrado em Língua Portuguesa – Curso de Pós-Graduação em Letras Vernáculas, Rio de Janeiro: UFRJ, Faculdade de Letras, 2004, 286 fl. Mimeo.

Santos/Fonseca A: 1 CARoficialXVIII 1 PE. Cartas do século XVIII. *Corpus* do Projeto Textos Brasileiros dos séculos XVIII e XIX transcritos pelos bolsistas: Marcelo Bernardo dos Santos e Ronaldo de Lima Fonseca. Disponível em: https://docs.google.com/viewer?a=v&pid=sites&srcid=ZGVmYXVsdGRvbWFpbnxjb3Jwb3JhcGhwYnxneDo3ZTE3MTdlOTRlYjBjYTE2 (último acesso: 30.10.2017)

Santos/Fonseca B: CARoficialXVIII 2 PE. *Corpus* do Projeto Textos Brasileiros dos Séculos XVIII e XIX transcritos pelos bolsistas: Marcelo Bernardo dos Santos e Ronaldo de Lima Fonseca. Disponível em: https://docs.google.com/viewer?a=v&pid=sites&srcid=ZGVmYXVsdGRvbWFpbnxjb3Jwb3JhcGhwYnxneDo3NDJmNWM4NmJmYzQ4ZmM (último acesso: 30.10.2017)

Silva/Silva 2010: Silva, Andréa Souza; Silva, Mauricio Vieira da. Cartas de Leitores – Pernambuco. Recife: Projeto PHPB/PE, 2010, CD-ROM.

NOTAS

1 Agradeço muito a revisão do texto à professora Beatriz Medeiros Silva e o apoio bibliográfico (especialmente com respeito às fontes primárias) a Malte Kneifel, Universidade de Colônia. Agradeço especialmente ao DFG o financiamento do Centro de Pesquisa sobre Prominence in Language (SFB 1252) no âmbito do qual se inscreve também este trabalho sobre o PPC.

2 Amaral e Howe (2012: 41 e seguintes) mantêm que a construção resultativa é o "precursor histórico" do PPC na língua portuguesa. Mais pesquisa sobre este ponto seria necessária.

3 Na transcrição original, marcado como "ilegível".

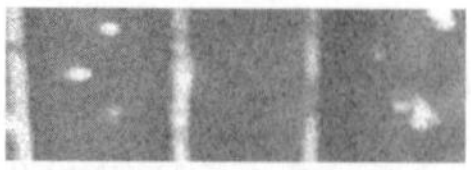

SOBRE A ORIGEM DE INTENSIFICADORES ENCABEÇADOS PELA PREPOSIÇÃO *A*

Luisandro Mendes de Souza

SUMÁRIO

No português brasileiro contemporâneo há algumas séries de intensificadores que são encabeçadas por preposições. Uma dessas séries é formada a partir de *para* (no português coloquial com apócope do *a* na primeira sílaba, tornando a palavra monossilábica) – *pra caramba*, *pra burro* etc. – e outra é formada por *a*, *à beça*, *às pampas*, *a rodo* etc. Há rápida menção a essas expressões em alguns trabalhos sobre advérbios e intensificadores (Ilari et al., 1993; Guimarães, 2007; Castilho, 2016) e em alguns dicionários de usos, como Neves (2012) e Borba (2004). Neste capítulo, minha intenção é fazer uma reflexão diacrônica sobre os intensificadores do conjunto formado pela preposição *a*, assumindo a caracterização proposta por Guimarães (2007): um intensificador expressa intensidade/quantidade e modifica substantivos, adjetivos, alguns advérbios e verbos. Em termos de contribuição semântica, um intensificador pode ser entendido como uma expressão que gradua "para mais" (Castilho; Ilari, 2008; Paradis, 1997).

No plano sincrônico, os intensificadores formados por *a* possuem uma distribuição desigual. Enquanto *à beça* modifica substantivos, verbos, adjetivos e advérbios (*gente à beça*, *falou à beça*, *chato à beça*, *falou bem à beça*), *a rodo* modifica substantivos e alguns verbos (*gente a rodo*, *falou a rodo*), mas parece ser anômalo com adjetivos/advérbios (*#chato a rodo*). Num primeiro momento, podemos supor que as expressões não estão plenamente gramaticalizadas como intensificadores, por isso ainda não se expandiram para todos os contextos típicos em que graduadores ocorrem em português. Claro, assumir que estamos diante de um fenômeno de mudança pressupõe que alguma estrutura mudou. Assim, um dos objetivos de nosso estudo é entender que estrutura mudou, e como se deu a mudança. Veremos que as ferramentas da análise formal do significado nos dão instrumentos para lidar com esse "como" de maneira precisa.

Há pelo menos três formas de entender esse tipo de mudança: a) estamos diante de uma mudança lexical tradicional que explora algum mecanismo de ampliação de sentidos (por ex.: metáfora, metonímia); b) gramaticalização: os falantes reinterpretam (ou a "reanalisam") uma estrutura preexistente na língua, criando para essa construção uma nova função, que é mais abstrata e "gramatical" que a anterior; c) a mudança em questão seria um fenômeno lexical irregular e arbitrário: bastante comum para a criação de expressões idiomáticas, essa explicação nos levaria a supor que o conjunto é heterogêneo e que cada expressão teve sua própria história. A terceira parte deste capítulo irá discutir essas hipóteses.

Antes, na primeira parte do estudo, vou apresentar rapidamente alguns aspectos linguísticos destas construções, ou similares, discutidos pela literatura. Essa rápida apresentação tratará das expressões *à beça*, *a dar com um pau*, *a rodo*, *às pampas*, *às pencas*, *aos montes*. Todas elas já estão dicionarizadas com significado similar a "muito", "em demasia".

A segunda parte apresenta os dados coletados no *Corpus* do Português.[1] Aqui veremos que a distribuição das expressões é irregular e que algumas já estão na língua pelo menos desde o final do século XIX e que sua distribuição não mudou muito desde então – caso de *a rodo*.

A GRAMÁTICA DOS GRADUADORES

Até onde pude levantar, não há nenhum estudo que tenha se dedicado especificamente a entender a semântica de expressões como *à beça*, *a rodo*, *às pampas* etc. Contudo, há algumas rápidas menções a elas em trabalhos que pensaram aspectos da gramática das expressões de intensificação.[2]

Guimarães (2007) menciona o que chamou de "dublês de *muito*", como *pra caramba*, *pacas* etc., e entre eles lista *a dar com um pau*. No exemplo a seguir do autor, a expressão modifica a denotação de *comerciantes*, fazendo com que o sintagma denote uma grande quantidade de indivíduos.

(1) *Queria apreciar a Rua Forte de São Pedro, as Mercês, a Igreja das Mercês, a Avenida Sete, quão diferentes, lojas e mais lojas de eletrodomésticos; a parte térrea dos casarões, desfigurada, camelôs e mais camelôs, comerciantes* ***a dar com um pau****, Vixe Maria Mãe de Deus!*

O trabalho do autor traz duas propostas que interessam aqui: a) um critério semântico/sintático para identificar os intensificadores/graduadores[3]; b) a hipótese de que as operações de quantificação e intensificação são gramaticalmente similares.[4] O item (a) propõe que um intensificador tem que denotar quantidade, quando modifica substantivos e verbos de eventos, e intensidade ("alto grau da propriedade"), quando modifica verbos graduais, adjetivos e advérbios. Teremos em mente essa característica sintático/semântica quando nos referirmos aos "contextos típicos" de ocorrência das expressões graduadoras. Vemos isso nos exemplos:

(2) a. ***Muitos** alunos foram mal na prova.* [quantidade de indivíduos]
b. *Os alunos leram **muito**.* [quantidade de eventos]
c. *A prova estava **muito** difícil.* [intensidade da dificuldade]
d. *Os alunos leram **muito** mal o texto.* [intensidade do modo]

A forma mais simples de explicar essas leituras (quantidade/intensidade) é assumir que elas são resultado das propriedades dos próprios predicados e que não são criadas por *muito*. Em (2a), *alunos* denota um conjunto plural de indivíduos, e *muito* relaciona esse conjunto com um conjunto padrão fornecido pelo contexto. Numa leitura, a "cardinal", estou declarando que a quantidade de alunos que foram mal excede um conjunto padrão de alunos que foram mal (digamos que o normal seja por volta de 5 alunos irem mal na prova sendo que, na presente situação, 15 tiraram nota baixa). Noutra leitura, a "proporcional", a paráfrase corresponderia a *muitos dos alunos foram mal na prova*, em que o padrão de comparação passa a ser o conjunto dos alunos, e é em relação a esse conjunto que eu declaro que muitos foram mal na prova.

De modo similar, *ler* em (2b) também denota um conjunto de eventos de leitura, pelo menos na interpretação mais saliente.[5] Essa sentença também é verdadeira se o que importa na situação é a quantidade de coisas lidas ou o tempo tomado pelo evento de leitura, visto como uma unidade. De qualquer forma, se temos um conjunto de eventos de leitura, um conjunto de coisas lidas ou um conjunto de instantes temporais (ou um grande intervalo de tempo), podemos supor que *muito* faça algo parecido com o que faz no domínio nominal: relaciona esse conjunto com outro padrão. Tentando ser mais concreto, suponha que o padrão seja duas aulas de leitura no mês e que os alunos tiveram de fato seis aulas de leitura. Note que, como *muito* opera sobre esses conjuntos de indivíduos, temos leitura cardinal (eventos, objetos ou intervalos/instantes no tempo também são "indivíduos", encarados de um ponto de vista ontológico). Em essência, a contribuição composicional de *muito* é estabelecer a relação de superioridade entre dois conjuntos de entidades.

Por sua vez, adjetivos e advérbios graduais não denotam simples conjuntos de indivíduos, mas denotam conjuntos de indivíduos ordenados ao longo de uma dimensão, e de acordo com a abordagem gradual, que assumiremos aqui, são relações entre indivíduos e graus (Kennedy, 1997; entre outros). *Muito*, nesse caso é uma relação entre o grau que o indivíduo exibe, o grau de referência, e um grau padrão, dado contextualmente. Assim, o predicado *muito difícil* é verdadeiro de um indivíduo se este exibe um alto grau na escala do adjetivo *difícil*, e esse alto grau excede o grau padrão para algo ser considerado muito difícil no contexto. Algo parecido poderia ser dito para *muito mal* em (2d), embora aqui a predicação seja sobre o evento. Simplificadamente, isso explicaria a diferença entre a leitura de quantidade e a leitura gradual: essa diferença depende do que denota o predicado que *muito* modifica.[6] Veja que a contribuição composicional de *muito* é a mesma, num certo nível: é a relação de superioridade entre duas entidades. No caso da leitura de quantidade, *muito* relaciona conjuntos, no caso da leitura gradual, ele relaciona graus.

O importante a notar aqui é que a hipótese (b) é consequência dos dados, afinal, *muito* e outros intensificadores típicos (*pouco*, *demais*, *bastante* etc.) ocorrem em todos esses contextos e produzem essas interpretações. O núcleo comum aos exemplos anteriores é que *muito* é sempre uma relação (de superioridade) entre um "valor" de referência e um "valor" padrão. No caso de indivíduos, esse valor é uma quantidade/volume, no caso dos adjetivos/advérbios esse valor é o quanto o indivíduo exibe de uma dada propriedade. Logo, é razoável supor que a contribuição semântica que a expressão traz para a proposição seja a mesma, *modulo* suas características composicionais. Voltarei a discutir a semântica dos intensificadores na seção "Algumas hipóteses sobre a gramaticalização de intensificadores", onde, espero, o estatuto ontológico de noções como "quantidade" e "grau" ficará mais claro. Por ora, basta-nos saber que as expressões que nos interessam precisam gerar essas leituras com esses predicados e que possuem um significado definível nessas linhas.

Embora não assuma explicitamente essa análise, Guimarães (2007) discute as dificuldades de se oferecer uma análise formal que capture esses usos (entre outros que ele analisa). Em resumo, acredito que concordamos pelo menos no entendimento de que a contribuição semântica de *muito* consiste em estabelecer uma relação de superioridade entre dois valores.

Há também algumas menções a essas expressões em estudos lexicográficos.

Borba (2004) menciona *à beça*[7] ("muito, demais") e *aos montes* ("grande quantidade, em abundância"). Não há qualquer menção sobre o registro ou conotação das expressões. Em outro trabalho, Borba (2003) não menciona nenhuma destas, embora cite várias do conjunto formado por *para* como *pra burro* e *pra cacete.*

Fulgêncio (2008), na sua tese sobre as expressões fixas, menciona algumas das expressões em estudo. As expressões intensificadoras em geral, para ela, indicam "muito", "em grande quantidade", "com grande intensidade", e noções correlatas. No aspecto sintático, modificam substantivos, verbos e adjetivos.

Para fins de comparação, vejamos algumas expressões que ela arrola como intensificadoras. As expressões em (3) podem ter conotação positiva ou negativa.

(3) a. *Tudo funcionou sempre **às mil maravilhas**. = "muito bem": conotação positiva*
b. *Mentira **da grossa**. = "uma baita/grande mentira": conotação negativa*

Nesses exemplos não temos intensificadores típicos. *Às mil maravilhas* é uma expressão idiomática que parece significar "muito bem" (Houaiss) e que só funciona adverbialmente modificando verbos (com leitura de modo), cf. **alto às mil maravilhas*. Já *da grossa* é um intensificador nominal, provavelmente da classe de *baita*, *grande* etc.

Para Foltran e Nóbrega (2016), expressões como *baita* ou *grande*, semanticamente, intensificam, projetando uma escala de avaliação. Veja que essas expressões implicam uma leitura do referente que podemos chamar de "qualitativa", ao passo que o intensificador, ou modificador/quantificador gradual, produz uma leitura "quantitativa".[8] Compare-se, por ex., *grande homem*, uma avaliação qualitativa, com *muitos homens*, uma avaliação quantitativa. Embora possamos nos referir ao fenômeno como "intensificação", creio que fica clara a diferença entre os dois tipos de modificação.[9]

A seguir (Tabela 1), temos alguns intensificadores encabeçados por *a*, listados por Fulgêncio (2008: 244), no que é um uso alargado na noção de intensificador. Desses, vamos ficar apenas com aqueles típicos,[10] seguindo a proposta de Guimarães (2007).

Tabela 1 - Intensificadores de Fulgêncio (2008)

À beça	O poliuretano queima rápido **à beça.**
A dar com pau	Não vai ter problema pra estacionar. Aqui tem vaga **a dar com pau.**
À larga	O roubo em nome da Coroa disseminou-se **à larga.**
A rodo	Ele dorme a manhã toda, trabalha quando tem vontade e tem dinheiro **a rodo** [...].
Às pampas/Às pamparras	-
Às pencas	Quem somos nós para falar mal da pena de morte nos outros países, quando deixamos matarem pessoas **às pencas**, inclusive inocentes?
Aos montes	Quando eu comecei a prestar atenção na fala das pessoas, foram surgindo expressões **aos montes.**

Fonte: o autor com base em Fulgêncio (2008).

Tenho também algumas reservas em relação à inclusão de *à larga* nesse conjunto. Primeiro, no Houaiss a expressão é definida como "de modo generoso". Claro que essa interpretação pode produzir uma leitura de "abundância" e, portanto, trazer no seu bojo a "quantidade". Todos os exemplos que encontrei no *corpus*, no século XIX, tanto no PE quanto no

PB, tinham leitura de "à vontade" (ou algo parecido), como no exemplo (4a) de Eça de Queirós e no (4b) de Machado de Assis.

(4) a. *[...] as duas janelas em cima, abertas, mostrando o reps verde das bambinelas, bebiam **à larga** todo o ar do campo e o sol de inverno [...]* (E. Queirós, *Os maias*, 1888)
b. *D. Úrsula respirou **à larga**, como lavando o pulmão com aquela primeira onda de vida.* (M. de Assis, *Helena*, 1876)

Um exemplo brasileiro contemporâneo mostra que é com o significado do Houaiss que a expressão continua sendo usada. Assim, *à larga* é um advérbio de modo, não um intensificador.

(5) *As ybiracunhãs igualam-se, se não excedem, o comum das mulheres, co' a vantagem de crescerem **à larga** nas florestas.* (Álvaro Cardoso Gomes, *Os rios inumeráveis*, 1997).

Partindo da lista de Fulgêncio, vejamos os significados que o *Dicionário Houaiss* (Houaiss; Villar, 2009) apresenta (Tabela 2). Apenas *à beça* apresenta datação aproximada. Além dessa, *aos montes* também não possui qualquer menção a aspectos conotativos, mas podemos supor que ela seja de registro informal. Todas as outras o são e isso, como veremos, compromete muito a pesquisa em *corpora* escritos, pois encontramos poucos dados. Note também que juntamente com uma definição ou "paráfrase" como é costume nos dicionários, as expressões são definidas umas pelas outras, *a rodo* e *às pampas* = *à beça* ou *aos montes* = *de montão* = *em montão*.

Tabela 2 - Significado das expressões no dicionário Houaiss

Expressão	Significado	Conotação	Data
À beça	Grau muito alto (quantitativo ou avaliativo); em grande quantidade, intensidade	Não informa	c. 1910
A dar com pau	Em abundância, com fartura	Informal	-
A rodo	Em grande quantidade, à beça	Informal	-
Às pampas	Em grande quantidade ou intensidade; à beça; às pamparras	Informal	-
Às pencas	Em grande quantidade, em abundância	Informal	-
Aos montes	De modo abundante, em grande quantidade, de montão, em montão	Não informa	-

Fonte: o autor.

Antes de vermos o resultado da pesquisa no *corpus* é importante mencionar mais alguns fatos. Como vimos, em *à beça*, *beça* não é uma forma livre. *A dar com um pau* possui um sintagma verbal com verbo no infinitivo após a preposição, o que a torna um elemento estranho no conjunto, pelo menos em termos estruturais. Assim, do conjunto restante – *a rodo*, *às pampas*, *às pencas*, *aos montes* –, podemos afirmar que todos os membros possuem um SN após o *a*; excetuando-se *a rodo*, em todos os outros três esse SN está pluralizado, apesar de o nome concreto em si já conotar "grande quantidade", como *pampa* (talvez não seja óbvio, nesse caso), *monte* e *penca*. Isso é um sinal de que há um grau de regularidade na formação dessas expressões.[11]

PESQUISA NO *CORPUS*

Como já mencionado, utilizei para coleta de dados o *Corpus* do Português, que está disponível on-line e possui um mecanismo de busca bastante prático.[12] Os dados foram coletados em 2016. Apresento os resultados por expressão. Na coleta, ignorei os exemplos do português europeu porque o fenômeno me parece ser uma característica coloquial brasileira, embora algumas das expressões sejam usadas por portugueses também, como *a rodo*. As lacunas na distribuição, em razão dos poucos resultados que o *corpus* gerou, foram completadas com dados de intuição ou coletados em buscas no Google (cf. nota 14).

• *à beça*

Surgiram cinco ocorrências. Destas, uma modificando adjetivo em posição predicativa (6a); uma modificando substantivo (6b), também numa posição predicativa, mas aqui claramente a leitura é de quantidade; os demais casos são de modificação verbal (6c-e) e vamos assumir para eles que a leitura é de quantidade dos eventos de "ajuda/manobra/perturbação". Como esses verbos parecem expressar atividades (no sentido vendleriano tradicional), a leitura típica é "o evento que o verbo denota ocorreu muitas vezes", ao lado de uma leitura temporal, "o evento durou muito tempo" (nem sempre é fácil separar essas duas leituras). Note-se que a expressão apareceu em todos os contextos típicos.

(6) a. *Antes eu fiz a garota de Ipanema, a Heloísa, que era minha amiga **à beça**. Ela pegou um pandeiro todo colorido e tal...* (Lima d'Alverga entrevista Clóvis Scarpino, or., 19??)[13]

b. *– Que ele está cheio de gás, está, mas só agora é que ele acordou, e 13 anos já se passaram. Treze anos é coisa **à beça**.* (A. Callado, *A madona de cedro*, 1957)

c. *Além do mais, Amaury era letrado e um dos poucos habilitados a desempenhar aquele servicinho, que podia parecer porqueira, mas ajudava **à beça**. (*Joyce Cavalcante, *Inimigas íntimas*, 1993)

d. *A experiência histórica mostra que a estatal, quando da abertura dos "contratos de risco" na gestão Ernesto Geisel, manobrou **à beça** com a regulamentação pertinente... (*NBrRecife, *O sofisma dos números*, 11/3/1997)

e. *Nem ele nem Hawks sabiam como os contemporâneos de Quéops falavam, e isso, segundo o diretor, perturbou **à beça** a confecção do roteiro.* (*Folha*, 1994)

À beça pode quantificar sobre substantivos em outras posições sintáticas, como o mostra o exemplo a seguir, (7a), de Neves (2012). (7b) ilustra a expressão modificando um advérbio de modo.[14]

(7) a. *Ninguém é dono da verdade, mas a mentira tem acionista **à beça**.*
b. *Ele fala francês bem/rápido **à beça**.*

• *a dar com um pau*

Apareceram duas variantes, *dar com um pau* e *dar com pau*, mas nenhuma ocorrência de *dar com o pau*. Em todos os casos, quatro, temos modificação nominal. Note também que os três primeiros exemplos são do final do século XIX e o último do final do século XX.

(8) a. *Procurei uma mulher como quem procura ouro. Infeliz até ali! Vi-as **a dar com um pau**: bonitas, que era um louvar a Deus de gatinhas.* (Artur Azevedo, *Amor por anexins*, 1872)
b. *Os médicos receitaram-lhe tisanas e mais tisanas, tomou sulfato **a dar com um pau**.* (Joaquim J. da França Jr., *Direito por linhas tortas*, 1870)
c. *Reúnem-se todas no largo com potes à cabeça, molhos de chaves à cintura, ouro **a dar com pau** nos braços e no pescoço, torço bordado e o chinelinho só nos calcanhares.* (idem)
d. *O cinema não existe mais, você sabe, antes o grande programa da região [...] maioria de filmes épicos, coisas como Ulisses, Sansão e Dalila, Ben-Hur, Cleópatra, Os Dez Mandamentos. Por vezes, Mazzaropi, Oscarito e Grande Otelo. Faroestes **a dar com pau**. Chanchadas da Vera Cruz. E surpresas baratas, Pasolini, Eisenstein, Visconti, que lotava, porque tudo lotava.* (Marcelo R. Paiva, *Não és tu, Brasil*, 1996).

Interessantemente, mesmo depois de um século na língua, a expressão parece não ter se ampliado para outros contextos sintáticos. Podemos nos perguntar se a modificação verbal e adjetival seria possível. Os exemplos (9a-b) são aceitáveis. Note que em (9a) a leitura é de "ler por muito tempo" e "ler muitas coisas" com *ler*; *estudar* possui leituras parecidas; enquanto *correr* pode também ter leitura de "muitas vezes" (e quem sabe outras, como "correu uma grande distância"). Em (9b), por sua vez, me parece ter uma leitura intuitiva de "contam muitas mentiras".

(9) a. *Ano passado, ele correu/leu/estudou* ***a dar com um pau****.*
b. *Nas audiências litigiosas, os casais mentem* ***a dar com um pau****.*

A modificação adjetival me parecia intuitivamente anômala, mas encontrei exemplos como (10a-b) numa pesquisa on-line. A modificação de um advérbio de modo como *bem* (10c) gerou apenas uma ocorrência, o que dá suporte para a leve estranheza de casos como (10d).

(10) a. *Mulherengo* ***a dar com um pau****, bom copo, amicíssimo e com temperamento de vulcão em estado de latente erupção, se esquentar mais um pouco sai fogo.* (aindaespantado.blogspot.com.br)
b. *Já para quem quer apenas se aventurar no cinema, divertindo-se por algumas horas, procure outra opção, pois a produção é chata* ***a dar com pau****.* (narotadorock.com)
c. *E como havia de ser, o povo vivia mal. E seus políticos bem* ***a dar com pau*** (blogs.odiario.bom)
d. *?Ele fala francês bem/rápido* ***a dar com um pau****.*

• *a rodo*

Essa foi a expressão que mais gerou resultados, onze. Destes, cinco ocorrências são de modificação nominal, das quais apresento duas contemporâneas (11a-b) e outras mais antigas. Note que o primeiro exemplo é do final do século XIX. Há também uma ocorrência modificando verbo, e outras cinco de difícil classificação, embora, à primeira vista, estejam ligadas a verbos. Os exemplos (11a-b) corroboram o que diz o Houaiss em relação ao registro da expressão, pois ambos são de oralidade. Claro, para mim é difícil dizer, estilisticamente, se os exemplos do final do século XIX e início do século XX soam como coloquiais. Suponho que sim, pois os trechos em que as expressões ocorrem são de discurso direto ou indireto livre, e os usos contemporâneos apareceram em duas entrevistas, que na classificação do *corpus* foram catalogadas como gêneros de oralidade (é o que a sigla “Or” indica).

(11) a. *Há uma desnacionalização da nossa indústria, um espólio do patrimônio nacional e dinheiro **a rodo** para os bancos.* (BrOr. Sérgio Mamberti, 1997)

b. *Acredito que o Brasil tá se especializando no ramo somente de pornochanchada - porque: é ganhar dinheiro -**a rodo** somente por safadeza.* (Or:Br:LF:Recf)

c. *Dinheiro **a rodo**! Uma prima que o preza muito! Dois meninos que se cavalgam no costado! Saúde de ferro! E barão! Conjectura muita gente que ele é desgraçado, apesar da prima, do baronato, dos meninos, do dinheiro e da saúde.* (Camilo Castelo Branco, *A queda de um anjo*, 1866)

d. *Todos os anos Francisco Teodoro celebrava os aniversários dele, da mulher e dos filhos com banquetes de três e quatro mesas, vinhos **a rodo** e danças até a madrugada.* (Júlia L. de Almeida, *A falência*, 1901)

e. *O mais maula levava pelo menos dois pares de bolas; três pares, isso era **a rodo**, e havia torena que chegava a levar cinco: um na mão, os outros na cintura.* (Simões Lopes Neto, *Contos Gauchescos*, 1912)

f. *Sem a grande indústria, sem a grande agricultura, com o grosso comércio nas mãos dos estrangeiros, cada um de nós, sentindo-se solicitado por um ferver de desejos caros e satisfações opulentas, começou a imaginar meios de fazer dinheiro à margem do código e a detestar os detentores do poder que tinham a feérica vara legal capaz de fornecê-lo **a rodo**.* (Lima Barreto, *Recordações do escrivão Isaías Caminha*, 1909)

Em (11e) o uso é predicativo, mas acredito que pelo contexto a predicação que temos é uma declaração sobre a quantidade dos pares. No exemplo de Lima Barreto (11f), *a rodo* está distante do substantivo a que se refere, embora, à primeira vista, estejamos diante de uma estrutura de predicação secundária. Neste caso, *a rodo* é predicativo do objeto, o pronome em *fornecê-lo*, que tem como antecedente *dinheiro.*[15] Note que isso o torna "adjetival", por ser de primeira ordem.[16]

A seguir temos um caso de modificação verbal, e relativamente recente.

(12) *Após a partida dos hóspedes, Paulo Bento riu **a rodo** e o negro acompanhante bobeou-se de alegria.* (Caio F. Abreu, *Onde andará Dulce Veiga?*, 1990)

Encontrei outros exemplos de modificação verbal que coletei em uma busca no Google (13). Em todos os casos temos leitura de grande frequência de ocorrência dos eventos.

(13) a. *Quem nunca cantarolou **a rodo** esse grande sucesso?*
b. *Guria trai **a rodo**, é descoberta, vai pedir perdão e é trollada por ex-namorado.* (clicrbs.com.br)
c. *A prisão provisória vem sendo decretada **a rodo**...* (*Carta Capital*)
d. *Nosso meio de campo estava extremamente bagunçado com Coquelin errando **a rodo** e Özil simplesmente sumido...* (espn.uol.com.br)

Há alguns exemplos problemáticos do século XIX: *correr a rodo* e *andar a rodo*. Em (14b) *correr X a rodo* me parece que a leitura é de "à vontade", o que poderia levar a uma leitura de "grande quantidade" por implicatura. Os exemplos em (14d-e) possuem a particularidade de a expressão estar sob o escopo de uma negação, e o que se nega é justamente a "grande quantidade". Machado fala de "*dotes não vulgares de observação*", num caso, e de tronos, no outro. Aqui, talvez seja preciso uma pesquisa mais cuidadosa sobre o uso dessa expressão no período, pois me soa como se ela fosse quase uma gíria, ou uma expressão idiomática que era *correr/andar a rodo*, com a denotação de "grande quantidade", que se reduziu para *a rodo.*

(14) a. *De vinte em vinte e quatro horas as fortalezas salvam, as bandas de música executam hinos festivos e nas diferentes sedes esportivas o champagne corre **a rodo** como se estivéssemos festejando o último dia de guerra.* (Lima Barreto, *Vida Urbana*, 1910?)

b. *Além disso, na mesa do jogo e nas apostas, corre o ouro* ***a rodo****: fazem-se páreos fabulosos que afrontam os mais destemidos.* (José de Alencar, *O gaúcho*, 1870)
c. *Os donativos choviam de todos os lados; o dinheiro desencadeou-se espontaneamente, correu* ***a rodo****.* (Aluísio de Azevedo, *O Japão*, 1897)
d. *Esta é, na verdade, uma das partes mais difíceis do romance, e ao mesmo tempo das mais superiores. Naturalmente exige da parte do escritor dotes não vulgares de observação, que, ainda em literaturas mais adiantadas, não andam* ***a rodo*** *nem são a partilha do maior número.* (Machado de Assis, *Textos críticos*, 1873)
e. *Bernardão ofereceu-lhe as cousas mais suntuosas e raras, e, por outro lado, a família bradava-lhe que uma coroa na cabeça valia mais que uma saudade no coração; que não fizesse a desgraça dos seus, quando o ilustre Bernardão lhe acenasse com o principado; que os tronos não andavam* ***a rodo****, e mais isto, e mais aquilo.* (Machado de Assis, *O dicionário*, 1889)

Outra evidência de que a expressão toda seria *correr/andar a rodo* é a letra de *O rei do gado*, cantada por Tião Carreiro e Pardinho, de 1961:

(15) *Num bar de Ribeirão Preto eu vi com meus olhos esta passagem*
Quando champanha corria ***a rodo*** *no alto meio da granfinagem*
Nisto chegou um peão trazendo na testa o pó da viagem
Pro garçom pediu uma pinga que era pra rebater a friagem

Se estou certo, foi o fato de ter-se desprendido do verbo que possibilitou que *a rodo* se expandisse para outros contextos. Como a expressão anterior, intuitivamente me parecia que *a rodo* não poderia se combinar com adjetivos. Contudo, numa rápida busca on-line encontrei alguns exemplos como os seguintes:[17] (16a) é de modificação adjetival e (16b) adverbial.

(16) a. *Joguinho enjoado e* ***chato a rodo*** *esse eihn... Já desinstalei.* (clubedohardware.com.br)
b. *Neguinho ganha bem* ***a rodo*** *e ainda faz esses malabarismos, tem mais é que arcar com as consequências dessas tramoias.* (blablagol.com.br)

• *às pampas*

Busquei também pelas variantes *à pampa* e *às pamparras*. Encontrei somente duas ocorrências no *corpus*, ambas de modificação adjetival.[18]

(17) a. *– Ora, lá no internato. Era cega, mas gostosa* ***às pampas***. (José Pixote Louzeiro, *Infância dos mortos*, 1977)
b. *Quando esse pessoalzinho batuta acha qualquer coisa bacana* ***às pampas*** *chega a chocar até as primas de Benito Gama.* (*Folha*, 1994)
c. *Sequer faltava xerez, moscatel, porto bebido no peito, tudo saboreado* ***às pamparras***. (Francisco J. C. Dantas, *Cartilha do silêncio*, 1997)

Aqui, esse uso de *às pamparras* parece estar significando "à vontade" ou "em abundância". Segundo o Houaiss, essa expressão no português europeu significa "de ótima qualidade", "saboroso", e no brasileiro seria uma variante de *às pampas*, o que me parece equivocado, considerando o exemplo (17c).

Busquei na web ocorrências da primeira expressão para verificar se ela aparece modificando outras classes, como substantivos e verbos. Encontrei exemplos de modificação verbal (18a-b) e nominal (18c). Em (18d) vemos um exemplo de modificação adverbial.

(18) a. *Usando uma expressão da época, me diverti* ***às pampas***. (Adriana Falcão, *Queria ver você feliz*, 2014)
b. *...as pessoas gostavam* ***às pampas*** *de ler A Tocha, que tinha até um slogan engraçadinho...* (Fernando Vita, *O avião de Noé*, 2014).

c. *A fama de Jorge, nesse particular, era de amedrontar; boatos* ***às pampas*** *sobre seus casos e aventuras... (*Zélia Gattai, *Um chapéu para viagem*, 1982)

d. *Em um país que tem tanta gente cantando bem* ***às pampas****, soa incoerente saudar Maria Rita como uma espécie de estandarte da boa música...* (diariodonordeste.verdesmares.com.br)

• *às pencas*

Aqui surgiram dois casos contemporâneos de modificação nominal expressando quantidade, (19a-b). O exemplo (19c) é do final do século XIX. O interessante é que todos parecem ter uma leitura de metáfora bastante clara, pois o significado concreto de *penca*, "conjunto ou esgalho de frutos ou flores" (Houaiss) está sendo explorado em todos os casos, gerando a leitura de "grande quantidade". Uma busca rápida no Google também gerou apenas resultados de modificação nominal. Note que no exemplo (19b), *às pencas* não está dentro do SN. Talvez seja uma estrutura de predicativo do objeto, mas nesse caso o objeto de *encontrar* está vazio (pois o objeto *caseiros como o Sarará* está topicalizado), em contraste com (11f), em que o objeto é um pronome. Claramente, a expressão se refere à quantidade de caseiros parecidos com o Sarará.

(19) a. *Meu Deus, mas o que é isto? Músicos e partituras, pistons, tambores, trombones. Os artistas de uniforme, o ouro dos alamares mais dourados sob o sol. Comandando, um maestro e, ao lado dele, o padre, autoridades* ***às pencas*** *e o povo de Batéia.* (C. F. Abreu, *Onde andará Dulce Veiga?*, 1990)

b. *Caseiros como o Sarará ele havia de encontrar* ***às pencas*** *em dois dias.* (Joyce Cavalcante, *Inimigas íntimas*, 1993)

c. *A República... tem gestos louváveis no sentido da cultura nacional. Feio gesto, mas abundante: vem* ***às pencas****.* (Emílio de Menezes, *Prosa de circunstância*, 18??)

Como vemos adiante, a expressão não aceita modificar adjetivos e verbos. Contudo, é possível encontrar exemplos como (20c), que certamente são usos esporádicos e mesmo assim a sentença me parece ser ambígua, com leitura preferencial de que o falante está se referindo a uma grande quantidade de textos, não intensificando a posição deles na escala de *chato*.

(20) a. **Ele correu/leu* ***às pencas****.*
b. ** A Maria é alta/chata/esperta* ***às pencas****.*
c. *Ler texto chato* ***às pencas*** *a gente só faz mesmo obrigado.*

• *aos montes*

Aqui ignorei exemplos literais óbvios. Foram encontradas dez ocorrências, todas de modificação nominal. Os primeiros dois exemplos (21a-b) são de Lima Barreto (início do século XX), os outros dois são mais recentes (21c-d):

(21) a. *Todos os [jazigos] encomendam a simples marmoristas, que os recebem,* ***aos montes****, da Itália.* (Lima Barreto, *Os bruzundangas*, 1922)
b. *Estes pássaros acorriam* ***aos montes*** *na varanda, que se estendia em face* dos quartos, *cujas janelas para ela davam, e tudo emporcalhavam com os seus dejetos.* (Lima Barreto, *O cemitério dos vivos*, 1920)
c. *Ele parabenizou o MST pelo êxito do movimento, que considera importante, especialmente por ter conseguido aglutinar "bandeiras do Brasil inteiro" e uma nação "que vê suas riquezas se perdendo aos poucos, e às vezes* ***aos montes****, como querem fazer com a Vale do Rio Doce". (Arraes defende invasores*, 1997)
d. *Diretores assim existem* ***aos montes****, muitos deles muito competentes na manutenção do artesanato do teatro e seu maravilhoso anacronismo. (Não sou....*, 1997, *NSP)*

É possível encontrar no Google exemplos de modificação verbal como (22a-b). Em (22b) *gostar* é um predicado de estado, e tem leitura de intensidade, típica para esse tipo de verbo com intensificadores.

(22) a. *Cerezo contou histórias sobre um time dividido entre católicos e evangélicos e riu* ***aos montes*** *ao lembrar quando teve o jantar pago por Telê, uma raridade.* (globoesporte.com)

b. *Vim, vi (as fotos, porque o vídeo deu erro) e gostei* ***aos montes***. (overmundo.com.br)

A modificação de adjetivos é pouco produtiva, mas encontramos alguns exemplos no Google. O que quer dizer que, embora não soem plenamente gramaticais, é provável que se encontrem exemplos como (23c), mesmo que esporádicos.

(23) a. *Uma reunião chata* ***aos montes*** *nesta manhã, dentro de seis horas.* (torredoguardian.blogspot.com)

b. *Bem, voltando ao que interessa, o Lumia 920 é bonito* ***aos montes***. (onlydsky.blogspot.com)

c. *?Ela fala francês bem* ***aos montes***.

Vale destacar que nos dois exemplos de Lima Barreto a expressão me soa bem literal, ao passo que nos exemplos modernos percebe-se uma exploração da conotação de grande quantidade, via metáfora. A comparação com os exemplos buscados no Google mostra-nos que a expressão já começa a ser usada também como intensificador típico.

Adiante temos uma tabela resumindo a distribuição das expressões. As células onde consta uma exclamação (!) referem-se aos exemplos que não encontrei no *corpus*, mas que são combinações gramaticais que puderam ser encontradas através do Google ou criadas intuitivamente. Assim, as quantidades se referem ao número de ocorrências no *Corpus* do Português. O asterisco "*", como usual, representa uma combinação impossível. A célula *outros* engloba usos como predicado ou predicativo.

Tabela 3 - Distribuição das expressões no *Corpus* do Português

Expressão	Contextos					Total	Data 1º uso
	Subst.	*Verbo*	*Adj.*	*Adv. modo*	*Outros*		
À beça	!	3	1	!	1	5	1957[19]
A dar com pau	4	!	!	!	-	4	1870
A rodo	5	1	!	!	5	11	1870
Às pampas	!	!	2	!	-	2	1977
Às pencas	3	*	*	*	-	3	18??
Aos montes	10	!	!	!	-	10	1920

Fonte: o autor.

Ao iniciar este estudo, e ao ver os resultados da pesquisa no *corpus*, fiquei com a sensação de que as expressões apresentavam diferentes graus de gramaticalização. Por exemplo, *às pencas*, por ser ainda muito concreta, possui distribuição mais restrita, enquanto *a rodo* estaria num nível intermediário, aproximando-se da distribuição ampla que *à beça* (que é totalmente abstrata) possui. A busca por dados on-line mostrou o contrário. Embora ainda com pouca produtividade, *a dar com um pau*, *a rodo* e *aos montes* também podem modificar verbos e adjetivos. Isso leva à suposição de que elas surgiram como modificadores nominais (Adjunto Adnominal > Determinante) e posteriormente se expandiram para o uso adverbial (Determinante > Modificador Verbal > Modificador Adjetival/Adverbial). Doetjes (2008) sugere esse caminho para expressões como *a lot* ('muito'), *a mountain* (lit. 'um monte'), *a bit* (de *a bite*, lit. 'uma mordida') no inglês. *A lot* vem da mesma raiz que *loto* e *loteria* e, segundo o etymon-line.com, *lot* significava "um pedaço de terra" (como o nosso *lote*), ou no plural, *lots*, objeto usado para determinar a parte que cabe a alguém ou a sorte de alguém. Segundo o dicionário Oxford on-line,[20] esse último significado era o significado original da palavra, que foi ampliado para designar também "porção de algo atribuído a alguém".

Uma questão que precisaria ser mais bem explorada, e que deixarei para outro momento, é o papel sintático dessas expressões. Esse é um tema relevante, como veremos em seguida (precisarei fazer algumas suposições para poder formular algumas hipóteses de reanálise), mas, de maneira geral, por terem natureza "quantificacional", isto é, por operarem sobre a quantidade de entidades no domínio, elas deveriam funcionar como determinantes. Afinal, expressões dessa classe, para além das funções semânticas de definitude, expressam quantidade de entidades.

Note que determinantes e os graduadores aqui estudados não podem coocorrer sempre. (24a) só é interpretável numa leitura de quantidade de eventos. Assumindo que a contribuição semântica do definido plural é expressar que os livros de estatística a que o falante está se referindo são de conhecimento compartilhado com o ouvinte, os graduadores só podem modificar o número de eventos de compras de livros de estatística como se eles tivessem se repetido um grande número de vezes. Comparando com (24c), vimos que a ausência de um determinante em posição canônica permite as leituras esperadas de "grande quantidade" das expressões. Já em (24d) as expressões podem designar que os livros de estatística foram comprados em grandes quantidades.[21]

(24) a. **Ela comprou os livros de estatística* ***à beça/a dar com um pau/às pampas****.*
b. **Ela comprou muitos livros de estatística* ***à beça/a dar com um pau/às pampas***
c. *Ela comprou livros de estatística* ***à beça/a dar com um pau/às pampas***
d. *Ela comprou os livros de estatística* ***a rodo/às pencas/aos montes****.*

Esses fatos sugerem que essas expressões, embora na superfície sejam estruturalmente similares, na verdade exercem funções sintáticas diversas. Ou, diacronicamente, que as do primeiro grupo (*à beça*, *a dar com um pau*, *às pampas*) já estão plenamente gramaticalizadas, e hoje ocupam o espaço estrutural do determinante na estrutura do SN (o que nos dá a figura exótica de um determinante pós-nominal); ao passo que as do segundo grupo (*a rodo*, *às pampas*, *aos montes*) ainda são modificadores de primeira ordem, predicados de indivíduos, e seriam, portanto "adjetivais". Isso explicaria o fato de coocorrerem com determinante, em usos como (25).

(25) a. *Ela comprou à beça livros de estatística aos montes.*
b. *Ela comprou muito livros de estatística às pencas.*

Se a minha descrição está correta, podemos supor que as expressões são de primeira ordem, "adjetivais", no uso mais concreto, e num segundo momento passam para a ordem superior, tornando-se determinantes ou seja "predicados de predicados".[22] Os dados apontam, assim, para o seguinte caminho de mudança da locução:

ADJUNTO ADNOMINAL → ADJETIVO PREDICATIVO → ADJETIVO/ DETERMINANTE → MODIFICADOR VERBAL → MODIFICADOR ADJETIVAL/ ADVERBIAL

ALGUMAS HIPÓTESES SOBRE A GRAMATICALIZAÇÃO DE INTENSIFICADORES

A semântica dos graduadores

Há pelo menos duas opções de análise da contribuição composicional dos graduadores. Se determinantes, eles são expressões que predicam sobre predicados (estabelecendo relações de união ou interseção), como *o*, *algum*, *nenhum* etc.; se são adjetivos, são expressões que predicam sobre indivíduos, como *alto*, *magro*, *atômico* etc. Paralelamente, temos dois outros problemas: como lidar com o papel do contexto na determinação do valor de verdade; e o resultado de combinar um predicado a um modificador gradual sempre produz uma expressão vaga, entendendo por isso a produção de casos limítrofes, i.e., há situações em que é difícil dizer se *X é muito A* ou *Muitos X são A* são verdadeiras ou falsas.

Vejamos como poderíamos analisar (26a) partindo dessas duas visões. Em primeiro lugar, quais as condições de verdade desta sentença? Por simplicidade, vamos nos concentrar na leitura cardinal, que vimos na discussão do exemplo (2a), chegando à paráfrase "Uma grande quantidade de homens não gosta de futebol". O esboço de uma análise formal para essa leitura está em (26b):

(26) a. ***Muitos*** *homens não gostam de futebol.*
b. [[(26a)]] = 1 sse | {x: x é um homem} | ∩ | {x: x não gosta de futebol}| = n & n > $n_{padrão}$
c. [[(26a)]] = 1 sse ∃X[HOMEM(X) ∧ ¬(GOSTA_DE_FUTEBOL(X)) ∧ NUMEROSO(X)]

Se olharmos para *muito* como um determinante, ele deve expressar que o resultado da interseção entre os conjuntos {x: x é homem} e {x: x não gosta de futebol} é igual a um número de indivíduos que excede algum parâmetro contextual, isto é, o que o falante julgar como "muito" naquela situação. É isso que (26b) representa.

Há dois aspectos importantes aqui: o subjetivo (o que eu julgo como "muito" você poderia julgar como "pouco") e o contextual. Na minha família, muitos homens não gostam de futebol. Mas isso pode ser falso se o domínio de indivíduos que o falante considerar for maior. Pesquisas mostram que por volta de um quarto da população brasileira não gosta do esporte. Assim, considerando o conjunto dos homens brasileiros adultos, o leitor poderá julgar (26a) como falsa nesse cenário.

Por outro lado, se *muito* for analisado como um adjetivo, o SN *muitos homens* denotaria algo como {x ϵ X: X é homem e X é numeroso}, em prosa, existe um conjunto formado por indivíduos que são homens e esse conjunto é numeroso.

O tratamento como determinante (ou quantificador) é o tratamento clássico fornecido na abordagem da quantificação generalizada (cf. Barwise e Cooper, 1981), enquanto o tratamento como adjetivo é a proposta de Klein (1981). Essas duas são opções tradicionais para o tratamento de *many/much*, "muito" em inglês, embora a primeira seja mais influente e tradicional, tanto que esse é o tratamento para a quantificação oferecido em manuais introdutórios como Chierchia (2003).

Veja que na primeira proposta, *muito* é representado como um determinante tradicional, isto é, como uma relação entre dois conjuntos, o denotado pelo substantivo-núcleo do SN e o denotado pelo predicado verbal. Na segunda, ele é um adjetivo, portanto um predicado de indivíduos. Essa última opção captura alguns usos de *muito* que ocupam posições adjetivais na oração, como *os muitos convidados que você trouxe*

/ isso aí é muito. Mas e os outros contextos em que *muito* não funciona como modificador interno ao SN?

Agora, consideremos uma frase simples como (27a) como o nosso graduador típico, e a comparemos com o uso dito "positivo" do adjetivo. Qual é o papel composicional de *muito* nesse tipo de modificação? Qual seria a paráfrase adequada?

(27) a. *Esse filme é* ***muito*** *chato.*
b. *Esse filme é chato.*

Comecemos com o caso mais simples, (27b). Para decidirmos o valor de verdade dessa sentença precisamos de duas informações contextuais: qual é o padrão para ser considerado chato naquela situação, e o conjunto de entidades das quais estamos falando, o que Klein (1980) chamou de "classe de comparação". Isso quer dizer que (27b) não declara apenas que o sujeito pertence ao conjunto dos chatos. Adjetivos dessa classe, os graduais relativos, possuem a particularidade de criar proposições que são verdadeiras em alguns contextos e falsas em outros e produzirem lacunas extensionais, isto é, há situações em que podemos não ter certeza se o predicado é verdadeiro ou falso do sujeito ao qual se predica – por isso são vagos. Note que (27b) também tem esse caráter. *Muito chato* é uma avaliação subjetiva do falante e podemos imaginar situações em que ela é falsa e situações em que é verdadeira, e situações em que é difícil decidir para um dado sujeito X se a sentença *X é muito chato* é verdadeira ou falsa. Por exemplo, podemos supor que os falantes estejam debatendo se *A chinesa* é um filme chato em comparação com outros filmes. Assim, assumamos que a nossa classe de comparação seja: {*O poderoso chefão*, *Os incompreendidos*, *A chinesa*, *A aventura*}: podemos dividir esse conjunto em dois, num estão aqueles que são definitivamente chatos, {*A chinesa*, *A aventura*}[23] e em outro estão aqueles que não são chatos {*O poderoso chefão*, *Os incompreendidos*}. Ou seja, comparo o quão chato é *A chinesa* com a chatice dos outros filmes em discussão, incluindo aqueles que não são chatos. O componente subjetivo desses adjetivos deixaremos de lado neste momento.

No caso da modificação gradual em (27a), seguindo a visão de Klein (1980), a sentença assume que o sujeito está no segundo conjunto, ele é definitivamente chato (tanto que (27a) acarretaria (27b)); o que pode ser verdade ou não, dependendo do contexto, é o quão chato é o filme. No contexto que demos, supondo que *A aventura* (de Antonioni) seja o filme mais chato do conjunto, e que esse seja o padrão de chatice para filmes, (27a) seria falsa nesse cenário, supondo que *esse filme* tenha como referente *A chinesa*, já que o seu grau de chatice não excede o quão chato é o padrão.

Para Klein, para calcularmos o valor de verdade de sentenças como (27a) levamos em conta o que ele chamou de "classes de comparação". Assim, a contribuição semântica de um graduador como *muito* é separar aquele(s) que está(estão) acima dos outros no ordenamento imposto pelo predicado, considerando aqueles indivíduos que estão no que ele chamou de "extensão positiva" do adjetivo (aqueles para os quais é definitivamente verdade que possuem a propriedade no contexto). Vem daí o efeito de alçamento do padrão, ou de intensificação. Ou seja, enquanto para julgar o valor de verdade de (27b), olhamos para uma classe de comparação que inclui também indivíduos que não possuem a propriedade, no caso da modificação por *muito* restringimos a classe de comparação, e olhamos apenas para aqueles que possuem a propriedade.

Dessa forma, adjetivos graduais trazem na sua semântica pelo menos três características: denotam um domínio de indivíduos que estão "ordenados" ao longo de uma "dimensão", que se codifica numa "escala". A diferença entre uma abordagem gradual, como a de Kennedy (1997) e a de Klein (1980), é que este último não busca representar formalmente a ordenação e a estrutura das escalas, algo crucial para abordagens como a de Kennedy.

Em abordagens graduais, adjetivos são relações entre um adjetivo e um grau (que pode ser entendido como uma posição na escala do adjetivo). Assim, para julgarmos o valor de verdade de (27b), olhamos a posição do sujeito na escala do adjetivo e verificamos se essa posição está acima do padrão de *chato* no contexto. Isso quer dizer que a paráfrase desta sentença seria: "o grau de chatice do filme apontado excede o padrão de chatice no contexto". Se *muito* é mesmo uma relação entre dois graus, o efeito de intensificação é capturado assumindo que ele eleve o padrão. Portanto, *muito chato* está significativamente mais alto que *chato* na escala de chatice. A paráfrase seria, então: "o grau de chatice do filme apontado excede o padrão (alçado) de chatice no contexto". Note que nessa análise *muito* é uma forma de comparação implícita.

Ressalte-se ainda, a propósito da contribuição semântica de *muito* em (27b), que ela não é diferente da que teria dentro de um SN: (28b) não é uma sentença vaga. Ela é verdadeira se pelo menos dois alunos faltaram à aula de ontem. Já em (28a) temos que saber o que conta como "muitos alunos" no contexto. Se a turma possui 40 alunos, vamos ter que estabelecer, por exemplo, que qualquer quantidade acima de 15 já conte como "muitos alunos".[24] Nesse caso – de uma turma com 40 alunos –, talvez alguém fique em dúvida se 14 alunos ainda contariam como muitos alunos.

(28) a. *Faltaram **muitos** alunos na aula de ontem.*
b. *Faltaram (**alguns**) alunos na aula de ontem.*

Em suma, estamos dizendo que, além de denotar uma avaliação subjetiva do falante, *muito*, significa: "maior do que o valor padrão dado pelo contexto". Essa discussão toda está-nos mostrando que não é trivial propor uma semântica que englobe os usos de *muito* (e dos outros intensificadores) nos vários contextos sintáticos em que ocorre(m) em português.[25] Fundamentalmente, a análise seria como vemos em (29), colocando lado a lado os contextos sintáticos principais:

(29) a. *[[**muito** N]] = a quantidade de indivíduos na denotação de N > a quantidade padrão de indivíduos na denotação de N no contexto.*
b. *[[**muito** V]] = a quantidade de eventos na denotação de V > a quantidade padrão de eventos na denotação de V no contexto.*
c. *[[**muito** A]] = o grau que x exibe de A > o grau padrão de A no contexto (considerando apenas os indivíduos que são A).*

Além disso, assumo, por simplicidade, que as expressões em estudo neste artigo são sinônimas de *muito*, descontadas possíveis diferenças de registro. Numa abordagem como a de Potts (2007), podemos considerar que *muito* contribui apenas no nível proposicional ou descritivo, enquanto as expressões em estudo possuem também um componente expressivo.[26] Como vimos anteriormente, todas são de registro coloquial, enquanto *muito* não é marcado para registro algum.

(29) *João comeu chocolate **aos montes/às pampas**.* ↔ *João comeu muito chocolate.*

Na próxima seção veremos um pouco mais sobre a semântica das expressões em estudo. Agora, o problema é entender como uma locução prepositiva que em algum sentido designa "grande quantidade" adquire uma denotação como a de *muito*.

Mudança?

Como mencionado na introdução, temos pelo menos três hipóteses para considerar, olhando para a história das expressões:

a. mudança lexical tradicional: a palavra *x* denotava α e agora denota α', através de algum mecanismo que amplia os significados do signo *x* (cf. Ullmann, 1973; Riemer, 2010);
b. gramaticalização: a expressão *x* denotava α e agora denota α', através da atuação de algum mecanismo de mudança lexical que "enfraqueceu" traços concretos da expressão (*bleaching*), o que possibilitou que ela adquirisse uma função "mais gramatical" (por ex., um verbo pleno virou um auxiliar, como no caso de *ir* que denotava apenas deslocamento espacial no sentido pleno e agora denota também o futuro do presente no seu uso como auxiliar) (cf. Hopper; Traugott, 2003; Eckardt, 2006; 2012);
c. processo arbitrário: algum processo de lexicalização de sintagmas tornou o SP encabeçado por *a* numa expressão fixa, fazendo com que os falantes hoje a interpretem como um "item lexical". Não me parece haver na literatura em Semântica Lexical e Lexicologia uma explicação consensualmente aceita para o fenômeno. Mas assim como palavras formadas por processos morfológicos regulares podem adquirir com o passar do tempo sentidos que não

são mais previsíveis a partir do significado das partes (*e.g.*, o caso dos aumentativos em português: *cartão* não é uma carta grande, nem um tipo de carta, nem *papelão* é um papel grande, embora seja um tipo de papel), sintagmas podem adquirir sentidos não mais previsíveis (ou pouco previsíveis) composicionalmente, gerando os conhecidos idiomatismos, locuções e expressões fixas (cf. Fulgêncio, 2008).[27]

À primeira vista é difícil separar (a) e (b) e é bem provável que esses dois fenômenos estejam relacionados em muitos casos.

A mudança de significado é um dos temas tradicionais da disciplina de Semântica, pelo menos na tradição estruturalista – digamos que começa em Breál e vai até a publicação dos livros de Ullmann, *Principles of semantics* (1957) e *Semântica* (1973 [1964]). Com o advento do Gerativismo e o nascimento da abordagem formal em meados dos anos 1970, a Semântica se torna essencialmente sincrônica.[28]

O retorno a questões envolvendo mudança se dá com o advento da Semântica Cognitiva, em meados dos anos 1980, e fenômenos como metáfora e metonímia, tradicionalmente vistos como os mecanismos disparadores de mudança e da criação de novos sentidos nas palavras, voltam a ser debatidos com um novo olhar. Assim, era lógico que cognitivistas tentassem usar suas ferramentas para entender a mudança lexical/gramatical.[29] Tanto que funcionalistas e cognitivistas interessados em mudança gramatical conseguem conversar com naturalidade contemporaneamente.

Portanto, incluo em (a) os tratamentos mais tradicionais da mudança lexical, enquanto entendo por (b) a forma contemporânea de compreensão da gramaticalização (cf. Hopper; Traugott, 2003), no sentido estrito, ao mesmo tempo em que procuro usar a noção de reanálise semântica de Eckardt (2012), uma das primeiras pesquisadoras a tentar usar ferramentas formais para lidar com fenômenos de mudança de significado.[30]

Voltando às hipóteses, há alguns motivos para duvidar de uma explicação tradicional de mudança lexical, no nosso caso. O primeiro é que estamos diante de uma locução prepositiva. Nos exemplos típicos de mudança semântica discutidos em Ullmann (1957; 1973) ou Riemer

(2010) o que sempre muda é a significação da palavra, enquanto nos nossos casos temos um sintagma preposicionado; a mudança envolve metáfora – por hipótese na exploração da conotação de grande quantidade – e mudança sintagmática – a expressão era essencialmente adnominal e agora é trans-categorial (exceto *às pencas*). Ora, mudanças sintagmáticas (logo, composicionais) normalmente são ignoradas nessa visão tradicional. Há mudanças paradigmáticas também envolvidas, pois agora a expressão é um graduador, função que não exercia antes. Além disso, poderíamos nos perguntar também o que mudou na preposição *a*, ou que significado lhe foi acrescentado: como é próprio das preposições, expressões essencialmente relacionais, ela ainda estaria relacionando entidades linguísticas? Quais seriam essas entidades? E que tipo de relação estaria estabelecendo agora?

Um dos desafios básicos nessa empreitada é dizer qual era o significado anterior de cada expressão. Assim, vamos listá-las novamente, a seguir, no Quadro 1. Supondo que hoje elas sejam "dublês de *muito*", como afirma Guimarães (2007), qual era o seu significado original? Que função sintática exerciam?

Para *à beça*[31] e para *dar com um pau*[32] vamos assumir que as histórias que os etimólogos contam estão corretas: mesmo que careçam, muitas vezes, de evidências factuais, elas nos mostram qual é o aspecto que está sendo explorado e que mecanismo poderia estar envolvido.[33] O olhar mais cuidadoso na comparação entre o que seria o significado concreto e o significado novo nos mostra que a falta de dados complica a análise. No caso de *à beça* e de *a dar com um pau* a etimologia preenche a lacuna. Mas no caso de *às pampas* precisamos de mais dados para saber qual teria sido o uso "primitivo" da locução.

Quadro 1 – comparação entre o uso concreto e o uso gramaticalizado

- ***à beça*:**

S1 = *argumentos à bessa* = "em grande quantidade" - adj. adn.

S2 = *argumentos à beça/chato à beça* = "muito" – intensificador pleno

H: exploração da metáfora, via implicatura de qualidade, de "grande quantidade" + apagamento da concretude do substantivo *Beça* (um nome próprio), que se perdeu historicamente. Note-se que a função sintática se mantém, adj. adn., e outra é acrescentada, adj. adv. O que era um modificador de substantivos, operando sobre a quantidade de entidades denotadas pelo substantivo modificado, passa também a modificar o grau que o indivíduo exibe da propriedade que o adjetivo denota.

- ***às pampas*:**

S1: sem uso concreto (não há exemplos no *corpus* para fazer qualquer suposição)

S2 = *bacana às pampas* = "muito" – intensificador pleno

- ***A dar com um pau*:**

S1 = *pássaros a dar com um pau* = "tinha tanto que era preciso dar neles com um pau" = "grande quantidade"– adj. adn.

S2 = *mulher a dar com um pau, chata a dar com um pau* = "muito" – intensificador pleno

H: exploração da metáfora de "grande quantidade" (via implicatura de qualidade) + apagamento da concretude da locução verbal.

- ***A rodo*:**

S1 = *correu ouro a rodo* = "grande quantidade" – adj. adv. ou adj. adn. (ou o primeiro uso foi reinterpretado como o segundo)

S2: *errou a rodo*= "muito" – intensificador pleno

N.B.: segundo o Dicionário de Luís Maria da Silva Pinto (Pinto, 1832), *rodo* designava um instrumento com que se juntava o trigo na eira ou no celeiro.

- ***às pencas*:**

S1 = *o gesto x vem às pencas* = "em grande quantidade" – adj. adv.

S2 = *autoridades às pencas* = "em grande quantidade" => "muito" – adjunto adnominal/ quasi-intensificador (*V/A)

H: exploração da conotação de "grande quantidade" do nome concreto *penca.* Como é um proferimento falso, por violação da máxima da qualidade o ouvinte interpreta que o falante está explorando a conotação de grande quantidade do substantivo.

- ***aos montes*:**

S1: *Esses pássaros acorriam aos montes na varanda.* = "em grande quantidade" – adj. adn.

S2 = *Diretores assim existem aos montes.* = "em grande quantidade" => *chata aos montes* = "muito" – intensificador pleno

H: exploração da conotação de "grande quantidade" do nome concreto *monte.* Como é um proferimento falso, por violação da máxima da qualidade o ouvinte interpreta que o falante está explorando a conotação do substantivo.

Legenda: adj. adn.: adjunto adnominal; adj. adv.: adjunto adverbial; intensificador pleno: adj. adn./adj. adv.; V: verbo; A: adjetivo; H: hipótese. S1: significado 1, primário; S2: significado 2, novo.

O Quadro 1 nos dá uma tendência comum a todas as locuções: a exploração da conotação de "grande quantidade". Por falta de dados, não é seguro afirmar que todas percorreram o mesmo caminho suposto ao final da seção "Pesquisa no *corpus*". Apesar disso, vemos que as locuções possuem no seu uso mais concreto uma função típica de adjuntos adnominais (*à beça*, *a dar com um pau*, *às pencas*, *aos montes*) ou ambígua entre adjunto adnominal ou adverbial (*a rodo*). Excluindo *às pampas*, podemos afirmar que as locuções surgiram primeiramente como modificadores de quantidade, e depois se ampliaram também para usos graduais (como intensificadores).

Talvez precisemos repensar essa análise considerando o caso de *às pencas* e *aos montes*. Olhando com mais cuidado, parece-nos que os nomes denotam quantidade. Assim, a análise de metáfora (e, logo, implicatura) combinada com exploração da conotação de "grande quantidade" fica enfraquecida. Uma análise mais simples seria considerar que a expressão apenas perdeu o traço de concretude e que o traço de "grande quantidade" é o único conteúdo descritivo que permaneceu. Se esse for o caso, é um ponto a favor da irregularidade do processo. Contudo, para os nossos propósitos, vamos manter por ora a análise esboçada no Quadro 1.

Assim, considerando o aspecto semântico, o caminho de mudança é o seguinte: modificador de quantidade (modificando substantivos) → modificador adverbial (apenas verbos de eventos) → modificador de grau (modificando adjetivos, advérbios e verbos graduais). Ou seja, a primeira função das locuções é como quantificador; posteriormente se tornam intensificadores (em sentido estrito, modificando o grau de adjetivos). Isso estaria de acordo com a tendência sugerida por Doetjes (2008), como vimos anteriormente.

Nas locuções que estão mais gramaticalizadas (*à beça/às pampas*), a influência do nome concreto na interpretação (sincrônica) delas é praticamente nula. Nas intermediárias (*a dar com um pau/a rodo*, *aos montes*), a concretude das expressões pode estar evitando que seu uso se amplie para outros contextos, daí a baixa ocorrência de dados, mesmo on-line. Nesse sentido, é possível que a intensificação de uma propriedade gradual seja mais abstrata que a operação gramatical de contagem de indivíduos. Isso iria contra a hipótese de Guimarães (2007), pois nos mostraria que as operações, embora superficialmente similares, são diferentes. Claro, poderíamos supor também o caminho oposto: graduadores que se expandem do domínio adjetival para outras categorias. Doetjes (2008) mostra alguns dados para argumentar que *très*, no francês, já estaria iniciando esse processo. Por fim, a mais concreta, *às pencas*, em que ainda está bem acessível o conteúdo do substantivo, só se combina com substantivos, ainda não faz plenamente parte do SN (cf. 30), e é relativamente fácil dizer que tipo de inferência lexical explora.

(30) a. *Ele comprou [esses livros* ***às pencas****].*
b. *Foi [esses livros] que ele comprou* ***às pencas****.*
c. *Ele os comprou* ***às pencas****.*

Usando em (30) dois testes tradicionais para identificação de constituintes, vemos que *esses livros* pode ser clivado ou pronominalizado, deixando *às pencas* separado, o que nos mostra que esses dois elementos não formam um constituinte. A própria coocorrência com o determinante pronominal *esses* já é uma pista de que o sistema ainda não interpreta *às pencas* como ocupando a posição de determinante. Como os dados nos mostraram, essa expressão está somente na primeira fase do processo: tem um alto grau de concretude, é um adjunto adnominal (reanalisada como predicativo) e ainda não é interpretada como determinante.

Reanálise?

Eckardt (2006; 2012; e outros estudos) defende que muitos casos de reanálise semântica típica podem ser explicados sem o uso de noções como metáfora, metonímia, subjetificação etc., desde que sejamos capazes de mostrar, usando as ferramentas da Semântica Formal, o que mudou na entrada lexical da expressão, isto é, qual era a denotação α, comparando-a com a denotação α'. O problema que temos diante de nós é dizer exatamente o que denota no seu sentido mais concreto uma expressão como *à beça/às pampas*. Como vimos, não é fácil dizer isso para todas as expressões. Assim, *aos montes* nos dará uma pista. Supondo que nossa hipótese esteja correta, o falante explora a "conotação" de grande quantidade do nominal complemento da preposição. Isso quer dizer que estaríamos diante não de um caso de gramaticalização, mas de um processo de lexicalização combinado com exploração metafórica? Por ora, deixemos a pulga atrás da orelha. Enquanto isso, vejamos se podemos explicar o surgimento das expressões em estudo usando a noção de reanálise.

Vamos supor que (31) expresse a proposição que parafraseamos a seguir, em que *monte* designa "porção qualquer de coisas amontoadas" (Houaiss).

(31) *Esses pássaros acorriam* ***aos montes*** *na varanda.*
Paráfrase literal: há uma quantidade q de indivíduos x, x são pássaros, x acorriam na varanda, e x = aos montes.

Via implicatura, conseguimos mostrar que *aos montes* é reanalisado metaforicamente como denotando "grande quantidade". O desafio é entender como o falante permite que ela possa não apenas quantificar sobre quantidades, mas também sobre a intensidade, isto é, o grau. Vejamos agora uma paráfrase possível para a modificação gradual em (32).

(32) *O filme é bacana* ***às pampas***.
Paráfrase: o filme possui um grau de bacanice d, e d = às pampas.

Talvez o passo não seja tão grande. Se esse significado, "grande quantidade", é expresso formalmente numa espécie de adjetivo que opera sobre quantidades de indivíduos, a tarefa dos intensificadores também pode ser vista como a de um adjetivo. Assim, a paráfrase para (32), reformulada, seria: *o filme possui um grau de bacanice d, e esse grau d é grande.*

O que se altera, ou é reanalisado, é o argumento do modificador, enquanto na operação de quantificação estamos olhando para o domínio e verificando para quantos indivíduos aquela predicação é verdadeira, na operação de gradação olhamos para a escala denotada pelo adjetivo e verificamos em que ponto dela o indivíduo sujeito da predicação se encontra. Claro, isso depende de concebermos uma escala como o resultado da organização do domínio dos indivíduos em função do grau que eles exibem da propriedade em questão. Lembrando do que afirmamos anteriormente, *chato* organiza os indivíduos que estão no seu domínio ao longo de uma escala de chatice (localizando os que a exibem menos num extremo e os que exibem mais no outro), ao mesmo tempo em que o que é tipicamente *chato* (o padrão) é negociado contextualmente. Assim, o graduador não opera diretamente sobre os indivíduos do domínio, mas sobre a posição que eles ocupam na escala, isto é, o grau.

Se nossa hipótese estiver correta, as operações que um graduador realiza no domínio dos indivíduos e no dos eventos são parecidas, como quer Guimarães (2007). Sua função não é exatamente nos dar a cardinalidade do conjunto,[34] mas estabelecer uma relação entre o domínio e a escala relevante. Para o domínio dos nomes contáveis a escala óbvia é quantidade, para a dos nomes massivos seria volume (cf. *comi feijoada à beça*). Assim, a denotação de *pássaros aos montes* seria:

(33) *[[**pássaros aos montes**]] = pássaros(X) & aos.montes(X,d) &* $d \geq d_{padrão}$
Onde d é a quantidade de indivíduos que estão no domínio, e X representa que esse domínio precisa ser plural.

Podemos analisar *bacana aos montes* de forma similar. Comparando a análise de *pássaros aos montes* com a de (34), vemos que o que mudou, no final das contas, foram os argumentos da função, embora, grosseiramente, a operação seja a mesma.

(34) *[[**bacana aos montes**]] = bacana(x,d) & aos.montes(x,d) &* $d \geq d_{padrão}$

Em (33), o graduador toma como argumento um predicado plural de indivíduos *pássaros(x)* e produz uma função que leva do conjunto plural que indivíduos que estão em P, para uma posição numa escala de quantidade (ou qualquer outra relevante para o domínio nominal ou verbal), enquanto, modificando um adjetivo, em (34) um predicado gradual *bacana(x,d)*, a locução nos leva para uma posição alçada na escala que o adjetivo codifica. Isso quer dizer que a preposição mantém a sua função relacional: é sempre uma relação entre um indivíduo e uma posição numa escala. Mas aqui estou pensando sincronicamente ainda.

A relação comparativa $d \geq d_{padrão}$, componente essencial dos intensificadores (as expressões que graduam para mais), que parece ter surgido do nada nas formas lógicas (33-4) é somente a expressão formal da intuição de que "grande quantidade" é uma expressão que relaciona duas quantidades. Ou seja, ela já está lá.

Numa visão conceitual, enquanto o SP [*a* SN] denota uma relação entre um indivíduo e um lugar, no seu sentido concreto, no sentido de intensificador esse lugar é reinterpretado como um lugar numa escala. No exemplo (35) significa que "x está no monte", onde *monte* seria um lugar no espaço.

(35) *[[pássaros aos montes]] = PÁSSAROS(x) & A(x, montes)*

Note que essa hipótese traz embutida uma visão tradicional sobre as preposições, elementos relacionais por natureza. A preposição *A* denota no seu uso concreto a relação entre um indivíduo e um lugar, no espaço ou no tempo. No caso (36a) a preposição relaciona um evento, a chegada, e um lugar no tempo, 10 horas. No caso (36b), ela relaciona um indivíduo X, o referido pelo sujeito, e um lugar no espaço, a mesa.[35]

(36) a. *Cheguei ao trabalho **às 10 horas**. A (e, 10 horas).*
b. *Eu sentei **à mesa** tranquilamente para almoçar. A (x, mesa)*

Podemos supor que a preposição mantém a sua estrutura relacional nas expressões em estudo; o que muda é a natureza dos argumentos. O primeiro argumento, em essência, continua sendo um indivíduo (singular ou plural), e o segundo é um lugar, mas reanalisado como um lugar numa escala quantitativa, na modificação de substantivos e verbos eventivos, ou gradual, na modificação de adjetivos/advérbios e verbos estativos graduais (verbos que tradicionalmente denotam não eventos, mas estados, e que produzem uma leitura de intensidade, como *gostar*, *amar* etc.).

Claro, é preciso ter em mente que essa análise se baseia em dois pressupostos que estão longe de ser consensuais: a) substantivos são simples predicados de indivíduos (funções de indivíduos a valores de verdade, $<e,t>$); b) predicados graduais são relações entre indivíduos e graus (funções de indivíduos a graus a valores de verdade $<d,<e,t>>$). Assim, um aprofundamento dessa análise deveria levar em conta outras opções para a denotação desses predicados.

Nesse sentido, o olhar diacrônico poderia também ser uma ferramenta para se testar hipóteses sincrônicas (cf. Eckardt, 2012). Por exemplo, há abordagens da denotação dos nomes que estipulam argumentos de quantidade para os substantivos contáveis (cf. Krifka, 1990, por exemplo). Nesse tipo de abordagem, um nome contável como *menino* poderia ser visto como uma relação entre um indivíduo e um número natural, *MENINO (x,n)*. Essa assunção visa capturar o fato de que podemos contar indivíduos no domínio de predicados como *menino*, mas não podemos para os nomes massivos como *água*. Note que podemos usar os intensificadores em estudo tanto com nomes contáveis quando com massivos, *pássaros à beça/às pencas/aos montes vs. água à beça/às pampas/aos montes*. Como contraste, *às pencas* não pode modificar nomes massivos, **água/vinho/farinha às pencas*. Suponho que isso se deva à alta concretude que temos ainda em *pencas*.

Já no domínio adjetival, há autores como Klein (1980) que propõem que os adjetivos graduais são funções parciais de indivíduos a valores de verdade. São funções de tipo *<e,t>* e não *<d,<e,t>>*, e o que as distingue de adjetivos não graduais é o fato de termos lacunas extensionais, isto é, situações em que o valor de verdade da função poderá ser indefinido, e ao fato de os adjetivos graduais denotarem domínios que ordenam os indivíduos ao longo de uma dimensão.

No final das contas, creio que conseguimos explicitar como as ferramentas de análise formal do significado conseguem mostrar claramente o que mudou na denotação de uma expressão. Isso é sinal de que há regularidade na formação desse conjunto de modificadores, contrariando a hipótese de lexicalização. Ou, pelo menos, se há lexicalização, ela é um fenômeno dessa natureza e não é irregular.

Podemos nos perguntar o que previne que *às pencas* seja reanalisada ou que *a rodo* e *aos montes* tenham mais ocorrências em contextos graduais? Parece-nos que é a influência de aspectos lexicais dos substantivos que as constituem, que ainda são muito concretos, impedindo que os falantes analisem gramaticalmente as expressões simplesmente como intensificadores. Afinal, elas requerem cálculos pragmáticos para serem interpretadas: preciso interpretar uma metáfora sempre que a ouço.

Nesse sentido, para Eckardt (2012) a convencionalização ocorre através do que ela chamou de Princípio de Evitar Sobrecarga Pragmática: para que não tenhamos que ficar calculando implicaturas o tempo todo, os falantes convencionalizam a expressão com seu significado novo. As dinâmicas do uso lexical,[36] obviamente, interferem, e é o que faz com que a conexão com a origem concreta da expressão acabe se perdendo no tempo. Como *monte* e *penca* ainda são palavras amplamente usadas no seu sentido concreto, isso interfere na sua convencionalização. No caso de *às pampas* o substantivo *pampa* também continua sendo usado para designar um tipo de formação geográfica do sul da América Latina, mas a relação entre esse substantivo e a ideia de quantidade parece ser mais fraca do que é com *monte* e *penca*.

CONSIDERAÇÕES FINAIS

Tentar explicar a mudança semântica utilizando ferramentas da análise formal do significado é uma novidade recente na Linguística. (Eckardt, 2012; Basso, 2013; Deo, 2015; Basso, no primeiro capítulo deste volume). Esperamos ter mostrado ao longo do capítulo que esse tipo de abordagem permite ao pesquisador ver coisas nos dados que ele não veria em outras abordagens. Além disso, a metalinguagem nos dá um instrumento relativamente preciso de trabalho. Comparar as entradas lexicais hipotéticas das expressões em diferentes momentos no tempo permite que vejamos o que a expressão significava, o que passou a significar e como passou da denotação antiga para a nova.

No caso estudado, se nossa hipótese estiver correta, *a* é uma relação entre um indivíduo e um lugar, formalmente *A (indivíduo, lugar)*, no seu significado concreto. Note que literalmente *alunos aos montes* denota: *A (alunos, monte)* "aquele conjunto de alunos que está em um monte". Esse proferimento é falso, viola a Máxima da Qualidade griceana, o que dispara a implicatura para que a expressão seja reanalisada como um modificador de quantidade, ou seja, um quantificador, em que *monte* designa uma quantidade, ou um lugar em uma escala de quantidades. Como essa quantidade é relativa, uma avaliação subjetiva do falante, o ouvinte introduz uma relação de comparação já na entrada lexical da expressão.

As locuções que fogem a essa hipótese são aquelas que possuem histórias conhecidas, *à beça* e *a dar com um pau* – embora seja aceitável que *beça* também designa "grande quantidade" por metáfora. Essa irregularidade pode ser vista como argumento para afirmar que estamos diante de um fenômeno lexical idiossincrático, uma lexicalização, que congela sintagmas e os torna, do ponto de vista do significado, unidades lexicais indecomponíveis. Parece-me, contudo, que *a rodo*, *às pampas*, *às pencas e aos montes* são evidências de que há uma exploração sistemática da conotação de quantidade dos nominais (via metáfora) ao lado de uma reanálise da estrutura argumental da preposição. Uma posição numa escala pode ser vista como um "lugar" mais abstrato do que um lugar no tempo ou no espaço.

Em Souza (2017), sugeri algo similar para o surgimento das expressões *pra burro*, *pra cacete*, *pra caralho*, *pra caramba* etc. que, em comum com as estudadas aqui, se valem de um sintagma preposicionado encabeçado por uma preposição que designa lugar (no sentido concreto). A diferença é que no conjunto formado por *pra X*, o *X* em geral é um termo de conotação negativa – a exceção parece ser *pra chuchu*, que mesmo tendo conotação negativa (coisa de pouco valor) pode ter uma conotação positiva também: *meu chuchu* é uma expressão de carinho.

Essa tendência de recorrer a palavras com conotação negativa para criar graduadores também pode ser vista nas locuções *é de doer*, *de foder*, *de lascar*, *de matar*, *de morrer* (cf. *linda de morrer* "muito linda"; *chato de foder* "muito chato"), que são encabeçadas por *de* e possuem um verbo que designa um processo que parece afetar o falante. Mas como o resultado é literalmente falso (*um filme chato de doer* seria, literalmente, "um filme tão ruim que causa dor física no falante"), uma implicatura intervém para que a expressão seja reanalisada.

Doetjes (1997) cita o caso de algumas expressões do holandês que possuem conotação negativa no uso comum, e a perdem no uso como graduador. *Erg* 'mal' tem conotação negativa em (37a), mas isso desaparece em (37b), onde *erg* significa apenas "muito".

(37) a. *He it erg. "isso é mal/ruim"*
b. *erg aardig "muito legal"*

Seria o caso de verificar se outras línguas românicas apresentam casos parecidos. Nas leituras que tenho feito, ainda não encontrei nenhum estudo mais amplo sobre gramaticalização (ou cristalização/lexicalização) de graduadores a partir de expressões que conotam grande quantidade ou com conotação negativa, duas tendências que verifiquei. Contudo, Doetjes (2008) assinala que parece haver uma tendência, pelo menos no caso de modificadores graduais com ampla distribuição entre diferentes domínios, para serem reanalisados como como quantificadores nas línguas. Esses modificadores sofrem enfraquecimento semântico e vão migrando para os outros domínios, passando então a funcionar como graduadores típicos, atuando sobre predicados tradicionalmente graduais (adjetivos, advérbios e verbos estativos graduais). Ela cita os casos de *trop*, 'demais' no francês (literalmente 'pilha'), e de *a bit* 'um pouco' no inglês, que deriva de *a bite* (literalmente: 'uma mordida').

Mesmo que os casos discutidos não sejam de gramaticalização em sentido estrito (digamos que seja mesmo lexicalização, afinal, há congelamento de um sintagma), a criação de graduadores nos mostra um processo gramatical que obedece ao critério básico: uso de expressões que já estão na língua para criar gramática. A gradação é também uma operação gramatical abstrata, como o são o tempo, o aspecto, o número, o caso etc., com a diferença que parece ser opcional e mesmo inexistente em algumas línguas humanas (Beck, 2009).[37]

NOTAS

1 O *Corpus* do Português é formado por dois *corpora*, um diacrônico e um sincrônico. O sincrônico conta com 1 bilhão de palavras, compilado a partir de páginas disponíveis na web de quatro países falantes de português (Angola, Brasil, Moçambique e Portugal). Utilizamos neste estudo o *corpus* histórico, que conta com 45 milhões de palavras e possui dados que abrangem do século XIII ao XX, cobrindo as variedades brasileira e europeia da língua portuguesa, com textos de diferentes gêneros (ficção, transcrições de dados de fala, jornais e textos acadêmicos). Os dois estão disponíveis para consulta on-line: <http://www.corpusdoportugues.org>

2 Por exemplo, Ilari et al.(1996) traz expressões formadas por *para* (*pra burro*, *pacas* etc.), mas nenhum exemplo de expressões formadas por *a*.

3 Guimarães (2007) chama de "intensificadores" aos modificadores que normalmente nossas gramáticas chamam de advérbios de intensidade, incluindo os usos que a gramática tradicional classificaria como "pronome indefinido" de *muito* e *pouco*. Seguimos a sugestão de Castilho e Ilari (2008) e Paradis (1997): "intensificador" tem um uso mais específico, se referindo a expressões que "graduam para mais"; enquanto as expressões que "graduam para menos", caso de *pouco* e *um pouco*, são mais bem caracterizadas como "atenuadores". Assim, "graduador" é um termo que engloba intensificadores, atenuadores e outros modificadores graduais.

4 A esse respeito, Doetjes (1997) propõe que há dois tipos de línguas: línguas em que o que chama de "modificadores de grau" não fazem seleção de domínio, como o *muito* em português; e línguas que fazem

seleção de domínio, como o inglês, que possui modificadores/quantificadores graduais, como *many/much*, *few/little*, que só selecionam quantidade/volume e são sensíveis à distinção massivo/contável, enquanto *very* só se combina com adjetivos graduais. O francês parece estar no meio termo, pois não possui um quantificador gradual que faça seleção massa/contável (*beaucoup* é não seletivo nesse aspecto e também modifica verbos); embora o intensificador típico, *très* 'muito', só se combine com adjetivos.

5 Ver Pires de Oliveira e Souza (2018) e Quadros Gomes (2018) para uma discussão sobre a semântica de *muito* na modificação de verbos. Simplifiquei a discussão aqui, pois não é tão simples explicar composicionalmente as leituras de *muito* + verbo.

6 Remeto o leitor a Guimarães (2007) para uma discussão e descrição mais ampla e detalhada das diversas funções semânticas de *muito* em português brasileiro.

7 Na entrada dessa expressão o autor traz a história dela. Consta que Gumersindo Bessa (1859-1913) era um político e jurista que abusava de argumentos. Rodrigues Alves teria cunhado a expressão na seguinte frase: "O senhor tem argumentos à Bessa". Para Sérgio Rodrigues, essa hipótese é no mínimo controversa. (*Veja On-line*, 17 fev. 2017. Disponível em http://abr.ai/2y1odi3 Acesso em 04/10/2017).

8 Sempre se pode objetar que *muito* também tem uma leitura qualitativa como na sentença (i).
(i) *Diego jogou muito ontem à noite*.
Note que essa não é a leitura típica da expressão. Modificando substantivos, *muito* sempre irá quantificar sobre as entidades do domínio, como em (2a). Claro, a questão é entender por que temos uma leitura de qualidade em (i). Pires de Oliveira e Souza (2018) assumem que *muito* nesse caso opera sobre um advérbio de modo não pronunciado, *bem*, e não diretamente sobre o verbo.

9 Ver também Guimarães (2007).

10 Ela lista também expressões como *em sua esmagadora maioria*, como em (i). Como foi dito, o exemplo não parece modificar diretamente o núcleo do SN, isto é, não faz parte dele, embora modifique a quantidade denotada por ele, além de não ser encabeçado por *a*.
(i) *A população brasileira,* ***em sua esmagadora maioria****, não vê um simples bife no prato desde priscas eras*.

11 Como lembra Renato Basso (c.p.), temos ainda expressões como *aos borbotões*, e *a cântaros*, em *chover a cântaros*, que são estruturalmente e semanticamente similares. Não fiz um levantamento de dados com essas expressões. Intuitivamente elas me parecem ter uso restrito. *Aos borbotões* só ocorre em contexto nominal, enquanto *a cântaros* faria parte da expressão *chover a cântaros*, sendo ambas agramaticais no contexto adjetival. Compare (i) e (ii):
(i) *O rapaz comeu azeitonas aos borbotões*.
(ii) **O João é alto/inteligente aos borbotões/a cântaros*.
Borbotão significa "jato forte e volumoso, jorro, caudal". Note que o traço de "grande quantidade" está presente na palavra.

12 Essa vantagem operacional norteou a minha escolha por esse *corpus*, em detrimento do *corpus* do PHPB, que está disponível no site do projeto: <http://sites.google.com/site/corporaphpb/home>. Uma comparação entre os dois *corpora* (ou mesmo com outro mais amplo) ficará para outra oportunidade.

13 A fonte dos exemplos está referida como no *corpus*, por isso ela não é uniforme. Por exemplo, quando a busca dá como resultados textos de jornais, a fonte aparece como "*Folha* 1994 (cf. 5e)" ou como "NFrRecife. *O sofisma dos números*, 11/3 1997 (cf. 5d)".

14 Sempre que o resultado da coleta de dados no *corpus* não gerar dados que suspeitei serem possíveis, criei os dados, e se os dados são duvidosos (pelo meu julgamento intuitivo de aceitabilidade) busquei por eles na web usando o Google. Por ex., em (5b) criei um exemplo para mostrar que a expressão pode modificar um advérbio de modo. Como ela me parece claramente gramatical, não julguei necessário buscar um exemplo "real". Contudo, na medida em que os encontrei, trago exemplos reais ao longo do texto.

15 Agradeço ao prof. Rodolfo Ilari por ter chamado a minha atenção para isso.

16 Ser de primeira ordem significa, no cálculo de predicados tradicional, ser um predicado de indivíduos. Advérbios são modificadores tradicionalmente vistos como de segunda ordem, pois são "predicados de predicados". Veremos na seção "Algumas hipóteses sobre a gramaticalização de intensificadores" que isso é um aspecto importante da semântica desses modificadores.

17 A busca por "*chata + a rodo*" gerou 8 resultados no Google. Já "*bem a rodo*", três. É sempre complicado avaliar o significado da quantidade dos dados em *corpus*. Mas para efeito de comparação, a busca por "*chata + à beça*" (para usar uma expressão com muitas ocorrências no *corpus* pesquisado), gerou 2.440 resultados. Isso poderia ser lido como indicativo de que *adjetivo + a rodo* é uso bem recente. Ou poderia também indicar que estamos diante de uma "combinação esporádica", emprestando um conceito da Morfologia. É provável que (10c) seja um caso dessa natureza.

[18] Isso é fruto da limitação do *corpus*: "*às pampas*" tem 73.600 ocorrências no Google. Ou seja, é uma expressão que está longe de ter um uso esporádico.

[19] Lembrando, a datação do Houaiss é por volta de 1910.

[20] <http://en.oxforddictionaries.com>.

[21] Essa é a minha intuição e de alguns colegas que consultei. Contudo, há também quem veja como possíveis as duas leituras em todos os casos. Um teste de julgamento mais controlado – tarefa que fica para outro momento – nos permitirá certamente fazer afirmações mais seguras.

[22] Esse é um caminho sugerido por von Fintel (1994) para a gramaticalização em geral. Indivíduos e predicados de indivíduos são de tipos <*e*>, e <*e,t*>, respectivamente. Categorias funcionais tendem a ser de tipos mais "altos". Um quantificador generalizado clássico, por exemplo, seria de tipo <<*e,t*>,<<*e,t*>,*t*>>.

[23] Esta não é a minha opinião, por exemplo. Gosto destes filmes, mas entenderia se alguém os julgasse como chatos.

[24] Note que o elemento subjetivo é forte. Alguém sempre pode dizer que 10 alunos que faltem numa turma de 30 já é 'muito'.

[25] Guimarães (2007, cap. 4) mostra o tamanho do desafio.

[26] Para uma apresentação da proposta de Potts (2007) em português, ver Pires de Oliveira e Basso (2014).

[27] Tagnin (1989), Vale (2001) e Biderman (2005) são outras referências importantes sobre expressões fixas em português. Uma referência clássica sobre o tema é Gross (1996).

[28] Digamos que a publicação do artigo de Partee (1975) seja esse marco. Embora seja o primeiro texto a introduzir a abordagem montagueana de Semântica para linguistas (e filósofos), Partee (1975) não é um livro-texto, com pretensões didáticas, como é o caso da obra *Introduction to Montague Semantics* de Dowty, Wall e Peters (1981). Mas Barbara Partee, ao trazer para a Linguística os estudos de Richard Montague, é a "mãe fundadora" da Semântica Formal. Claro, sempre se pode lembrar a proposta de T. Kuhn, para quem é a publicação de um livro-texto que marca o estabelecimento de um novo paradigma de pesquisa.

[29] Sobre o uso de abordagens cognitivas no estudo diacrônico ver Geeraerts (2012).

[30] Ver também Basso (2013, cap. 1 deste volume) e Deo (2015).

[31] Cf. nota 6.

[32] Ver *De onde vêm as palavras*, de Deonísio da Silva (Lexikon, 1997).

[33] Essas histórias pressupõem um aspecto pouco debatido na mudança lexical, que é o papel do indivíduo no processo. Minha impressão é que se assume que a criação lexical é fruto de ato criativo individual, portanto sujeito a um alto grau de idiossincrasia, mesmo que obedeça a leis linguísticas regulares. Note que a busca por princípios de mudança vai contra essa visão, pois pressupõe que o falante está sofrendo a pressão de forças/leis que estão presentes na língua, portanto não estariam sob o controle dele. Ao apelar para princípios conversacionais, Eckardt (2006; 2012) desfaz parcialmente essa tensão.

[34] Algo como *[[**pássaros aos montes**]]* = | *pássaros(x)*| = n & n = *"aos montes"* (o que quer que *aos montes* denote).

[35] Isso é uma simplificação, obviamente, pois essa preposição possui mais usos em português. Cf. Ilari et al. (2008).

[36] Pense-se em algumas palavras que "entram na moda", digamos assim, e que podem cair em desuso (ficarem arcaicas) ou serem adotadas pela comunidade dos falantes. Por ex., *embarcar* não designa mais apenas entrar no barco, mas hoje é usada para designar a entrada em qualquer veículo.

[37] Agradeço a leitura atenta e os comentários dos organizadores deste volume. O trabalho deles foi fundamental para que o capítulo melhorasse significativamente.

DE MANEIRA A FOCO: O PERCURSO SEMÂNTICO DO ADVÉRBIO *JUSTAMENTE*

Márcio R. Guimarães

SUMÁRIO

Advérbios "derivados" de adjetivos em *-mente* costumam começar suas vidas como advérbios qualitativos "de maneira *x*" em que *x* é o adjetivo que lhes serve de base (como em (1)). Alguns deles (bem poucos, em comparação ao número total) acabam assumindo funções de uma ordem mais elevada e específicas, como aconteceu com *justamente*, que pode ocorrer como um operador de foco (em (2)):

(1) *O Papa falou* ***justamente*** *sobre a falta de compaixão.*

A sentença em (1) é, aparentemente, ambígua com relação às duas interpretações formais que pode assumir, cada uma baseada em uma função específica de *justamente.*

(2) *O Papa* $[[falou]_V\ justamente]_V$ *sobre a falta de compaixão.*
(3) *O Papa falou* $[[justamente\ sobre\ a\ falta\ de\ compaixão]_{SPREP}]_{SPREP}$

Nos dois casos, *justamente* é um operador endocêntrico do tipo X/X,[1] apenas muda o *status* do núcleo modificado: no primeiro caso, o advérbio qualitativo *justamente* (= "de maneira justa") é um modificador endocêntrico de núcleo verbal (ou de SV). O uso como advérbio qualitativo já está bem descrito, desde o trabalho de Ilari et al. (1991). De maneira geral, ele é entendido como a instância da operação básica de qualificação, quando exercida sobre predicadores verbais (assim como os adjetivos modificam núcleos nominais):

> A predicação qualificadora é um processo semântico-sintático por meio do qual um operador incide sobre uma classe modificando ou confirmando sua intensão, isto é, suas propriedades específicas, seus traços semânticos (ou *semas* na terminologia da Semântica estrutural). (Castilho, 2010: 558)

Esse tipo de construção funciona, conforme foi apontado por Reichenbach (1947), de maneira comparável à estrutura de modificação do adjetivo sobre um núcleo nominal, como em (4):

(4) *O Papa fez uma* $[[fala]_N\ justa]_N$

No segundo caso, *justamente* tem sob seu escopo não o verbo, mas o sintagma preposicionado *sobre a falta de compaixão*, focalizando-o – em linhas gerais, dizendo que a informação principal da sentença está nesse sintagma – e introduzindo um "comentário" sobre ele – algo como "isto coincide com algo que foi dito anteriormente". A descrição desse uso foi feita por Ilari (1996) e será revista, na esperança de que alguma coisa possa ser acrescentada, na última seção deste artigo.

A verdade é que, a rigor, na língua falada, não se trata de uma sentença ambígua: temos duas sentenças com estruturas prosódicas completamente diferentes, com uma fronteira prosódica depois de *falou justamente*, que funciona como um bloco, no uso qualitativo, e uma fronteira prosódica antes de *justamente*, no uso focalizador. Assim, no uso como qualitativo, cuja prosódia é representada em (5a), verbo e advérbio formam um bloco acentual relativamente distinto do objeto direto, com o acento principal do bloco sobre a sílaba *men*. Já no uso como focalizador, *justamente* forma um bloco com o elemento focalizado, com mais possibilidades de estabelecer foco acentual, de acordo com o elemento retomado:

(5) a. *O papa falou justaMENte // sobre a falta de compaixão.*
b. *O papa falou / JUSTAMENTE sobre a falta de compaixão.*

Há outras possibilidades: pode-se focalizar FALTA, se se quer retomar contrastando com *compaixão* que ocorre anteriormente no texto; pode-se focalizar COMPAIXÃO, se se quer retomar contrastando com outras coisas que faltam. Os aspectos prosódicos dessa diferença não serão abordados em maiores detalhes, aqui, já que nosso foco são os textos escritos.

Historicamente, quando um advérbio em *-mente* apresenta os dois usos, o uso como qualitativo costuma ser mais antigo, enquanto o outro uso (ou outros usos) costuma(m) ser mais recente(s). Em alguns casos, como o de *certamente*, os dois usos aparecem bem cedo na história da língua, de maneira que o processo pelo qual o segundo uso (de advérbio sentencial) emergiu do uso como qualitativo deve ter acontecido no período de baixo registro escrito, antes do século XIII:

(6) *Mai-lo Papa Cremente* ***certamente****lle disse: "Essa ora, sen demora, te vai pera Suria"* (*Cantigas de Santa Maria*, CXV)

(7) ***Certamente*** *tu es aquel que como foses soo Deos ante de todolostenpos e sem começo jeeraado de Deos padre per jeeracon perpetua e nomscoldrinhavil o qual conesemeesmo padre e Spiritu Santo es hûmmeesmoDeos.* (Vidas de Santos de um manuscrito alcobacense, s. XIII-XIV)

Essa diferença pode ser representada nas paráfrases de (6) em (8a) e (7) em (8b):

(8) a. *Mas o Papa Clemente lhe disse de maneira acertada...*
b. *É certo [que tu és aquele que como fosses o seu Deus...]*

Justamente, por outro lado, não vai ocorrer como focalizador antes do século XVI, de acordo com a pesquisa que fizemos, o que nos permite visualizar as etapas do processo de mudança semântica que resultou na incorporação de mais esse uso com mais detalhes. Do século XVIII em diante, *justamente* está em pleno uso tanto como advérbio qualitativo quanto como focalizador, numa situação que se mantém, em linhas gerais até hoje no português brasileiro. Por isso, o grande foco do nosso trabalho serão textos escritos em Portugal, no que talvez esta análise contraste com os demais textos desta coletânea.

O presente capítulo consta de duas seções: na primeira, faremos o percurso histórico da semântica de *justamente*, desde a origem do adjetivo *iūstus*, de onde ele deriva, e que possui o núcleo do seu significado original, até sua configuração como focalizador com roteiro de coincidência com assunto prévio. Na segunda seção, retomaremos a análise original de Ilari (1996), que caracteriza *justamente* como um focalizador com roteiro de verificação de coincidência, com retomada de assunto anterior.

DE *IUSTUS* A *JUSTAMENTE*: O PERCURSO HISTÓRICO A PARTIR DOS DADOS

Justo vem do latim *iūstus* e ocorre, segundo o dicionário Houaiss, desde o século XIII, sendo talvez um eruditismo antigo (embora Corominas discorde (1984: 542)).

(9) *I nos mostra JHESU-CRISTO,* ***JUSTO*** *JUYZ* (*Cantigas de Santa Maria*, 1)

O latim *iūstus* provém de *iūs*, que, por sua vez, provém de uma raiz indo-europeia **yew*, que aparece também no antigo índio *yōḥ* "salvação!" e no avéstico *yaož-ðait i* "torna luminoso, purifica, limpa ritualmente", e no irlandês *huisse*, "correto" (Pokorny, 2007: 1390), sendo mais um daqueles casos de preservação de étimo nos extremos ocidental ítalo-céltico e oriental indo-iraniano que ilustra padrão de Bartoli (1925: 6-9) de fase conservada em áreas laterais. Walde (1910: 399) cita também o antigo búlgaro *istъ*, *istovъ*, *istovьnъ*, "*verus*". Meillet e Ernout (1951: 589) apontam que o *ū* longo provém de um ditongo, não conseguindo decidir entre **yewos* e **yowes*, sem certeza se a forma *iouestod* encontrada no Fórum corresponde a *iūstus*. Pokorny (2007) aceita *iouestōd* como a forma antiga de *iūstus*, e a prende à **yowos* (com a raiz **yew-* no grau *o*). Com relação ao significado, Meillet e Ernout (1951) apontam que do sentido original de *iūs* como "*formule religieuse qui a force de loi*", (que ocorre em fórmulas antigas como *iūsorāre*, *iūsiūrāre*), se criou o "*sens 'laïque'*" de "direito, justiça". O sentido religioso transparece em *iūrāre*, que deu o português *jurar*, nas citadas expressões antigas com *iūs*, e em formas como *iūstae nŭptiae*, *iūsta fūnera*. Como se trata de um ablativo, provavelmente *iouestōd* funcionava como um advérbio com o primeiro sentido de "seguindo as fórmulas religiosas". Desse advérbio se formou o adjetivo *iūstus*, *-ā*, *-um*, num primeiro momento com o sentido de "seguindo as fórmulas religiosas", como em *iustae nuptiae*, passando para o sentido laico de "de acordo com [as regras] do direito", dado que os ditames da religião tinham força de lei, na antiga sociedade romana. Em seguida, *iūstus*, *ā*, *-um* incorporou o sentido mais geral de "justificado segundo as regras da razão", como em *iusta et probabilis ignorantia* Gaius *Inst.* 3-160. Em seguida, passa para o sentido derivado de "apropriado para a função", como em Cat. *Agr.* 135.5 *funem loreum in plostrum iustum* "cordas de couro na carreta apropriada" e, finalmente, desenvolve o sentido de "com a força plena" ou "plenamente equipada", como em Liv.7.39.8 *duae Romanae legiones cum suo iusto equitatu.*

A mudança de sentido desde "de acordo com as fórmulas religiosas" para "de acordo com as regras do direito" indica uma mudança social importante, ocorrida na segunda metade do primeiro milênio a.C., peculiar à sociedade romana, de separação de uma esfera civil e outra religiosa do direito. Essa tendência pode ser interpretada à luz de Dumézil (1948), que identificou uma certa tendência geral na sociedade romana à dessacralização de alguns temas mitológicos, através da sua "historicização".[2] Uma segunda mudança, uma expansão, é a incorporação ao sentido de *iūstus, ā, -um* do sentido de "de acordo com as regras [da razão, da moral]". O próximo passo, para "apropriado para a função", é a pré-condição para a mudança seguinte para "com força plena" e "plenamente equipada", que coloca o adjetivo na esfera dos adjetivos escalares.

O sentido escalar de "plenamente equipado" não passou para o português. Um sentido escalar de *justo*, que nos parece comparável a esse sentido de "preenchimento completo" de *iūstus, ā, -um*, é o sentido que se observa em ocorrências como *no tempo justo*, mas no sentido de "exato":

(10) * *Evephora,ae, f.g.* || *Mulher, que pare ao* ***tempo justo***. (Bento Pereira, *Prosódia 3*, 1697)

Esse sentido, no entanto, é mais recente e talvez seja um decalque no latim. Comparável a ele, e com certeza mais recente (posto que só começa a aparecer no século XIX), é o sentido que ocorre em construções do tipo *roupa justa*:

(11) *Tenho tanta vergonha! De moço em* ***roupa justa*** *vestida ele me viu.* (J.M. Macedo, *Antonica da Silva*, 1879)

Por fim, *justo* ocorre no sentido de "acima citado":

(12) *Mas porque não pareça, que esta escusa se encaminha a ignorar a entidade, fim, e objecto desta Sciencia, diremos segundo os Catholicos, que a* ***justa*** *Cabala foy huma profunda meditação de mysterios occultos deduzida de nomes, letras, numeros, e figuras dos livros divinos* [...] [Francisco Manuel de Melo, *Tratado da sciencia da Cabala*, 1724][3]

Essa ocorrência, no entanto, é posterior ao uso de *justamente* no sentido de "acima citado" e/ou "coincidentemente", e talvez tenha passado do advérbio para o adjetivo, como parece indicar o fato de que não verificamos nenhuma ocorrência anterior a 1600. Finalmente, *justo* vai passar a ocorrer num uso "ablativo",[4] com significado e função de advérbio, mas sempre como focalizador:

(13) *Agora que entendo, descançais de tão honrosas fadigas, nesse vosso Bom Retiro (porque he* ***justo*** *o melhor) resolvi fazervos este presente, por duas razoens.* (Francisco Manuel de Mello, *Epanaphora Política Primeira*, 1637)

Num primeiro momento, *justo* vai introduzir sintagmas nominais. Na função de introduzir outras instâncias, como sintagmas preposicionais, não vamos encontrá-lo antes do século XIX:

(14) *Houve quem visse o embuçado sair do meio do povo, pular na teia, apanhar a lança no chão, saltar na sela de um cavalo desmontado que passava, e correr sobre o mastro, onde chegou* ***justo*** *no momento em que o Fragoso ia tirar o argolão, e para lho disputar.* (José de Alencar, *O sertanejo*)

O adjetivo *justo* é panromânico, o mesmo ocorrendo com o advérbio derivado em *-mente*. Também é panromânica a ocorrência de cognatos de *justo*/*justamente* no sentido de "exato/exatamente".

(15) *Come **giustamente** sottolineato dall'onorevole parlamentare, la Commissione ha avviato procedimenti per infrazione nei confronti di 13 Stati membri per mancata applicazione dell'articolo 3 della direttiva 75/439/ CEE (1) concernente l'eliminazione degli oli usati.* (http://eur-lex.europa.eu/LexUriServ/LexUriServ.do?uri=OJ:C:2003:028E:0055:0056:IT:PDF)

(16) [...] *trabajan a la demanda de nivel de un tanque stock y son **justamente** en estos ciclos de arranque donde la membrana no puede considerarse bacterio-estatica ya que pueden producirse fugas de bacterias o colonias* (http://fgingenieria.com.ar/es/funcionamento-del-equipo/planta-de-tratamiento-de-agua-portatil_fg-tp-100.html)

Ao menos no português, no entanto, *justamente* parece ser mais recente do que o período românico comum. *Corpus* Davies mostra apenas uma ocorrência no século XIV e nenhuma no século XIII, sempre com o sentido "original" de "de maneira justa":

(17) *E, despois que todos foron viindos e outrossy, os procuradores dos que nõ poderon vĩir, disselhes elrey toda a causa e razon por que os fezera todos ajũtar e como era sua voontade que todos vivessen ben e **justamente**, cada hũus em suas rendas e dereitos, nõ husando de força ou doutra tirania, e que, logo ẽ aquelle cõcelho, determynassen aos arcebispados e aos bispados quantas e quaaes terras, vilas e logares cada hûû devesse teer, segundo os lemites e termos que antigamente soyã aver.* (*Crônica Geral de Espanha*, 1344)

O sentido de "exato" para *justo* e de "exatamente" para *justo* e *justamente* parecem ser ainda mais recentes. Os dois fatos, o de um advérbio *justamente* ter se formado a partir do substantivo *justo* e o de um sentido de "exato, exatamente" ter se formado, provavelmente se devem muito mais do que à simples atuação de uma "deriva" românica. Em primeiro lugar, o sentido de "exato" pode ter derivado do sentido escalar latino de *iūstus*, de "preenchimento completo", por influência do próprio latim, que funcionou ao longo dos séculos como muito mais do que um adstrato às línguas românicas. Na verdade, o latim clássico foi um modelo a ser seguido e uma fonte de incorporações, um "porão" das línguas românicas, como disse o poeta curitibano Paulo Leminski. Ao mesmo tempo, existiu historicamente, desde a Idade Média, para além da origem genética comum no latim, uma espécie de *Sprachbund* românica, que pode explicar esses paralelismos posteriores entre o português, o espanhol e o italiano.

Justamente aparece, principalmente a partir do século XV, com um sentido mais de "de acordo com as rregras da rrezam" do que "de acordo com as regras da moral", como neste exemplo:

(18) *Amou muito seu poboo e trabalhava de o bem rreger; e todallas cousas que por seu serviço e defensom do rreino mandava fazer, todas eram fundadas em boa rrazom e muito* ***justamente*** *hordenadas.* (Fernão Lopes, morto em 1460, *Cronica de Dom Fernando*)

Em alguns exemplos do século XV, encontramos *justamente* sendo utilizado num sentido que tanto pode ser entendido como "de maneira justa" como "de maneira exata":

(19) *Que aquelles, que som capitaães de cossairos ou de rroubadores, se* ***justamente*** *nom partirem suas gaanças, ou os mataram ou os leixarám; por que os ladroões teem sua lei antressi, per as quaaes huûs ham de sseer mortos, e outros guardados. E, ssegundo escreve Theopompo, por que Bargullo Illirico partio* ***justamente*** *suas preas, veo a cobrar mui grandes riquezas* (*Livro dos Ofícios* de Marco Tullio Ciceram, 1430)

(20) *Mandamos que se faça agora loguo noua Repartiçam* ***Justamente*** *sem se fazer emgano Aos proues nem A outros Na qual cousa mandamos aas Justiças que emtendam pera se fazer* ***Justamente*** *como herrezam.* (*Livro de Foraes*, data indeterminada no século XV)

Nesses casos interferem os itens modificados, o verbo *partir* (= "repartir") em (19), e o SV *fazer repartiçam*, em (20). No exemplo em (18), *justamente* já aparece em um contexto em que poderia tanto ser interpretado como qualitativo ("fazer de maneira justa") quanto como focalizador, com o significado de "justamente com razão", recuperando um assunto anterior (o de que a ação deve se basear no entendimento) e ressaltando-o a partir da identificação da coincidência.

Do ponto de vista do contexto de ocorrência, *justamente* aparece modificando verbos, incluindo particípios absolutos (*i.e.*, não contidos em perífrases verbais). As 48 ocorrências do século XV dividem-se igualmente em contextos de anteposição e posposição ao escopo, com a anteposição ocorrendo sempre antes de particípio e nas três formas do advérbio modificado por intensificador (duas de *muy justamente* e uma de *tam justamente*).

No século XVI, *justamente* ainda predomina nos contextos de modificação verbal, com o sentido de "de maneira justa", mas já ocorre bastante com o sentido de "de maneira exata", agora mais claramente, e com escopo sobre outros elementos que não o verbo, embora ainda de maneira ambígua. Esse é o caso das ocorrências no *Tratado de Arysmetyca* de Gaspar Nicolau, de 1519, que perfazem 41 das 83 ocorrências de *justamente* neste século no *Corpus* Davies:

(21) *300. quintos ora faz e o senteiros scilicet parte os por.5. & vem.60.* ***justamente*** *que he ho preço que ho cauallo valia*

Fora essas, localizamos no século XVI uma única ocorrência de *justamente* com escopo sobre sequências que não são o verbo, ainda na zona de influência do verbo *ser*, mas já com uso mais claro como focalizador:

(22) *as vezes tambẽ olhem acima ao Ceo pera levantar a entençam, por que* ***justamente*** *o corpo e o animo seja intento ao Senhor* (?Frei Marcos de Lisboa, *Espelho da disciplina*, data desconhecida, século XVI)

No século XVII, embora continue predominando em instâncias de modificação verbal, ele ocorre amiúde com o sentido de "com razão", mais do que no sentido de "com justiça, de maneira justa":

(23) *e este, segundo genro de el-Rei D. Pedro, o cruel, de Castela e sogro, pelo primeiro matrimónio, de D. Joao, o primeiro de Portugal, a quem* ***justamente*** *chamaram de boa memória.* (Francisco Manuel de Melo, 1608-66, *Epanáfora amorosa*)

É justamente de Francisco Manuel de Melo o primeiro exemplo claro de *justamente* como focalizador, introduzindo um elemento adverbial:

(24) *E por ventura que, por esta causa, é esta a derradeira; ordenando-o assi a Providência, por que nao entremos bisonhos na batalha, em que nos vai o ganho ou perda de nós mesmos.* ***Justamente*** *por tal conta chamarei a V. S. capitao vitorioso; porque, despois de haver gloriosamente exercitado seu valor, vencendo inimigos na guerra e na paz, entre os bárbaros e entre os políticos, contra os estranhos e contra os seus, agora, por coroar-se do maior triunfo, nao só o vejo rendido a ua louvável modéstia, mas ainda abrasado de um vigor cristao, em tudo mais virtuoso.* (Francisco Manuel de Melo, *Cartas familiares*, 1650)

Justamente focalizador se torna mais comum a partir de 1700, já robustamente instalado nessa função:

(25) *porém ri nas suas obras, dum especioso escritor francês, que para se livrar de dizer ce serait, pela semehança que achava nas duas primeiras sílabas, estudou vinte e quatro ou mais horas. Aqui temos* ***justamente*** *o meu este esteve de que V. P. diz que Deus nos guarde.* (Francisco Xavier de Oliveira, *Cartas Familiares*, ca. 1736)

(26) *havendo hum anno lunar, & dez dias: & cumprindo-se* ***justamente*** *hum anno solar, que o diluvio começàra.* (Antonio de Sousa Macedo, *Eva e Ave ou Maria Triunfante*, 1734)

Com base nesses achados, podemos concluir que o uso de *justamente* como focalizador surgiu no século XVI, generalizando-se no século seguinte. O uso de *justo* como focalizador surge nos dados apenas no século XVII e nossa hipótese é a de que essa instância de focalização passou para o adjetivo a partir do advérbio. O que nos leva a essa conclusão não é apenas o fato de que o uso de *justo* como focalizador começa bem depois que *justamente* já ocorre firmemente instalado como focalizador, mas principalmente o fato de que a passagem de *justo* adjetivo para *justamente* focalizador se deu em dois passos, com *justamente* como advérbio qualitativo como instância intermediária entre essas duas instâncias. Entender que a mudança se deu independentemente em *justo* implicaria entender que esse advérbio "pulou" uma etapa, a do uso como qualitativo (= "de maneira justa / de maneira exata").

Note-se que foi essa etapa que propiciou o surgimento de uma instância de focalização com roteiro de coincidência com assunto anterior, que é a instância de funcionamento do *justamente*. Ou seja, pode-se dizer que o "novo significado" de *justamente* criou essa instância na língua e que os outros focalizadores que operam com esse mesmo roteiro de coincidência com assunto anterior e com escopo sobre sintagmas preposicionais/nominais passariam a ocorrer nele em data posterior, não apenas o *justo*, mas também o *exatamente*. Esse advérbio surge no século XVI, mas ainda no século XVIII aparece em contextos de modificação bastante ambíguos, em que ele pode ser entendido tanto modificando o verbo anterior como introduzindo o sintagma nominal posterior:

(27) *Aos oficiais de uma e outra tropa ordenará Vossa Excelência que em tudo observem* ***exactamente*** *o que dispuser o Desembargador Francisco Galvão da Fonseca [Francisco Galvão da Fonseca], a quem o mesmo Senhor tem cometido a direcção do dito cerco; e também lhes advertirá Vossa Excelência vão receber do mesmo desembargador o que Sua Majestade tem determinado para a subsistência de ambas as tropas, que continuará enquanto durar a diligência, para o que se lhe entregou já o dinheiro necessário, e ele pagará também o gasto do embarque.* (Alexandre de Gusmão, *Cartas*, 1735)

Em (28), *exactamente* pode ser interpretado em funções de modificações diferentes, como advérbio qualitativo, em (28a) e como focalizador, em (28b), e se presta a duas leituras, talvez com consequências lógicas equivalentes:

(28) a. *[[observem]*$_V$*exactamente]*$_V$ *o que dispuser ...*
"observem de maneira exata o que dispuser..."
b. *observem [exactamente [o que dispuser...]SN]SN*
"observem apenas o que dispuser... e nada além disso"

Por fim, o que propiciou o surgimento do uso como focalizador (e também da instância de focalização com roteiro de coincidência com assunto anterior) é propiciado pelo contexto de ocorrência mais frequente de *justamente*, que é entre o verbo e um sintagma nominal ou preposicional que lhe serve (ao verbo) de argumento ou lhe modifica o significado:

(29) a. *pera [[se fazer]*$_V$*justamente]*$_V$ *como he rrezam*
b. *pera se fazer [justamente [como he rrezam]*$_{SPREP}$*]*$_{SPREP}$

Temos aqui um caso clássico do que tem sido descrito na literatura como **reanálise**, em que uma mesma sequência é "reanalisada" de outra forma, configurando não apenas uma mudança de significado, mas uma mudança de categoria. Especificamente, a mudança de um tipo de advérbio menos gramatical (o qualitativo) para um tipo de advérbio mais gramatical (o focalizador), configurando um tipo de gramaticalização. A gramaticalização é caracterizada como um processo em que um item lexical passa a fazer parte de um paradigma de função semântica e estrutural fixa (Eckardt, 2006: 26). Esse é exatamente o caso de *justamente*, que se fixa nessa função de focalizador com um roteiro de verificação de coincidência com um assunto anteriormente citado.

Neste ponto, falta apenas entender o funcionamento dessa categoria específica de verificação por coincidência com assunto anterior, o que será feito na próxima seção.

JUSTAMENTE COMO FOCALIZADOR, UMA TENTATIVA DE ANÁLISE

Ilari (1996: 196) faz uma descrição do significado de *justamente* como uma espécie de prévia para a introdução da sua generalização básica dos focalizadores como expressão de uma operação prévia de verificação de acordo com um roteiro próprio. Após apresentar exemplos tanto do uso qualitativo quanto do uso como focalizador de *justamente*, ele apresenta um exemplo de uso de *justamente* como focalizador – aqui reproduzido em (30) – e uma paráfrase, em (31):

(30) ***Justamente*** *porque a tabela falhou é que os filhos vieram ao acaso.*

(31) *Vem a propósito evocar o fracasso da tabela no contexto do nascimento não planejado dos filhos: coincidentemente, um é a causa do outro.*

Na sequência, o autor expõe as seis operações básicas de verificação introduzidas pelos focalizadores, mas não retoma *justamente* em nenhuma delas. A análise de *exatamente* talvez seja a que mais se aproxime, dado que parece poder substituir *justamente* nos seus contextos de uso, com a preservação de uma parte de seu significado:

(32) ***Exatamente*** *porque a tabela falhou é que os filhos vieram ao acaso.*

Ilari (1996: 205) associa o uso de *exatamente* à ideia de "*coincidência ou adequação que afeta os objetos considerados desde suas características mais gerais até os mínimos detalhes*".

Ambos os operadores parecem introduzir uma operação de "coincidência" ou "adequação até os mínimos detalhes" (= identidade), de que fala Ilari (1996: 205). A diferença entre eles parece ser que *exatamente* não necessariamente expressa a recuperação de material anterior no contexto de fala, ao contrário do que sempre acontece com *justamente*. Assim, esses dois elementos – a coincidência e a recuperação de um elemento do contexto de fala –, um tanto vagamente aludidos, são os eixos principais do significado de *justamente* como focalizador.

Resta agora, com base na análise de alguns exemplos históricos concretos, tentar diminuir um pouco essa vagueza, como estes de Gilberto Freire:

(33) *[após um longo trecho sobre a cozinha baiana] É* ***justamente*** *a melhor lembrança que conservo da Bahia: a da sua polidez e a da sua cozinha.* (Gilberto Freire, *Casa grande e senzala*, p. 15)

(34) *Os demônios apareciam em geral com cabeças horríveis de bicho. Uns que o padre Antônio Ruiz Montoya descreve com certo luxo de pormenor por terem aparecido* ***justamente*** *a um caseiro de jesuítas* [...]

(35) *[após refutar autores que sugerem que o desinteresse pela agricultura de subsistência levou ao desenvolvimento da monocultura no nordeste] Procuramos indicar neste ensaio* ***justamente*** *o contrário: que a monocultura sempre dificultou entre nós a cultura de vegetais destinados à alimentação.* [idem]

O que se observa nesses exemplos é que *justamente* introduz um elemento verbalmente explícito (*a melhor cozinha*, *a um caseiro de jesuítas*) que recupera alguma categoria anterior (nem sempre explicitada, *cf.* "jesuíta" em (34)), por coincidir com ela de maneira exata (*é justamente a cozinha*) ou por guardar com ela alguma relação (*padre Montoya* e *jesuítas*), ou por negá-la em "termos exatos" (*o contrário*).

Preferimos a denominação "coincidência de assunto", porque a categoria que é retomada pelo *justamente* muitas vezes corresponde a um trecho bastante grande do discurso prévio, que só é delimitada no momento em que é introduzida por *justamente*. A função dessa operação de coincidência também é definida no fluxo do texto. Assim, nos exemplos de Gilberto Freire, em (33) temos uma conclusão geral de um tópico, que na verdade é a Bahia, que entra no texto pela estada do autor na Bahia, onde ele começou a viagem de estudos que deu origem à sua obra antológica. A frase com *justamente* não conclui o tópico *Bahia*, mas conclui uma pequena interpolação a respeito da experiência do autor com a cozinha baiana.

Já em (34), a função de *justamente* é incluir uma pequena coincidência que surge à margem do fluxo principal do texto: o assunto são os monstros avistados nas missões e descritos pelo Padre Montoya. Uma das descrições é baseada no avistamento de um dos monstros por um caseiro de jesuítas. A função do comentário é mostrar a possível fonte da informação de Montoya.

Em (35), *justamente* retoma a categoria anterior (uma tese defendida por autores que Freire resenha) para negá-la com a expressão *o contrário*. O que interessa aqui, e que parece constante no uso de *justamente*, é que se retoma uma categoria anterior: *o contrário* retoma o que foi dito para negá-lo. Existem outras maneiras de se fazer isso:

(36) *Por outro lado, leitor amigo, nota que eu queria desviar as suspeitas de cima de Capitu, quando havia chamado minha mãe* ***justamente*** *para confirmá-las; mas as contradições são deste mundo.* (Machado de Assis, *Dom Casmurro*)

(37) *Como que não converse? Mas é* ***justamente*** *um conversador sublime!* (Eça, *As cidades e as serras*)

Dado que a exata circunscrição do elemento retomado é muitas vezes feita no momento em que a focalização com *justamente* aparece, é ele que vai estabelecer os limites da coincidência. Ou, melhor dizendo: é através dele que o falante opera essa coincidência com um assunto anterior. Nesse sentido, ele opera num nível acima daquilo que é dito. Na análise desses operadores, penetramos num terreno ainda pouco explorado da descrição gramatical, ainda muito afeita a operar sobre sentenças soltas e/ou fragmentos descontextualizados.

CONSIDERAÇÕES FINAIS

Uma descrição mais minuciosa do significado de *justamente* ainda está para ser feita. Acreditamos que o texto avançou um pouco o conhecimento sobre o percurso histórico do significado de *justamente*, de advérbio qualitativo derivado de adjetivo em *-mente* para focalizador.

De uma maneira mais ampla, ele chama a atenção para os processos de gramaticalização, quer dizer, o desenvolvimento de significados e funções mais gramaticais (como, por exemplo, a operação na organização do fluxo do texto) por advérbios em *-mente*. Um próximo passo seria uma análise mais geral de advérbios que sofreram esse processo, como *exatamente*, *precisamente* e *certamente*. Num nível ainda superior está o estudo da construção dos processos de focalização, entendidos como operações de nível superior de [atos de?] fala. Gostaríamos de ressaltar que esses processos (de gramaticalização e de operações de fala de nível superior) necessitam ser estudados na dimensão em que ocorrem, ou seja, na dimensão histórica. Essa discussão apenas começa aqui.

NOTAS

1 Quer dizer, ele aparece anteposto ou posposto a um elemento pertencente a uma categoria sintática, com a qual forma uma nova categoria sintática do mesmo tipo da categoria núcleo: *falou* é um verbo; *falou justamente* é uma expressão complexa que funciona da mesma forma que o verbo *falou*.

2 Por exemplo, os deuses do mito antigo indo-europeu se tornam reis, arrolados na cronologia *ab urbe condita*: o deus varunaico se torna Rômulo, o deus mitraico se torna Numa e o deus usurpador se torna Tarquínio.

3 Publicação póstuma, o autor faleceu em 1666.

4 O termo foi sugerido por Rodolfo Ilari.

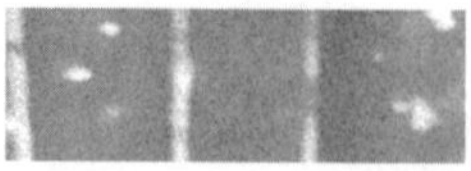

PARA UMA HISTÓRIA DOS NOMES NUS NO PORTUGUÊS BRASILEIRO: O CASO DO SINGULAR NU

Albert Wall

SUMÁRIO

Este capítulo visa a colocar e elaborar a questão da evolução diacrônica da determinação nominal no português brasileiro (PB) de um ponto de vista semântico, focalizando a ausência de determinantes no sintagma nominal, ou seja, a possibilidade de haver sintagmas nominais "nus" (SNs nus), ou, simplesmente, "nomes nus" (NNs). No sentido estrito, um NN ou um SN é um sintagma nominal desprovido de qualquer tipo de modificação, como *sertanejo* em (1a) ou *barração* em (1b). Porém, pode-se também falar de NNs ou SNs nus num sentido mais amplo que ainda permite certos tipos de modificação, como, por exemplo, a presença da marcação de plural (2a) ou outros modificadores pós-nominais, como em (2b). Nesses casos, o atributo "nu" refere-se só à ausência de itens funcionais pré-nominais, responsáveis primeiramente pela determinação extensional do núcleo nominal, enquanto os modificadores pós-nominais (com exceção da marcação de plural) apenas modificam a intensão do núcleo nominal.[1]

(1) a. *Sertanejo não sabe chorar.*
b. *Barracão pegou fogo / nóis fiquemos sem lar.* (Demônios da Garoa 1995; Disco *Trem das 11*)

(2) a. *Crianças lêem revistinhas.* (Schmitt e Munn 1999)
b. *Professores de Coimbra trabalham muito.* (Müller e Oliveira 2004)

O interesse principal do estudo dos nomes nus, portanto, está orientado para as características extensionais desses SNs, ou seja, a atualização, a referência, a (in)definitude, e a (não) individuação, funções geralmente relacionadas com os determinantes, especialmente com os artigos definidos e indefinidos nas línguas que gramaticalizaram esse tipo de item funcional. Nesta perspectiva, a margem da ocorrência dos nomes nus em diferentes constelações revela algo sobre as funções e os significados dos determinantes numa dada língua, e também sobre a semântica dos nomes (comuns).

O que exatamente se revela no estudo dos nomes nus depende fortemente do ponto de vista teórico adotado: evidências para diferentes tipos de parametrização sintática (Longobardi, 1994; Munn e Schmitt, 2005) ou semântica (Chierchia, 1998; Pires de Oliveira e Rothstein, 2011), problemas com certas implementações da hipótese DP, ou até problemas fundamentais para tal hipótese (Wall, 2017a: 22-26; 254-258). Também não há unanimidade sobre quais das ocorrências de SNs sem determinante na superfície devem ser analisadas como casos de nominais nus num nível mais abstrato da sintaxe (ver nota 1). Não podemos apresentar todas essas propostas aqui, nem entrar nos detalhes de uma proposta particular, mas uma discussão bastante completa pode ser encontrada em Wall (2017a: cap 2). Em todo caso, existe uma certa unanimidade quanto ao fato de que os NNs têm uma relevância teórica fundamental, e por isso a questão da evolução diacrônica desses elementos é de interesse geral no estudo da sintaxe e da semântica dos SNs. Também é consenso que a forma mais instigante de SN nu, nas línguas românicas e germânicas (incluindo o português europeu (PE[2]), é o singular nu (SgN[3]) em função/posição de argumento canônico, quer dizer como sujeito ou objeto direto. Isto porque aparentemente em todas as outras línguas dessas famílias linguísticas tal uso seria impossível ou consideravelmente restrito, enquanto no PB essas restrições são muito mais frouxas, ou mesmo inexistentes. Além disso, é fato conhecido que, afastando-se do sistema latino, que não conhecia a categoria dos artigos, a gramaticalização dos artigos nas línguas românicas começa pelas funções/posições argumentais (Selig, 1992; Stark, 2006; entre outros), e essas posições podem ser consideradas domínios em que a gramaticalização se completou há bastante tempo, ao contrário de outros contextos, nos quais o artigo nunca chegou a ser obrigatório (Kabatek, 2002; entre outros). Diante desse panorama, surgem várias perguntas com respeito à evolução dos SgNs do PB contemporâneo, e a discussão detalhada dessas perguntas, incluindo respostas preliminares, constitui a contribuição principal do presente estudo.

Na primeira seção, introduziremos os fenômenos envolvendo o SgN a serem estudados e os problemas empíricos, sobretudo na diacronia, como também um breve resumo da literatura sobre o assunto. A segunda seção abre a discussão da evolução dessa forma no PB, propondo uma série de hipóteses específicas para a pesquisa futura. Na terceira seção, apresentam-se os dados empíricos disponíveis no momento, que logo em seguida serão discutidos na quarta seção com respeito às hipóteses mencionadas. A última seção resume e conclui este estudo.

OS DIFERENTES MODOS DE SER NU

No decorrer das últimas três décadas de estudo mais aprofundado do SgN no PB, identificou-se uma vasta gama de funções que, numa interpretação radical, pode levar à conclusão de que no PB parece não existir nenhuma restrição sintática ao seu uso argumental (Wall, 2017a). O SgN não ocorre em todas as estruturas com a mesma naturalidade, mas ele foi documentado em praticamente todas, incluindo as mais básicas. Dado que a naturalidade mais baixa em certas estruturas pode ser explicada por vários outros fatores, fica difícil postular restrições sintáticas "rígidas" sobre essa forma.[4] A discussão do problema das intuições sobre o SgN em PB requer mais espaço do que dispomos aqui,[5] nem é possível introduzir aqui todos os tipos de exemplos discutidos na literatura. Por isso oferecemos um panorama limitado de frases aceitas por unanimidade como gramaticais no PB, e algumas com naturalidade reduzida, mas todas aceitas por uma parcela significativa de falantes nativos. Entre as configurações em que o SgN ocorre com mais naturalidade, está a posição de objeto pós-verbal:

(3) a. *João gosta de **cachorro**.* (Pires de Oliveira e Rothstein, 2011)
b. *No aeroporto de Londres, os policiais só revistaram naquele dia **mulher com mochila grande**.* (Schmitt e Munn, 1999)
c. *Eu matei **coelho** por três anos.* (Schmitt, 1996)
d. *Fui buscar **menino** no colégio às cinco horas* (Saraiva, 1996)

Esses exemplos já mostram que dentro dos objetos pós-verbais podemos distinguir diferentes usos com diferentes interpretações; (3b-c) têm interpretação existencial enquanto (3a) não necessariamente. Os NNs podem ser modificados de várias maneiras e ocorrer dentro de predicados verbais mais complexos. Assim, (3c) pode ser interpretado como uma atividade rotineira, valendo o verbo e o complemento por uma única unidade sintático-semântica. Os NNs em (3a-b) claramente têm interpretação transnumeral: não se especifica a quantidade de referentes, podendo tratar-se de um ou mais que um. Em (3c), o adjunto adverbial "força" uma interpretação plural do NN. O exemplo (3d), sem mais contexto, tem uma interpretação transnumeral, mas também é possível pensar em uma interpretação singular-referencial em um contexto adequado (cf., Kabatek, 2002). Nenhum exemplo de (3) tem uma interpretação massiva, mas é fácil demonstrar que esta interpretação também é possível: o verbo em (3c) poderia ser substituído por *vender*; neste caso, a interpretação seria ou transnumeral, ou massiva (fazendo-se neste último caso referência à carne de coelho).

Também se considera unanimemente como natural o uso do SgN como sujeito de sentenças genéricas caracterizantes (ou gnômicas) (Schmitt & Munn, 1999; Müller, 2002a, Pires de Oliveira e Rothstein, 2011, entre outros), como nos exemplos (1a) e (4a-c):

(4) a. ***Homem*** *não chora*. (Müller, 2002a)
b. ***Garrafa de coca*** *tem gargalo estreito*. (Müller, 2002b)
c. ***Coelho*** *vê o mundo de outra maneira porque é muito pequeno*. (Schmitt e Munn, 2003)

Primeiras controvérsias sobre aceitabilidade, dentro das frases genéricas, surgem com SgNs usados como sujeitos de "predicados de espécie", como em (5), e com frases episódicas que predicam algo sobre uma espécie ou uma classe, como em (6). Para muitos falantes nativos, porém, essas frases são perfeitamente aceitáveis (Pires de Oliveira et al., 2010; Wall, 2014).

(5) a. ***Baleia*** *está em extinção*. (Pires de Oliveira e Rothstein, 2011)
b. ***Dodo*** *foi exterminado pelos colonizadores europeus*. (Dobrovie-Sorin, 2010)

(6) a. *[Até o século* XX*]* ***Mulher*** *verstiu saia.* (Pires de Oliveira e Mariano, 2011)
b. *Ontem,* ***rato*** *comeu a comida do cachorro.* (Pires de Oliveira, 2012)

Conforme observado na literatura, alguns dos exemplos em (4)-(6) permitem uma interpretação indefinida do SgN enquanto outros favorecem uma interpretação definida. De novo, não é possível fazer jus à complexidade das análises propostas para esses NNs. Uma introdução bastante acessível pode ser encontrada em Pires de Oliveira e Peruchi

Mezari (2012), cujo título foi adaptado para o título desta seção. Baste dizer que esses dois tipos de exemplo representam os dois tipos fundamentais de expressão de genericidade: (i) genericidade ao nível da frase nas sentenças caracterizantes, como em (1a) ou (4a) e (ii) genericidade ao nível do SN nos casos em que os SNs fazem referência de maneira direta a uma classe ou uma espécie, como em (5).

Finalmente, também foram documentadas ocorrências de SgNs definidos e indefinidos com referência específica, i.e., uma interpretação genuinamente singular (Kabatek, 2002; Wall, 2013). Sem contexto de suporte, muitos falantes nativos tendem a rejeitar essas frases, mas apresentadas em contexto, por exemplo, em experimentos controlados, a aceitabilidade aumenta consideravelmente (Wall, 2014; 2017a: cap. 5). Em (7a-d), apresentamos usos documentados de SgNs com referência a indivíduos, definidos e indefinidos, tanto para sujeitos como para objetos.

(7) a. *(o) carro do moleque num tinha* ***documen::to …documento*** *tava na chá::cara.* (Wall, 2013)
b. ***Motorista de lotação lotada*** *teve dificuldade para passar por uma área alagada em Vargem Grande, na zona Oeste do Rio, na tarde desta quarta-feira (7).* (G1 07.04.2010)[6]
c. *"Perdi a minha aliança!"*, *gritou Didi. Às vésperas da Copa do Mundo de 1958, o meio-campista parou o treino da seleção canarinho para procurar seu anel de casamento.* [...] *E nada de encontrar* ***aliança****.* (Cyrino e Espinal, 2016)
d. *A colunista Anna Ramalho, por quem tenho o maior apreço, divulgou* ***e-mail irado de Paulo Graça Couto*** *no qual critica vários senadores.* (*Jornal do Brasil*)

A (in)definitude dos exemplos em (7) se dá pelo contexto. Enquanto em (7a) e (7c) os referentes dos NNs já foram introduzidos anteriormente, em (7b) e (7d), esse não é o caso, resultando em interpretações indefinidas. Todos os NNs, todavia, têm referência específica: trata-se de um documento e de um motorista concretos, do anel de aliança de uma pessoa concreta, e de um e-mail concreto. Mesmo que pareça tentador argumentar que esses exemplos são marginais ou que é possível buscar razões não gramaticais para a falta dos artigos que se esperariam diante destes NNs, essa estratégia não é satisfatória. Wall (2017a: cap. 4 e 5) mostra que encontrar mais exemplos é só uma questão de dedicação e que em contextos de experimentos bem controlados, a aceitabilidade de NNs definidos/específicos/referenciais não é mais baixa que de outros NN não questionados na literatura. Como também demonstrado em Wall (2017: cap. 4), existem tendências diferentes na língua falada e escrita quanto à interpretação dos NNs e da sua configuração dentro da frase. Assim, é possível, de fato, defender a afirmação que não parece haver restrições sintáticas fortes aos NNs no PB e à sua interpretação, levando à pergunta óbvia dentro do quadro temático deste volume: como surgiu esse sistema de determinação que generalizou ao mesmo tempo artigos e NNs, e qual é a sua história?

Em princípio, cada bloco de exemplos apresentado anteriormente mereceria um estudo diacrônico próprio. Não parece improvável que o comportamento de todos esses casos não seja uniforme. O tratamento bastante diferenciado dessas formas pela literatura especializada pelo menos sugeriria este cenário (ver a formulação de hipóteses mais concretas adiante). Resumindo, vimos que a literatura sincrônica, com todas as limitações empíricas, vê o SgN argumental do PB como fenômeno excepcional que demanda uma explicação à parte dentro das teorias sobre a determinação nominal, e ela também identificou várias distinções importantes no sistema cotidiano que se oferecem como ponto de partida natural para a investigação dos diferentes sistemas ao longo da história do PB.

Problemas empíricos

A investigação das formas introduzidas na seção anterior enfrenta uma série de problemas empíricos, o que justifica começar por um estudo em conjunto. Conseguir uma base de dados diacrônicos razoável para cada um dos usos antes descritos é atualmente inviável. Os problemas começam com a documentação dos exemplos. Metodologicamente, a procura por "zero" é um desafio, mesmo com todo o avanço na Linguística Computacional e na Linguística de *Corpus* (Wall, 2013; Wall et al., 2014). Além disso, todos os usos de SgNs argumentais têm uma frequência bastante baixa (Pires de Oliveira et al., 2010; Wall, 2013, 2017a). Na língua falada, surge um problema adicional: em contextos de assimilação, quando uma vogal da palavra anterior ou posterior é idêntica ao artigo, é impossível determinar se um artigo está presente ou não. Pode-se observar uma sensibilidade a possíveis artigos na percepção e produção, mas a possível presença de artigos tem que ser recuperada pelo contexto (Wall, 2017a: cap. 3).

Na sincronia, podem-se combinar diferentes métodos de tal forma que a insuficiência de cada um pode ser superada na aplicação combinada deles, mas esse procedimento obviamente não é possível para a diacronia, o que torna o levantamento de dados muito mais difícil. Resta-nos a estratégia de estudar manualmente um documento por vez dentro dos tipos de textos nos quais julgamos mais provável encontrar exemplos. Também será necessário identificar a influência de fatores de outro tipo (sintáticos, discursivos, histórico-sociais, estilísticos, normativos etc.) na mudança do sistema de determinantes do PB, para poder isolar o componente semântico nessas mudanças. Esse objetivo não pode ser alcançado em um único estudo e por uma única pessoa. Trata-se de uma empreitada que implica esforços colaborativos, muita revisão manual de textos, apostando na documentação de exemplos esporádicos dentro do uma grande quantidade de textos e a subsequente reconstrução dos possíveis sistemas que estariam por trás das observações compiladas. Antes, porém, a relevância de cada observação para o *status* do sistema em questão tem que ser avaliada com muito cuidado – o perigo de confusão de categorias (seja apenas por simplificação) numa análise superficial não pode ser negligenciado, como veremos na próxima seção.

Na sincronia, como dito, pode-se observar um contraste considerável nos tipos de SgNs usados na língua falada e escrita, como também nas frequências de uso. Muitos dos tipos de SgNs observados na fala aparentemente são "corrigidos" na escrita. Algo similar também pode ter ocorrido no passado, para o qual a disponibilidade de dados de língua falada é extremamente escassa. Com isso, resulta quase impossível investigar a história dos NNs de maneira sistemática no momento. No entanto, essa investigação não é totalmente impossível, e de vez em quando se encontram raros casos "felizes", ou seja, casos em que a documentação é relativamente rica (um exemplo é dado em Wall, 2017b, seção 3.2).

Breve resumo da literatura diacrônica

O problema da escassez concerne não só os dados, mas também os estudos diacrônicos sobre o tema. A variação com respeito à presença/ausência de determinantes (especialmente dos artigos definidos), assim como a sua evolução, foi bastante estudada para certos casos especiais. Entre eles figuram o uso do artigo diante de possessivos (*meu pai/o meu pai*) e diante de nomes próprios (*Pedro/o Pedro*) (ver Rinke, 2010; Callou e Silva, 1997 e as referências citadas nesses artigos). Sobre outros tipos de sintagmas nominais, sobretudo com nomes comuns no núcleo, a literatura é muito mais escassa, reduzindo-se a um par de trabalhos de caráter exploratório. Trabalhos com foco na empiria ou quantificação praticamente inexistem. Desde o estudo pioneiro de Kabatek (2002),[7] o único de maior extensão dedicado especificamente ao tema é Rospantini (2016), uma tese de doutorado com a ambição de estudar sistematicamente, década por década, a evolução da presença e ausência dos artigos em jornais portugueses e brasileiros no decorrer do século XX, levando em consideração tanto usos argumentais como não argumentais, e analisando fatores gramaticais e extra-gramaticais. O estudo de Kabatek (2002) merece ser chamado de pioneiro porque identificou o uso e a importância dos SgNs específicos e traçou um panorama geral para a evolução do sistema de determinantes do PB dentro da teoria do ciclo de gramaticalização dos artigos (Greenberg, 1978), contextualizando a evolução brasileira com respeito às evoluções nas outras línguas românicas. Além desses trabalhos, temos conhecimento de Barme (2011), um pequeno estudo que tenta puxar o limite da documentação dos NNs para o século XIX, pondo ênfase no contato linguístico como fator explicativo na diacronia dos SgNs. No entanto, esse artigo também mostra que a falta de atenção suficiente à literatura mais especializada (como a citada anteriormente) pode levar a mal-entendidos e prejudicar a análise porque os exemplos documentados pelo autor – embora tenham interesse em princípio – nem sempre são aptos para suportar ou rejeitar as hipóteses em questão (retomaremos esse problema adiante, na subseção "'Oralidade fictícia': exemplos em obras literárias do século XX"). Finalmente, pode-se mencionar Wall (2017b), uma contribuição dedicada a uma fonte do começo do século XX muito interessante para o estudo dos SgNs, a saber, a rapsódia *Macunaíma* de Mário de Andrade. O interesse por essa obra justifica-se por se tratar de um texto orientado para a oralidade com relativamente muitos exemplos relevantes que, mesmo tratando-se de "oralidade fictícia", podem ser interpretados com bastante segurança: dispomos de um amplo conhecimento sobre o projeto linguístico do autor da rapsódia e uma edição crítica do texto (Andrade, 1978). Exemplos dessa obra serão apresentadas na subseção "'Oralidade fictícia': exemplos em obras literárias do século XX". A construção das hipóteses específicas para o estudo dos SgNs no PB, portanto, será feita a partir dos trabalhos mencionados.

HIPÓTESES

Como ficou evidente na seção anterior, carecemos inteiramente de estudos diacrônicos empíricos sobre o SgN no PB antes do século XX. Em relação ao SgN nos usos argumentais, o senso comum atualmente parece ser o seguinte: a categoria dos determinantes já está completamente gramaticalizada nos períodos mais antigos documentados em todas as línguas românicas – a mais tardar com a evolução dos artigos definidos. Isso vale especialmente para os usos argumentais: os primeiros contextos para o estabelecimento categórico dos artigos são usos singulares como sujeitos definidos e, depois, objetos diretos definidos (Selig, 1992; Stark, 2006). Posteriormente, pelo geral, o que se observa são extensões a domínios nos quais os textos antigos ainda permitiam usos de nomes comuns sem determinante. Com isso, simplificando um pouco, podemos dizer que o sistema de determinantes que veio "nas caravelas" (Galves, 2007) ao Brasil, muito provavelmente já não permitia SgNs em posição de argumento canônico, salvo talvez em usos genéricos, como documentam os provérbios até hoje.

(8) ***Cão que muito ladra*** *nunca é bom para a caça.* (Kabatek, 2002)

A evolução posterior que se projeta para todas as línguas românicas é de extensão e obligatorificação do uso dos determinantes em SNs argumentais. No entanto, se comparamos isso com o que encontramos atualmente no PB, notam-se tendências contraditórias: por um lado, temos a extensão do uso do artigo a nomes próprios e diante de possessivos (Callou e Silva, 1997; entre outros), mas, por outro lado, temos também uma notável presença de SgNs em diferentes contextos de genericidade, e mais esporadicamente, mas mesmo assim bem documentado, até em usos referenciais/definidos/específicos. Diante desses dados, podem-se levantar uma série de hipóteses para essa evolução desde o século XVI até os dias de hoje, e para a atuação de possíveis fatores nesse trajeto diacrônico, que serão introduzidas e discutidas a seguir.

Com base em Kabatek (2002), as duas hipóteses básicas seriam:

H1: O uso genérico não é uma inovação no PB. Usos genéricos com SgNs sempre foram possíveis no português. (O PE perdeu essa propriedade mais tarde.)

H2: O uso referencial/definido do SgN é uma inovação do PB. (Já que aparentemente não existia nas fases anteriores da língua.)

Com relação ainda a H2, e tendo em vista a escassez de dados empíricos, não é possível excluir a hipótese de que o que mudou mais foi na verdade o PE – o fato de não termos encontrado SgNs argumentais com interpretação específica não prova que tais usos não existiram. Combinando esta observação com H1, poderíamos levantar uma terceira hipótese:

H3: O estabelecimento das restrições sobre o singular nu observadas no PE quanto aos usos genéricos e específicos são evoluções posteriores das quais o PB não participou.

Nessa perspectiva, o PB representaria a continuação do sistema mais antigo, talvez com certas tendências de retrocesso no uso dos determinantes, aumentando ligeiramente a frequência de usos do SgN. Ressalte-se que mesmo que H3 inclua H1, as duas hipóteses são independentes, porque H3 exclui H2. O fato de encontrarmos frases genéricas com diferentes graus de aceitabilidade no PB atual (ver seção anterior) nos permite até considerar versões refinadas das hipóteses H1 e H3. Não sabemos se todos os usos genéricos ainda eram possíveis antes da "separação" do PB do PE. Pode ser que só os casos mais prototípicos, as frases caracterizantes, contendo um mínimo de âncoras referencias (no sentido de Barwise e Perry 1983, ver discussão em Löbner, 2000) permanecessem possíveis, enquanto já havia restrições a predicados episódicos (ou outros tipos de frases genéricas).

H4: As restrições sintáticas à ausência de determinantes não atingem todos os tipos de frases genéricas simultaneamente. A ordem é determinada por fatores gramaticais (por exemplo, a quantidade de âncoras referenciais na frase etc.).

Situando H4 na história da língua portuguesa, poderíamos propor H5:

H5: Nem todos os tipos de frases genéricas eram atingidos por restrições sintáticas antes da separação de PB e PE.

Depois de elaborar uma série de hipóteses sobre o percurso e a direção das mudanças no uso dos nomes nus, falta uma reflexão sobre fatores linguísticos e extralinguísticos que poderiam estar envolvidos nessas mudanças. Pode parecer prematuro começar com essas reflexões antes mesmo de ter evidências pelo menos parciais a favor ou contra H1-H5, mas no mínimo uma hipótese já pode ser levantada – a hipótese da influência do *status* fônico fraco dos artigos no PB:

H6: A fraqueza fônica dos artigos no PB desfavorece uma evolução/gramaticalização de restrições sintáticas à sua ausência.

H6 é baseada nos resultados em Wall (2017a: cap. 3), em que se mostra que os artigos são assimilados ou mesmo elididos no PB com muita naturalidade e com frequência considerável. Empiricamente, esse é um dos contrastes mais fortes em comparação com todas as outras variedades românicas, e também com o PE, em que os artigos são muito mais "protegidos" pela fonologia.

Finalmente, e chegando ao núcleo da Semântica Diacrônica, coloca-se a questão da mudança semântica: o que mudou (ou está mudando) o significado gramatical do SgN ou o significado gramatical dos determinantes? Kabatek (2002), por exemplo, introduz o que ele chama de "gramaticalização negativa": dentro de um processo de gramaticalização de uma forma, as formas não marcadas, estando em oposição com as marcadas, podem também ganhar e gramaticalizar um significado próprio. Em outras palavras, em vez de considerar os usos dos SgNs nas diferentes configurações como marginais e não relacionados entre si, poderia considerar-se a hipótese de uma nova categoria do SgN "unificada".

H7: (Por vias de gramaticalização negativa) está surgindo no PB uma nova categoria X, em forma de SgN, com seu próprio significado.

A outra possibilidade, conforme proposto anteriormente, seria olhar para mudanças no significado dos determinantes. O que ocorre na atualidade poderia ser mais que uma simples continuação da gramaticalização e da extensão, seguindo, por exemplo, o ciclo de gramaticalização discutido em Kabatek (2002). Poderíamos estar diante de um processo de reorganização que pode resultar em significados novos.

H8: O sistema semântico dos determinantes do PB está sendo reorganizado na atualidade.

Com referência ao princípio da composicionalidade também seria possível supor uma combinação de H7 e H8, segundo a qual os significados gramaticais de nome e determinante interajam na diacronia. Está claro que a operacionalização de H7 e H8 precisará de uma reformulação dentro de um quadro teórico específico, mas em termos gerais essas parecem ser as direções mais interessantes e relevantes para uma futura investigação.

UMA APROXIMAÇÃO AOS DADOS DIACRÔNICOS

Como foi dito na introdução, o grande problema para o estudo do SgN argumental no PB é que esse uso aparentemente está mais associado à língua falada. Mesmo não sendo estigmatizado e, pelo menos no caso dos usos genéricos, não estando em conflito com a norma prescritiva, os SgNs não aparecem com tanta frequência na escrita. Para dar um exemplo, em Wall (2013), discute-se o caso de um estudo psicológico sobre crianças, em que a palavra *criança* foi usada genericamente repetidas vezes. Porém, só encontramos uma ocorrência com o SgN, imediatamente no início do texto. Os outros usos genéricos apresentam SNs definidos e indefinidos singulares e plurais nus. Esse problema se agrava quanto mais nos movimentamos para trás na diacronia. Além disso, os usos genéricos são constelações muito particulares que em si não são frequentes, e dentro deles o SgN é sempre somente uma entre várias opções.

Nossa experiência antes e durante a preparação deste capítulo nos mostrou que o tema não se presta muito nem a buscas específicas dentro de *corpora* nem a estudos exaustivos de coleções de textos, e que depende praticamente só da sorte de encontrar exemplos esporádicos. É muito raro encontrar textos que contêm essas formas com uma frequência mais alta. Um desses "casos felizes" para a primeira metade do século XX foi documentado em Wall (2017b). Trata-se do livro *Macunaíma*, de Mário de Andrade, que, apesar da sua expressão linguística bastante excepcional, parece ser uma boa fonte para o estudo da sintaxe e semântica nominal contemporânea. Junto com os dados retirados de jornais de Rospantini (2016), esses exemplos são os casos "fiáveis" mais antigos documentados até agora na literatura, exibindo tanto usos genéricos de diferentes tipos como também referenciais/específicos definidos e indefinidos.

Singulares nus em textos de jornais (Rospantini, 2016)

Rospantini (2016) estuda a ausência dos artigos em jornais portugueses e brasileiros entre 1900 e 2010. Nesta seção, resumiremos alguns aspectos da parte sobre o PB desse extenso trabalho, que se destaca mais por sua visão holística sobre a ausência do artigo nesse tipo de texto através de um século inteiro e menos por análises pormenorizadas e nítidas de aspectos morfossintáticos ou semânticos. Mesmo que esse estudo muito provavelmente seja o que tem o maior número de ocorrências de SNs sem artigo analisadas para o PB (2.150 no total), a observação de tendências evolutivas nem sempre pode ser feita com facilidade dada a grande quantidade de variáveis manejadas e controladas pela autora.

Para o levantamento dos dados, a autora optou pela seguinte estratégia: foram escolhidos quatro jornais de distribuição nacional– o *Estado de São Paulo* e o *Jornal do Brasil* (a partir da década de 1900), *O Globo* (a partir da década de 1920) e a *Folha de S.Paulo* (a partir da década de 1930). Por década, foram extraídas as primeiras 50 ocorrências de SNs sem artigo de um exemplar de cada jornal, resultando em 2.150 SNs sem artigo no total (para informações mais detalhadas ver Rospantini, 2016: 240-258). Dado esse procedimento, não é possível dizer se a quantidade de SNs nus mudou ao largo do tempo (no total ou para casos particulares), só é possível verificar frequências relativas. Como tendência geral, a autora mostra, por exemplo, que a frequência relativa de SNs que normalmente não levam artigo diminui, enquanto a frequência relativa de SNs sem artigo onde se esperaria um aumenta, sobretudo para SNs definidos (ver Gráfico 1).

Gráfico 1 – Frequência relativa da omissão do artigo em jornais brasileiros no século XX, em Rospantini (2016: 409)

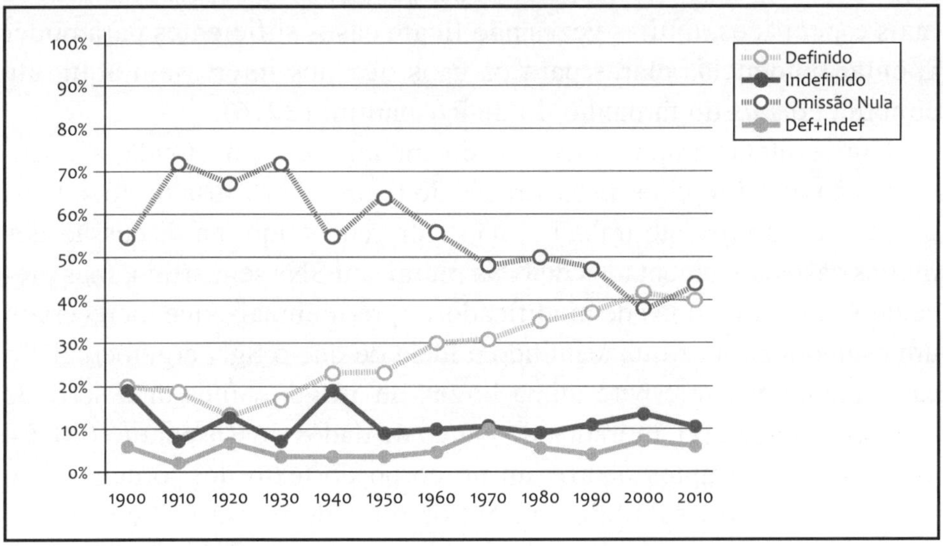

A categoria da "omissão nula" junta todos os casos nos quais a tradição gramatical não esperaria artigos, ou onde os artigos tipicamente são omitidos. Para a identificação dos contextos respectivos, Rospantini (2016) se baseia em Neves (2000: 430 e seguintes, 530

e seguintes) e em Cunha e Cintra (1992: 237-238; 242 e seguintes). "Def+Indef" são casos em que ambas as interpretações, definida e indefinida, seriam possíveis. Observa-se, portanto, no Gráfico 1, uma frequência bastante estável e baixa (menos de 10%) de SNs ambíguos. A frequência de SNs com interpretação indefinida também é bastante estável, ligeiramente acima dos ambíguos. A mudança mais destacada é a de SNs definidos, que tem um crescimento da frequência relativa a partir dos anos 50 do século xx, levando à diminuição da frequência relativa dos casos em que não se esperaria um artigo. No entanto, para a interpretação dos dados é importante saber que os dados desse gráfico incluem SNs de todos os tipos de texto presentes nas primeiras páginas, incluindo os títulos. Isso é importante porque a evolução da frequência de SNs nus nos títulos de textos mostra correlações: justamente a partir da década de 50 começa a subir a frequência relativa de NNs nos títulos, e antes isso quase não ocorria. A evolução descrita no Gráfico 1 provavelmente não pode ser atribuída só aos títulos, mas o exemplo mostra que, quando separamos grupos mais específicos, muitas vezes não ficam casos suficientes para poder apontar tendências claras para os usos que nos interessam aqui, até com um *corpus* do tamanho do de Rospantini (2016).

Um resultado importantíssimo do trabalho é, sem dúvida, a documentação dos diferentes usos através do tempo. Por causa do foco mais específico do presente trabalho, não entraremos aqui na discussão dos muitos casos documentados de NNs plurais ou SNs sem artigo, mas precedidos de outros tipos de modificadores pré-nominais, que mereceriam um estudo a parte. Aqui, seguindo a ideia de que o SgN argumental é o caso que menos se espera numa língua de artigo, damos uma série de exemplos desse tipo, retirados do banco de dados de Rospantini (2016). Todos esses exemplos ocorreram no corpo do texto dos jornais – não se trata de títulos, subtítulos ou outros tipos de registros "reduzidos". Infelizmente, não foram documentados exemplos de SgNs genéricos na primeira metade do século xx nesse banco de dados. Em contrapartida, é fácil encontrar argumentos não ancorados referencialmente, quer dizer, usos não específicos:

(9) *Assim armados, responder-nos-iam que a propaganda poderá estimular o consumo, podendo oferecer* ***artigo bom*** *por preço reduzido.* (1900, *Estadão*)

Porém, também foram documentados exemplos de sujeitos e objetos específicos, tanto indefinidos como definidos. O exemplo (10) é um caso de um sujeito definido específico:

(10) *Notícias hoje recebidas informam que* ***operário mexicano Kyla*** *do Estado do Texas foi massacrado por um chefe de turma da estrada de ferro.* (1920, *Jornal do Brasil*)

Os exemplos (11) e (12) podem ser interpretados como definidos ou indefinidos:

(11) ***Communicação official do general French****, confirma a notícia de terem as forças do mesmo general tomado por surpreza um canhão* (1900, *Jornal do Brasil*)

(12) ***Telegrama de Breslau****, na Silésia, anuncia* [...]. (1930, *Folha de S.Paulo*)

Em (13), (14) e (15), temos exemplos de um objeto específico indefinido:

(13) *À noite recebeu o dr. Nunos de Andrade* ***telegrama de S. Paulo*** *comunicando não ter ocorrido caso algum novo de peste nem alli, nem em Santos.* (1900, *Jornal do Brasil*)

(14) *O jornal La Nación publica* ***interessante artigo*** *sobre as virtudes do mate do Paraná, produto brasileiro de grande consumo no Chile.* (1930, *Estadão*)

(15) *O Imperador do Japão enviou* ***mensagem de condolências*** *ao presidente da Argentina pela morte da sra. Eva Perón.* (1950, *Folha de São Paulo*)

Comparando esses exemplos com os encontrados no *Jornal do Brasil* na primeira década do século XXI em Wall (2017a: cap. 4), pode-se dizer que nenhum deles é muito surpreendente. Não podemos fazer especulações sobre questões de frequência, mas pelo menos pode-se dizer que os mesmos tipos de SgNs que observamos na linguagem jornalística contemporânea também já estiveram em uso no começo do século xx. A falta de exemplos de SgNs genéricos seria uma exceção, mas a explicação de tal fato não tem que ser necessariamente que houve uma restrição sobre esse tipo de SgN na linguagem jornalística na primeira metade do século xx; pode tratar-se de um mero efeito de *corpus*. Resumindo, os casos de SgN referenciais, tanto definidos como indefinidos, permanecem casos marginais, mas estão claramente documentados nos jornais durante um século inteiro.

"Oralidade fictícia": exemplos em obras literárias do século XX

Desde a filologia clássica, obras literárias sempre serviram como fonte de dados para a análise linguística. As vantagens e desvantagens de usar esses textos para o estudo da gramática são bem conhecidas e foram amplamente discutidas na literatura. Entre os principais pontos de crítica podem-se citar a distância entre a gramática normativa, incluindo o "bom uso" e o uso linguístico espontâneo dos falantes no dia a dia. Também devemos levar em consideração a assim chamada "liberdade artística" – sabemos que muitos autores têm as suas particularidades estilísticas também no uso da gramática, e isso não deve ser confundido com a gramática compartilhada por uma comunidade linguística. Porém, isso não significa necessariamente que não é possível usar obras literárias como fonte de dados. Com o devido cuidado na análise, obras literárias podem ser uma fonte riquíssima para o estudo gramatical. O uso linguístico de um determinado autor pode, por exemplo, conter informações sobre usos regionais. A ocorrência de formas inovadoras em autores geralmente considerados mais conservadores pode ser um indício da consolidação ou pelo menos da presença notável de uma forma não canônica. Finalmente, se dispusermos de um conhecimento suficiente do "projeto linguístico" do autor – e, como parte dele, da razão pela qual ele optou por certas formulações e não outras, podemos ser ainda mais confiantes na avaliação dos exemplos como dados gramaticais de distribuição mais ampla.

Barme (2011), na sua tentativa de investigar a história dos SgNs em posição de sujeito, chama a atenção para o escritor Ferreira de Castro, autor português que passou grande parte da sua adolescência no Brasil. Segundo Barme (2011: 164), Ferreira de Castro foi criticado pelo seu (não) uso de artigos por autores seus contemporâneos em Portugal, um uso que com bastante probabilidade teria uma origem brasileira, como também já opinaram autores como Meier (1975: 199) e Woll (1982: 72). Para documentar esse uso de SgNs não genéricos na primeira parte do século XX, Barme (2011: 165) cita os seguintes exemplos, retirados do romance *Emigrantes* (1943):

(16) ***Profunda vibração nervosa*** *exaltava-o*

(17) *Logo,* ***idéia dolorosa*** *o obrigava a levar a mão à carteira*

(18) *Pouco depois, porém, surgiu no molhe* ***jovem mulata****, meneando as ancas*

(19) *... porque, perto de ali,* ***voz forte*** *gritava*

Nota-se imediatamente que, apesar de não serem genéricos, só um dos SNs nus pode ser considerado ancorado referencialmente – *jovem mulata* em (19). Ademais, em todos temos um núcleo nominal modificado, e todos têm uma interpretação indefinida. Barme (2011) também apresenta quatro exemplos para a segunda parte do século XIX, porém, todos esses dados, mesmo sendo interessantes, têm problemas, seja na análise, seja na fidedignidade.

(20) ***Sinhô*** *comeu alguma coisa que fez mal*

(21) ***Sinhá velha*** *hoje deita tarde como diabo*

(22) *Na rua encontrei uma companhia do batalhão de fuzileiros,* ***tambor*** *à frente, rufando.*

(23) ***Cuverno*** *[sic] compra canhao [sic]*

No exemplo (20), segundo Barme, *Sinhô* é uma forma de tratamento, enquanto em (21) *Sinhá velha* é usado referencialmente. Porém, temos que levar em consideração que palavras fazendo referência a pessoas da família ou próximas (*pai*, *tio*, *vovó* etc.) têm um comportamento próprio quanto ao uso de determinantes. O SgN no exemplo (22) não é um uso argumental mas um adjunto adnominal, e em (23) fica impossível chegar a uma interpretação da frase sem ter o contexto do enunciado. Segundo Barme, trata-se de um exemplo retirado da literatura de cordel que ele transcreve do trabalho de Gärtner (2007), que infelizmente também não oferece mais contexto. Isoladamente, não se sabe se a frase deveria ser interpretada genericamente ou se se trata de um governo específico e de um ou mais canhões específicos. Portanto, mesmo sendo ocorrências de SgNs, três dos quatro exemplos não representam o fenômeno sob investigação aqui e o último não pode ser interpretado.

Com isto, não queremos negar a existência do fenômeno antes do século XX, pelo contrário, mas é preciso documentá-lo devidamente. Primeiros exemplos serão apresentados na próxima seção. No entanto, antes de discutir o século XIX, falta a discussão de exemplos bons da "oralidade fictícia" na primeira metade do século XX.

Na literatura de cordel encontram-se usos genéricos como em (24):

(24) *Disse o fiscal: o governo / Não puderá se manter, / Sem procurar o imposto / de quem comprar e vender, /* ***Artista e agricultor*** */ pagam por justo dever* (Leandro Gomes de Barros, *O fiscal e a lagarta*, 1917)

Um caso bastante interessante e discutido mais detalhadamente em Wall (2017b) é a obra *Macunaíma* de Mário de Andrade. Trata-se de um texto pensado para a apresentação oral (uma rapsódia) e sabemos que o projeto linguístico do autor não era simplesmente o de explorar a criatividade no sentido da arte pela arte. A linguagem usada na obra é descrita pelo próprio autor da seguinte maneira: "*[...] essa fala simples tão sonorizada música, mesmo por causa das repetições, como é costume dos livros religiosos ou dos contos estagnados no rapsodismo popular*" (Andrade, 1978: XVI). Quanto ao projeto linguístico do autor, a editora da edição crítica do texto destaca o "*anseio de Mário de Andrade de sistematizar o emprego da 'fala brasileira'*" (Andrade, 1978: XXIV). Ademais, é interessante observar que, apesar das mais variadas modificações da obra encontradas ao longo das oito edições publicadas durante a vida do autor, o uso dos SgNs nunca foi tocado, como documenta a edição crítica. Também interessante e relevante é o fato apontado por Woll (1982:

81) de que a frequência de omissões de artigos diante de possessivos parece surpreendentemente regular nessa obra, o que ele não teria esperado de uma obra experimental como essa. Resumindo, podemos dizer que mesmo que se trate de oralidade fictícia a ideia do autor de *Macunaíma* era representar a língua falada daquela época e a documentação detalhada da criação da obra sugere que o uso dos SgNs corresponde com grande fiabilidade à vontade do autor. Veremos alguns exemplos.

Encontramos sujeitos em sentenças genéricas caracterizantes, como o seguinte:

(25) ***jacaré*** *não tem pescoço,* ***formiga*** *não tem caroço!* (Andrade, 1978: 40)

Mais interessante para as teorias semânticas apresentadas na seção introdutória são predicados episódicos com sujeitos genéricos, como em (26):

(26) *Dispôs os manos nas esperas, botou fogo no bosque e ficou também amoitado esperando que saísse algum viado mateiro pra ele caçar. Porém não tinha nenhum viado lá e quando queimada acabou,* ***jacaré saiu****? pois nem viado mateiro nem viado catinguerio, saíram só dois ratos chamuscados.* (Andrade, 1978: 89)

Esse uso é caracterizado pelo autor como "*[e]xpressão popular cômica para indicar uma impossibilidade. É um dos refrains do livro*" (Andrade, 1978: 313). O uso no livro mostra que não se trata de uma expressão totalmente cristalizada do tipo "frase feita":

(27) *Jiguê andou légua e meia, foi até no fim das ruas, campeou a fruteira uns pares de vezes, muito tempo,* ***jacaré*** *achou? nem ele! Não tinha fruteira nenhuma e Jiguê voltou campeando sempre por todos os fins das ruas.* (Andrade, 1978: 111)

A estrutura *[jacaré* V_{PERF}*?][(x) nem* SN *(y)]* permite o uso de diferentes verbos no pretérito perfeito (no livro, encontramos *abrir*, *acreditar*, *sair* (duas vezes), *achar* (duas vezes) e *(a)fastar*). Ela também permite a interpolação de elementos como conjunções (26) e aparentemente qualquer tipo de SN depois da negação: desde um pronome, como em (27), até SNs modificados e coordenados, como em (26). Tudo isso exemplifica a notável produtividade de predicados episódicos com SgNs genéricos como sujeitos na primeira metade do século xx.

O aspecto mais interessante para o presente estudo em *Macunaíma* são os SgNs referenciais não genéricos. O livro apresenta um total de 37 ocorrências de argumentos singulares nus definidos e específicos. Em 20 casos, o núcleo é um nome contável, 12 deles animados, todos usados anaforicamente. 19 ocorrem em contextos não favoráveis à assimilação fonético-fonológica, como (28). No exemplo (29), levando em consideração que o texto foi pensado para uma apresentação oral, a falta do artigo poderia ser explicada por um simples processo fonológico de assimilação (sândi externo, ver Bisol, 2003 e a discussão em Wall, 2017a: cap. 3).

(28) *O dente de sucuri entrou na pele e despejou todo o veneno lá.* [...] *Não valeu nada.* ***Veneno*** *virou numa ferida leprosa e principiou comendo Jiguê.* (Andrade, 1978: 133)

(29) *E Venceslau Pietro Pietra era o gigante Piaimã comedor de gente.* [...] *Então* ***gigante*** *veio...* (Andrade, 1978: 39)

O SgN em (28), mesmo sendo anafórico, é um nome de massa. Porém, como descrito anteriormente, encontramos bastantes exemplos de nomes contáveis, tanto inanimados, (30), como animados, (31).

(30) *Depois retesou os músculos, se erguendo num trapézio de cipó e aos pulos atingiu num átimo o galho mais alto da piranheira.* [...] *O ramo fininho vergou oscilando com o peso do príncipe.* [...] *Dobrou o corpo todo na violência dum puxão mas não pôde continuar,* ***galho*** *quebrou e ambos despencaram aos emboléus até se esborracharem no chão.* (Andrade, 1978: 11)

(31) *Fui andando por um caminho, vai, topei rasto dum... Catingueiro não era não mas era mateiro. Me agachei e fui no rasto. Olhando, olhando, sabe, dei uma cabeçada numa coisa mole, que engraçado! sabem o que era! pois a bunda do viado, gente! (Macunaíma deu uma grande gargalhada).* ***Viado*** *perguntou pra mim: – Que está fazendo aí parente!* (Andrade, 1978: 131)

Com uma documentação tão evidente para as primeiras décadas do século XX, seria de esperar que os SgNs tanto genéricos como específicos também apareçam no século XIX. A próxima seção consiste em uma primeira tentativa de preencher essa lacuna na diacronia do PB, com saltadas pontuais ao século XVIII.

Os SgNs no século XIX: uma primeira aproximação cuidadosa

Pelas razões dadas na subseção "Problemas empíricos", uma pesquisa exaustiva e sistemática dos SgNs deveria contar com o apoio de um grupo de pesquisa maior para poder ser executada. O que podemos oferecer aqui são apenas amostras de diferentes tipos de textos com o fim de facilitar e projetar essa futura pesquisa mais sistemática. Nesta seção serão descritos os dados encontrados em um breve estudo piloto. Nesse primeiro passo, foram analisadas quantidades mais reduzidas dos seguintes tipos textuais:

- Cartas particulares (séculos XVIII e XIX)
- Atas da Sociedade Protetora dos Desvalidos (século XIX)
- Anúncios de jornais (século XIX)
- Peças de teatro (século XIX)

A escolha dos textos deve-se à observação de que o fenômeno do SgN argumental – mesmo não sendo totalmente ausente na escrituralidade – é um fenômeno associado à fala. Portanto, procuramos começar com textos marcados pela proximidade comunicativa (Koch e Oesterreicher, 1985; 2007) e textos conhecidos por seus traços de oralidade.

Nos anúncios de jornais, o resultado do estudo piloto é pouco promissor. Foram examinados 90 anúncios dos seguintes jornais do estado da Bahia, editados em Guedes e Berlinck (2000): *Recopilador Cachoeirense*, *Gazeta Comercial da Bahia*, *O Progresso*, *O Guarany* (1832-1893). Apenas um exemplo potencialmente relevante foi encontrado, ao lado de alguns casos notáveis em sintagmas preposicionados.

(32) *Vende-se para fora da terra, huma crioula| de 20 annos, boa custureira, borda, abre bara-| fundas, boa rendeira, coze de Alfaiate toda cus-|tura, sabe cosinhar; quem a quizercomprar | procure na rua de João Pereira* ***casa número 10****.* || (*Gazeta Commercial da Bahia*, 19 de setembro de 1838)

Casa número 10 é um SN complexo com um *status* sintático discutível. Pode tratar-se de um mero adjunto de "rua de João Pereira". Porém, a análise como objeto direto referencial deslocado à direita com interpretação definida não é totalmente ilícita. Por isso se documenta aqui. No entanto, tratando-se de um exemplo único, não podemos tirar conclusões fortes.

As cartas particulares também não parecem ser a melhor fonte de dados relevantes, porém poderiam ser mais interessantes que os anúncios. Sete cartas particulares foram analisadas para o século XVIII, com um total de 4.210 palavras, e 11 cartas para o século XIX, com um total de 1.148 palavras (as cartas de Casimiro de Abreu a seu pai).[8] Das cartas do século XVIII, só uma merece atenção especial nesse contexto: trata-se de uma carta da Coleção Martins, de autor anônimo, datada de 18 de abril de 1776. A carta começa com a sequência seguinte:

(33) *Mano do Coração agora chego de Palacio, onde soube que / partia amanhaã* ***Embarcação*** *para Lisboa, em cuja sala / concorreo toda a officialidade que se acha nesta praça, / Ministros e Nobreza à beijar a mão ao Señhor Vice-Rey pela / dezejada noticia que acaba de receber do Rio Grande*, [...]

O uso de *embarcação* sem determinante é interessante – trata-se de um sujeito pós-verbal com interpretação provavelmente indefinida (e não referencial), que, no entanto, não exclui necessariamente uma interpretação referencial (partida de uma embarcação determinada), e possivelmente até definida, com suporte de contexto (que nesse caso obviamente não é dado). De qualquer forma, a oração principal contextualiza a saída de uma embarcação concreta no dia seguinte. Também é notável a ausência de determinante diante de *Palacio*, que poderia ser interpretado como ausência diante de um nome próprio de um determinado espaço (se aceitarmos que a referência ao palácio real se tinha consolidado com esse uso), ou alternativamente como caso notável de ausência de determinante diante de um nome comum dentro de um sintagma preposicionado. Tratando-se de um texto tão antigo, mesmo não podendo chegar a conclusões fortes com um único exemplo argumental como *embarcação*, esse dado anima e incentiva um estudo mais detalhado também do século XVIII. Adicionalmente encontram-se nessa carta duas construções que poderiam ser interpretados como objetos incorporados (*esperava deter acção que fosse boa* e *sem dizer palavra*) que somente se mencionam aqui para completar.

Nas cartas analisadas do século XIX (Casimiro de Abreu), nenhum exemplo de um SgN argumental foi encontrado. Aparecem, porém, como também nas cartas do século XVIII, esporadicamente outras ocorrências de ausência de determinantes, como os casos de predominância de ausência de artigos ou de variação descritos em Neves (2000: 430 ss. e 530 ss.) e Cunha e Cintra (1992: 237-238; 242 ss.), que mereceriam um estudo à parte, mas são menos relevantes para as hipóteses levantadas na seção "Hipóteses".

Os documentos preservados no acervo da Sociedade Protetora dos Desvalidos (Salvador da Bahia; Oliveira 2005) são interessantes para o presente estudo porque esses documentos, principalmente atas, foram escritos por pessoas com pouco contato com a norma escrita, apresentando assim muitos traços de oralidade. As características mais evidentes são as grafias que imitam a pronúncia e não seguem as normas (orto)gráficas da época, analisadas em grande detalhe em Oliveira (2005). No entanto, tratando-se de uma tradição discursiva bastante consolidada (atas de reuniões), as formulações das frases se repetem, o que faz os textos menos interessantes para estudos de sintaxe. Mesmo assim, podem-se encontrar alguns exemplos de SgNs que merecem ser mencionados aqui:

(34) *Nota Bene fica a Nossó Irmão Suprá demetido do lugar por aSim Com ciderá* ***aSembleia geral*** *– 2º. Artigo...* (1842; Oliveira, 2005: 493)

(35) *Aos quatorze dia domes de Agosto, estando o Provedor | emais-* ***Mezario*** *Reunido em Meza lemos o termo Anteceden | te do que ficou adiado sobre as Conta do ExTezoureiro Da | niel Correia* [...] (1836; Oliveira, 2005: 486)

Com todas as dificuldades de interpretação, *por assim considera **assembleia geral*** em (34) parece ser um caso de sujeito pós-verbal referencial definido e, portanto, um dado potencialmente válido para as hipóteses introduzidas na seção "Hipóteses". Cabe mencionar, no entanto, que estamos nesse caso diante de um exemplo que, na língua falada, poderia simplesmente ser o resultado natural de um sândi vocálico externo, assimilando o artigo e o primeiro segmento do nome. Verificando outros contextos possíveis de sândi nas atas, nota-se rapidamente que em muitos casos a grafia não implementa essa regra fonológica, com que a interpretação de *assembleia geral* como SgN não parece ser ilegítima. O uso de *Mezario* no exemplo (35) provavelmente é uma omissão da marcação de plural, e ademais está precedido de um quantificador, mas aparentemente ele já permite a interpretação de "classe": trata-se de uma reunião de um determinado tipo de pessoas. Finalmente, cabe mencionar que, como nas cartas privadas, também é possível encontrar muitos usos interessantes de SgNs em posição não argumental.

Os resultados mais promissores para o século XIX foram encontrados em peças de teatro. Para o presente estudo, quatro peças foram analisadas. Três de Martins Pena – *O juiz de paz na roça* (1838), *Quem casa, quer casa* (1845), *As desgraças de uma criança* (1846) – e uma de França Junior (*Como se fazia um deputado*, de 1882).[9] Nessas peças, encontram-se três bons exemplos do uso argumental referencial de SgNs e outros de caráter mais questionável, mas mesmo assim interessantes. Dentro dos últimos casos, estão as ocorrências em letras de músicas que obviamente não são dados de produção espontânea:

(36) ***Menino bonito***
Não dorme na cama,
Dorme no regaço
Da Senhora Santana.
A senhora lavava,
São José estendia,
Chorava o menino
Do frio (que) tinha. (1846; Pena, *Desgraças*, 3)

Como se pode verificar no penúltimo verso da canção, o uso de *menino* na primeira linha claramente faz referência a um único e determinado indivíduo. Seria um sujeito pré-verbal com interpretação definida. Estes versos se repetem várias vezes na peça (páginas 9 e 36). Um exemplo semelhante é (37):

(37) *Ganinha, minha senhora,*
Da maior veneração;
***Passarinho** foi-se embora,*
Me deixou penas na mão. (1838; Pena, *Juiz*, 30)

Oferecendo ainda menos contexto que (36), não está claro em (37) a que tipo de passarinho ou a qual, se for um passarinho determinado, a canção se refere. Em todo caso, temos aqui um SgN com um predicado episódico, e portanto um exemplo relevante para as hipóteses na segunda seção.

Um terceiro exemplo relevante, mas com interpretação não totalmente clara, é (38). Dessa vez, o exemplo representa uma produção espontânea de fala, mas pode se tratar de uma expressão na qual a ausência de determinantes pode ser variável por outras razões:

(38) *E não é o que **diabinho da menina** é bem interessante.* (1882; França Júnior, *Deputado*: 17)

O protagonista principal da peça, Henrique, faz essa observação para si mesmo depois de conhecer a sua suposta futura esposa, uma jovem de caráter bastante forte. Aqui, a falta de determinante pode ser explicada pela sintaxe não canônica, possivelmente cristalizada, ou talvez até por um problema de digitalização, já que o *o* antes do complementizador *que* também não se esperaria nessa posição. Não parece totalmente impossível que as duas palavras tenham aparecido em ordem inversa por causa de alguma confusão durante a digitalização da peça.

Olhando para exemplos mais claros, podemos citar (39) e (40):

(39) *LIMOEIRO – Onde colocaste a girândola?*
*DOMINGOS – Na encruzilhada, sim sinhô, do lado da tranqueira. Chii! Vosmecê não imagina como está tudo bonito! Tem arco de bambu; coqueiro da banda d'aqui; coqueiro da banda d'ali. **Caminho** está todo capinado e folha de canela é mato!* (1882; França Júnior, *Deputado*, 3)

O contexto de (39) é a preparação da festa para Henrique que está voltando da cidade para o campo depois de ter terminado os estudos, e o escravo Domingos explica ao seu dono, que organiza a festa, como ***o*** caminho pelo qual o festejado deve passar foi enfeitado para honrá-lo. Num momento posterior da peça, encenam-se revoltas violentas durante uma eleição a deputado. Essas violências também atingem Domingos:

(40) *LIMOEIROS – Estás machucado?*
DOMINGOS – Não, sinhô. Levou só porretada na cabeça; ***pau*** *quebrou mas* ***cabeça*** *não.* (1882; França Júnior, *Deputado*: 34)

Outra vez é o escravo Domingos que pronuncia um SgN em posição de sujeito e com interpretação definida – até duas vezes, se contarmos *cabeça* como sujeito de uma frase elíptica (*mas a cabeça não quebrou*).

Os exemplos (39) e (40) estão entre os melhores exemplos encontrados até agora para SgNs referenciais no século XIX. Como nos outros tipos de texto, as peças de teatro também oferecem outras ocorrências de SgNs menos relevantes para o presente estudo.

Até agora, o balanço geral parece ser que é possível encontrar SgNs argumentais tanto referenciais como não referenciais com interpretação tanto definida como indefinida. Porém, a pergunta sobre usos genéricos ainda ficou em aberto. Nas peças de teatro que estou analisando, só um único exemplo pode ser citado aqui, mas mesmo este único não está isento de problemas:

(41) ***Santo remédio*** *para crianças são as palmadas!* (1846, França Júnior, *Desgraças*: 3)

O exemplo (41) é uma frase genérica, mas com uma sintaxe não canônica. A interpretação intuitiva é que a frase caracteriza as palmadas e não algum suposto santo remédio. Esperaríamos, portanto, na ordem canônica algo como *As palmadas são (um) santo remédio para as crianças*. Deste ponto de vista, o SN articulado *as palmadas* seria o argumento principal e não o SgN *santo remédio*. Portanto, não foi possível encontrar um único exemplo claro de um uso genérico nos textos analisados. Para evitar conclusões prematuras, pode-se citar (42), um exemplo encontrado num texto introdutório a uma edição de literatura popular da época, e que só se cita aqui porque não foi encontrado um exemplo alternativo que exibisse o uso genérico de maneira tão clara.

(42) *Nos anexins populares conhece-se o instincto de aversão e crueldade da população*
branca do Brazil para com o negro:
Negro *é tôco,*
Quem não lhe atira é louco.
Negro *é vulto,*
Quando não pede, furta.
Negro *quando não canta, assobia;*
Deitado é lage;
Sentado é um tôco,
Correndo é um porco.
O negro *tem catinga,*
Tem semelhança com o diabo;
Tem o pé de bicho,
Unha de caça
E calcanhar rachado;
Quando se chama, resmunga,
Se resmunga, leva páo.
(*Rio de Janeiro*). (Braga, 1885: xx)

Com isso, fica claro que o uso genérico do SgN também foi possível durante o século XIX.

Como resumo dessa primeira aproximação mais detalhada à diacronia dos SgNs argumentais, podemos guardar o seguinte resultado: as fontes mais promissoras para futuras investigações parecem ser as peças de teatro e a literatura popular. Porém, cabe acrescentar que mesmo sendo difícil, não é impossível encontrar exemplos relevantes também em outros tipos de texto. Em todo caso, o SgN argumental e referencial, tanto definido como indefinido, constitui um caso marginal dentro da determinação nominal do PB no século XIX. Não obstante, temos como resultado importante que todos os usos centrais de SgNs referenciais podem ser documentados para o século XIX, e em um caso até encontramos um dado potencialmente relevante para o século XVIII. Finalmente, não se deve deixar de lado que a grande maioria dos SgNs não ocorre com função argumental, tratando-se principalmente de sintagmas preposicionados nas mais diversas funções. Mesmo que esses casos sejam usos mais marginais do ponto de vista da gramaticalização do sistema de determinantes do PB, de uma perspectiva mais ampla, todos esses diferentes tipos de fenômenos são relevantes para a semântica diacrônica da determinação nominal do PB. Porém, temos que deixar este aspecto para futuras investigações.

DISCUSSÃO

Os dados encontrados no estudo piloto que foi descrito na seção anterior não permitem interpretações quantitativas, mas certamente podem ser relacionados com as hipóteses levantadas na seção "Hipóteses", permitindo sua avaliação até certo ponto. Antes de entrar nessa discussão, é útil resumir os dados brevemente, aproveitando para traçar também um pequeno comentário sobre o único exemplo do século XVIII.

Um único caso de um SgN foi documentado para o século XVIII. Trata-se de um sujeito pós-verbal (exemplo 33), mas a interpretação exata é difícil de determinar. A leitura mais natural parece ser a de um argumento não referencial e portanto indefinido, mas também poderia ser específico e portanto referencial – indefinido ou até mesmo definido se o contexto ou o conhecimento comum salientarem uma única embarcação. Considerando esse exemplo do ano 1776 como válido, teríamos uma indicação promissora para outras documentações de SgNs possíveis no século XVIII. Caso realmente apareçam outros exemplos, poderíamos concluir com respeito à H2 ("os SgNs são uma inovação do PB") que se os SgNs realmente foram uma inovação do PB essa inovação teria ocorrido antes do século XIX. No entanto, também está claro que esse dado pode ser interpretado como indício para a validade de H3, ou seja, nunca houve restrições categóricas com relação à ausência de determinantes nas variedades lusófonas que resultaram no PB moderno. Seria interessante confrontar esse resultado com dados da mesma época de Portugal para ver até que ponto as restrições sobre os SgNs são categóricas na história das variedades europeias. Para não avançar ainda mais no mundo das especulações, deixamos tais perguntas para investigações futuras.

Para o século XIX foi possível documentar aproximadamente 10 exemplos. A maioria deles parece ser bastante fiável e claramente relevante para as hipóteses levantadas, alguns poucos nos deixam com alguma incerteza quanto à sua interpretação. Temos cinco da primeira metade do século (exemplos 32, 33, 36, 37 e 41) e outros cinco da segunda metade (38, 39, 40 (2 casos) e 42). Enquanto os exemplos da primeira metade provêm de textos e gêneros textuais diferentes, todos os da segunda metade (salvo 42, o genérico) aparecem dentro da mesma obra. Em todos os exemplos (salvo *assembleia geral* em 34), o SgN ocorre numa posição pré-verbal, em todos o SgN tem função de sujeito (não incluímos aqui 41), e a maioria tem interpretação definida, quer pelo contexto, quer por tratar-se de um conceito único (*assembleia geral*). A interpretação de *passarinho* em (37) em princípio pode ser tanto definida como indefinida e o contexto não discrimina entre as duas. O mesmo poderíamos dizer sobre *negro* em (42). O único SgN que não pode receber interpretação definida é o uso não referencial de *santo remédio* em (41). O fato de não ter encontrado mais exemplos indefinidos ou só exemplos em uma única obra na segunda metade do século não deve ser supervalorizado, dado o tamanho reduzido da amostra. É preciso lembrar que na nossa amostra só havia uma peça de teatro da segunda metade do século, e os outros tipos de texto quase não apresentaram exemplos. Quanto à falta de mais exemplos indefinidos, pode-se remeter à distribuição dos SgNs documentados por Wall (2017a: 188) para o século XXI, em que também praticamente não aparecem sujeitos pré-verbais indefinidos na língua falada ou em registros de proximidade comunicativa. Segundo esses resultados, se esperariam mais exemplos indefinidos em registros de distância comunicativa, como, por exemplo, em textos de jornais ou cartas oficiais. A impressão que fica, portanto, é que aparentemente já nas primeiras décadas do século XIX os SgNs não eram desconhecidos, e a distribuição de suas interpretações não parece surpreendente levando em consideração o que sabemos dos usos da atualidade.

Passando pelas hipóteses levantadas na segunda seção, podemos fazer algumas observações novas:

H1: O uso genérico não é uma inovação no PB. Usos genéricos com SgNs sempre foram possíveis no português (o PE perdeu essa propriedade mais tarde);

- com a documentação de um exemplo no século XVIII, essa hipótese ganha um pouco mais de plausibilidade, mas ainda está longe de ser confirmada;

H2: O uso referencial/definido é uma inovação do PB (já que, aparentemente, não existia nas fases anteriores da língua);

- H2 continua sendo a hipótese mais plausível no momento, porém, a inovação deve ter ocorrido o mais tardar no início do século XIX, ou mesmo antes;

H3: Não se comenta aqui porque precisaria de um estudo mais detalhado da situação no PE;

H4: As restrições sintáticas à ausência de determinantes não atingem todos os tipos de frases genéricas simultaneamente. A ordem é determinada por fatores gramaticais (por exemplo a quantidade de âncoras referenciais na frase etc.);

- H4 é difícil de avaliar porque só foi encontrado um exemplo genuinamente genérico (42), tratando-se de uma frase caracterizante (gnômica);
- não foram encontradas frases genéricas com predicados episódicos (para as quais há evidências na primeira metade do século XX)
- exemplos como (37) ou (33) sugerem que a falta de exemplos de outro tipo de genericidade não deveria ser supervalorizada;

H5: Não se comenta aqui porque dependeria de um estudo mais detalhado da situação no PE;

H6: Para uma discussão razoável de H6, precisaríamos de mais dados para poder distinguir entre casos de assimilação possíveis (contextos de sândi vocálico externo) e outros;

H7: Quanto à H7 ("*Por vias de gramaticalização negativa, está surgindo no PB uma nova categoria X, em forma de SgN, com seu próprio significado.*”), os dados do século XIX dos quais dispomos até agora não permitem uma avaliação fundamentada – note-se, porém, a discussão do exemplo (43) a seguir;

H8: O sistema semântico dos determinantes do PB está sendo reorganizado na atualidade;

Essa hipótese ainda não pode ser avaliada com os poucos exemplos diacrônicos encontrados até agora. Podemos, no entanto, remeter a um uso do artigo indefinido documentado no PB contemporâneo que seria impossível nas línguas que possuem artigos, e ademais não se explica pelas funções normalmente atribuídas ao artigo indefinido, e que assim poderia ser um dado interessante para o apoio dessa hipótese:

(43) a. *Tenho um vizinho insuportavel que resolveu abrir uma oficina aqui do lado. Toda hora fica uma bateção com martelo, serrando alguma coisa...aqui em casa a gente nao tem mais paz nem pra assistir* ***uma televisão...*** (Yahoo respostas)

b. *Nos sábados de manhã, ele gosta de assistir* ***uma televisão****, jogar* ***um videogame*** (observado em um *reality show*, ver também Wall 2017a: 285)

Esses dados são interessantes aqui porque em princípio esperaríamos SgNs com estruturas incorporadas já que se trata claramente de descrições de atividades (assistir televisão, jogar videogame). O uso do artigo indefinido nesses exemplos questiona o que as nossas teorias semânticas dizem sobre essa forma, porque especialmente com os nomes comuns como em (43) a sua semântica de alguma forma introduz algum tipo de unidades ou individuação, enquanto a interpretação de nomes comuns segue sem individuação. Uma possível interpretação de (43) seria que a interpretação transnumeral do singular no PB já está tão fortemente gramaticalizada que em alguns casos tal interpretação pode persistir até na presença de itens funcionais indicando individuação. Resumindo, exemplos como (43a e b) indicam direções para futuras investigações de hipóteses como H7 e H8.

CONSIDERAÇÕES FINAIS

O alvo principal deste pequeno trabalho exploratório e programático foi aproximar-se à investigação diacrônica dos NNs do PB, começando com os SgNs argumentais que, numa perspectiva comparativa, parecem ser fenômenos excepcionais e notáveis e que portanto podem ter uma relevância especial para a teoria semântica e sintática. A revisão da literatura mostrou que, nesse domínio ainda pouco estudado, há mal-entendidos, mas também já hipóteses a serem investigadas. Depois da introdução de alguns fenômenos centrais para tais teorias, também foram discutidos os principais problemas metodológicos: a baixa frequência do fenômeno, que nos obriga a usar diferentes tipos de dados na sincronia, algo muito difícil ou até impossível de conseguir para épocas passadas, a necessidade de grandes quantidades de textos, de registros de proximidade comunicativa e muito trabalho manual.

Foi possível documentar o uso de SgNs definidos com função de sujeito em vários momentos do século XIX e em um caso até no século XVIII. Mesmo que essas poucas ocorrências não permitam julgamentos definitivos sobre as hipóteses levantadas neste capítulo, sendo eles os usos mais antigos documentados no PB até agora, elas nos permitem pré-datar consideravelmente a suposta inovação no PB e também nos indicam onde se podem esperar mais dados relevantes e de que tipo. Claro que isso não significa que não deveríamos esperar grandes surpresas – afinal, esses exemplos só representam o início da investigação nessa direção.

Quantitativamente, os SgNs argumentais podem ser fenômenos marginais que não parecem muito aptos para os tipos de visualização de mudanças linguísticas aos quais estamos acostumados, como o Gráfico anterior, ou até com *motion charts*.[10] Mesmo assim, está claro que eles também precisam ser documentados e analisados para termos uma visão completa da evolução semântica e sintática do SN no PB. Além disso, do ponto de vista da teoria semântica (e sintática), qualquer documentação de SgNs argumentais em séculos passados é uma descoberta muito valiosa que nos permite avaliar e reajustar as nossas hipóteses sobre a evolução do PB e com isso também os limites da variação entre as línguas do mundo.

NOTAS

1 Na literatura teórica sintática, a definição dos NNs inclui referência à sintaxe abstrata. Um NN seria uma estrutura com falta total (ou parcial) de núcleos funcionais (com ou sem expressão fônica), estruturalmente posicionados "acima" do NN (ver, entre outros, Munn e Schmitt, 2005 e Cyrino e Espinal, 2016). Já que o objetivo aqui não é discutir tais propostas, não nos ocuparemos dos problemas complexos inerentes a esse procedimento definitório. Como dito, bastará uma definição baseada na "superfície" do enunciado.

2 Este estudo tem como foco principal o PB. No entanto, será importante apontar para certos contrastes na evolução frente ao PE. As denominações PE e PB, úteis para a descrição gramatical moderna, obviamente ficam mais problemáticas quanto mais nos movemos para trás no tempo. O problema é complexo e não pode ser discutido aqui (ver, por exemplo, Galves, 2007, 2012). Mesmo assim, será necessário fazer referência ao fato de que o português, a partir do momento em que se estabeleceu no Brasil, começa uma nova história, e o uso das designações geográficas "PB" e "PE" para os séculos passados fará referência a esse fato e não necessariamente ao nível gramatical.

3 "Singular" aqui se refere exclusivamente à aparência da forma nominal, quer dizer, à ausência de marcação de plural, e não à sua semântica. Essa forma pode receber interpretação transnumeral, plural, massiva ou singular, como demostraremos em breve.

4 A única maneira de manter as restrições sintáticas demandaria um uso massivo de determinantes "silenciosos" com significados diferentes (Cyrino e Espinal, 2016) ou o postulado de várias gramáticas para o PB (Pires de Oliveira e de Swart, 2015). No entanto, as duas estratégias introduzem uma série de outros problemas difíceis de resolver; ver discussão em Wall (2017a: cap. 2).

5 Essa discussão está resumida em Wall, 2014; 2017a: cap. 5.

6 Disponível em <http://g1.globo.com/Noticias/Rio/0,,MUL1561104-5606,00-MOTORISTA+DE+LOTACAO+TEM+DIFICULDADE+PARA+SAIR+DE+AREA+ALAGADA+NO+RIO.htmll>. Acesso em: 6 nov. 2019.

7 Existem uma tradução francesa (Kabatek, 2005) e uma tradução portuguesa (Kabatek, 2007) desse artigo.

8 Estas cartas estão disponíveis em <http://www.letras.UFRJ.br/PHPB-RJ/> e <http://www.letras.UFRJ.br/laborhistorico/>. Acesso em: 6 nov. 2019.

9 As peças digitalizadas estão disponíveis em <http://www.bdteatro.ufu.br/>. Acesso em: 6 nov. 2019.

10 *Motion charts* são séries animadas de gráficos de dispersão ordenados diacronicamente (Hilpert, 2011).

QUARTA PARTE

LÉXICO E CONSTRUÇÕES

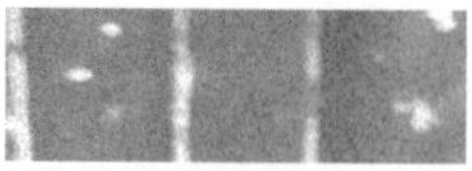

ALGUMAS DIMENSÕES ESPACIAIS DO PORTUGUÊS: O CASO DE *CERCA*, *CIMA* E *BAIXO*

Verena Kewitz
Maria Lucia Leitão de Almeida
Janderson Lemos de Souza

SUMÁRIO

Estudos linguísticos mais recentes propõem encaixar as classes de palavras em dois grandes grupos: palavras de classe aberta e de classe fechada (Ilari (org.), 2014 e 2015). A diferença está em que no primeiro grupo incluem-se aquelas classes que apresentam maior tendência à criação de novos itens, como os substantivos, verbos, adjetivos e alguns advérbios,[1] enquanto o segundo grupo engloba as classes com menor ritmo de mudanças e criação de novos itens, como as conjunções, os pronomes, os artigos, alguns advérbios e as preposições. Sabe-se, no entanto, que as classes de palavras não apresentam um conjunto homogêneo de itens, e algumas podem ter um subconjunto de itens no meio do caminho entre classes abertas e classes fechadas, como é o caso das chamadas locuções prepositivas e adverbiais.

Dado que o foco do presente volume e deste capítulo são as mudanças semânticas de palavras ou expressões, trataremos aqui de três itens, a saber *cerca*, *cima* e *baixo*, que ora ocorrem isoladamente, ora integram as tais locuções. Sem a pretensão de esgotar o assunto ou qualquer análise, colocamos em primeiro plano as propriedades semânticas desses três itens no português, ficando em segundo plano eventuais descrições relacionadas à forma ou à classe a que pertencem.

Tendo em vista a "generalidade da descrição", aliaremos a essa proposta uma abordagem construcional. Para tanto, partiremos de usos encontrados nos textos com *cerca*, *cima* e *baixo* para depreendermos o padrão semântico-sintático de cada um. Na abordagem construcional aqui feita, construção é "*[...] o esquema abstraído das expressões para capturar suas propriedades comuns [...]*".[2]

Dentre as classes de palavras que têm a função básica de perspectivizar a localização ou o deslocamento no espaço físico, as preposições são as mais estudadas quando se trata da categoria cognitiva de ESPAÇO, dado seu sentido de base (cf. Castilho, 2006, 2009, 2010; Batoréo, 2000, entre outros), como nas expressões *o livro* ***em cima da*** *mesa*, *a casa* ***de frente para*** *o cinema*, *corri* ***contra*** *a porta*, *um* ***atrás do*** *outro* etc.

A escolha por analisar os itens *cerca*, *cima* e *baixo* se deu por dois caminhos: um onomasiológico, em que partimos de um sentido (ou conjunto de sentidos associados) para chegar às formas existentes no português, e outro semasiológico, partindo de determinadas formas para observar seus sentidos e suas mudanças. O eixo vertical, geralmente representado por *cima-baixo*, designa uma das dimensões espaciais mais básicas à experiência humana, ao passo que *cerca* designa um conjunto de experiências cognitivamente mais complexas, não necessariamente univalentes, acarretando diferentes noções não necessariamente relacionadas entre si, como se verá na primeira seção deste capítulo.

Para encaminhar nossas análises, recorremos à etimologia de *cerca*, *cima* e *baixo* e observamos seus usos no português arcaico/medieval, europeu (doravante, PE) e brasileiro (doravante, PB) em diferentes *corpora*, conforme o quadro a seguir:

Séculos	***Corpus***[3]	**Tipologia de textos**
XIII-XVI	*Corpus Informatizado do Português Medieval* (**CIPM**)	Documentos notariais, textos de leis e costumes, livro de linhagens, livro de montaria, crônicas de reis e batalhas, textos religiosos, cantigas. Nos exemplos, a referência a este *corpus* é feita da seguinte forma: [século, *título do texto*, código da edição, CIPM]
XV-XVIII	*Corpus Histórico Tycho-Brahe* **CTB**)	Textos narrativos, descritivos, argumentativos, peças teatrais, cartas. Nos exemplos, a referência a este *corpus* é feita da seguinte forma: [século, *título do texto*, CTB]
XVIII-XX	*Corpus do Projeto Para a História do Português Brasileiro* (**PHPB**)	Cartas oficiais (CO), cartas de administração privada (CAP), cartas particulares (CP), cartas de leitores (CL) e de redatores (CR) de jornais, anúncios de jornais (A). Essas siglas são usadas nos exemplos, conforme a convenção: [século, metade, estado, sigla do texto e número do documento (quando houver)].
XVII- XXI	*Corpus do Projeto de História do Português Paulista* (**PHPP**)	Testamentos (T), atas de câmara (AC), cartas de datas de chãos (CD), cartas oficiais (CO), cartas de administração privada (CAP), cartas particulares (CP), cartas de leitores (CL) e de redatores (CR) de jornais, anúncios de jornais (A), notícias de jornais (N), memórias históricas (Mem), diários de viagem (DV), editoriais (E), processos-crime (PC), inquéritos orais (IO). Essas siglas são usadas nos exemplos, conforme a convenção: [século, metade, estado, sigla do texto e número do documento (quando houver)].
XXI	*Dados extraídos de páginas na internet*	Notícias (N) e anúncios (A). Nos exemplos, a referência a este *corpus* é feita da seguinte forma: [século, cidade, nome do jornal, data]. Ao final de cada exemplo são colocadas a página na internet e a data de acesso.

Antes de procedermos à análise dos dados, lembramos que esta análise, assim como qualquer outra que lida com dados de sincronias passadas, leva em conta o olhar de leitores contemporâneos, mesmo atentando para as características textuais e culturais de cada época. Alertamos o leitor também para o fato de estarmos lidando com dados de textos de diversos períodos do português. Embora abundantes, não representam a totalidade do que possa ter sido produzido em português, seja porque muito do material não sobreviveu ao tempo, seja porque ainda carecem de edição filológica, seja pela restrição tipológica em si, isto é, a diversidade de gêneros textuais que vemos hoje não corresponde ao que se produziu ao longo do tempo, sem falar nas próprias mudanças ocorridas em cada gênero textual e na pequena quantidade de pessoas letradas até pelo menos o início do século XIX, tanto no Brasil quanto em Portugal.[4] Além disso, havia assuntos que não eram registrados em textos escritos no passado, assim como hoje alguns assuntos podem ficar restritos a certos ambientes, registros ou modalidades (falada ou escrita) etc. Em função disso especificamente, apresentamos, para os exemplos extraídos de textos do português arcaico, uma versão para o português atual.[5] Vários dos exemplos exigem o longo contexto anterior e posterior para sua eficaz compreensão, além da linguagem em si, como a ordem das palavras na sentença, os elementos anafóricos, o sentido (que pode ter mudado) das palavras (muitas das quais deixaram de ser usadas)[6] etc.

Por fim, é digno de nota que os textos não se distribuem de forma equilibrada ao longo dos séculos no que diz respeito à tipologia textual, extensão e objetivo comunicativo, impedindo qualquer quantificação de dados. Em função disso, a análise que apresentamos é fundamentalmente qualitativa, ainda que possamos fazer alguma menção à frequência de determinada forma nos *corpora* consultados.

Este capítulo está dividido da seguinte forma: primeiramente, descrevemos os dados de *cerca*, *cima* e *baixo*, não apenas como integrantes de construções, mas também como elementos pertencentes a outras classes (sem, no entanto, dar destaque às formas), para, nas considerações finais, traçarmos as generalizações possíveis a respeito das propriedades que atuam nas mudanças semânticas e formais desses três itens.

CERCA

A história de *cerca* remonta ao latim, lembrando-nos a feliz comparação de que as línguas são como dunas (Bybee, 2010: 69): vão trocando de lugar e se refazendo, assumindo novos valores no sistema. A palavra *circus*, *-i*, de onde *cerca* provém, teve seu primeiro sentido como *círculo*,[7] mas esse sentido foi substituído pelo diminutivo *circulus*, e *circus* passou a designar apenas o circo, que obviamente tinha a forma circular. De *circus*, o latim extraiu diversos advérbios e preposições, dos quais destacaremos *circum* e *circa*.

Circum é, sem dúvida, a forma mais antiga e se emprega, até hoje, no sentido próprio – concreto ou abstrato: "em volta de". Assim, a terra *faz circunvoluções*, ou seja, gira em torno do seu próprio eixo assim como há quem fale por *circunlóquios*, ou seja, por perífrases. A esse respeito, Maurer Jr. (1951: 123) assinala que alguns prefixos latinos, como *ante-*, *bis-*, *com-*, *circum-* etc., "*são devidos à imitação do latim literário e subsistem naturalmente só no Ocidente*". Especificamente sobre *circum-*, o autor afirma que "serve frequentemente de traduzir o grego περι" (1951: 124-5), como em *circumpono* ("colocar em volta") e *circumscribo* ("circunscrever"), e completa:

> Do latim medieval [*circum*] entra para as línguas românicas do Ocidente. De fato, grande parte dos exemplos aqui são constituídos de imitações ou adaptações do latim, embora existam numerosas criações novas, de caráter erudito, porém, e não muito usuais. Temos entre outros [...] esp. *circumnavegar, circumscribir, circumvolar, circumpolar*; port. *circumnavegar*, *circumfluir*, *circumjazer, circumpercorrer, circumposto*. (1951: 125, grifos do autor)

Circum se especializou como prefixo, com o sentido descrito, enquanto *cerca* (do lat. *circa*) teve uma formação análoga à de outros advérbios de lugar do latim em *-a*: *extra*, *intra*, *infra*, *supra* (Ernout e Meillet, 1979: 122). Temos, portanto, ainda no latim vulgar, a separação dos itens *circum* e *circa*.

Se *circum* foi a forma usada por Plauto e Terêncio, *circa* só vai aparecer em 122 a.C., e seu uso só se espalha a partir da época de Cícero.

Reunimos, na tabela abaixo, os dados quantificados por Ernout e Meillet (1979) em relação a essas duas formas latinas:

Autor	Período[8]	circum	circa
Cícero	106 – 43 a.C.	33	4
César	100 – 44 a.C	20	1
Virgílio	70 – 19 a.C.	97	6
Tito Lívio	59 a.C. – 17 d.C.	8	411

Vê-se que os três primeiros autores tinham preferência por *circum*; entretanto, a partir de Tito Lívio, na obra escrita antes de 25 a.C., as proporções são invertidas, com 411 ocorrências de *circa*.

A alternância entre *circum* e *circa* indica provável competição entre formas em variação que culmina em mudança consolidada à época imperial. *Circa*, além do uso de "em volta de si próprio", como *circum*, desenvolve, por polissemia, os sentidos figurados de "em torno de", "a propósito de", "relativamente a", no latim, segundo Ernout e Meillet (1979), sentidos estes que não aparecem jamais em *circum*, vale frisar, dado seu uso prefixal.

Temos, então, a seguinte situação: *circum* se fixa na língua como forma presa (prefixo) e, embora ative sentidos relacionados ao sentido básico de círculo (como em *circunflexo* – dobrado de modo a formar um círculo; *circunlóquio* – rodeio de palavras, entre outras), sua polissemia é mais contida (por adjunção a outra forma, sendo o significado percebido como um todo) mesmo que se mostre mais opaco (como em *circunstância*) ou mais transparente (como em *circundar*). Diferentemente se dá com *circa*.

À polissemia criada no latim soma-se, já na formação do português, a lexicalização para o substantivo *cerca* (de que tratamos ao final desta seção), deixando a palavra de indicar relação espacial indefinida (advérbio delimitador, cf. Castilho e Moraes de Castilho, 2002: 207;[9] Moraes de Castilho, 1991; sobre anguladores, cf. Almeida, 1999, 2005), mas indicando relação de proximidade, mais ou menos definida, além de estabelecer diferentes distâncias em relação ao nome que está sob seu escopo na extensão da polissemia (*o que está em torno de* está *perto de*) por mecanismos de percepção.

Como explicar, de maneira unificada, a explosão da polissemia de *cerca,* sem deixar de relacioná-la à polissemia de *circum*?

Como vimos, a raiz etimológica de ambos está em *círculo*, que representa uma forma, como a desenhada a seguir, forma essa ativada pela palavra.

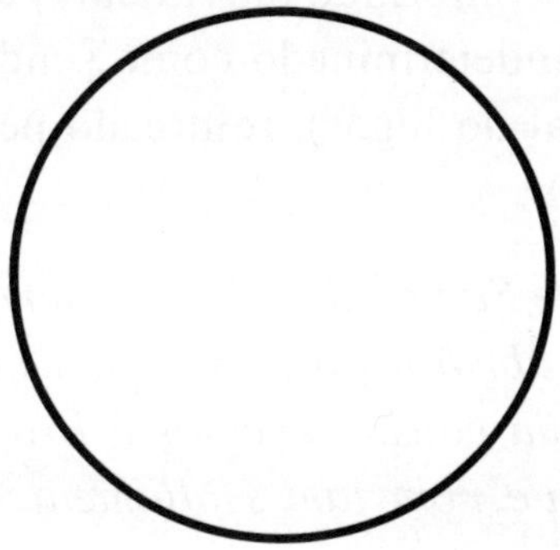

A atividade de conceptualização, de pensar adequadamente num conceito posto em relação com outros, depende da habilidade de formar estruturas simbólicas que são relacionadas a estruturas pré-conceptuais, entendidas a partir de experiências cotidianas.

A experiência com um círculo implica saber que ele tem um interior e um exterior, que tem bordas, que elementos podem se agrupar largamente ou muito próximos uns dos outros para que caibam no seu perímetro, e assim por diante. Podemos, pois, afirmar que o círculo ativa o esquema imagético[10,11] (doravante EI) do contêiner e assim podemos entender suas extensões polissêmicas. É com base nessas observações que passaremos a analisar os exemplos a seguir.

No exemplo (1), *cerca* assume o sentido de "junto", sentido esse intensificado na segunda ocorrência pelo advérbio *mais.*

(1) [13, *Cantigas de SantaMaria*, Afonso X, CSM344, CIPM] *Os que a Santa Maria saben fazer reverença .../ E tan* ***cerca*** *essa noite ũus* ***d'outros*** *albergaron, / que mais* ***cerca*** *non podian; e na font' abeventaron / seus cavalos a beveren, e tanto non braadaron / que s'oyssen nen se vissen nen soubessen connocença.*

[Os que sabem demonstrar respeito à Santa Maria / E tão perto uns dos outros essa noite abrigaram-se/dormiram / que mais perto não podiam; e na fonte deram de beber a seus cavalos,[12] e tanto não gritaram / que se ouvissem nem se vissem nem tivessem conhecimento.]

O exemplo (2) traz *cerca* combinado com a preposição *a*, que ativa o EI do percurso, conferindo movimento, deslocamento ao lugar da moradia, que fica indeterminado como sendo "algo em torno de" (imprecisão referencial do lugar), reforçado pela expressão *nom sabiam o logar*.

(2) [13/14, *Vidas de Santos de um Manuscrito Alcobacense*, VS7, CIPM] *E nunca abriã a porta sse nom q(ua)ndo viinha alguũ monge por algũa cousa neçessaria E o log(ar) era des(er)to ẽ tal g(ui)sa que nom tam ssollamente os caminheiros nom ssabiam p(ar)te mais ainda os que moravõ* ***açerca*** *nom sabiam o logar E tal rregra guardavõ senpre de-llo começo em aquel moesteiro.*

[E nunca abriam a porta senão quando vinha algum monge por necessidade de alguma coisa; e o lugar estava deserto de tal forma que não só os viajantes não sabiam nada,[13] menos ainda os que moravam perto não conheciam o lugar; e tal regra guardavam sempre naquele mosteiro desde o início.]

O exemplo (3) a seguir é particularmente ilustrativo do significado dinâmico de *acerca*: o porco tem de *chegar muito acerca.*

(3) [14, *Livro de Montaria*, CIPM] [...] *con os caães en aquelles lugares que forem mais fortes e mais azados pera se a vozaria passar e perceba-os que non soltem os seus caães, mais que os tenham nas treelas e que os leixem fazer grande arroido de vozes atá que o porco chegue muyto* ***acerca****. E, des que o porco for muyto* ***acerca*** *aaquella parte donde lhe mais direito chegar e mais preto, ponham-lhe os caães que tiverem, mais non todos, assi como, se hum moço tiver dous caães* [...]

[[...] com os cães mais fortes e adequados naqueles lugares para que se certifiquem de não soltar seus cães se a vozearia passar, mas segure-nos nas correias, deixando-os latir até que o porco chegue muito perto. E quando o porco estiver muito próximo daquela direção onde ele puder chegar, ponham os cães que tiverem para cima deles, mas não todos [...]]

Diferentemente ocorre em (4), em que a construção *cerca de* passa a designar a distância relativa, estática, um ponto próximo, a que os viajantes chegaram de Castela (perto).

(4) [14, *Cronica Geral de Espanha*, CGE, Lisboa, CIPM] *E, quando virõ que ja era noyte, vestiu o conde os panos do clerigo e acolheronsse ambos aa mulla, a iffante dyãte e o conde detras. E ẽtrarõ enno camynho e andarom ataa* ***cerca de*** *Castella.*
[E quando o conde e a infanta viram que era noite, o conde vestiu o hábito do padre; o conde e a infanta abrigaram-se junto à mula, a infanta na frente e o conde atrás; entraram no caminho e andaram até próximo de Castela.]

As ocorrências (5) e (6) reiteram os aspectos semânticos que estão sendo destacados: com a preposição *a*, o item ganha movimento; sem a preposição *a*, o significado indica posição estática, no caso, perto. (7) e (8) confirmam a análise.

(5) [15, *Sacramental*, CIPM] *Outros dizẽ quando teẽ molher sospeitosa ẽ cassa ou a rreçebe em sseu lecto, os filhos choran ou dan vozes* ***açerca do*** *fogo.*
[*Contexto: se as pessoas podem receber os sacramentos quando o sacerdote vive em concubinato*: Outros dizem que quando o sacerdote em pecado tem mulher suspeita em casa ou a recebe em seu leito, os filhos choram ou gritam perto/em volta do fogo.]

(6) [15, *Crónica de D. Pedro de Menezes*, CIPM] *& Mem Soarez levou ho caminho de Barbechete &, quamdo foy jumto com hũ oytero que he* ***çerca de*** *ho caminho que vem de Barbeche pera a çidade, açertou-se que hia amt'elle hũ gallgo de Lopo Vazquez* [...]

[E Mem Soares seguiu em direção[14] a Barbechete; e quando estava muito perto de um outeiro, que fica próximo do caminho que vem de Barbeche para a cidade, aconteceu que[15] ia na frente dele um galgo de Lopo Vasques [...]]

(7) [16, *Peregrinação*, Fernão Mendes Pinto, CTB] *E não ousando a se determinar, atè ver o ~q o inimigo fazia de sy, se deixou estar toda aquella noite cõ boa vigia, & como a menham foy clara,* ***a cerca dos*** *vallos onde o Achem estiuera o dia dantes, appareceo sem gente nenhũa, donde entẽedeo o Bata que o inimigo hia muyto desfeito, & por isso determinou seguir a victoria,* [...]

[E não se arriscando a tomar uma decisão até ver o que o inimigo fazia de si, se deixou estar toda aquela noite com boa vigia; e como amanheceu, perto dos valos onde o achém[16] esteve um dia antes, apareceu sem ninguém, tendo o Bata entendido que o inimigo estava muito destruído, por isso decidiu seguir a vitória, [...]]

(8) [16, *Documentos Notariais do galego-português*, HGP136, CIPM] [...] *a vjña de Reuoreda, syta en(n)a feligresia de Santa M(ari)a de Rreuoreda, q(ue) está* ***çerca da*** *d(i)ta villa de Rredondela,* [...]

[[...] a vinha de Reboredo, situada na freguesia de Santa Maria de Reboredo, que fica muito perto da dita vila de Redondela [...]]

Embora o valor locativo de contêiner possa ser observado em todos os exemplos, os aspectos iluminados em cada ocorrência são diferentes: ou se focaliza o interior, como em (1); ou o espaço externo, indeterminado, como em (2); ou o limite do contêiner como em (3), e assim por diante.

Boa parte dos dados coletados revela que *cerca*, já desde os primeiros textos portugueses, não focaliza necessariamente um aspecto específico do contêiner, mas certamente a proximidade da borda pode se dar, ou não, de forma precisa ou imprecisa. Por causa da polissemia de *cerca*, que pode ser também "junto" ou "perto", além de poder indicar circularidade, os falantes devem ter recorrido a outras expressões mais precisas para indicar o movimento ou localização circular, como *derredor*, *ao redor de* ou *em volta de*, por exemplo, já presentes nos textos do português medieval.

A análise dos dados dos séculos XIII a XVI revela que o sentido espacial de *cerca* (*de*) e *acerca* (*de*) vai decrescendo por volta do século XVI, não sendo mais encontrado nos textos do século XVII em diante. Esse aspecto é relevante para entender o uso dessas expressões no PB, ou seja, quando chegam as primeiras caravelas em terras brasileiras, *cerca de* e *acerca de* já não são mais usados para especificar a localização ou movimento físico. O uso dessas expressões do PB e PE atuais restringe-se a dois contextos: *cerca de* + sintagma nominal expresso por números e *acerca de* + sintagma nominal introdutor de tema. Trataremos dos dados do PB mais adiante.

Concomitantemente ao sentido espacial de *cerca* (*de*) e *acerca* (*de*), também são atestados outros usos dessas expressões no português medieval. No entanto, vale lembrar que os sentidos de localização espacial não física são depreendidos dos textos cuja temática não é narrativa ou descritiva, mas de alguma forma argumentativa, como no exemplo (9) a seguir, extraído de um texto religioso do século XV:

(9) [15, *Orto do Esposo*, CIPM] *E diz Seneca: Esta uida he assy como morte. Jnfiindo he o curso trigo[so] do tenpo, e aquello que uiuemos he hũũ ponto e he* ***acerqua de*** *nada.*
[E diz Sêneca: Esta vida é como a morte. Infinito é o curso apressado do tempo, e aquilo que vivemos é um ponto e é próximo de nada.]

Dado que o assunto, nesse exemplo, é a fugacidade da vida, a leitura que se faz é a de que aquilo que vivemos é "próximo do nada" ou "quase nada". O uso de *acerca de* nesse contexto é raro e restrito a textos não narrativos e descritivos. Nos exemplos (10) e (11) a seguir, observa-se o sentido de proximidade espaço-temporal de *cerca* (*de*) e *acerca* (*de*) relacionados a *morte* e *morrer*:

(10) [14, *Narrativa do Livro de Linhagens*, CIPM] *Em aquel tempo, chegou Alcarac a el e disse-lhi: "Senhor, esto nom vos compre, porque quando a sanha e a ira de Deus vem u lhe praz, todolos conselhos e saberes nom valem rem. Ide-voz a az do curral que eu mandei que vos guardassem, e per ela chegaredes a Aljazira em salvo, e partiredes vossa morte, que está mui* ***acerca****, ca podera seer que desma(n)haram os cavaleiros que en'ela estam e nom vos atenderam".*

[Naquele tempo, Alcarac chegou para o rei e disse: "Senhor, não faça isso, porque quando a raiva e a ira de Deus vêm onde lhe agrada, todos os conselhos e saberes não valem nada. Vá ao agrupamento[17] do pátio pois eu mandei que o esperassem, e por ali chegará a Aljazira a salvo e se afastará de sua morte,[18] que está muito próxima, pois poderá ser que desanimem os cavaleiros que nele estão e não esperarão por você".]

(11) [15, *Crónica de D. Pedro de Menezes*, CIPM] *& amtre hos bõos homẽs que ally herã foy hũ que se chamava Gill Eannes de Freitas, homẽ fidallgo & de bom coração, o quall, sẽdo jumto com hos ymigos, sem nenhũa ordenamça salltou amtr'elles, omde sua fim fora çedo conheçida se não fora bomdade de hũ seu escudeyro que ho seguya, o quall, vemdo seu s(enh)or ẽ tall perigo, com rrosto seguro & vomtade desposta a sallvar aquelle que o criara ou na morte lhe faz(er) companhia, meteu a llamça sob seu braço & foy rrijamemte aos comtrarios, & tall volta fez amtr'elles per que derã allgũ lugar aaquelle fidallgo, que tam* ***çerca*** *estava* ***de*** *faz(er) sua fim.*[19] *O comde não quisera tam de ligeiro aballar, avemdo sanha de Gill Eannes porque sayra da ordenamça, mas quamdo vio q(ue) estava tam* ***açerca d'****acabar disse comtra os outros: "– Amigos, outro tẽpo nos cumpre que busquemos pera castigar o erro daquelle nosso companh(ei)ro."*

[E entre os homens bons que ali estavam havia um que se chamava Gil Eanes de Freitas, homem fidalgo e de bom coração, que estando com os inimigos saltou entre eles espontaneamente, onde sua morte era certa não fosse a bondade de um escudeiro seu que o seguia, o qual, vendo seu senhor em tal perigo, se dispôs a salvá-lo, e com a lança debaixo do braço foi com força na direção dos oponentes e fez tal alvoroço entre eles porque deram algum lugar ao fidalgo, que tão perto estava de morrer. O conde não quis atacar (os inimigos) rapidamente, porque estava com raiva de Gil Eanes por ter saído da tropa, mas quando viu que estava tão perto de morrer, disse aos inimigos: "– Amigos, procuremos outro momento para castigar o erro daquele nosso companheiro".]

Em todos os exemplos anteriores, a morte está se aproximando, marcada pelo aspecto do verbo *estar* (de mudança de estado), o que confere caráter dinâmico e justifica a escolha da forma *acerca*, com a adjunção da preposição *a* que ativa a noção de percurso em (10) e na segunda ocorrência de (11). Note-se, no entanto, que na primeira ocorrência em (11), a construção *cerca de* está no escopo do mesmo verbo (*estar*), no mesmo contexto das demais (*morrer*, *morte*). Essa oscilação de formas em contextos similares parece apontar para formas em competição, o que antecede a especialização de uma ou outra forma para contextos linguísticos específicos, concretizando a mudança: *cerca* para situações mais estáticas (até se fixar no uso com expressões numéricas que indicam quantidade) e *acerca* para situações mais dinâmicas (até se especializar como introdutora de tema) como veremos no decorrer da análise.

Já os exemplos (12) a (14) a seguir demonstram um uso bastante semelhante ao que se encontra no PE e PB atuais (com *cerca de* categoricamente), mas todos com *acerca de*:

(12) [14, *Crónica Geral de Espanha*, CGE, Lisboa, CIPM] *E elle fezeo assy e atendeu ataa que os outros teverom suas obras* ***acerca de*** *acabadas*.
[E ele assim fez e esperou até que os outros tivessem seus feitos quase acabados.]

(13) [15, *Sacramental*, CIPM] *Despois que ho homẽ chegua ha ydade de discriçõ que he .x. anos e meo e* ***açerca dos*** *onze segũdo que foy dito no sacramento do corpo de Deuse de suso en este*

ssacramẽto, ẽ qual quer ydade que seja sse deue confesar ho moço, mançebo, homen velho ou muyto velho.

[Depois que o homem chega à idade de discrição, que é aos dez anos e meio e perto de onze anos de acordo com o que foi dito no sacramento do corpo de Deus e acima neste sacramento, em qualquer idade deve se confessar o moço, mancebo, homem velho ou muito velho.]

(14) [15, *Crónica de D. Pedro de Menezes*, CIPM] *& foram por em em perigo os que hyam na fusta do comde, porque não hya esquypada, caa não levava mais de #LIII rremeyros, & assy jouverão sobre amcora amtre Larache & a Mamora* ***açerca de*** *duas legoas, hũ dia & hũa noite, largos ao mar.*

[E ficaram assim em perigo os que iam na fusta[20] do conde, porque não estava equipada, uma vez que não levava mais que 53 remadores, e assim ficaram ancorados entre Larache e Mamora[21] cerca de duas léguas, um dia e uma noite, soltos ao mar.]

Nesses exemplos fica claro que a localização é estabelecida de modo indefinido, ou seja, as *obras acabadas* (12), *a idade* (13) e *a Mamora* (14) são entidades cuja informação imprecisa é angulada por *acerca de* (nos termos de Almeida, 1999). Esse sentido é reforçado pelo fato de *acerca de* vir combinada a expressões de medida em geral (idade, distância etc.) e etapas de um processo (exemplo 12). Vê-se que em (12), o verbo *atender* (esperar) denota tempo transcorrido, o que pode explicar a escolha por *acerca*, sem que se saiba o quão acabados estavam os feitos, dado o caráter processual de fazer algo. Em (13) é possível observar que existe uma dinamicidade da passagem temporal no intervalo entre as idades não definidas, o que pode também explicar o uso de *acerca*.

Quanto à frequência de *acerca* (*de*) e *cerca* (*de*) nesse contexto, não apenas os exemplos selecionados como também todos os dados coletados demonstram ser *acerca* (*de*) preferida nos textos portugueses dos séculos XIV e XV,[22] mesmo que não tenhamos feito um levantamento quantitativo. Essa proporção se inverte nos séculos seguintes, ficando apenas a construção *cerca de* nesse contexto.

O último uso presente nos textos do português medieval é de *acerca de* como introdutora de tema (assunto), que começa a aparecer somente a partir do século XV (exemplos 15 e 16), sendo já bastante frequente no século XVI (exemplos 17 e 18), e do século XVII em diante o único uso atestado para *acerca de* (exemplos 19 a 22):

(15) [15, *Sacramental*, CIPM] *Titolo .l. das pregũtas* ***açerca das*** *pessoas. |* ***Acerqua das*** *pessoas deue pregũtar o saçerdote quen he o que pecou e con quen, nom que acuse a outro, mais a si mesmo, e diãte quaes pesoas, se o fez por si ou por outro, per sua vontade ou per mãdamento ou quẽ no enduzio.*
[Título –L– das perguntas sobre as pessoas. A respeito das pessoas deve perguntar o sacerdote quem é, qual o pecado e com quem pecou; não se acuse a outro, mas a si mesmo, e diante de quais pessoas, se fez isso por si ou por outro, por sua vontade ou por ordem de outra pessoa ou quem o induziu (a pecar)]

(16) [15, *Carta de Pero Vaz de Caminha*, CIPM] [...] *amdam nuus sem nhuũa cubertura nem estimam nhuũa coussa cobrir nem mostrar suas vergonhas. E estam* ***açerqua disso*** *com tamta Jnocemçia como teem em mostrar o Rostro.*
[[...] andam nus sem nada coberto, nem se importam em cobrir nada nem em mostrar suas vergonhas. E têm tanta inocência a respeito disso, assim como têm em mostrar o rosto.]

(17) [16, *História da Província de Santa Cruz*, Pero Magalhães Gandavo, CTB] *Soneto do mesmo autor ao ſenhor Dom | Lionis,* ***acerca da*** *victoria que ouue | contra el Rey do Achem | em Malaca* [...]
[Soneto do mesmo autor ao Senhor Dom Leones sobre a vitória que houve contra o rei do Achém em Malaca[23] [...]]

(18) [16, *Discursos vários políticos*, M. Severim de Faria, CTB] *Concorriam em Gaspar Barreiros muitas letras, e engenho, e porque não fizesse o caminho infrutuosamente lhe encomendou (segundo o mesmo Gaspar Barreiros refere ao Cardeal na dedicatória da sua Corografia) que escrevesse particularmente todos os lugares por onde passasse, com tudo o que* ***acerca de*** *suas fundações, nomes antigos, e mudança deles pudesse saber, por quanto es-*

perava de se aproveitar desta informação na sua Geografia, que havia anos tinha começada.

(19) [17, *Sermões*, Padre Antônio Vieira, CTB] *Isto supposto, vem a dizer Christo, por conclusão do que acabava de ensinar e revelar* ***ácerca do*** *dia do Juiso, que tudo se havia de cumprir n'aquelle mesmo seculo*, [...]

(20) [18,1 SP CAP AI, Carta 19, 1736] (...) *e Como a colera do Padre ainda estava alterada, cómeSsou a gritar contra o Cappitam e achamarlhe | alguns' nomes, que hê o dezafogo, que podemos ter, por nesta aldeia nem tronco, nem prizaó hav[er] eSer | o que mais me tem des obedecido sem fazer cazo algum do que lhe dezia* ***acerca da*** *Aldeia.*

(21) [19,2 BA CAP, Carta 23, Ribeiro 2000] *O mesmo cabe-me dizer* ***acerca | da*** *latrina, que alem de ser colloca | da no seio da enfermaria. se acha | em pessimo estado, tendo eu já | feito notar a necessidade de remo= || vê-la para outro lugar*, [...]

(22) [21,1 SP CL, *Estadão on-line*, 06/10/2017] *Fórum dos Leitores | CUNHA ESTÁ VIVO Li na "Coluna do Estadão" de sábado (30/9) a manifestação de Eduardo Cunha* ***acerca dos*** *comentários de Renan Calheiros em depoimento à Polícia Federal. Conclui Eduardo Cunha: "O fim do foro, se ocorrer, levará ao fim da impunidade".* (<http://opiniao.estadao.com.br/noticias/geral,forum-dos-leitores,70002029591>. Acesso em: 21 jan. 2018)

O que se nota, em todos os exemplos anteriores, é o uso categórico de *acerca de* para introduzir ou delimitar o tema, uso esse que começa a ser categórico a partir do século XVII. De acordo com dicionários etimológicos, a forma latina *circa* já apresentava esse sentido. Há de se notar que a ausência desse uso em textos portugueses dos séculos XIII e XIV pode estar vinculada à tipologia dos textos que sobreviveram, mormente cantigas e documentos notariais, que não dão margem ao uso de várias expressões e estruturas (cf. Jabob, 2001), dentre as quais aquelas introdutoras de tema como *quanto a*, *com relação a*, *sobre*, além de *acerca de*.

Em suma, os textos brasileiros dos séculos XVII a XXI e portugueses atuais revelam o uso categórico de *acerca de* introdutora de tema, conforme os exemplos anteriores, e de *cerca de* angulador de quantidade (de tempo, dinheiro e tamanho), como nos exemplos (23) a (25) a seguir.

(23) [19,2 BA CL, Carta 52] *Hontem* ***cerca do*** *meio dia um pobre ho- | mem morador em Parajá(sic), e ora residente no | Campo Secco, pertencente ao 2. districto da | freguezia de Santo Antonio, passava pela igreja | da Conceição da Praia conduzindo tranquilla- | mente um cavallo pelo cabresto,* [...]

(24) [20,1 SP CPWL Carta 142] *O Zéca era socio de Tobias de | Barros & Cia. tendo entrado com o capital | de 200 contos, verifiquei agora que elle deu | um desfalque na carteira de titulos a receber | de* ***cerca de*** *160 contos, fui obrigado a agir | com energia e fazer com que elle se retirasse.*

(25) [21,1 N, Portugal, *Diário de* Notícias, 11/10/2017] *A novidade lançada pela Amazon consiste numa pequena casa pré-fabricada, com* ***cerca de*** *30 metros quadrados, construída a partir dum contentor de transporte e criada pela MODS internacional.* [...] *Por enquanto, só quem vive nos* EUA *pode comprar esta casa, pagando* ***cerca de*** *3800 euros pela entrega* [...] (<https://www.jn.pt/economia/interior/amazon-vende-e-entrega-casas-por-cerca-30-mil-euros-8835513.html>. Acesso em: 23 mar. 2018)

Comparando esses exemplos aos apresentados em (12), (13) e (14) para o português medieval, observa-se que *cerca de* foi a construção escolhida para essa função de angulador, além de não ocorrer em estruturas como a do exemplo (12) especificamente, *acerca de acabadas*. No PE e PB atuais, o falante parece preferir outro angulador, *quase*, para essa função (*quase acabadas*).

Praticamente todas as ocorrências de *cerca de* tem o sentido de "próximo, aproximadamente", em que a preposição *de* indica a mesma função relativizadora que nos usos espaciais atestados no português medieval. No português atual, vê-se que a distinção no uso de *cerca de* e *acerca de* está bem estabelecida: *cerca de* atua como angulador na expressão "a 10 metros de distância" para indicar a medida não muito precisa, como em "a *cerca de* 10 metros de distância", e *acerca de* marcará sempre a introdução de um assunto de forma igualmente imprecisa.

Por fim, registremos que, no latim tardio (cf. Cunha, 1982: 173), foi formado o verbo *circare* (a partir de *circa*) herdado pelo português como *cercar*, e que em português foi formado o verbo *acercar-se* ("aproximar-se"). O verbo *cercar*, por sua vez, propiciou a formação do substantivo deverbal *cerco*,[24] ao lado da *cerca*, que, como registramos, é fruto da lexicalização de *circa*. Já o verbo *acercar-se* deve ter se formado a partir de *acerca*, conforme atesta Nascentes (1955). No entanto, esse verbo é pouco frequente tanto atualmente quanto em textos mais antigos (apenas duas ocorrências no CIPM), comparando-se a *cercar*, com 186 ocorrências no CIPM.[25]

CIMA

A palavra *cima*, há muito tempo, não é mais percebida como um substantivo em português e outras línguas românicas. *Cima* é geralmente classificada como substantivo feminino com o sentido de "*a parte mais elevada, cume, cimo*" (Cunha, 1982: 182). Além de substantivo, Machado Filho (2013: 105) acrescenta outra entrada para *cima* como elemento adverbial ("na parte mais elevada de algum lugar").

A origem de *cima* é a forma latina *cyma*, esta derivada do grego *kyma*. Dado que diversos autores remetem a origem da palavra latina e românica ao grego, reproduzimos a seguir as acepções de *cima* (português), *cyma* (latim) e *kyma* (grego), conforme cada autor ou dicionário:

> ***cima*** *– do grego* ***kýma****, "rebento novo", pelo latim vulgar* ***cyma-****, "a parte mais alta"* (Dicionário Infopédia da Língua Portuguesa)[26]
>
> ***cima*** *– Do gr.* ***kyma****, broto novo, e daí por extensão o que está em cima, pelo lat.* ***cima****, fr.* ***cime****. [...] No lat. medieval:* ***a pede jusque ad cimam*** (Ribeiro de Vasconcelos, Gram. Hist. Port., 113) (Nascentes, 1955: 118)[27]
>
> ***cyma*** *– do grego clássico ("broto de repolho"). 1. topo da árvore. 2. topo da montanha* (Niermeyer e Van de Kieft, 2002: 235)

cyma *– s.m. O talo ou coração de cardo. Lat.* ***Cyma****, de onde provém, ainda que sua origem seja o grego.* (Diccionario de la lengua castellana, RAE, 1729: 713)[28]

kýma (κυμα) *– o que incha, de onde surge onda, perturbação violenta do ar como nas ondas; a flor de um exército de terra (sentido figurado, que possui a ideia de infortúnio), flor do infortúnio, o fluxo negro, a raiva, toda a produção, seja de fruto ou porção da terra* (Le Grand Bailly Dictionnaire Grec-Français, 2000)[29]

kýma (κυμα) *– engravidar, usar (n)os seios; ter concebido; adquirir gordura; estar grávida; tornar-se grande de; gordo; pleno; fértil; repleto de curvas.* (Chantraine, 1968)

Dos sentidos gregos e latinos pode-se depreender algum tipo de movimento, como "inchar", "adquirir gordura" e "estar grávida"; o movimento no eixo vertical de baixo para cima pode ser observado em "onda" (é esse movimento da água que define a onda) e "broto da planta", que sai da terra para crescer. A julgar pelas acepções anteriores é lícito supor que o falante do latim focalizou o contorno mais saliente perceptualmente e fixou a designação na relação entre esse ponto e o conceito de *cima – a parte mais alta*, o que pode ser demonstrado pela Figura 1 a seguir:

Figura 1 – Esquema de focalização

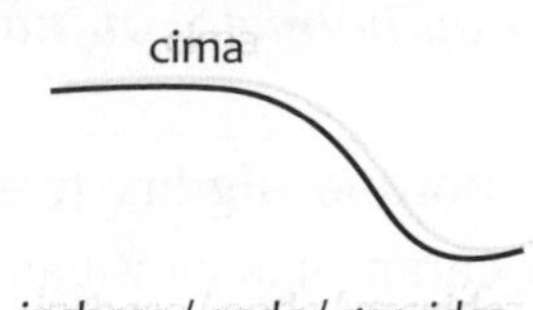

A focalização ativa o EI CIMA-BAIXO, permitindo que, por metonímia (Costa, 2004: 54), os demais sentidos representem a parte ou aquilo que fica na superfície desses movimentos, como uma espécie de "congelamento da imagem", que claramente se observa num dos sentidos atribuídos ao *cyma* latino, *o topo da árvore* ou *da montanha*, presente também no espanhol atual,[30] e daí a parte superior de qualquer objeto.

Em português, observamos poucos casos em que *cima* apresenta esse sentido, como no exemplo (26):

(26) [13, *Cantigas de Santa Maria*, CSM065, CIPM] *Os angeos Santa Maria fillaron e* ***em [a] çima do*** *altar a sentaron*
[Os anjos pegaram Santa Maria e a sentaram na parte de cima do altar]

A maioria das ocorrências de *cima* com determinante em textos dos primeiros séculos tem o sentido de "por fim", "finalmente" ou simplesmente "fim"[31] (que era inicialmente uma palavra feminina), o que pode ser explicado metaforicamente como "o que está no cume está no fim", como se vê nos exemplos que seguem:

(27) [13, *Cantigas de amor*, CAM388, CIPM] *Porque sol dizer a gente | do que ama lealmente: | "se ss' én non quer enfadar, |* ***na cima*** *gualardon prende", | am' eu e sirvo por ende;*
[Porque só dizer às pessoas | do que ama lealmente: | "se não quer se aborrecer com isso, | recebe recompensa finalmente"[32] | eu amo e sirvo por isso;]

(28) [14, *A arte de trovar*, CIPM] *Capitolo segundo Porque alguns trobadores, pera monstrarem moor mestria, meterom, en sas cantigas que fezeron, una palavra que non rimasse com as outras, e c[h]amam-lhe "palavra perduda". E esta palavra pode meter o trobador no começo ou no meio, ou* ***na cima da*** *cobra, em qual logar quiser.*
[Capítulo segundo. Porque alguns trovadores, para mostrarem maior maestria, colocaram nas cantigas que fizeram uma palavra que não rimava com as outras, e chamam-na "palavra perdida". E o trovador pode colocar esta palavra no começo, no meio ou no fim da estrofe, onde quiser.]

Além da construção *na cima*, encontramos algumas ocorrências de *ata cima de* e *acima* (*de*) combinadas a nomes que designam tempo ou o fim de um processo, como em (29) e (30):

(29) [14, *Dos Costumes de Santarem*, CIPM] *Do assoluímẽto que deuem a ffazer aos citados. Como nõ deuẽ asoluer nẽ gũu* ***ata çima do*** *Conçelho. & ante q(ue) o asoluã deuẽ-no ap(re)goarp(er) tres uezes se esta hy. aquel q(ue) o demanda & se nõ 'steuer hy. deuem assoluer a outra parte. Como sse husa este custume. E husa-sse o (con)trayro. ca no começo do conçelho & no meíogoo &****na çíma*** *fazẽ ap(re)goar. & dam Reuelyas & passã logo ante q(ue) se ergã do Conçelho. & se a p(ar)te uẽ ante q(ue) se os aluazíjs ergã do Conçelho.*

[Da absolvição que devem fazer aos citados. Como não devem absolver nenhuma pessoa até o fim do conselho. E antes que o absolvam devem perguntar a ela três vezes se está aí, aquele que a demanda e se não estiver aí devem absolver a outra parte. Como se usa esse costume. E usa-se o contrário, pois no começo do conselho e no meio e no fim fazem anunciar, e dão revelias e passam logo antes que se levantem do conselho]

(30) [14, *Documento notarial in história do galego-português*, HGP061, CIPM] *Mãdo en(n)o t(er)ço pelas igl(e)ias da Villa d'Allariz ssenllos meos carn(eir)os & ssenllos almudes de uiño & q(u)inze s(oldo)s en pã & outro tãto a S(an)ta Clara & mãdo out(r)o tãto aas sseys domãas & out(r)o tãto á****á çima do*** *ano.*

[Mando, no terço pelas igrejas da vila de Alariz, menos carneiros cada um, litros de vinho[33] cada um, quinze moedas em pão, e outro tanto a Santa Clara; e mando outro tanto em seis semanas e outro tanto até o fim do ano]

(31) [14, *Crónica geral de Espanha*, CGE, CIPM] *E os da villa, quando esto ouvirom, ouveron [ende] grande pesar por que tam longo tempo esteveram cercados e* ***aacima*** *avyam assi de dar a villa. E acordarõ todos de se hyr cõ a iffante e nõ ficar nem hũũ enna cidade de Çamora.*

[E os (moradores) da vila quando ouviram isso, sofreram por terem ficado cercados por tanto tempo, e no final tiveram que entregar a vila. E todos concordaram em ir com a infanta e não ficar ninguém na cidade de Samora.]

Esse uso de *cima* já não é mais atestado a partir do século XV, quando a palavra ocorre categoricamente sem determinantes, em construções com as preposições *a*, *de*, *em*, *per* e *pera* que designam espaço físico, parte superior de uma entidade, como se vê nos exemplos a seguir:

(32) [13, *Cantigas de Santa Maria*, CSM273, CIPM] *E os panos con que era ende o altar coberto | eran ricos e mui nobres, esto sabemos por certo; | e* ***per cima da*** *igreja era o teito coberto;|* [...] *Estand' assi aquel ome por estes fios coitado | que os aver non podia, catou e viu a seu lado | pender* ***de cima do*** *onbro dous fios, e espantado | foi en muit' a maravilla* [...]
[E os panos com que era assim o altar coberto | eram ricos e muito nobres, isso sabemos com certeza; | e por cima da igreja era o teto coberto; | [...] Estando assim aquele homem aflito por causa destes fios | que não os podia ter, olhou e viu ao seu lado | penderem dois fios de cima do ombro, e ficou muito espantado [...]]

(33) [14, *Livro de linhagens*, CIPM] *E este dom Gonçalo Meendez era entom vassalo d'el rei dom Afonso de Leom, que fora marido desta rainha dona Tereja*, [...]. *E des que lhi folgarom os cavalos tres dias, dom Gonçalo Meendez, com aqueles que trouve e com outras companhas muitas e bõas que esta rainha dona Tereja tiinha consigo, moveo pera dom Martim Anes u estava,* ***em cima dũu*** *monte muito alto contra Coimbra*, [...]
[E este dom Gonçalo Mendes era, naquela época, vassalo do rei dom Afonso de Leão, que foi marido desta rainha dona Teresa [...]. E desde que descansaram seus cavalos por três dias, dom Gonçalo Mendes, com aqueles que levou e com outras muitas boas companhias, as quais esta rainha dona Teresa tinha consigo, moveu-se para Martim Anes onde estava, em cima de um monte muito alto do lado oposto a Coimbra, [...]]

(34) [14, *Livro de montaria*, CIPM] *Capitulo* XVII, *que á-de fazer o moço quando entrar ao porco non possa senon polla erecta* ***acima*** *ou assi quando veem de fundo* ***pera cima****.*
[Capítulo 17, que há de fazer o moço quando se apoderar do porco: não pode senão colocá-lo reto para cima ou assim quando vem de baixo para cima.]

(35) [16, *Crónica dos reis de Bisnaga*, CIPM] *E despois de morto o doente mamdão lavar o chão onde estava deytado o doente, e depois de lavado tomão bosta de vacca, e embostão aquelle chão, e llamção o morto* ***em cima desta*** *bosta*, [...]
[E depois de o doente morrer, mandam lavar o chão onde estava deitado, e depois de lavado pegam bosta de vaca e espalham pelo chão, e lançam o morto em cima dessa bosta [...]]

À medida que *cima* perde suas propriedades de substantivo e passa a compor as construções exemplificadas acima, concomitantemente se alteram também algumas propriedades semânticas, mantendo-se, entretanto, a orientação espacial no eixo vertical, isto é, o ponto de referência para a localização, no topo de qualquer objeto, como o *monte*, *a igreja*, *o ombro*, *a bosta* etc. Ao lado disso, a especificação de como se configura este "espaço superior" é indicada pela preposição a sua esquerda, que pode ser *de* (indicando origem como em (32)), *em* (contêiner, em (33) e (35)) e *a* (percurso, em (34)).

Mesmo naqueles exemplos em que *cima* designa "fim", é possível observar orientação espacial, com especificação (por exemplo, *ata*, atual *até*, que indica o limite máximo), mas nesse caso tanto no eixo vertical quanto no eixo horizontal (exemplo (28), *na cima da cobra* [estrofe]).

É também digno de nota que a construção *pera cima* (*de*) só aparece do século XIV em diante, mas bem menos frequente em todos os séculos comparando-se às demais construções com *cima*. Seu uso começa a ser mais expressivo em textos do século XIX, já na forma *para cima* (*de*). Vale observar que grande parte dos casos de *pera/para cima* (*de*) envolve algum tipo de movimento, sendo a preposição *pera/para* indicativa da direção desse movimento, como se vê nos exemplos a seguir.

(36) [15, *Crónica do Conde D. Pedro de Meneses*, CIPM] [...] *& quamdo chegou a agoa bem mostrou aquella vaca que husava aquella passagẽ, mas o porto nõ hera como elles pemsavão, amte começava ẽ fumdo & subia* ***pera çima*** *ao vieis, & hera por em allto*, [...]

[E quando chegou a água bem mostrou aquela vaca que usava aquela passagem, mas o porto não era como eles pensavam, mas começava em baixo e subia para cima ao viés, e era por isso alto, [...]]

(37) [17,2 SP CDJ, Fl.27v] [...] *pello que pedem a Vossas Mersses lhe dem hús chaõs quorentta | braças de testada partindo do Rancho delle ditto Heronimo | becudo Correndo* ***pera sima*** *E de quinttal athe o Ribeiro*

(38) [19,2 SP Mem Xiririca] *Algumas destas serras chegaõ | até 700 metros de altura sobre o nivel | do mar. De Xiririca* ***paracima*** *| o valle da Ribeira muda sua | figura: As planicies desappare_| cem, as serras aproximaõ-se as mar | gens do Rio, e da barra do Batatal |* ***para cima*** *o Valle da Ribeira naõ | apresenta mais senaõ um estreito e | profundo canal entre montanhas e | rochedos em ambas as margens.*

(39) [21,1 PE IO Fita 23b, Rodrigues 2013] INF. *não é num lugá:... já bem nu interiô bem bem* ***pra cima di*** *recifi bem* ***pra cima*** *mesmu... um lugá chamadu pesque::ra... pertu di pesquera é um lugá...*

(40) [21,1 SP IO IELP I] INF.: *aí... aí eu olhei assim... eu falei... será que ele tá armadu mesmo... ou será que ele não tá::... aí era dois::... aí tinha um magrinhu assim... eu falei:: eu acho que eu vô::* ***pra cima desse*** *magrinhu::... PEgo Ele::*

(41) [19,1 SP CP Carta 18] [...] *visto que na Villa de Itu, e adja= | centes, se fazem* ***para sima de*** *cem mil arrobas e vay a mais, / se a= | decadença do dito genero, naõ continuar, que faça esmorecer aos agriculto= | res/*

Dado que a preposição *para* no PB atual é preferida em detrimento de *a*, *acima de* aparece mais frequentemente em expressões fixas como *acima de qualquer suspeita*, *acima de tudo*, *acima do peso*, *acima da média* etc.

O uso espacial abstratizado de *acima* e *em cima*, ou seja, o espaço no texto, pode ser verificado em textos do século XIII (exemplo 42), ainda que mais raramente, sendo esse uso mais frequente a partir do século XV, conforme os exemplos (43) a (47). *Acima* é a forma preferida no PB para indicar o *espaço no texto* (exemplo 48), ao passo que no PE *em cima* é mais usual (exemplo (49):

(42) [13, *Textos notariais in História do galego-português*, HGP099, Pontevedra, CIPM] *Et os d(i)tos dom Joh(a)n do Ramo & dom Joh(a)n d'Areas, por isto q(ue) de suso d(i)to é q(ue) o abbade & o conuẽto dauand(i)tos lis fezerũ, como diz* ***en cima****, disserũ q(ue) outorgauã & q(u)itauã todo dereyto [...] & outorgarũ as p(ar)tes q(ue) cada úún deles q(ue) (contr)a isto q(u)isesse passar & q(ue) o nõ q(u)isesse aguardar, como diz* ***en cima****, q(ue) peyte áá out(r)a p(ar)te duzẽtos mar d'alffon(siis) por pea & a carta fiq(ue) en sua reuor.*
[E os ditos dom João do Ramo e dom João de Areias, pelo o que acima é dito que o abade e o convento adiante nomeados lhes fizeram, como acima se diz, disseram que outorgavam e quitavam todo o direito [...] e outorgaram as partes que cada um deles que contra isso quisesse passar e que não quisesse esperar, como acima se diz, que pague à outra parte duzentos alfonsins[34] por pena, e a carta fique em sua confirmação.]

(43) [15, *Vida de S. Teotónio*, CIPM] *Se entre tais e taõ grandes virtudes quizer louuar nelle a castidade poruentura parecerei ser superfluo, como seia certo resplandeçer nelle sempre (como* ***asima*** *dissemos) hũ treslado della.*

(44) [15, *Orto do esposo*, CIPM] *Esta he a fim e o cõprimẽto da ley e de todas as Sanctas Scripturas, cõuem a saber o amor de Deus e do prouximo. E diz Sanctiago que ha hi sabedoria que descende do ceeo e ha hi outra terreal e animal, diabolica, das quaaes dicto he* ***emcima****.*

(45) [16, *Catecismo*, CIPM] *Era logo necessario pera ser salvos teer fee em Aquelle que per sua paixam nos salvou, e que era Deos e Homẽ pera poder satisfazer, como* ***açima*** *foy dito.*

(46) [17 2 SP CDJ, FL.7r] [...] *como mais Larga | mentte se ue do ditto nosso despacho atras asim que | per esta damos ao supplicante os chaós* ***asima*** *declaradoz | na paraje que pede*

(47) [18,1 SP CAP AI Carta 15] [...] *Coronel Seu avô e o marido da Monica por ver o dezaforo de Sua molher | com o ditto filho do Sobreditto* ***aSima*** *nomeado ô Jozeph,*

(48) [21,1 SP N, *Estadão on-line*] *Sob medida. A artista plástica Marcia Parasmo (cujo trabalho pode ser conferido na foto* ***acima****) oferece curso completo de arranjos florais* [...]. (<http://emais.estadao.com.br/noticias/casa-e-decoracao,confira-cursos-de-arranjos-florais-que-serao-oferecidos-no-mes-de-marco,70002211118>. Acesso em: 5 abril 2018.)

(49) [21,1 Portugal, *Diário de Notícias*] *Um dos primeiros a socorrer o espanhol foi o português Filipe Palmeiro, navegador do chileno Boris Garafulic (X-Raid Team), na categoria 4x4, que aparece na imagem publicada pelo Dakar que ontem correu mundo (ver foto* ***em cima****).* (<https://www.dn.pt/desporto/interior/nani-roma-sofreu-duplo-traumatismo-e-abandonou-9032928.html>. Acesso em: 5 abril 2018.)

A preferência, nesse contexto, por *acima* ou *em cima* pode estar relacionada à diferença de conceptualização: ou de forma dinâmica (como no PB) ou de forma estática (como no PE), ou ainda de texto como superfície (PB) ou texto como contêiner (PE).

Além das construções com *cima* de que vimos tratando, convém lembrarmos de palavras como *cimeira* (reunião de cúpula; ornamento no alto do capacete; inflorescência), *encimar* (colocar em cima; acabar) e *cimalha* (ou *moldura de cornija*), esta hoje um termo técnico da construção, referente à moldura localizada entre o telhado e a parte mais alta da parede da construção, como se vê na Figura 2:

Figura 2 – Cimalha de uma igreja[35]

Interessante notar a produtividade lexical da palavra grega *kyma*, que do latim ao português muito acrescentou ao nosso léxico. Assim é que do latim *cumulus*, *-i* (substantivo) temos a noção de (i) o que excede (Ovídio, *Metamorfoses*, 15, 508), (ii) excesso, acréscimo (Cic, *De Provinciis Consularibus*, 26); (iii) máximo grau, auge: Gaffiot (2016). Assim, chega ao português permitindo que expressões como *Foi o cúmulo de x...* para expressar o auge, normalmente negativo, de algo. A palavra portuguesa também expressa reunião de muitas coisas sobrepostas, amontoamento (*um cúmulo de areia, cúmulo de negócios*), o mais alto grau (*E se levanta ao cúmulo das suas glórias a civilização grego-romana*, Lat. Coelho), aumento, acréscimo (*Achou-se preso pela perna, e por cúmulo de desgraça divisou por cima da cabeça a espada do andador das almas*, R. da Silva), exemplos de Aulete Digital.[36]

Temos ainda *cumular* (Aurélio, 1986: 509), advindo do latim *cumulare*, que exibe a construção (X + *ar*), e o mais comum no português atual, *acumular*, do latim *accumulare*, que exibe a construção (*a* + X + *ar*), ambos com o sentido de "amontoar, juntar, acumular". É provável que esses verbos tenham entrado no português (e outras línguas românicas) por via erudita, dada sua ausência nos textos medievais do CIPM.

Do latim veio ainda *cumulação* (*cumulatione*). No português atual, como no caso anterior, a forma mais comum é *acumulação*, bem como *cumulativo*, que já é vernacular (Aurélio, 1986: 509).

Conforme apontado nas análises anteriores, a prefixação com a preposição *a* a essas formas em português sugere o caráter processual dos eventos que envolvem o ato de juntar, fazendo com que a língua conceptualize o fato como um caminho a ser percorrido. Daí o EI do percurso ser ativado, e a preposição *a*, que designa o ponto final do percurso, ser acrescida aos itens linguísticos.

BAIXO

Para indicar o espaço /inferior/ no eixo vertical, o português dispunha da preposição *sob* (< lat. *sub*), além das locuções integradas por *baixo*, como *abaixo de*, *debaixo de*, *embaixo de*, *para baixo de* e *por baixo de*. No PB atual, o uso de *sob* restringe-se a alguns poucos contextos, geralmente abstratos, em textos mais elaborados da escrita e da fala culta, como *sob controle*, *sob sua proteção*, *sob o ponto de vista de*, *sob forma de* etc.

Etimologicamente, *baixo* advém do adjetivo latino *bassus*, *a*, *um*, datado por Cunha (1982: 93) do século VIII, sendo, portanto, de uma forma do latim vulgar. Viaro (1994: 162), por sua vez, atribui a origem de *baixo* por reconstituição a **bassiu-*. O sentido de *bassus* é o mesmo do adjetivo português *baixo* "curto, não alto" (Ernout e Meillet, 1979), ou ainda "pouco elevado" (adjetivo) e "a parte inferior" (substantivo), de acordo com Cunha (1982: 93). Gaffiot (2016) acrescenta para *bassus* o sentido de "que está acima do peso".

Observe-se, pois, que quando *baixo* é adjetivo tem valor relacional, isto é, algo é baixo sempre em relação a um parâmetro. Assim é que temos "homem baixo" (em relação à média de estatura daquela população), "porta baixa" (altura menor que a habitual), "olhos baixos" (voltados para o chão e não para a frente), "cabeça baixa" (inclinada para o chão e não ereta), "temperatura baixa" (inferior a seu nível habitual) etc. Pode ainda aparecer com sentido figurado, como em "classe baixa" (de pouco poder aquisitivo), "atitudes baixas" (ignóbeis, desprovidas de aspectos morais considerados nobres) etc. Já como substantivo, *baixo* fixa, por metonímia, a parte inferior do que é "baixo", ou pode dizer-se do cantor que tem a voz mais grave que a do barítono, ou ainda, o instrumento musical da diapasão mais grave de cada família de instrumentos (*O clarone é o baixo da família do clarinete*) entre outras possibilidades listadas em Aurélio (1986: 221).[37] É esse *baixo* substantivo que integrará as construções em que figura *baixo*. A Figura 3 a seguir pode ser descrita de diversas formas, como "as cadeiras são mais baixas que o guarda-sol", e ainda "as cadeiras estão abaixo do guarda-sol".

Figura 3[38]

Nos textos portugueses dos primeiros séculos encontramos poucas ocorrências do item *baixo*, todas como advérbio (exemplo 50) e adjetivo (exemplo 51):

(50) [13, *Cantigas de Santa Maria*, CSM245, CIPM] *El ouv' espanto do rio, non ousou y meter* PE | *e diz : "Sennor, muit' é alto, des i u mais* ***baixo*** *é* | *á y mais de dez braçadas ou doze, per bõa ffe."*
[Ele se espantou com o rio, não ousou meter o pé ali, e diz "Senhor, é muito alto, além disso onde é mais baixo há aí mais de dez ou doze braçadas, sem dúvida"]

(51) [14, *Crónica Geral de Espanha*, Lisboa, CIPM] – *Meu filho, vos sodes em tal ydade que ja saberedes reger reyno* [...]. *Nunca cheguedes a vos e a vosso conselho homẽẽs de* ***baixo*** *sangue e vyl condiçon* [...]
[– Meu filho, vós já estais em idade de já saber reinar. [...] Nunca associeis a vós e a vosso conselho homens de baixo sangue e vil condição[39] [...]]

A explicação para a ausência de *baixo* em construções com sentido locativo é dada por Said Ali (1971 [1921]), Mattos e Silva (1989) e Costa (2004): a expressão indicativa de espaço /inferior/ no português até o século XV era *fundo*. Nos *Diálogos de São Gregório*, documento do século XIV analisado por Mattos e Silva (1989: 251), "*não ocorrem os locativos que têm* ***baixo*** *como base; contrapondo-se a* ***cima****, ocorre* ***fondo, fundo***", como em "*duas terras que se regavan per si: hũa estava* ***en cima*** *e a outra* ***en fondo***". Said Ali (1971: 191) aponta que as locuções *em baixo*, *para baixo* etc. apareciam ainda muito timidamente no século XV. No entanto, encontramos várias construções com *baixo* em textos do século XV para indicar a orientação espacial /inferior/, como se vê nos exemplos (52) a (56):[40]

(52) [15, *Sacramental*, CIPM] *E honde diz: Mentibus efficaces, mete o cabo da candea* ***debaixo d****auga.* [...] *E tomao nas maãos e meteo* ***debaixo d****auga dizẽdo: Joanne ou Pedro,* [...] *E ho saçerdote põee a patena* ***debaixo dos*** *corporaees*
[E onde diz: *mentibus efficaces*, coloque o cabo da vela debaixo d'água, [...] E pegue-o e coloque-o debaixo d'água dizendo: João ou Pedro [...] E o sacerdote coloca a patena debaixo dos corporais][41]

(53) [15, *Carta de Pero Vaz de Caminha*, CIPM] *E huum deles trazia* ***per baixo da*** *solapa de fonte a fomte pera detras hũa maneira de cabeleira de penas d aue amarela que seria de compridam d huum couto.*
[E um deles trazia por baixo da solapa de uma têmpora até a outra para detrás uma espécie de cabeleira de penas de ave amarela que seria do tamanho de um côvado]

(54) [15, *Crónica de D. Pedro de Menezes*, CIPM] *Tamto que ora de todo for menhã, nos partamos logo & façamos de nos tres çiladas, das quaes poremos hũa* ***abayxo da*** *Carr(ei)ra dos Namorados, em que eu jarey com a gemte de minha casa, porque esta que he a primeira se tornará depois derradeira, se se açertar que as primeiras duas não possam sofrer a força dos ymigos, omde eu acudirey com tall força que os mouros nom passem a çidade* [...]

[Logo que seja de manhã, vamos logo e nos dividamos em três emboscadas, das quais colocaremos uma abaixo da Estrada dos Namorados, em que eu dormirei com minha família, porque esta que é a primeira será a derradeira, se ficar acertado que as duas primeiras não podem resistir a força dos inimigos, onde eu atenderei com tal força que os mouros não cheguem à cidade [...]]

(55) [15, *Documento notarial in Clíticos na história do português*, CHP191, CIPM] [...] *hũa courela de vinha açerca dalpalhõ no lemjte de vila longa na costa que part(e) do leuant(e) cõ n(uno) da fonseca (e) do ponent(e) cõ vinha de m(aria) ãnes molher que foy de Johã de cepta (e) da trauesia entesta ẽ* ***baixo na*** *Reg(ueira)*, *e dout(ra) part(e) entesta ẽ çima na serra It(em) majs lh(e) enp(ra) z(ar)om hũa t(e)rra de pam a q(ue) chamõ opargo q(ue) leua cinq(uo) alq(ue)ires Em semeadura E part(e) do leuant(e) cõ Joham a(fomso) cartaxo (e) do ponẽte cõ a(fonso) (e) ãnes frade (e) entesta ẽ t(e)rra do dito Joham a(fonso) cartaxo ẽ* ***baixo***, *(e) ẽ çima cõ o di(c)to a(fonso) frade*

[[...] uma courela de vinha perto de Alpalhão no limite de Vila Longa na costa do Oriente com Nuno da Fonseca e do Ocidente com vinha de Maria Anes esposa que foi de João de Cepta e da travessa entesta embaixo na vala, e da outra parte entesta em cima na serra. Item – Lhe aforaram mais uma terra de pão a que chamam opargo que tem 5 alqueires em semeadura e parte do oriente com João Afonso Cartaxo e do ocidente com Afonso Eanes frade e entesta na terra do dito João Afonso Cartaxo embaixo, e em cima com o dito Afonso frade]

(56) [16, *Documentos notariais*, Minho, Braga, DN205, CIPM] *Darredor deste asento cõt(ra) o naçẽte esta hũa cortinha q(ue) leuara de semeadura de t(ri)go hũ allqueire (e) m(eo). (e) tem demt(ro) quat(ro) frut(ei)r(a)s (e) darredor tem seis pes de uu(ei)r(a)s (item) abaixo hũ lam(ei)r(o) derua q(ue) se nã laura q(ue) lavrandose leuara de semeadura de t(ri)go dous allq(uei)r(e)s (item)* ***abaixo da****dega estam dous talhos tapados sobre sy q(ue) sse nã laurã (e) ssã llageos/?/ dã erua (e) se sse lavrasẽ lleuarã de çenteo trres allq(uei)r(e)s. (item) o campo de sob a eira do rrego* ***p(er) abaixo*** *tem quat(ro) p(er)eiras q(ue) leuara de semeadura trres allq(uei) r(e)s de çenteo (e) cont(ra) o vendavall tem hũ pequeno de mõte (item) o baçello de fellg(uei)r(a)s q(ue) Jaz* ***abaixo deste*** *campo q(ue) leuara de cava trres homẽs tem frut(ei)r(a)s darredor (e) dara hũs anos pollos outr(o)s vinte all(mu)des de vinho* [...]
[Ao redor desse assentamento oposto ao lado leste há uma courela que tem um alqueire e meio de semeadura de trigo; há dentro quatro árvores frutíferas e em volta há seis videiras. Item – abaixo de um lameiro de rua em que não se lavra, a qual sendo lavrada terá dois alqueires de semeadura de trigo. Item – Abaixo da adega estão dois talhos cobertos em que não se lavram [...]. Item – O campo sob a eira do rego para baixo tem quatro pereiras que tem três alqueires de semeadura de centeio [...] Item – o bacelo[42] de felgueiras depositadas abaixo deste campo tem três homens de cavidade [...]]

Os exemplos (52) a (56) vão combinar o EI CIMA-BAIXO com o EI do percurso ao se juntarem a preposições desse esquema (*de*, *per*, *a*). Assim, em (52), *debaixo* indica o ponto inferior e a origem de onde é metido o cabo; em (53) é impresso o movimento ao que é trazido, de maneira similar a (54) e (56). Já em (55), temos um exemplo de *embaixo* como advérbio, ativando o EI CIMA-BAIXO e a preposição *em* ativando o EI contêiner.

Os exemplos anteriores ilustram as construções de *baixo* precedido de preposições variadas, mas a forma *debaixo* é, de longe, a forma mais frequente em todos os séculos para indicar espaço /inferior/, além dos demais usos de que tratamos adiante. Essa afirmação baseia-se na coleta de muitos dados do português em diferentes *corpora*, textos e séculos, ainda que não tenhamos quantificado os dados de cada construção com *baixo*.

O uso de algumas construções com *baixo* (assim como *cima*, na seção anterior) remete não a um lugar físico, mas ao lugar no texto, evidenciando que a metáfora "texto é lugar" organiza os usos das duas formas que atuam no mesmo EI. Ainda que a remissão a partes do texto seja mais frequentemente feita para aquilo que já foi dito ou escrito, sendo usado portanto *acima* ou *em cima* (exemplos (43-49) da seção anterior), observamos algumas ocorrências de *abaixo* e *em baixo* anunciando o que será dito/escrito adiante no texto, como nos exemplos a seguir:

(57) [16, *Catecismo*, CIPM] *¡A misericordia he effecto da caridade, mais em ho acto exterior teẽ semelhãça cõ a liberalidade, da qual* ***abaixo*** *diremos em as obras de misericórdia.*

(58) [16, *Catecismo*, CIPM] *Pecado venial, como* ***abaixo*** *diremos, se diz porque ligeramente se perdoa e nõ destrue a vida da alma, que he a graça, e nõ nos aparta do ultimo fim, que he Deos, posto que nos retarde em ho caminho e nos faça tibios em ho amor e caridade.*

(59) [15, *Textos notariais in História do galego-português*, Orense, Oseira, HGP080, CIPM] *Et segundo por p(er)esq(u)isa et verdade de nosos moordomos q(ue) ao p(re)sente collem as rrendas deste mosteyro. Aquj se começa o traslado dos p(r)iuilejos q(ue)* ***en bayxo*** *seerã sc(r)iptos de uerbo a uerbo seg(und)o se en elles contem.*
[Aqui se começa o traslado dos privilégios que abaixo serão escritos literalmente,[43] conforme neles se contêm]

No PB e PE atuais, parece haver diferença na indicação do lugar no texto, em que *abaixo* foi escolhido no PB e *em baixo* no PE, conforme se vê nos exemplos (60) e (61), respectivamente:

(60) [19,2 SP N *Acervo Estadão on-line*] *O cidadão Joaquim de Camara Junior vice intendente de Obras Municipaes, faz publico que á Camara em sessão de 9 do mez proximo findo decreta a lei que* ***abaixo*** *se lê.* (<http://acervo.estadao.com.br/>. Acesso em: 12 abril 2018)

(61) [21,1 Portugal, *Diário de Notícias*] *O McLaren F1 é um superdesportivo surgido em 1992 e que de imediato bateu o recorde de velocidade.* [...] *aqui deixamos alguns dados curiosos sobre os elevadíssimos custos de manutenção e algumas singularidades de um McLaren F1. Conheça-os percorrendo a galeria em cima ou vendo os tópicos* ***em baixo****.* (21/12/2017, <https://www.jn.pt/motor-24/interior/a-surreal-manutencao-de-um-mclaren-f1-9001542.html.>. Acesso 11 mar. 2018)

Pelos exemplos anteriores, observa-se que o PB conceptualiza o lugar no texto de perspectiva diversa com o uso de *abaixo* (assim como apontado para *acima* na seção anterior) da que se vê no PE, o que confirma que a variação linguística consiste não só mas também em diferenças de perspectivização (Silva, 2008).

No espaço do texto, é tradição de longa data indicar as pessoas que assinam ou testemunham algum ato oficial em documentos da esfera jurídica pelas expressões *[membros] abaixo assinados*, *[pessoas] abaixo nomeadas* etc., como consta no exemplo (59). No caso de *abaixo assinado*, por metonímia, vê-se a transposição de orientação espacial no texto para o nome do documento em si, lavrado coletivamente com o objetivo de pedir algo ou protestar contra algo, a alguma autoridade, desde que seja de comum interesse daqueles que assinam tal documento.[44] Por outras palavras, o gênero textual *abaixo-assinado* é nomeado por metonímia, a partir das assinaturas constantes na parte de baixo do texto. Não se sabe a gênese desse gênero textual, mas registramos aqui a ideia de ter surgido no âmbito jurídico, mais especificamente a partir de documentos em que fórmulas como *nós*, *abaixo assinados*, *fazemos a saber...* ou *os abaixo assinados solicitam...* eram obrigatórias para que o documento tivesse valor de verdade, para que fosse oficial. Seguindo Ilari (1986: 84), o caso de *abaixo-assinado* pode ser encaixado entre os *delocutivos*, rotulado por Benveniste no caso de "verbos originados de nomes", dado seu "uso e interpretação formulaica".[45] Por outras palavras, o substantivo e o gênero textual *abaixo-assinado* surgem, por assim dizer, a partir do uso formulaico de um aposto *abaixo assinados*, que por sua vez pode ter surgido de usos como o do exemplo (59), *que en bayxo seerã scriptos*, abrangendo outros verbos como *declarados*, *assiados* etc.,[46] em ambientes jurídicos (escritos e falados).

Do espaço do texto, seguimos com a descrição de construções com *baixo* em contextos abstratos. Os exemplos a seguir, colocados em ordem cronológica, demonstram os casos em que *debaixo de* indica referentes abstratos:

(62) [16, *Catecismo*, CIPM] *Abstinencia faz tẽperamento em comer*, ***debaixo da*** *qual estaa ho jejuũ, que he seu acto, em que se ha de guardar tẽpo* [...]

(63) [16, *Crónica dos reis de Bisnaga*, CIPM] [...] *llogo toda a terra foy alevamtada pellos capitãees, hos quoaees em pouco tempo forão por este rey destroydos, e as terras tomadas, e tornadas* ***debaixo de*** *seu senhorio*
[[...] logo toda a região foi sublevada pelos capitães os quais em pouco tempo foram destruídos por este rei, sendo as terras retomadas e recolocadas sob sua autoridade]

(64) [17, "Cartas Familiares, F. M. de Melo", CTB] *Bem competente é, Senhora, ache seu escudo a justiça no braço da consorte de um monarca, que a teve por alcunha. Tudo seguirá vossa prudentíssima vontade, quando V. Majestade se haja por servida de amparar-me* ***debaixo do*** *gloriosíssimo seu nome: inclinando-se a interceder com uma afectuosa recomendação, para que se veja minha causa.*

(65) [18,2 SP DV Lacerda] *Oxalá, que* ***debaixo do*** *pretexto demais facil navegaçaõ para o Cuya= | bá desestisse Sua Magestade Catholica da parte que tem no Paraná servindo de le= | mites o mesmo Paraná.*

(66) [19,2 SP Mem Apiaí] [...] *parece, e outros a desmanchaõ para levarem | os esteios onde lhes parece, vendo nós este des_| troço e perdiçaõ, mandamos que desde que se | publique este naõ se arruine mais casas al_ | guma,* ***debaixo de*** *pena de dez mil reis, ou_ | tro sim 3 dias de Cadéã, e sendo captivo seu | Senhor pagará, e pelo Senhor Alcaide lhe se _ | raõ dados 50 açoites no pellourinho.*

(67) [20,1 SP CP WL, Carta 54] [...] *[p.2] num abandono completo, nem a palha | do café, que deve sêr espalhada junta | mente com o sisco elle fes, enfim aos pou | cos iremos indo, devagar se vae ao longe, | sò o que, as arvores naõ esperaõ muito, | enfim vamos vêr o que se pode faser; o aju | dante* ***debaicho do*** *governo de Everardo vae per | feitamente bem, creio que por enquanto nào | se deve pensar em tomar admenistrador | pode vir outro Satanás,* [...]

(68) [20,2 N *Folha S.Paulo*, 11/06/1997] *ANTONIO DELFIM NETTO. Lentamente,* ***debaixo da*** *pressão causada pelo déficit comercial, o governo vai mudando sua retórica e sua política.* (Opinião, Expedientes. <http://www1.folha.uol.com.br/fsp/opiniao/fz110606.htm>. Acesso em: 15 set. 2017)

Debaixo, como informa o Aurélio (1986: 322), indica "em posição inferior mas na mesma direção vertical", como ocorre em *debaixo do corporal* (exemplo 52) e *debaixo do guarda-sol* (Figura 3). O que diferencia um caso do outro é que no primeiro não se sabe a extensão em que algo está nessa posição nem se sabe se há ou não contato entre os referentes postos em relação, enquanto no segundo as cadeiras estão orientadas relativamente ao guarda-sol, sem que haja contato. Também no exemplo (52), *debaixo d'água* refere-se ao objeto designado como estando dentro da água, mas o ponto de referência estabelecido para a compreensão é a linha d'água em que algo permaneceria visível.

Já em *debaixo de seu senhorio* (no sentido de "autoridade", exemplo (63)), *debaixo de seu gloriosissimo nome* (exemplo (64)) e *debaicho do governo de Everardo* (exemplo (67)), a relação estabelecida não é mais espacial nem física, como nos casos anteriores, mas a inferioridade passa a remeter a uma posição de subalternidade. Em (64), o nome, por metonímia, remete ao referente indicado por uma descrição definida, o nome próprio (pelo tratamento *V. Majestade*). Em última análise, o nome de alguém importante protege o elemento posto em relação com a pessoa indicada. Observe-se que há elementos concretos ainda. Já o papel social *senhorio* e *governo*, em (63) e (67) respectivamente, por chancelar o reconhecimento da superioridade de alguém que o ocupe, nem mesmo precisa de um valor (pessoa) que o preencha. Por si só ativa a metáfora "o que é bom está no alto, o que é ruim está embaixo" (Lakoff e Johnson, 1980).

Finalmente, o nível mais abstrato é a relação estabelecida entre algo e uma "condição", que não pode, por sua natureza, indicar localização espacial, mas ser somente metaforizada ("circunstâncias são espaços físicos"), como nos exemplos (62), (65), (66) e (68), respectivamente *jejum*, *pretexto*, *pena* e *pressão*.

A polissemia de *debaixo* passa então a poder indicar relações físicas espaciais, de diferentes naturezas, e também relações abstratas, como condição etc. Por outras palavras, compreendemos coisas abstratas em termos de coisas concretas (Lakoff e Johnson, 1980).

A interpretação dos usos de *debaixo* pode ser colocada numa escala, conforme a Figura 4 a seguir, adaptada da escala feita para a preposição *sob* (Kewitz et al., 2018):

Figura 4 – Escala de abstração de *debaixo* (*de*), adaptado de Kewitz et al. (2018: 373)[47]

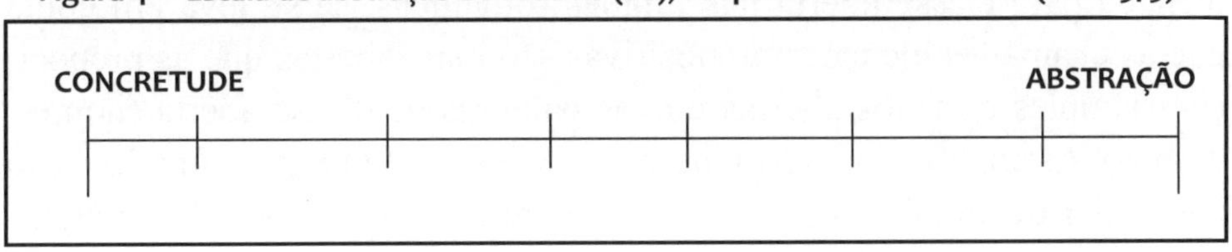

Em suma, verifica-se que a ocorrência mais corpórea é a que encabeça a escala acima, seguida da que indica uma relação espacial determinada, seguida de outra em que o referente está envolvido pela substância. A abstração aumenta quando a relação designa um referente único, *Vossa Majestade*, através de seu nome, aumenta mais ainda quando é ativada a metáfora "baixo é ruim", e finalmente alcança o ápice de abstração quando é formulada expressão em que o referente está abaixo de algo abstrato ("condição").

CONSIDERAÇÕES FINAIS

A título de conclusão, podemos ressaltar que a história das preposições, dos advérbios e das locuções espaciais elucida várias questões da formação do PB. Primeiramente, ajuda a responder à pergunta "de onde vêm as palavras?".

Dentre os diversos fatores internos (como composição, derivação) e externos (empréstimos), vemos que os mecanismos de mudança semântica e de especialização de formas contribuem para que a língua se reconfigure.

No português, temos uma construção que permite a formação de expressões designadoras de lugar a partir de uma base (ou núcleo), como *cerca*, *cima* e *baixo* (dentre outras tantas). Nessa construção, vemos a possibilidade de combinações com uma preposição à esquerda e outra à direita de forma opcional. Isso se baseia na observação dos dados ao longo da história do português que, como vimos, podia ocorrer ou não com esses itens à esquerda e à direita, e que depois cada um vai se especializando em termos semânticos e formais.

Um exemplo representativo é o processo que envolveu a preposição latina *circa*, que, no decorrer dos séculos, percorreu o caminho de classe fechada para classe aberta nas línguas românicas, se se leva em conta que as chamadas locuções prepositivas são mais abertas que as preposições simples e menos abertas que as palavras de classe aberta (nomes, verbos). Assim a forma portuguesa *cerca* (<*circa*) integrou uma locução com valor de angulador (*acerca de*), expressões de tempo e lugar significando "próximo a" (*a cerca de*).

Ao contrário, *cima* perde suas propriedades de substantivo, restringindo seu uso em construções (*acima*, *de cima*, *para cima* etc.).[48] Mas também *cima* se adequa aos modelos derivacionais e serve de base para palavras como *encimar*, *cimalha* e *cimeira*. Além do mais, se especializa como introdutor preferencial para indicar posição superior de coisas concretas (além das abstratas, como *acima de qualquer suspeita*), deixando a função de abstração para *sobre*.

O item *baixo*, de natureza adjetiva, se substantiviza para entrar nas locuções. Como adjetivo assume caráter relacional (o adjetivo), em que o que é baixo se define por parâmetros relativos ao substantivo que ele caracteriza. Assim é que um homem baixo não terá a altura de uma criança baixa, como foi discutido no texto.

Como substantivo, já não é mais relacional e passa a designar coisas "baixas", tendo em vista referências do domínio a que pertence, a "coisa" conceptualizada como tal. Assim, no domínio musical, temos o substantivo *baixo* que ou designa um instrumento ou um cantor que produz sons graves. Em ambos os casos, a denominação é metonímia da posição das notas graves na pauta – elas ocupam o espaço inferior das cinco linhas que compõem a pauta.

No português medieval, chama a atenção o fato de as construções com *baixo* começarem a aparecer mais frequentemente somente a partir do século XV, o que, segundo Said Ali (1964) e Mattos e Silva (1989), se deve ao uso de *fundo* para designar o espaço /inferior/, geralmente na expressão *de cima a fundo* (equivalendo a *de cima abaixo* no português atual). Não pudemos abordar as construções com *fundo*, que certamente merecem um capítulo à parte, dadas as diferenças entre PE e PB atuais no eixo horizontal, além, é claro, dos usos em diferentes fases da história do português.

O lugar no texto sempre é marcado (considerando o eixo vertical) pelas construções com *cima* e *baixo*, nunca com as preposições simples *sobre* e *sob* (por ex.: **veja o quadro sob/sobre*), exceto *supra* (advérbio e prefixo), de uso bastante restrito e raro (*supracitado*, *no exemplo supra* etc.), especialmente em textos técnicos e mais elaborados. Também no espaço do texto (escrito ou falado), *acerca de* se especializa como introdutor de tema (*falar*, *expor acerca de X*), constatado esse uso categórico a partir do século XVII no português.

Quanto à formação das construções, a anteposição de diferentes preposições revela um caminho de relativa liberdade de arranjo à fixação de posição. A relação com cada preposição, por sua vez, passa a exibir diferentes graus de rotinização, razão pela qual *em cima* goza de maior *status* de unidade que *para cima*, o que se reflete na formação do verbo *encimar*, mas não de *paracimar*. Logo, é preciso discernir entre a mudança semântica de *cima* e a mudança semântica de cada sintagma preposicional, expediente que não tivemos de adotar quanto a *cerca* porque *acerca* foi herdado como palavra do latim vulgar (*ad* + *circa*), enquanto *acima* foi formado como sintagma no português.

A propósito, somente uma abordagem construcional permite descrever adequadamente a formação de *encimar*. O *em* em *encimar* é a própria preposição. Logo, o que há é uma construção (X + *ar*), em que X é igual à preposição mais a base (*emcima*). Exemplificando para tornar mais claro: temos o item *abaixo*, formado pela preposição *a* + *baixo*. Essa formação entra na mesma construção de *encimar* e vai formar *abaixar*. Dessa maneira, a construção permite novas formações verbais mantendo a semântica da base.

Palavras mais antigas exibem o mesmo padrão construcional de formação. Por exemplo, *reivindicar*. O verbo latino *vindicare* (herdado pelo português como "vindicar") era acompanhado do objeto direto *rem* (acusativo de *res*, *res*), significando "vindicar a coisa". O verbo se nominalizava como *vindicatio* (herdado pelo português como "vindicação") e com seu complemento formava o sintagma nominal *rei vindicatio* (com maior frequência em certos tipos de texto, conforme viemos destacando ao longo deste capítulo), significando "vindicação da coisa". É esse sintagma que instancia o esquema (X + *ar*), formando *reivindicar* (*rei vindicatio* + *ar*). Temos, então, um verbo vernáculo (*encimar*) e um verbo herdado (*reivindicar*) como evidências da adequação de uma abordagem construcional em prol da generalização.

Retomando o que expusemos na apresentação deste capítulo, os dois eixos com que trabalhamos, o onomasiológico e o semasiológico, nos fizeram compreender as mudanças semânticas por que passaram *cerca*, *cima* e *baixo*, mas também nos levaram a questionar outras formas, como verbos e substantivos, suas mudanças, seus usos em diferentes épocas e textos, dentre tantas outras questões que não puderam ser aprofundadas aqui.

NOTAS

1 Nessa separação, colocamos os advérbios terminados em *-mente* entre as palavras de classe aberta, e advérbios como *muito, pouco, sempre, não, bem, assim, às vezes, em geral* etc. nas palavras de classe fechada, considerando as características desses dois tipos de classes, sobretudo quanto à criação de novos itens. Autores como Ilari (2002a, b); Castilho (2010), Castilho e Ilari (2014), Ilari e Basso (2014), entre outros, no entanto, descrevem os advérbios sob o ponto de vista sobretudo semântico.

2 "A construction is defined as either an expression (of any size), or else *a schema abstracted from expressions to capture their commonality* (at any level of specificity)" (Langacker, 2009: 2, grifo nosso).

3 *Corpora* disponíveis nos seguintes sites:
CIPM (http://CIPM.fcsh.unl.pt/);
CTB (http://www.tycho.IEL.unicamp.br/corpus/catalogo.html);
PHPB (https://sites.google.com/site/corporaphpb/);
PHPP (http://phpp.fflch.USP.br/corpus).
Para o século XXI, levantamos dados de jornais diversos (*Estadão, Folha de S.Paulo, O Globo, Público, Jornal de Notícias* etc.) além do sistema de busca Google. Nos exemplos, a grafia original constante nas edições fornecidas pelos *corpora* consultados foi modificada ocasionalmente no que se refere ao limite entre palavras.

4 A esse respeito, cf. Mattos e Silva (2004), Marquilhas (2000), entre outros.

5 A versão para o português atual, colocada logo abaixo de cada exemplo, refere-se aos dados dos séculos XIII a XVI (extraídos do CIPM e CTB).

6 Para a versão para o português atual, valemo-nos dos seguintes dicionários on-line: *Glosario da poesía medieval profana galego-portuguesa* (Ferreiro 2014), *Dicionario de dicionarios do galego medieval* (Santamarina, 2006-2018 Coordenador) e *Dicionário de verbos do português medieval* (Xavier et al. 2003 Orgs.), além de Machado Filho (2013) e Silva (2009) em suas obras impressas. Eventuais explicações sobre o uso ou sentido de termos dos exemplos são colocadas em nota com a indicação da respectiva fonte.

7 Para Magne (1953: 395), a palavra latina *circus* "parece antigo empréstimo do gr. κίρκος".

8 Estamos considerando aqui os anos de nascimento e morte dos autores, dado que os dicionários etimológicos não especificam com base em quais textos realizam a quantificação de dados.

9 Segundo os autores, "[o]s delimitadores estabelecem os limites dentro dos quais se deve encarar o conteúdo de P [a proposição]. Eles, por assim dizer, "cercam" a proposição, donde a denominação *hedges* proposta por Lakoff (1972)" (1972: 207). Moraes de Castilho (1991: 98), ao tratar dos delimitadores aproximadores (*um tipo de, quase, aproximadamente, cerca de* etc.), demonstra que "o falante [...] compara o item verbalizado com uma espécie de 'pauta categorial' e conclui que a significação que ele contém é aproximativa, não tem limites exatos, e que para bem entendê-la seria necessário dispô-la numa escala graduada".

10 "Uma das ideias importantes (e originais) em Linguística Cognitiva é que grande parte do nosso conhecimento não é estático, mas fundamenta-se em, e é estruturado por padrões dinâmicos, não proposicionais e imagéticos dos nossos movimentos no espaço, da nossa manipulação dos objectos e de interações perceptivas – os chamados esquemas imagéticos ("*image schemas*"; cf. Johnson, 1987 e Lakoff, 1987, 1990). Entre os esquemas imagéticos mais frequentes, linguisticamente realizados de muitas variadas maneiras, estão os seguintes: *contentor* ("container") ou *recipiente, origem-percurso-destino, percurso* (ou *caminho*), *elo* ("link"), *força, equilíbrio* (ou *balança*), *bloqueio, remoção, contraforça, compulsão, parte-todo, centro-periferia, em cima-em baixo, à frente-atrás, dentro-fora, perto-longe, contacto, ordem linear*" (Silva: 1997: 78).

11 Esquemas imagéticos são estruturas pré-conceptuais formadas a partir de experiências básicas e comuns a toda a espécie humana.

12 No *Dicionário de verbos do português medieval*, consta *abeverar* como *dar de beber*, cujo único exemplo é exatamente este que selecionamos. No entanto, na edição dessa *Cantiga* consta *abeventaron* e não *abeveraron*. Não sabemos se se trata de uma variação ortográfica ou se é outro verbo não encontrado em nenhum dicionário, ou ainda um problema na edição filológica.

13 Disponível em <http://glossa.gal/glosario/termo/2516> – "saber parte" = ter conhecimento de algo.

14 *Levar o caminho* significava "andar, caminhar, seguir uma direção" (disponível em <http://glossa.gal/glosario/termo/1884>. Acesso em: 26 abril 2018).

[15] Significado para a expressão *acertar-se que* (http://CIPM.fcsh.unl.pt/verbos/verbo.jsp?id=1025).

[16] *Achém* refere-se ao povo que habitava o antigo reino de Achém, no noroeste de Sumatra (Indonésia): <http://michaelis.uol.com.br/busca?id=Pqbm>. Acesso em: 30 abril 2018. *Bata* refere-se provavelmente ao povo que também habitava uma região da Ilha de Sumatra:< https://en.wikipedia.org/wiki/Batak>. Acesso em: 30 abr. 2018.

[17] Termo aproximado. Martins (2014: 476) afirma em nota que no *Livro de Linhagens*, mais que a uma formação defensiva, *az de curral* parece se referir a uma "forma que mais se assemelha a um arraial fortificado". Machado Filho (2013: 20), por sua vez, define como "ala ou agrupamento", e em galego-português, "tropa, esquadrão" (disponível em <http://glossa.gal/glosario/termo/375>; <http://sli.uvigo.es/DDGM/ddd_pescuda.php?pescuda=az&tipo_busca=lema>. Acessos em: 23 abril 2018).

[18] *Partir morte* significava "afastar-se da morte" (<http://glossa.gal/glosario/termo/2520>. Acesso em: 23 abril 2018), portanto, *não morrer*. Mantivemos a primeira definição por conta da especificação "que está muito próxima" (*acerca*), ligada ao substantivo *morte*.

[19] *Fazer sua fim* significava *morrer* (disponível em <http://glossa.gal/glosario/termo/1627>. Acesso em: 24 abril 2018).

[20] "*Fusta* é uma embarcação do tipo da galé (movida a remos), mas de menores dimensões." (disponível em <https://pt.wikipedia.org/wiki/Fusta>. Acesso em: 25 abril 2018).

[21] Larache e Mamora (atual Mehdia) são cidades da costa do Marrocos.

[22] Não há dados de *cerca* e *acerca* nesse contexto em textos dos séculos XVI a XVIII, mas isso se deve, provavelmente, à tipologia e à quantidade de textos disponíveis nos *corpora* consultados (CIPM e CTB), mais escassos que no século XV, por exemplo.

[23] Achém (Malaca, território da Indonésia) foi uma colônia portuguesa no século XVI.

[24] Nascentes (1955: 109) afirma que *cerco* é deverbal de *cercar*, mas acrescenta que "A. Coelho e M. Lübke, *REW* 1948, derivam do lat. *circu*". Em espanhol, *cerco* tem o mesmo sentido que em português, mas atribui-se sua origem ao lat. *circus*: disponível em < http://dle.rae.es/?id=8K3NbAc>. Acesso em: 3 de maio 2018.

[25] Essa quantificação consta no *Dicionário de verbos do português medieval*.

[26] Dicionário Infopédia da Língua Portuguesa [on-line]. Porto: Porto Editora, 2003-2018. Disponível em <https://www.infopedia.pt/dicionarios/lingua-portuguesa/cima>. Acesso em: 2018 mar. 16.

[27] Deste verbete de Nascentes, infere-se que a acepção de *cima* como "a parte mais alta" advém do latim medieval.

[28] Original: "CYMA. s.m. El tallo ù corazón del cardo. Lat. Cyma, de onde se ha tomado, aunque su origen es Griego." Disponível em: < http://ntlle.rae.es/ntlle/SrvltGUILoginNtlle>. Acesso em: 3 maio 2018.

[29] O *Dicionário de grego-francês* de Anatole Bailly, publicado em: 1895, passou por diversas reedições.

[30] Cf. *Diccionario de la lengua española* da Real Academia Española (disponível em: <http://dle.rae.es/?id=9DPkfTf>. Acesso em: 28 abril 2018).

[31] Esse sentido é atestado em galego-português (séculos XIII-XIV): Disponível em: <http://glossa.gal/glosario/termo/770>. Acesso em: 25 abril 2018.

[32] Em *Glossario da poesía medieval galego-portuguesa* consta a acepção *finalmente, por fin* para a expressão *na cima* com o exemplo idêntico ao desta *Cantiga de amor*: "887.34 «se s'én non quer enfadar, / nacima gualardon prende»||". [**887** [= Tav 94,4]: Martin Moxa «Amor, non qued'eu amando» [A 307, B 8 95, V 480] (disponível em: <http://glossa.gal/glosario/termo/770>. Acesso em: 23 abril 2018).

[33] Um *almude* (no original) correspondia a aproximadamente 8,7 litros de vinho na região de Portugal a partir do século XII (disponível em: <https://pt.wikipedia.org/wiki/Almude>. Acesso em: 26 abril 2018).

[34] Segundo Silva (2009), *Alfonsiins* era a moeda de prata mandada cunhar pelo rei Dom Afonso IV, que reinou Portugal de 1325 a 1357.

[35] Foto de uma igreja em São Luíz do Paraitinga, SP (2014). Autoria: Verena Kewitz.

[36] Disponível em: <www.aulete.com.br/cúmulo>. Acesso em: 3 maio 2018.

[37] Acepções e exemplos baseados em Aurélio (1986: 221).

[38] Foto numa praia de Natal – RN (2013). Autoria: Verena Kewitz.

[39] *Pessoa de baixo sangue e de vil condição* significa *pessoa humilde, de origem obscura*.

[40] Dado que Said Ali escreveu a obra citada em 1921, é possível que tenha se baseado em alguns poucos textos do século XV até então editados (ou encontrados), o que faz valer sua afirmação. Ressaltamos que a maioria dos textos desse período que compõem o CIPM (de onde extraímos nossos dados) foram editados filologicamente a partir da década de 1950.

41 *Pátena* (ou *patena*) e *corporal* são objetos litúrgicos da igreja católica usados durante a missa. O primeiro refere-se "a um pequeno prato, geralmente de metal, para conter a hóstia", e o segundo é um "tecido em forma quadrangular sobre o qual se coloca o cálice com o vinho e a patena com o pão" (disponível em: <https://catholicus.org.br/descubra-os-significados-dos-objetos-liturgicos-da-igreja-catolica/>. Acesso em: 29 abril 2018).

42 "*bacelo*: s. m. || (agric.) vara que se tira de uma vide velha para formar uma nova planta. || (Port. ext.) Vinha nova. F. lat. *Bacellum*" (disponível em: <http://www.aulete.com.br/bacelo>. Acesso em: 27 abr. 2018).

43 No original, *de verbo a verbo*, expressão usada sobretudo em documentos jurídicos (cf. Barreiro 1995, disponível em: <http://sli.uvigo.es/DDGM/ddd_pescuda.php?pescuda=verbo+&tipo_busca=lema>, acesso em: 27 abril 2018).

44 O *abaixo-assinado* difere da *petição* e do *requerimento* por serem estes solicitações individuais. A *representação*, por sua vez, é apresentada por um órgão colegiado e não por um grupo aleatório de pessoas, como é no abaixo-assinado (cf. Bellotto, 2002: 46).

45 Ainda segundo Ilari (1986), a criação de fórmulas via citação caracteriza a delocutividade. Esse ato de fala se caracteriza por menção (e não uso) de palavras, expressões ou sentenças ritualizadas que citam (em sentido técnico de semântica) um aspecto discursivo por antecipação. No caso de documentos jurídicos que utilizam a fórmula "nós, abaixo assinados" e similares, é claro que autores não estão informando quem assina, mas sim afirmando a validade de terem realizado o ato em questão ao assinarem o documento.

46 Há diversos exemplos como esses nos documentos jurídicos nos textos do CIPM, entre outros, não colocados aqui por questões de espaço.

47 Essa escala é inspirada no estudo de Lakoff (1987: 418- 461) que descreve a polissemia da preposição inglesa *over*, mostrando que esse item forma uma "categoria natural de sentidos", como todo item lexical.

48 Interessante notar que tais fatos são exclusivos do português. O francês, por exemplo, tem a palavra *cime*, mas esta palavra é de pouco uso e significa a extremidade superior de um objeto geralmente elevado e terminado em ponta. Para a dimensão espacial, essa língua seleciona *sur* ou *en haut*, conforme nos ensina o *Trésor de la langue française.*

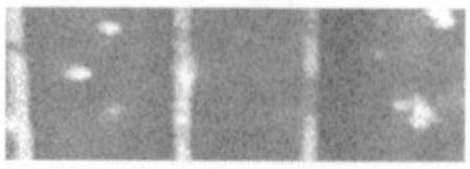

REANÁLISE E MUDANÇA SEMÂNTICA NA NANOSSINTAXE: O CASO DO VERBO *CORRER*

Valdilena Rammé
Teresa Cristina Wachowicz

SUMÁRIO

A forma que toma qualquer hipótese sobre mudança semântica é consequência direta da concepção que temos sobre a arquitetura da gramática. Logo, uma nova proposta para essa arquitetura gera novas possibilidades de descrever e explicar as mudanças observadas nas línguas naturais. Neste capítulo, exploramos uma hipótese formulada a partir da Nanossintaxe (Starke, 2004, 2010, 2011; Ramchand, 2008), recente quadro teórico de cunho gerativista inspirado na Cartografia (Cinque, 2002; Cinque e Rizzi, 2010).

Essa nova linha busca, em tal contexto, desenvolver uma teoria sintático-semântica aliada à proposta cartográfica de "um traço morfossintático-um núcleo" (Kayne, 2004). Assim, a sintaxe deixa de ser um módulo independente do módulo semântico que opera sobre itens lexicais (palavras e morfemas) e passa a ser concebida como um sistema gerativo que opera sobre traços conceituais codificados dentro desses itens. Consequentemente, a Sintaxe não mais trabalha com categorias funcionais como Nome (N) ou Verbo (V), mas com traços semântico-conceituais mais finos. As representações arbóreas passam, então, a ter projeções que são menores do que as palavras ou morfemas de uma língua. É daí que surge o nome *Nano*ssintaxe.

Esses traços semântico-conceituais, por sua vez, não são arranjados aleatoriamente. Sua organização respeita uma disposição hierárquica conhecida como Hierarquia Funcional Universal, ou Sequência Funcional (F-seq). Os sentidos de LUGAR, ALVO e DIREÇÃO, por exemplo, estariam sempre dispostos na sequência DIREÇÃO > ALVO > LUGAR, de modo que DIREÇÃO é um conceito semanticamente mais complexo que ALVO e LUGAR, e ALVO é mais complexo que LUGAR. Essa estrutura, então, impõe rígidas limitações para a sintaxe: a construção de sintagmas e sentenças deve respeitar uma determinada ordem de superfície que reflita a hierarquia conceitual.

Para ilustrar, vejamos um caso da língua aglutinante lak[1] discutido por Pantcheva (2011). Esta autora observa que, em lak, o sentido de ALVO é construído com a adição de um sufixo ***-n*** ao sufixo simples ***-vu*** que denota LUGAR. O sentido de DIREÇÃO, por sua vez, é construído através do acréscimo de um sufixo ***-maj*** ao complexo ***-n-vu***, como observamos nos exemplos:

(1) *Exemplos retirados de Pantcheva* (2011: 97)*:*

a. kə̲at-lu-vu
casa-ERG-INESS[2]
na casa

b. kə̲at-lu-vu-n
casa-ERG-INESS-ALL
para a casa

c. kə̲at-lu-vu-n-maj
casa-ERG-INESS-ALL-ESCALA
em direção da casa

Em outras palavras, o sentido de DIREÇÃO, na língua lak, "inclui" o sentido de ALVO e LUGAR, assim como o sentido de ALVO "inclui" o sentido de LUGAR. Embora não caiba discutir, neste momento, o *Princípio Mover*, que determina o movimento de traços funcionais para a direita da raiz lexical quando estiverem diretamente conectados a ela, fica claro que a hierarquia conceitual DIREÇÃO > ALVO > LUGAR é respeitada.[3] Mais do que isso, percebemos uma correlação direta entre os sentidos de itens lexicais, como preposições e posposições, e suas realizações sintáticas.

Levando em consideração que uma hierarquia funcional-conceitual (F-seq) restringe a sintaxe, concluímos que as mudanças de sentidos que um ou outro item lexical sofre devem igualmente respeitar a F-seq. Isto é, traços conceituais podem "passar" de um item lexical a outro, através de um processo de reanálise, quando tais itens tendem a se encontrar em posições sintáticas adjacentes.

Colocado de forma simples, ao considerarmos que os itens lexicais de superfície codificam mais de um traço conceitual, organizados de maneira a respeitar a F-seq, podemos prever a existência de contextos estruturalmente ambíguos mais finos que podem levar falantes-ouvintes a associarem ao item B um traço pertencente ao item A, seu vizinho. Fazemos essa proposta baseadas nas análises das mudanças sofridas pelo verbo *correr*, do português brasileiro; em usos bastante comuns deste verbo, encontramos a preposição *para*:

(2) *Joana* ***correu pra*** *farmácia (comprar um analgésico).*

Nesta sentença, o verbo *correr* estaria codificando o sentido de TRAJETÓRIA/movimento, enquanto a preposição *para* estaria codificando o sentido de ALVO. Outro uso frequente, porém mais recente, apresenta o verbo *correr* acompanhado da preposição locativa *em*:

(3) *Joana* ***correu na*** *farmácia (comprar um analgésico).*

Note-se, contudo, que o sentido de ALVO continua associado à nova construção, muito embora a preposição *em* seja locativa e codifique somente o traço de LUGAR. Onde estaria codificado, então, o conceito de ALVO nessa sentença? Propomos que, através de um processo de reanálise, o traço ALVO, associado à preposição *para*, tenha passado para o verbo *correr*, o que permite seus usos direcionais mais recentes, mesmo com a preposição locativa *em*. Essa reanálise modificou, assim, a entrada lexical do item *correr* para (alguns) falantes de português brasileiro: em suas gramáticas, o sentido do verbo *correr* agora inclui o conceito de ALVO.

Essa possibilidade de associação de um traço do item B ao item A também parece estar por trás de fenômenos de falso sincretismo. Segundo Pantcheva (2011), um falso sincretismo é a interpretação equivocada da estrutura nanossintática (dos traços primitivos e consequentemente do(s) sentido(s)), de um determinado item lexical devido ao contexto sintático em que este frequentemente aparece.

No PB, um exemplo clássico desse falso sincretismo seria a associação do sentido de ALVO, DIREÇÃO ou META à preposição *em* que encontramos em muitas análises (França, 2006; Kewitz, 2007; Berlinck, 2011; De Jesus, 2012; Wiedemer, 2013). Rammé (2017) sugere, contudo, que a preposição *em*, atualmente, continua codificando somente o sentido de LUGAR, e que sua associação equivocada com o sentido de DIREÇÃO/ALVO surge do seu uso frequente com verbos direcionais do tipo *ir*, que codificam eles mesmos alvo, como nos exemplos a seguir:

(4) *Joana chegou*$_{\text{[Trajetória/Alvo]}}$ ***na***$_{\text{[Lugar]}}$ *cidade.*
(5) *Joana foi*$_{\text{[Trajetória/Alvo]}}$ ***na***$_{\text{[Lugar]}}$ *farmácia.*

Como se pode observar, nesses casos, o traço de ALVO ou DIREÇÃO codificado pelo verbo de movimento pode ser equivocadamente associado à preposição nas análises linguísticas. Essa confusão leva linguistas como Wiedemer (2013) e outros mencionados anteriormente a proporem um sentido direcional para a preposição *em*. Contudo, tal interpretação não parece estar presente em nenhum julgamento de falantes do PB, que continuam usando a preposição *em* com sentidos puramente locativos.

Apesar de configurarem um equívoco nos trabalhos acadêmicos, casos de falso sincretismo demonstram que contextos conceitualmente ambíguos efetivamente existem e podem, por sua vez, gerar mudanças pontuais no sentido de uma palavra ou morfema, muito embora este não seja o caso da preposição *em* no português brasileiro contemporâneo.

Ao aceitarmos que um falante-ouvinte pode associar um novo traço a uma determinada palavra ou morfema, também podemos prever que, de forma cíclica, a associação de um traço diferente a um item lexical provoca mudanças nos seus usos, configurando o que Basso (neste volume, capítulo "Mudança semântica: desafios teóricos e metodológicos") define como "reanálise estrutural", ou seja, essa mudança é, ao mesmo tempo, sintática e semântica. Logo, os contextos sintáticos em que esse item pode ser inserido se ampliam e modificam, na gramática de muitos falantes-ouvintes, o sentido (a nanoestrutura) associada a tal item.

No caso do verbo *correr*, a presença frequente da preposição *para* fez com que o sentido de ALVO fosse incorporado ao seu significado, ampliando suas possibilidades de uso e permitindo que, eventualmente, selecionasse a preposição locativa *em* para codificar o alvo do seu movimento, caso que já ocorre produtivamente com os verbos *ir* e *vir*, por exemplo.

Logo, mais do que explicar mudanças pontuais, essa análise prevê uma forte restrição gramatical para as possibilidades de mudança, principalmente sintático-semânticas. Como a sintaxe está fortemente restringida pela F-seq (i.e., sentenças bem formadas são aquelas que respeitam a Hierarquia Funcional), a "passagem" de traços conceituais de um item a outro deve igualmente respeitar a Hierarquia: dado que dois itens podem aparecer lado a lado se seus traços também forem adjacentes na F-seq, podemos conjecturar que a reanálise deve obedecer à essa mesma adjacência. Na primeira seção, voltaremos a explorar as possibilidades e impossibilidades que tal concepção da gramática antecipa.

Na segunda seção, olharemos para evidências empíricas de que as mudanças observadas nos verbos de movimento do PB obedecem aos princípios estipulados pela Nanossintaxe e, em especial, pela proposta de Ramchand (2008). Assim, desenvolveremos um exame diacrônico comparativo entre dados dos séculos XVIII e XIX, retirados da plataforma do PHPB-RJ, por um lado, e do final do século XX e começo do século XXI, retirados da plataforma NILC-São Carlos e dos arquivos de um jornal de ampla circulação, por outro.[4]

A REANÁLISE COMO MECANISMO DE MUDANÇA

Antes de propormos nossa definição para reanálise dentro do modelo Nanossintático, é preciso apresentar uma breve revisão das definições de reanálise em diferentes teorias linguísticas. Na literatura sobre mudança linguística, a reanálise tem sido considerada principalmente dentro de linhas que se debruçam sobre as mudanças sintáticas; contudo, nesses trabalhos, em geral, não há uma formulação explícita do que se entende por reanálise.

Por essa razão, é preciso destacar o trabalho de Regine Eckardt (2006),[5] já apresentado no primeiro capítulo deste volume (Basso, este volume) que desenvolve uma proposta de mudança a partir da Semântica Formal, tomando como base pressupostos de ambos os modelos, o gerativo e o funcional. De acordo com essa autora, dentro do quadro funcionalista, a reanálise é, geralmente, entendida como um mecanismo associado ao processo de gramaticalização, mudança que leva itens mais lexicais, mais livres, a se tornarem mais gramaticais, mais presos. Uma das características centrais da gramaticalização está ligada a um princípio observado em diversos estudos: a unidirecionalidade da mudança. Hierarquias e variações clinais ("*clines*", no inglês) observadas em várias análises apontam para uma ordem fixa que – na interpretação de alguns autores – estaria restringindo os possíveis caminhos da mudança linguística.

Sendo ou não esses padrões os mecanismos que controlam a mudança, sua existência deve ao menos nos indicar que existem mecanismos linguísticos profundos que estão favorecendo um determinado caminho. Nesse sentido, acreditamos que a Hierarquia Funcional pode nos ajudar a restringir e explicar as tendências de trajetória e de variação clinal largamente postuladas nos estudos de mudança linguística. Assumimos, assim, que a estrutura conceitual sobre a qual a Nanossintaxe opera seja o análogo das ondulações da mesa de bilhar na analogia de Lightfoot (1999: 225, tradução nossa):

> [a]s mudanças nas pistas podem exigir que a bola de bilhar se mova, e a teoria da gramática define as ondulações na superfície disponível, prevendo, portanto, os pontos, em número finito, em que a bola pode vir a descansar.[6]

Levando isso em consideração, este trabalho não busca dar conta dos fatores extralinguísticos, ou mesmo das pistas ("*cues*") do estágio inicial da mudança (preocupação de Eckardt (2006) e Lightfoot (1999), por exemplo), e sim dos caminhos possíveis para esta, caminhos que são restringidos pela teoria da gramática como desenhada dentro da Nanossintaxe. A partir das análises da segunda seção, poderemos perceber que a reanálise seria, efetivamente, um dos mecanismos-chave para a concretização de certas mudanças semânticas observadas no PB. Antes, porém, revisaremos a definição de reanálise dentro de abordagens formais.

A reanálise em outras abordagens formais

As abordagens formais da mudança linguística partem, em geral, de descrições sintáticas, em que a reanálise aparece de fato como mecanismo central. Nessas descrições, a reanálise opera, em geral, sobre núcleos específicos e a gramaticalização, por exemplo, é entendida como a transformação de núcleos mais lexicais em núcleos mais funcionais, quando já não existem em uma determinada língua pistas suficientes para que um determinado termo seja categorizado como Nome (N) (Lightfoot, 1999).[7] A descrição dos princípios que operam na reanálise e seu possível funcionamento não aparecem, contudo, nos estudos publicados. Lightfoot (1999), por exemplo, concebe-a como uma análise equivocada das pistas para os parâmetros de uma língua durante a fase de aquisição. Nesse sentido, ela é, mais do que um mecanismo, um acidente.

Em contrapartida, Eckardt (2006) propõe que a reanálise seja um mecanismo central utilizado de forma ativa, mesmo que inconscientemente, pelo "falante confiante"; esse mecanismo engaja o ouvinte/leitor a postular novos sentidos para um determinado item por meio de inferências e levando em conta o princípio da composicionalidade já tratado por Basso neste mesmo volume. Revisaremos a seguir sua definição de reanálise e destacaremos as principais semelhanças e distinções entre sua proposta e a nossa.

Como já apresentado (Basso, capítulo "Mudança semântica: desafios teóricos e metodológicos" deste volume), para Eckardt (2006), um ponto crucial é a observação de que o resultado da reanálise é sempre exato como o resultado de uma equação, tendo em vista que não hesitamos diante dos novos usos de uma palavra ou construção, como hesitamos ao usar novas palavras estrangeiras, por exemplo. Tal evidência sugere a grande eficiência do nosso módulo sintático-semântico, o que, consequentemente, também justifica o propósito de se elaborar modelos sintático-semânticos de grande eficiência.

Levando isso em consideração, assim como Eckardt (2006), entendemos que a maneira como interpretamos as sentenças, de forma composicional, está no cerne da reanálise. Logo, uma abordagem (de)composicional da Semântica permite explicar como os falantes-ouvintes constroem ou reconstroem os significados de determinados itens lexicais baseados no sentido composicional de um dado sintagma. Da mesma forma, espera-se que os ouvintes trabalhem igualmente bem na decomposição de significados, o que cria as possibilidades de arranjos a serem (re)analisados.

Eckardt (2006) também adota a ideia de que existem partes do significado que são mais gramaticais e, portanto, que sua mudança é necessariamente levada a cabo sob influência do que ela chama de fatores linguísticos. Nesse sentido, ela chega a assumir que a mudança sintático-semântica de uma parte do significado associado a palavras é determinada por condicionamentos impostos pela interface sintaxe-semântica (Eckardt, 2006: 4, tradução nossa). Além disso, Eckardt sugere que "*a reanálise estrutural [...] deve ser acompanhada por mudanças de sentido apropriadas nas palavras e construções participantes.*"[8]

Tal definição se encaixa perfeitamente com a proposta que estamos explorando aqui: a reanálise opera na interface sintaxe-semântica (um mesmo módulo na Nanossintaxe) e modifica os sentidos associados às palavras e construções que se encontram na estrutura profunda da língua e que se organizam de forma composicional. Eckardt (2006: 10) observa que teorias da mudança sintática não têm capturado as ligações diretas entre sintaxe e semântica que são amplamente verificáveis nos processos de gramaticalização. Para a autora, "*as partes de superfície da frase devem coincidir com as partes da informação [semântica e pragmática] transmitida de forma a permitir que a sentença seja reconstruída (sintática e semanticamente) de uma nova maneira. Se não há combinação adequada – não há reanálise.*"[9] (Eckardt, 2006, tradução nossa).

Eckardt defende evidentemente esse princípio – "faltando combinação adequada não há reanálise" –, sem considerar que itens lexicais carregam em si (estruturas de) traços específicos. Contudo, sua intuição se aproxima das evidências encontradas nas análises que serão apresentadas na próxima seção: os itens de superfície relacionados sintagmaticamente devem estabelecer uma relação direta com os sentidos por eles veiculados para que a reconstrução dos significados (a passagem da associação de um sentido a itens contíguos) de fato aconteça. Note-se ainda que essa restrição – "faltando combinação adequada não há reanálise" – nos permite prever que a reanálise aconteça em contextos gramaticais de ambiguidade estrutural, e nunca a partir de construções agramaticais (que, nos termos nanossintáticos, ferem a Hierarquia Funcional Universal).

Para entender os princípios e restrições da reanálise na Nanossintaxe, passaremos, então, à sua definição dentro desse novo quadro teórico.

A reanálise na Nanossintaxe e a Hierarquia Funcional Universal

A proposta nanossintática considera que os itens lexicais codificam conjuntos de traços conceituais arbórea e hierarquicamente estruturados. Logo, a forma das nanoestruturas codificadas por tais itens restringe a forma de superfície de uma determinada língua. Nesse sentido, propomos que as mudanças linguísticas ocorrem quando, em contextos de ambiguidade estrutural, um item "cede" ou "empresta" um (ou mais) traço(s) a um vizinho seu, respeitando-se a Hierarquia Funcional Universal.

Desse modo, o *Princípio da Reanálise na Nanossintaxe* pode ser formulado da seguinte maneira:

(6) *Princípio da Reanálise na Nanossintaxe*

a. Acontece reanálise quando a estrutura nanossintática de um item lexical B ganha um traço conceitual que antes era associado a seu vizinho A;

b. Para que a reanálise aconteça, é necessário que esses dois itens estejam em contexto de ambiguidade estrutural e que o traço "emprestado" seja contíguo à estrutura do item B.

Tal princípio impõe restrições importantes para o mecanismo da reanálise: primeiramente, os traços que passam de um item a outro devem ser passíveis de associação aos dois itens, devido ao contexto de ambiguidade estrutural.[10] Em segundo lugar, o "novo" traço deve ser adjacente à parte da F-seq do item que passa a codificá-lo. Ou seja, não é qualquer traço que passará de um item a outro, mas somente aqueles que se encontram nas extremidades da subparte da Hierarquia Funcional Universal codificada pelos itens em questão.

Para compreender melhor estas restrições, precisamos, então, entender um pouco melhor a hipótese nanossintática. Primeiramente, tendo em vista que um mesmo item lexical pode codificar múltiplos traços, e que estes traços são os blocos com os quais o módulo sintático cria suas estruturas, a Nanossintaxe assume o *Princípio de Lexicalização Sintagmática*. Ou seja, uma palavra ou morfema não será inserido em um nó terminal, mas poderá ser usado para lexicalizar toda uma estrutura arbórea. Logo, os trabalhos em Nanossintaxe não mais usam a noção de *inserção*, mas passam a utilizar o *Princípio de Combinação*: um item lexical só será um bom candidato para lexicalizar uma estrutura se carregar todos os traços que a sintaxe criou (e eventualmente outros).

Essa visão da gramática tem consequências diretas na forma como concebemos o léxico de uma língua. Para a Nanossintaxe, o léxico é um módulo pós-sintático (que não projeta estrutura, mas se combina com ela) de interface, que estoca informação fonológica, semântico-sintática e enciclopédica. Logo, as entradas lexicais são entendidas como carregando três tipos de informação: <conteúdo fonológico, árvore sintático-semântica, conteúdo enciclopédico>.

Como estamos tratando das mudanças nos sentidos que um determinado item possui, neste trabalho, seguimos a proposição de que itens lexicais (palavras ou morfemas) codificam dois tipos de informação semântica: um significado que é gramaticalmente relevante (Pinker, 1989; Talmy, 2000; Pantcheva, 2011; Ramchand, 2008; Eckardt, 2006) e outro que depende de nosso conhecimento de mundo (conteúdo enciclopédico).

Levando-se em conta, então, a forma das entradas lexicais proposta anteriormente, o que nos interessa, nesta investigação, é entender a mudança que pode estar ocorrendo no feixe sintático-semântico de alguns itens de vocabulário do PB. Isto é, estaremos olhando para as possíveis (e sutis) mudanças na estrutura nanossintática (árvore sintático-semântica) que refletirão, por sua vez, mudanças nos contextos sintáticos com que tal item poderá ser combinado e nas consequentes interpretações que seus usos permitirão.

Se tomamos como exemplo os verbos *caminhar* e *mancar* do PB, explicamos diferenças previsíveis em seus usos a partir de suas nanoestruturas. Tendo como modelo a proposta de Ramchand (2008) e Fábregas (2007) para a decomposição dos sintagmas verbais (SVs), vamos assumir que o verbo *caminhar* codifica uma estrutura que inclui, para além dos traços de INICIAÇÃO e PROCESSO, o traço TRAJETÓRIA (doravante, TRAJ). A presença de tal traço em sua entrada lexical permite que esse verbo seja usado em estruturas sintáticas que selecionam um complemento locativo ou de trajetória, tanto no formato nominal (tradicionalmente, SN), quanto preposicionado (SP).[11]

Assim, o verbo *caminhar* pode ser encontrado em sentenças como *Caminhei na praia hoje* ou *Caminhei para casa*, em que tanto o SP locativo *na praia* quanto o SP direcional *para casa* codificam traços que podem ser acomodados com o conceito TRAJ. Note-se que, em PB, também podemos fazer sentenças como *Caminhei o trecho de volta em menos de 1h*. Nestas sentenças, o sentido de TRAJ é lexicalizado pelo SN *o trecho de volta*.

Ao contrário de *caminhar*, o verbo *mancar* não codifica TRAJ e, consequentemente, não pode ser utilizado para lexicalizar estruturas em que este traço está presente. Assim, sentenças como **Manquei para casa* ou **Manquei no parque hoje* (com interpretação direcional) são agramaticais no português brasileiro. Isso se explica, porque a sintaxe estaria construindo uma estrutura com TRAJ, mas os verbos utilizados para a lexicalização de tal estrutura não possuem um traço que pode ser combinado ao que foi criado. Essa observação leva Fábregas (2007) a propor mais um princípio para o modelo nanossintático: o *Princípio da Lexicalização Exaustiva*. Ou seja, as sentenças bem formadas de uma língua são aquelas em que os itens lexicais utilizados são capazes de se combinar com todos os traços (projeções) que a sintaxe criou. Veremos esses princípios em funcionamento na análise dos dados.

Para propor as estruturas de traços que são codificadas por categorias tradicionais como o SV e o SP, os trabalhos em Nanossintaxe têm se dedicado, então, a minuciosas investigações que corroboram sintática, morfológica e semanticamente a postulação de um determinado traço. Além do trabalho de descobrir que traço conceitual é codificado por um determinado item, os resultados dessas pesquisas nos levaram à descoberta de que tais traços estão organizados hierarquicamente de forma bastante rígida.

Como já vimos, Pantcheva (2011) averigua que, efetivamente, em línguas que podem combinar mais de um morfema para produzir o sentido de ALVO, por exemplo, a combinação inclui o morfema que carrega o sentido de LUGAR. Mais importante do que isso, esse morfema aparece sempre mais próximo da raiz verbal do que os outros. Outro exemplo dessa observação é o caso da preposição *into* ("para") do inglês, em que é visível a construção do sentido de ALVO a partir da junção de um item que codifica LUGAR e outro item que codifica ALVO.

A noção de Hierarquia toma, assim, um papel central dentro da teoria nanossintática. É ela que vai restringir tanto a forma dos itens lexicais como as possibilidades de criação da sintaxe. Tendo em vista essa discussão, exploramos, na próxima seção, as hierarquias propostas por Pantcheva (2011) para o domínio preposicional, e por Ramchand (2008), para o domínio verbal, ao mesmo tempo em que analisamos, no PB, dados que indicariam uma mudança no sentido (e, consequentemente, na nanoestrutura) do verbo *correr*.

O CASO DO VERBO *CORRER* COM PREPOSIÇÕES LOCATIVAS E DIRECIONAIS

Muitos autores (Jackendoff, 1983, 1990; Pinker, 1989; Talmy, 1985, 2000; Beavers, 2008, entre outros) já observaram que os verbos de movimento formam uma classe bastante heterogênica e semanticamente rica. Isso se dá porque os sentidos desses verbos envolvem tanto traços conceituais como MOVIMENTO e TRAJETÓRIA quanto traços como MANEIRA, RESULTADO, LOCALIZAÇÃO (LUGAR), ROTA, ALVO, ORIGEM (FONTE) etc.

Tomemos como exemplo o verbo *correr* no PB: ao observarmos seu uso em sentenças como (7) e (8) a seguir, podemos presumir que seu sentido inclui, pelo menos, os traços de FONTE, ALVO e LUGAR, tendo em vista que o predicado dessas sentenças licencia como seus complementos tanto um SP com o sentido de LUGAR, quanto SP com o sentido de ALVO ou FONTE:

(7) *Joana corre [na praia]*SP:*LUGAR*
(8) *Joana correu [da sala]*SP:*FONTE [para o portão]*SP:*ALVO.*

O mesmo acontece com verbos como *rolar* e *voar*. Assim, de acordo com os exemplos a seguir, retirados de Rammé (2017), podemos organizar os usos desses verbos em, pelo menos, três configurações:

A) em uma primeira configuração, incluímos aquelas sentenças em que o lugar introduzido pela preposição deve ser interpretado como o alvo do movimento:

(9) *...**correu** logo **à** imprensa todo revoltado contra...* (2a metade séc. XIX-SP)
(10) *...uma faca de ponta, e fê-lo **correr para** uma casa visinha...* (2a metade séc. XIX-BA)
(11) *...aos golpes da cruenta e insaciavel parca, **rolou para** o sepulcro.* (2a metade séc. XIX-PE)
(12) *... **correu na** prefeitura para pedir seu tombamento...*(séc. XXI)

B) no segundo conjunto, estão os casos nos quais o SP contribui com o sentido de localização do movimento:

(13) *...acaba de sossobrar-se no mesmo rio, **rolando em** suas ondas.* (2a metade séc. XIX-CE)
(14) *...**corre na** própria sacada ("para ativar circulação e mente")...* (séc. XXI)

C) finalmente, no terceiro subgrupo, exclusivo do *corpus* contemporâneo, encontramos os exemplos em que o SN introduzido pela preposição pode ser interpretado tanto como alvo quanto como lugar do movimento:

(15) ***Corri na** varanda com o piso molhado, levei um tombo...* (séc. XXI)
(16) *...**O funcionário correu na água e caiu no gelo** ...* (séc. XXI)
(17) *Me levou pro Sumaré, me mandou **correr no** mato e atirou...* (séc. XXI)

Nessa pequena amostra de dados, podemos perceber que as ocorrências das preposições *a* e *para* correspondem ao esperado, já que todos os trabalhos que se debruçam sobre tais itens em PB preveem para elas o sentido de ALVO de movimento. A preposição *em*, contudo, aparentemente introduz o lugar-alvo do movimento em determinadas construções (exemplos (12), (15), (16) e (17)).

Como já assumimos que *em* é puramente locativa (codifica somente LUGAR em PB), é preciso entender o que estaria permitindo a interpretação atípica nos casos aqui destacados. Nessa perspectiva, a resposta para essa diferença está na nanoestrutura codificada pelos próprios verbos do tipo *correr* e *rolar*. Para o verbo *correr*, temos a estrutura em (18), baseada nos trabalhos de Ramchand (2008) e Rammé (2017):

(18) *correr*: [INIC[PROC[TRAJ]]]

Segundo Ramchand (2008), os verbos dinâmicos, e entre eles os verbos de movimento, podem codificar estruturas que carregam os sentidos de INICIAÇÃO (traço que licencia um argumento INICIADOR), PROCESSO (traço que licencia um argumento SOFREDOR, ou aquele que passa pelo PROCESSO denotado pelo verbo), TRAJETÓRIA (traço que licencia um argumento especificador da trajetória desenvolvida pelo verbo) e RESULTADO (traço que licencia um argumento RESULTANTE, ou aquele que carrega o estado resultante do evento).

Nesse sentido, o verbo *correr* carrega, no português, os traços de INICIAÇÃO, PROCESSO e TRAJETÓRIA. Ou seja, esse verbo denota um evento que tem um argumento que dá início ao processo de corrida, um argumento que desenvolve esse processo, e um complemento que define a trajetória desse processo. Essa estrutura é compartilhada com os verbos do tipo *caminhar*, que são verbos de movimento que não especificam uma trajetória, ou seja, que aceitam complementos com sentidos variados: lugar, alvo, origem. Assim, esses verbos licenciam qualquer preposição para introduzir o alvo ou o lugar do movimento codificado pela raiz verbal.

Dessa maneira, caso a preposição carregue o traço de LUGAR, o SN introduzido por ela será entendido como o lugar onde o movimento aconteceu, isto é, o movimento começou e terminou dentro de seus limites. Paralelamente, caso a preposição selecionada codifique ALVO, o SN introduzido pela preposição será interpretado como o ponto final do movimento. E essa é, de fato, a imagem que temos quando analisamos os dados dos séculos XVIII e XIX em Rammé (2017):

(19) ...***rolou***[INIC-PROC-TRAJ] ***para*** [ALVO-LUGAR] *o sepulcro...*
(20) ...***rolando***[INIC-PROC-TRAJ] ***em*** [LUGAR] *suas ondas...*

Contudo, embora alguns usos continuem respeitando essa configuração, o cenário parece não ser mais tão simples. É possível encontrar, nos dados do *corpus* contemporâneo, dois fenômenos que possibilitam interpretações inesperadas. Por um lado, nos exemplos de (15) a (17), encontramos casos em que a preposição *em* introduz, indubitavelmente, um SN que deve ser interpretado como o alvo do movimento. Lembremos, neste sentido, que estes verbos, apesar de codificarem o sentido de TRAJ, não especificam se esse sentido seria interpretado como ALVO ou lugar – esta especificação ficaria a cargo da preposição. A pergunta que se coloca é: se o verbo não especifica a trajetória e a preposição é locativa, de onde surge o sentido de ALVO de (21)?

(21) ...***correu na*** *bola, disputou ela com o goleiro* ... (séc. XXI)

Por outro lado, é possível observar casos em que a interpretação não parece ser tão óbvia, mesmo levando-se em conta o contexto. Isto é, o SN encabeçado pela preposição poderia ser interpretado como o lugar dentro do qual o deslocamento aconteceu ou, ainda, como o ponto final do movimento:

(22) ...***Corri na*** *varanda com o piso molhado, levei um tombo*... (séc. XXI)

Como já mencionamos, esses usos podem ser explicados como casos de reanálise, ou seja, a mudança teria se dado na nanoestrutura associada aos verbos. Na análise que Rammé (2017) faz dos 22 exemplos encontrados com os verbos do tipo *correr* e *rolar* em dados dos séculos XVIII e XIX, esses verbos apresentam, em 100% dos casos, um comportamento semelhante àquele de *andar*, *caminhar*, *nadar* e *voar*. No entanto, como nos casos de (25) e (26), seria possível propor que, nos dados do final do século XX, início do século XXI, a nanoestrutura dos verbos *correr* e *rolar* carregaria a parte da Hierarquia Funcional Universal a seguir, muito próxima àquela que os verbos do tipo *ir* codificam:

(23) ... ***correu na*** *área para cabecear...*

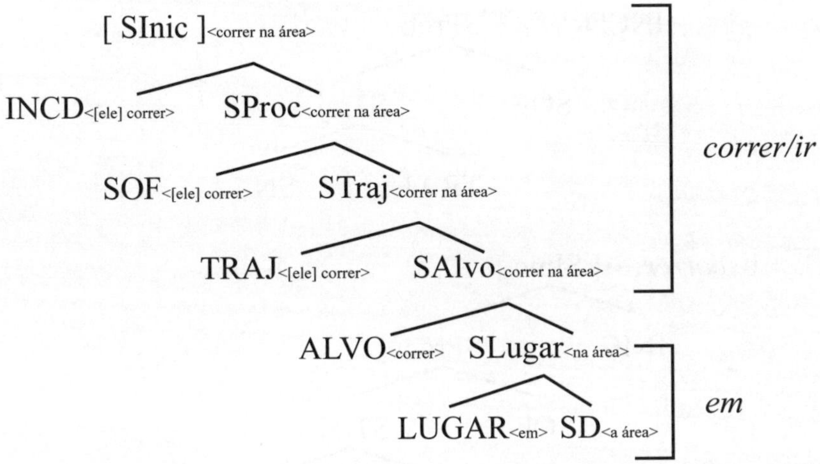

Consequentemente, os verbos *correr* e *rolar* estariam sendo associados a duas nanoestruturas no PB. Ou seja, temos, dois itens lexicais distintos, mas homônimos, para o que antes era um só verbo. Em termos nanossintáticos, as entradas lexicais destes verbos *correr* seriam representadas como a seguir:

(24) a.

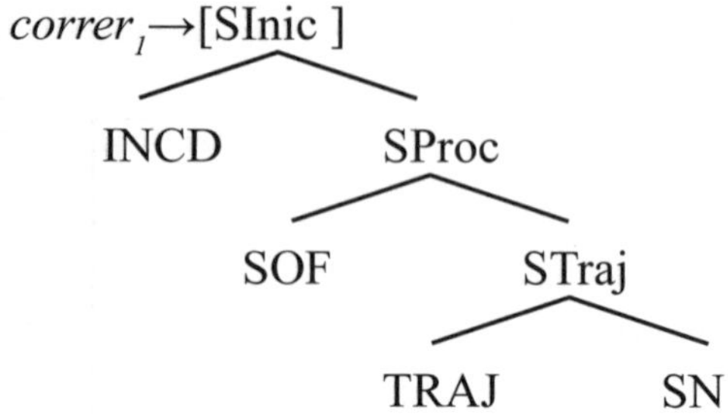

b.

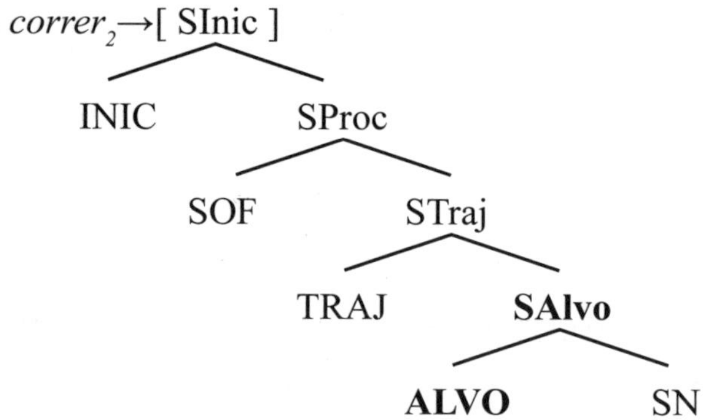

A pergunta que resta responder é: como o segundo verbo (*correr*$_2$) teria "ganhado" tais traços a mais em sua nanoestrutura? Levando em conta o Princípio da Reanálise em (6), as restrições impostas pelo sistema nanossintático e a forma da Hierarquia Funcional Universal, podemos cogitar que essa reanálise tenha se dado da seguinte forma:

a. ao perceber o paralelo entre as estruturas sintáticas em que os verbos *correr* e *ir* são usados ao lado de *para*, um(a) falante poderia ser levado(a) a interpretar o verbo *correr* como carregando a mesma estrutura que o verbo *ir*;
b. ao reinterpretar a estrutura do verbo *correr*, o(a) falante então deixa de analisar a preposição *para* como contribuindo o traço de ALVO nos casos de *correr para* e passa a associar à estrutura de *correr* o traço ALVO (antes traço codificado exclusivamente pela preposição);
c. ao reanalisar a nanoestrutura do verbo *correr* para INIC-PROC-RES-ALVO, o(a) falante acaba por permitir usos deste com a preposição *em* que antes só poderiam ser interpretados como locativos.

Como, agora, um segundo item *correr*$_2$ está disponível em sua gramática, *correr em* passa a poder indicar o alvo de um movimento ou sua localização.

Notem que os "novos" traços do verbo *correr*$_2$ encontram-se em posição adjacente, na Hierarquia Funcional Universal, ao traço TRAJ. O mesmo acontece quando a preposição *para* é adicionada a uma estrutura com TRAJ, como aquela do verbo *caminhar*. Essa possibilidade estrutural é o que permite, então, a interpretação equivocada de que o verbo *correr* possa estar codificando o nanossintagma SAlvo, como o verbo *ir*.

Finalmente, apesar de termos sintaticamente a mesma estrutura, nanossintaticamente, teríamos as configurações abaixo para sentenças como em (25), (26) e (27):

(25) *...ele* ***rolou*** *[a bola]* ***no*** *buraco deixado pela defesa alvinegra...*

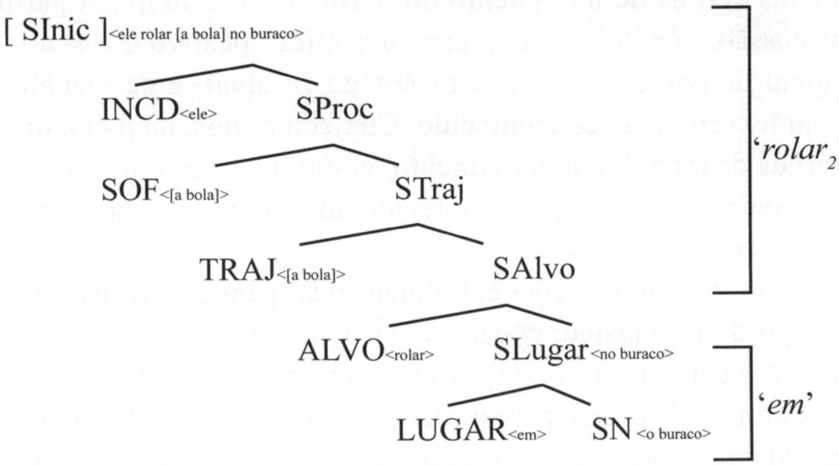

(26) *...A bola* ***rolou no*** *gramado do estádio...*

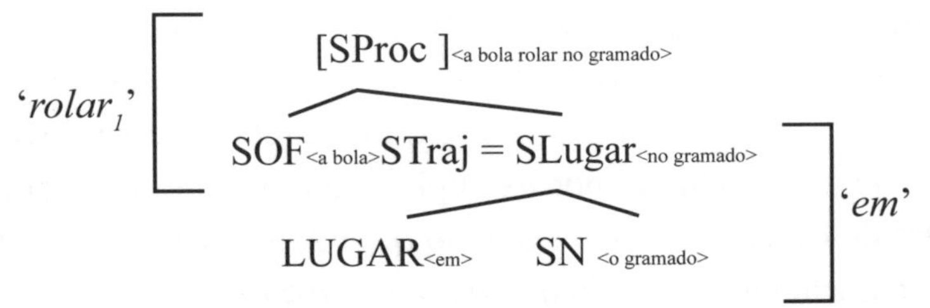

(27) *...Evair* ***rolou para*** *Zinho... (rolar$_2$, mas também poderia ser rolar$_1$)*

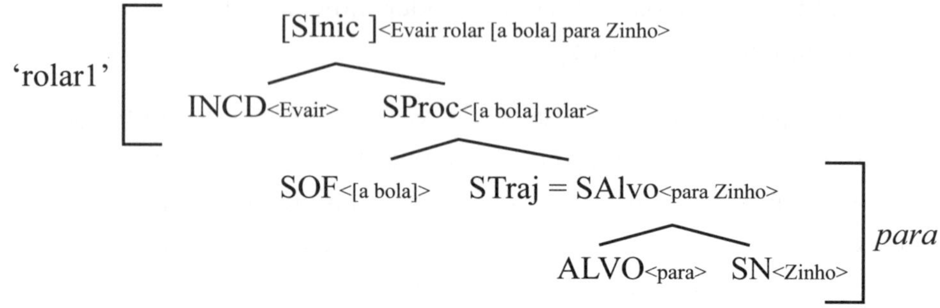

CONSIDERAÇÕES FINAIS

Neste capítulo, discutimos uma explicação, à luz da Nanossintaxe, para as mudanças finas de sentido por que parecem ter passado alguns verbos de movimento do português brasileiro. A partir dessa discussão, concluímos que para o sentido locativo e o sentido direcional de *correr* virem a coexistir no PB atual, uma reanálise deste item lexical deve ter acontecido. Conjecturamos, também, que outros verbos de maneira de movimento, como o verbo *rolar*, começaram a ser associados ao traço ALVO devido ao seu intenso uso com a preposição *para*.

Embora as motivações extralinguísticas para essa reanálise fujam ao escopo deste trabalho, podemos ainda sugerir que a frequência de expressões como *ir correndo para* possam ter influenciado a modificação da estrutura de *correr* para incluir o sentido de ALVO. Além disso, o aumento do uso do verbo *ir* com a preposição *em* faz com que construções como *ir correndo em* se tornem mais frequentes, o que permite a interpretação de *correr em* com o sentido direcional.

"Reanálise" é, porém, um termo abrangente que pode ser aplicado intuitivamente a muitas operações "equivocadas" que os falantes fazem, em seus usos e abusos da língua. Aquele que canta o verso *é você que é mal passado e que não vê*, por exemplo, alterando desastrosamente a famosa letra de Belchior *é você que ama o passado e que não vê*, reanalisou foneticamente a sequência *que ama o passado*.

Todavia, muito embora o mecanismo da reanálise possa atuar nos diferentes níveis linguísticos, nossa preocupação, nesta pesquisa, concerne o nível semântico e, mais especificamente, a interface sintaxe-semântica. Nesse sentido, uma teoria de reanálise semântica também poderia ser utilizada para explicar mudanças como aquela que recategoriza a expressão nominal *a gente*, transformando-a em pronome pessoal de primeira pessoa do plural. Estudos como Zilles (2007) apontam que tal mudança passou, necessariamente, pela perda de traços semânticos, como "genérico", e pela reanálise de um traço como "pessoa", que passa a ser analisado como pessoa do discurso, e não como "homem/humano" (mais concreto). Embora não seja possível, neste momento, desenvolver uma discussão que leve em conta a decomposição dos nomes e pronomes em uma sequência funcional, é importante considerar que tal mudança semântica e, consequentemente, sintática, poderia potencialmente ser restringida pelo *Princípio de Reanálise* aqui proposto.

A mudança que afeta o uso dos particípios regulares e irregulares em algumas regiões do país é outro caso que poderia ser explicado pelo *Princípio da Reanálise* na Nanossintaxe. Desta vez, tal princípio estaria operando ao lado do *Teorema "o maior vence"*, proposto por Starke (2010). Isto é, levando-se em conta que os itens lexicais carregam vários tamanhos de árvores, eles devem competir para lexicalizar as construções que a sintaxe produzir. Assim, quando um item for maior que seus concorrentes, ele será capaz de codificar toda a árvore nanossintática de uma só vez, enquanto os outros competidores menores só conseguiriam codificar uma parte dessa estrutura. Tal item, portanto, ganhará a competição para inserção.[12]

Um exemplo desse padrão pode ser encontrado nas formas irregulares do particípio passado: em geral, a estrutura nanossintática [Raiz + Particípio] pode ser codificada por dois itens como 'compr-' e '-ado'. Porém, nos casos em que existe um único item na língua que codifique toda a estrutura, é este item que será preferido. Assim, temos, por um lado, particípios como *comprado*, formados a partir de dois morfemas, e, por outro lado, particípios como *feito*, que codificam toda a estrutura em um único item.

A associação do *Princípio da Reanálise* ao Teorema mencionado pode, portanto, explicar alguns casos relatados por Miara (2013) em relação ao uso de formas como *trago* e *descobrido*: *Grupo de amigos garantem **ter descobrido** pegada de dinossauro na cidade de Santa Luzia* (dado de Miara, 2013). Formas como *descobrido* sugerem que uma reanálise está em curso, mesmo ferindo o Teorema mencionado: nestes exemplos inovadores, ocorre a inserção de uma forma na estrutura sintática que carrega o traço necessário da hierarquia funcional e que é adjacente ao(s) traço(s) da raiz.

Ao mesmo tempo, outras mudanças que sugerem a força do Teorema, sem violar a Hierarquia, são cada vez mais frequentes: são exemplos disso, no quadro dos particípios que passam de regulares a irregulares, as formas *trago* e *chego*, como em *Ele tinha **trago** o dinheiro antes de sair* (Miara, 2013) ou *Se eu soubesse, eu teria **trago** algo também* (exemplo nosso, registro oral em Foz do Iguaçu).

Finalmente, as restrições impostas pela Hierarquia Funcional Universal também podem nos ajudar a compreender por que a perda de traços de um item sempre parece envolver os núcleos mais baixos da sequência funcional. Isto é, nos casos de mudança envolvendo a preposição *a*, por exemplo, as alterações em seus usos parecem ser consequência da perda dos traços mais baixos (e concretos) de sua hierarquia: ALVO e LUGAR. Assim, a estrutura que esse item carrega atualmente, na gramática de muitos falantes, parece englobar somente traços mais altos e abstratos como DATIVO e GENITIVO.

Embora não possamos nos aprofundar nessa rica discussão, insistimos no fato de que a reanálise nanossintática abre uma linha de investigação nova e importante para os estudos diacrônicos em Semântica. Ao apresentar um refinamento teórico da Nanossintaxe – que abrange pressupostos tanto sintáticos quanto semânticos – para as variações de significado de expressões verbais e preposicionais, este trabalho igualmente teve o objetivo de explicitar não mais sentidos vagos de informações de "maneira", "movimento", "alvo", mas sim estruturas hierarquizadas universais de traços em um léxico historicamente variável. Assim, o fruto de um aparato linguístico-formal ganha abrangência empírica, o que é exigência de qualquer tratamento histórico da língua.

NOTAS

1 Lak: língua caucásica falada pelos laks, uma etnia do Daguestão. Dados de Murkelinskij (1967) e Zhirkov (1955) *apud* Pantcheva (2011).

2 O caso inessivo é um tipo de caso locativo normalmente associado ao sentido de interioridade.

3 Em sua tese, Pantcheva (2011) analisa 81 línguas diferentes e encontra o mesmo padrão em todas elas.

4 A análise e os testes são baseados na comparação de dois *corpora* distintos, um primeiro com dados dos séculos XVIII-XIX do *Corpus* Histórico do Português – PHPB (disponível em: https://sites.google.com/site/corporaphpb/), e outro de dados dos séculos XX-XXI retirados da plataforma NILC-São Carlos (http://www.linguateca.pt/acesso/corpus.php?corpus=SAOCARLOS) e do portal do periódico on-line *Folha de S.Paulo* para dados a partir dos anos 2000.

5 Eckardt (2006) apresenta uma revisão exaustiva dos principais trabalhos em mudança semântica, se concentrando nos trabalhos de Traugott e Dasher (2002), e Sweetser (1988), entre outros. Ao leitor interessado nessa revisão, sugerimos a leitura do capítulo 2 de sua obra.

6 "The shifts in the cues may require the billiard ball to move, and the theory of grammar defines the undulations in the available surface area and therefore, predicts the points, finite in number, at which the ball might come to rest."

7 A reanálise, dentro dessa abordagem, também explicaria outros processos de mudança, como, por exemplo, a recategorização de verbos plenos como verbos auxiliares (caso do verbo *ir*, por exemplo). Nesses casos, o verbo pleno deixaria de ser associado a um núcleo lexical, como o VP, que toma argumentos, e passaria a ser associado a um núcleo funcional, como T (Tempo), que não licencia argumentos.

8 "[...[the structural reanalysis [...] must be accompanied by appropriate meaning changes in the partaking words and constructions."

9 "[...] the surface parts of the sentence have to match the parts of the information conveyed in ways that allow a rebuilding of the sentence (syntactically as well as semantically) in a new way. No proper match - no reanalysis".

10 Esta restrição pode estar diretamente ligada ao Princípio de Subassociação apresentado por Ramchand (2008). Contudo, esta discussão precisará ser deixada para trabalhos futuros.

11 Dentro do quadro nanossintático, o SP também é decomposto em traços conceituais como ALVO e LUGAR. Estes traços, por sua vez, são fruto da decomposição do conceito de TRAJETÓRIA como explorado em Pantcheva (2011) para o domínio do SP. É por este motivo que preposições que carregam o traço ALVO ou LUGAR podem ser selecionadas por verbos que codificam TRAJ.

12 "Combinação" em termos nanossintáticos.

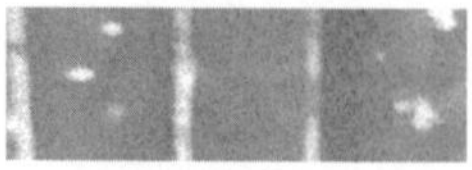

APRESENTATIVOS ENTRE INDICATIVIDADE E PREDICATIVIDADE

Alessandra Castilho da Costa

SUMÁRIO

Expressões como lat. *ecce*, ital. *ecco*, fr. *c'est...qu-*, *il y a*, *voilà*, *voici* port. *eis*, heb. *hinne*, gr. *Ἰδοὺ*, romeno *uite*, ingl. *behold*, entre muitas outras, são *apresentativos*, isto é, construções que servem à introdução, anunciação e/ou ênfase duma entidade ou dum estado de coisas no discurso (cf. Castilho, 2012: 329; Lyons, 1977; Bolinger, 1968; Vendler, 1967; Lambrecht, 1988, 2000; Rabatel, 2016:176). Os recursos apresentativos têm sido investigados particularmente no francês, mas também no espanhol, inglês, italiano, português, grego, romeno e aramaico, entre outras línguas (Suñer, 1982; Hannay, 1985; Lambrecht, 1988; De Cesare, 2007; Franchi, Negrão e Viotti, 1998; Pezatti, 2012; Van Otterloo, 1988; Rabatel, 2016; Julia, 2015; Manu Magda, 2014; Cohen, 2017). No presente capítulo, busca-se oferecer um panorama dos principais aspectos morfossintáticos, semânticos e pragmáticos dos recursos apresentativos do PB na perspectiva do contínuo entre indicatividade e predicatividade e, ainda, descrever os deslocamentos de sentido do apresentativo *eis* nesse contínuo, culminando com a formação da perífrase conjuncional causal *eis que*.

De acordo com Castilho (2012: 329, 442), a função apresentacional teria sido identificada pela primeira vez por Bolinger (1968). Essa função tem sido, tradicionalmente, definida em oposição à função de predicação: assim, apresentar é definido como incluir um referente no discurso, e predicar, como atribuir propriedades aos referentes (cf. Castilho, 2012: 415). Antes de Bolinger, Bühler (1982 [1934]: 79-82) já havia postulado a existência de dois campos da linguagem: o chamado campo simbólico (*Nennfeld*) e o mostrativo (*Zeigfeld*). No primeiro, os signos linguísticos servem à atribuição de determinados traços semânticos; no segundo, servem à indicação e mostração de referentes. Ao desenvolver sua teoria sobre a dêixis, distinguindo entre os dois campos, Bühler retoma as noções introduzidas por Aristóteles de um "*este* quantitativo" (em grego, *τόδε*) e um "*tal* qualitativo" (em grego, *τοιόσδε*). Seiler (1988: 28-29) explica essa distinção como dois momentos da apreensão de entidades: de um lado, toda entidade pertence sempre a alguma classe em função de características compartilhadas com outras entidades; de outro, uma entidade é sempre específica, individualizada, localizada no tempo e espaço. Ao retomar a distinção aristotélica, Seiler (1988) reconhece um contínuo entre a função de indicatividade (em sua terminologia, a função mostrativa, ligada à apreensão do *τόδε*) e a de predicatividade (ligada à apreensão do *τοιόσδε)*.

Nessa perspectiva, quando o princípio da predicatividade predomina, um objeto é apreendido por meio da atribuição de suas propriedades, isto é, por meio de predicação. Nesse sentido, a predicatividade é relacional e declarativa: informa a relação entre uma entidade e seus atributos, que pode por sua vez ser entendida como a inclusão de uma entidade em um conjunto (cf. Ilari e Geraldi, 2006: 13). Já na indicatividade, um signo serve predominantemente à *mostração* de um referente individual e específico no tempo e no espaço.

Nos estudos sobre a apresentação, observa-se também uma confusão terminológica e conceitual entre construções apresentativas e existenciais (cf. Belligh, 2015), cabe pois ressaltar que tais construções são aqui definidas como construções cuja função discursiva não é a de informar o interlocutor sobre uma propriedade atribuída a uma determinada entidade, mas a de introduzir/reintroduzir[1] ou apontar a presença imediata[2] dessa entidade no discurso, normalmente para torná-la cognitivamente disponível para predicação posterior (cf. Lambrecht, 1994: 177 ss). As construções apresentativas podem ser não existenciais e as construções existenciais podem ser não apresentativas (cf. Hengeveld, 1992:120), embora exista, em alguns contextos, uma sobreposição entre os dois tipos de construção (cf. Castilho, 2012: 330).

Considerando que o texto bíblico em português é uma tradição ininterrupta desde o século XVII (a primeira tradução completa, de João Ferreira de Almeida, data de 1681), e, ao mesmo tempo, muito propício à ocorrência de apresentativos, utilizamos como *corpus* as seguintes traduções:

Tabela 1 – Traduções da Bíblia para o português

Tradução	Data	Base Textual	Local de Impressão
Almeida	1681	Texto Recebido	Amsterdã, Holanda
Almeida	1712	Texto Recebido	Tranquebar, Índia
Almeida	1773	Texto Recebido	Batávia, Holanda
Almeida	1819	Texto Recebido	Londres, Inglaterra
Padre Antônio Figueiredo	1821	Vulgata Latina	Londres, Inglaterra
Almeida	1850	Texto Recebido	Nova York, EUA
Almeida	1860	Texto Recebido	Nova York, EUA
Almeida	1903	Texto Recebido	Lisboa, Portugal
Padre Mattos Soares Gonzaga de Fonseca	1927	Vulgata Latina	Porto, Portugal
Almeida Revisada Imprensa Bíblica (AA)	1967	Texto Crítico	São Paulo, SP
Bíblia Ave Maria (BAM)	1959	Vulgata Latina	São Paulo, SP
Bíblia Viva (BV)	1981	Texto Crítico	São Paulo, SP
Almeida Revista e Atualizada (ARA)	1993	Texto Crítico	Barueri, SP
Almeida Corrigida e Fiel (ACF)	1994	Texto Recebido	São Paulo, SP
Versão Fácil de Ler (VFL)	1999	Texto Crítico	São Paulo, SP
Novo Testamento na Linguagem de Hoje (NTLH)	2000	Texto Crítico	Barueri, SP
Nova Versão Internacional (NVI)	2000	Texto Crítico	São Paulo, SP
Almeida Revista e Corrigida (ARC)	2009	Texto Recebido	Barueri, SP
Tradução Brasileira (TB)	2010	Texto Crítico e tradução Almeida	Barueri, SP
Bíblia Freestyle (BFS)	2013	Informação indisponível	Uberlândia, MG
Nova Almeida Atualizada (NAA)	2017	Texto Crítico	Barueri, SP

O capítulo está organizado em seis partes. Trata inicialmente (seções "Tipos de entidades apresentadas e domínios conceituais" e "Relações semânticas entre o termo apresentativo e a entidade apresentada") da semântica dos apresentativos, especificamente, dos tipos de entidades apresentadas (1ª, 2ª, 3ª e 4ª ordem) e dos domínios conceituais a que pertencem (domínio espacial, temporal, epistêmico e deôntico). Aponta em seguida (seção "Codificação da apresentação: recursos linguísticos") recursos linguísticos variados que podem exercer uma função apresentacional, tais como nomes próprios, vocativos, demonstrativos, artigos, verbos, possessivos, advérbios, entre outros. Aborda, na sequência, alguns aspectos textuais da apresentação, a exemplo de tradições discursivas da narrativa (seção "Apresentativos e tradições discursivas"). Volta-se, finalmente (seção "Indicatividade, predicatividade e mudança semântica: o caso de *eis que* causal"), para a perspectiva diacrônica, e descreve a formação da perífrase conjuncional causal *eis que* a partir de deslocamentos de sentido do apresentativo *eis* em dois eixos: o funcional, entre indicatividade e predicatividade, e o semântico, entre domínios conceituais. A última seção ("Considerações finais") sumariza os resultados e aponta perspectivas de investigação.

TIPOS DE ENTIDADES APRESENTADAS E DOMÍNIOS CONCEITUAIS

Segundo Lyons, há três ordens de entidades conceituais. Um primeiro tipo é a proposição. Proposições são entidades semânticas abstratas, objetos de pensamento (cf. Cançado, 2008: 84), que só existem nas mentes dos indivíduos (cf. Crevels, 2000: 10). Constituem conteúdos que só podem ser avaliados em termos de valor de verdade e não podem ser localizados espaço-temporalmente, pois, sendo pensamentos, são abstratas e não possuem duração. Já os estados de coisas, que compreendem eventos e estados (passíveis de ser localizados no tempo e no espaço), só podem ser avaliados em termos de realidade. Os estados de coisa fazem referência a indivíduos e objetos, também localizáveis espaço-temporalmente e avaliáveis em termos de existência. Esses três tipos de entidades são classificados por Lyons, respectivamente, como entidades de 1ª (indivíduos e objetos), de 2ª (estados de coisas) e de 3ª ordem (proposições). Hengeveld (1992) acrescenta a esse modelo uma 4ª ordem, a saber, a das opções pragmáticas, atos em geral, inclusive, os atos de fala, entendidos como a ação que realizamos ao proferir um enunciado (pedir, reclamar, ameaçar etc.), que também são localizáveis espaço-temporalmente, mas só podem ser avaliados em termos de felicidade e desejabilidade, não de valor de verdade.

(1) *Eu estou com fome neste momento.*

No exemplo (1), há um indivíduo x (entidade de primeira ordem) referido pelo dêitico *eu*, bem como pela terminação número-pessoal do verbo. Esse indivíduo está contido na condição de participante em um estado de coisas (entidade de segunda ordem). Entende-se esse estado de coisas como uma relação temporal em que o indivíduo *x*, no momento t_i do tempo (digamos, às 10h28 do sábado de carnaval de 2018) sente fome; se isto ocorrer, esse estado de coisas é um fato, que, inclusive, pode ser observado; além disso, esse estado tem uma certa duração, de modo que, no momento t_{ii}, o indivíduo pode não sentir mais fome. Tal estado de coisas está contido numa proposição (entidade de terceira ordem), isto é, num pensamento. Como proposição, (1) é uma entidade que não pode ser observada, pois é abstrata; não possui duração, mas possui valor de verdade, já que no ano de 2030 continuará a ser verdade que o indivíduo *x*, às 10h28 do sábado de carnaval de 2018, estava com fome. Finalmente, esta proposição está contida num ato de fala (entidade de quarta ordem), avaliada como indesejável. Como ato de fala, (1) pode valer por um pedido: por exemplo, se o indivíduo *x* proferiu o enunciado (1) esperando que lhe ofereçam um chocolate.

De modo semelhante a Hengeveld, Blühdorn (2011) considera a existência de opções pragmáticas como entidades de quarta ordem e relaciona as quatro categorias de entidades a quatro domínios conceituais universais: o domínio espacial, o domínio temporal, o domínio epistêmico e o domínio ético-deôntico. As entidades de 1ª ordem podem ser avaliadas em termos de ocorrência, as de 2ª ordem, em termos de factividade, as de 3ª ordem, em termos de verdade, e as de 4ª ordem, em termos de felicidade e desejabilidade.

Tabela 2 – correspondência entre categorias de entidades e domínios conceituais universais segundo Blühdorn (2011)

Categoria	Ordem	Domínio conceitual universal
Objetos físicos	Primeira ordem	Espacial
Estados de coisas	Segunda ordem	Temporal
Proposições	Terceira ordem	Epistêmico
Opções pragmáticas	Quarta ordem	Ético-deôntico

As quatro categorias de entidades esgotam a categorização dos constituintes do mundo que podem ser referidas por meio da linguagem natural (Blühdorn, 2010: 218). Dado que os apresentativos (re)introduzem entidades, e que as entidades são sempre objetos físicos, ou temporais, ou epistêmicos, ou ético-deônticos, então a ordem da entidade apresentada é um componente relevante da descrição semântica do fenômeno da apresentação. A seguir, comento exemplos de como construções apresentativas podem introduzir, no domínio espacial, indivíduos ou objetos (1ª ordem); no domínio temporal, estados de coisa (2ª ordem); no domínio epistêmico, proposições (3ª ordem) e, no domínio ético-deôntico, opções pragmáticas (4ª ordem).

Assumo que o lat. *ecce*, de que se originaram o ital. *ecco*, e o port. *eis* se teria originado duma forma verbal que significava aproximadamente "Veja." O fr. *voilà*, *voici*, o heb. *hinne*, o gr. *Ἰδοὺ*, o ingl. *behold*, têm um significado semelhante (*Ecce homo* = "Veja, o homem/ Eis o homem"). *Eis* é, portanto, um apresentativo prototípico no PB. Os exemplos a seguir comprovam que esse recurso pode (re)introduzir entidades dos quatro diferentes domínios conceituais: espacial, temporal, epistêmico e ético-deôntico.

Domínio espacial: apresentação de entidades de 1ª ordem (indivíduos ou objetos)

(2) *Estendendo a mão para seus discípulos, exclamou: Eis* ***minha mãe e meus irmãos****! Mateus 12:49* (TB 2010)

O apresentativo *eis* introduz em (2) entidades espaciais, ou seja, entidades de primeira ordem. Os indivíduos apontados com um gesto por Jesus (seus discípulos, dentro da sinagoga) são entidades que se estendem no espaço e, por isso, estão situados em relação a outros objetos físicos no espaço. As entidades de primeira ordem possuem valores de ocorrência, i.e., elas ocorrem ou não ocorrem no contexto de outras entidades de primeira ordem. Neste exemplo, os discípulos que são apontados por Jesus como sendo sua verdadeira família (sua mãe e seus irmãos) estão numa relação espacial de interioridade com o objeto físico "sinagoga", em que Jesus também está.[3]

Domínio temporal: apresentação de entidades de 2ª ordem (estados de coisas)

(3) *Eis que* ***os teus discípulos fazem o que não é lícito fazer em dia de sábado****. Mateus 12:2* (ARA)

Nos casos em que introduz um complemento oracional, *eis* é acompanhado pelo complementizador *que*, formando com ele a perífrase *eis que*. Em (3), *eis que* introduz uma entidade de segunda ordem: um estado de coisas, especificamente, um evento do qual entidades físicas (os discípulos) são participantes. Vale aqui uma relação temporal, em que determinados indivíduos no momento t_i do tempo (que é o momento da fala dos fariseus) fazem algo que é proibido fazer em dia de sábado (isto é, colhem espigas). Esse evento é apresentado como um fato observável, para o qual Jesus é alertado. Como objeto do domínio temporal, esse estado de coisas possui uma duração, pois os discípulos deixaram de colher as espigas em algum momento posterior a t_i.

Domínio epistêmico: apresentação de entidades de 3ª ordem (proposições)

(4) *Examine-se, pois, o homem a si mesmo, e, assim, coma do pão, e beba do cálice; pois [quem come e bebe sem discernir o corpo, come e bebe juízo para si]. Eis* ***a razão por que há entre vós muitos fracos e doentes e não poucos que dormem****. 1 Coríntios 11: 28-30* (ARA)

No exemplo (4) é apresentada uma entidade de terceira ordem. O apóstolo Paulo aponta, por meio de *eis*, para a presença, no mundo dos pensamentos, de uma entidade não observável, sem duração e abstrata que é a relação entre duas proposições caracterizadas respectivamente como causa (a falta de autoexame na celebração da ceia ou "*quem come e bebe sem discernir o corpo, come e bebe juízo para si*") e como consequência (a fraqueza espiritual). O enunciador verbaliza esse nexo de causa e consequência por meio do SN *a razão*, de modo que o enunciado *eis a razão por que [...]* possui não somente função indicativa, mas também predicadora, isto é, de atribuição de propriedades. Por serem entidades do mundo das ideias, as proposições, segundo Blühdorn, possuem extensão lógica e se relacionam com outras proposições no espaço lógico-epistêmico. No exemplo em questão, afirma-se uma relação causal do tipo P é a causa de Q, onde P e Q designam estados de coisa (entidades de segunda ordem, temporais) pertencentes ao nível epistêmico.

Domínio deôntico: apresentação de entidades de 4ª ordem (opções pragmáticas)

(5) *Ester respondeu, dizendo; Eis* ***a minha petição*** *e* ***o meu rogo****: Se tenho alcançado favor do rei, e se parecer bem ao rei concerderme a minha petição e cumprir o meu rogo, venha o rei com Hamã ao banquete que lhes hei de preparar, e amanhã farei conforme a palavra do rei. Ester 5: 7-8* (AA)

Nesta fala de Ester, o apresentativo *eis* introduz uma entidade de quarta ordem, que pode receber um valor de desejabilidade. No trecho em questão, a rainha Ester busca o rei Assuero, seu marido, sem ter sido chamada por ele. Se ele baixar seu cetro, a rainha poderá ser condenada à morte. Contudo, não só o rei estende o cetro, poupando sua vida, mas ainda promete atender o pedido da esposa. Neste contexto, a expressão "minha petição e desejo" identifica como objeto deôntico de valor positivo que o rei aceite o convite de Ester para um banquete. Assim, o objeto de desejabilidade para Ester é que seu marido aceite o convite para o banquete que preparará, ao passo que sua recusa seria um objeto de indesejabilidade. SNs como "petição" e "desejo" designam atos de fala, entidades do mundo ético-deôntico.

RELAÇÕES SEMÂNTICAS ENTRE O TERMO APRESENTATIVO E A ENTIDADE APRESENTADA

Tradicionalmente, as construções apresentativas são consideradas como construções que podem expressar posse, localização ou existência (cf. Koch, 2012: 544; Hengeveld, 1992: 120-21). Hengeveld (1992: 124) sugere para essas três relações semânticas distinções mais finas, afirmando que predicados apresentativos podem expressar posse, localização, ocorrência, existência e realidade. Esta seção propõe-se a identificar algumas das possíveis relações semânticas que se estabelecem entre os apresentativos e as entidades apresentadas, a partir de exemplos do texto bíblico.

Relações semânticas no domínio espacial

NOMEAÇÃO

Seiler (1988: 53) define a nomeação como a ligação direta, por meio de um ato performativo, entre uma expressão linguística *y* e um objeto *x*. Por meio desse ato, o indivíduo *x* recebe o nome *y*. Isto pode ocorrer num rito (por exemplo, o batismo) ou por mera convenção. A partir desse ato, desenvolve-se uma série histórica de usos do nome em questão com a referência intencionada a *x*; estes usos posteriores retomam toda vez o ato original. Isso significa que um só termo desempenha a função de apresentar uma entidade, mas também de referir essa entidade. Nesta relação, a entidade apresentada responde à pergunta "quem é nomeado como *x*?"

Em (6) e (7), a introdução dos protagonistas da narrativa é feita por meio dos seus respectivos nomes próprios (*Débora*; *Nadabe*), que preparam o interlocutor para a predicação posterior. Desta maneira, o nome próprio *Débora* introduz no discurso, de forma imediata, um indivíduo específico, seguindo-se, então, a atribuição de propriedades (predicação): profetisa, esposa de Lapidote e juíza em Israel. De forma análoga, o nome próprio *Nadabe* especifica uma entidade, que é qualificada, em seguida, como filho de Jeroboão e rei de Israel:

(6) ***Débora***, *profetisa, mulher de Lapidote, julgava a Israel naquele tempo. Juízes 4:4* (ARA)

(7) ***Nadabe***, *filho de Jeroboão, começou a reinar sobre Israel no ano segundo de Asa, rei de Judá; e reinou sobre Israel dois anos. 1 Reis 15:25* (ARA)

IDENTIDADE

Hengeveld (1992: 86) define a identidade como uma relação em que dois termos distintos são coextensivos, quer dizer, possuem o mesmo conjunto de referentes. Na relação de identidade, a entidade apresentada responde à pergunta "quem é/são *x*?". No exemplo (8), o referente de *estes*, caracterizado pela expressão descritiva *os sacerdotes e levitas que subiram com Zorobabal, filho de Sealtiel, e com Jesua* é apontado como idêntico ao conjunto de referentes dos termos apresentados: *Seraías*, *Jeremias*, *Esdras*, *Armarias*, *Maluque*, *Hatus*, *Secanias*, *Reum*, *Meremote [...]*. Estabelece-se, portanto, uma relação de coextensão, de identidade entre esses termos.[4]

(8) ***São estes*** *os sacerdotes e levitas que subiram com Zorobabel, filho de Sealtiel, e com Jesua: Seraías, Jeremias, Esdras, Armarias, Maluque, Hatus, Secanias, Reum, Meremote [...] Neemias 12:1-3* (ARA)

ATRIBUIÇÃO DE PROPRIEDADE

No exemplo (9), entre *bem-aventurados* e *os que choram* estabelece-se uma relação de atribuição de propriedades, de modo que os mesmos indivíduos que choram são aqueles que possuem o atributo de serem bem-aventurados; aqui, a entidade apresentada responde à pergunta "quem é bem-aventurado?" (dado que há uma antítese entre ser bem-aventurado (feliz) e chorar, segue-se a explicação *porque serão consolados*).

(9) ***Bem-aventurados*** *os que chorão: porque elles serão consolados. Mateus 5:5* (Figueiredo)

PERCEPÇÃO

A relação de percepção se dá entre uma entidade animada (o experienciador) que percebe sensorialmente um fenômeno. Esta percepção sensorial é lexicalizada por meio de expressões como *ver*, *ouvir*, *cheirar*, *sentir o paladar*, *notar* etc. Na relação semântica de percepção, a entidade apresentada responde à pergunta "quem ou o quê é visto, notado, ouvido/etc.?".

(10) *E* ***notou ali*** *um homem com uma das mãos defeituosas. Mateus 12:10* (BV)

Em (10), a expressão apresentativa "notou ali" introduz a entidade percebida/notada por Jesus. Por seu intermédio, o enunciador introduz no cenário um indivíduo que terá um papel relevante na narrativa que segue. É um homem com um tipo de deficiência nas mãos que estava na sinagoga em que Jesus tinha acabado de entrar. Esse indivíduo é relevante para a história, pois os fariseus pretendem acusar Jesus de quebrar o sábado se curá-lo.

Esta relação também ocorre com entidades de 2ª e de 3ª ordem.

LOCALIZAÇÃO

Castilho (2012: 584) define a localização como uma relação assimétrica entre uma entidade a ser localizada e uma entidade que servirá de referência para a localização. O autor explica que as relações de espaço incluem posição (eixos horizontal, vertical ou transversal), disposição (eixo continente-conteúdo), proximidade (eixo longe/perto) e movimento no espaço (eixo real/fictício). Na relação de localização, a entidade apresentada responde à pergunta "quem está no lugar x?". Em (11), o apresentativo *eis* introduz a entidade "o meu servo" localizando-a mediante o dêitico *aqui*, no eixo de proximidade ao enunciador.

(11) *Eis **aqui** o meu servo, que escolhi. Mateus 12:18* (Almeida, 1903)

EXISTÊNCIA

Construções existenciais afirmam a existência de uma entidade, que pode ou não ser localizada no contexto. Na relação de existência, a entidade apresentada responde à pergunta "quem ou o que existe/existia?".

Em (12), a entidade "um homem" é introduzida no discurso por meio duma construção existencial, isto é, por meio da afirmação de que a entidade "um homem" existe.

(12) ***Havia** um homem na terra de Uz, cujo nome era Jó. Jó 1:1* (ARA)

Relações semânticas no domínio temporal

IDENTIDADE

No domínio temporal, a relação de identidade é expressa entre duas entidades de 2ª ordem (dois estados de coisas), cujos referentes são idênticos. Em (13), a expressão *lance* é uma forma coloquial, uma gíria que serve à caracterização de estados de coisas. A expressão *o lance é o seguinte* aponta, por meio da catáfora, ao estado de coisas descrito por Jesus em seguida: quando alguém ("um caboclo") ouve uma explicação sobre o reino de Deus e não a entende, este ensino é retirado de sua mente pelo diabo. No contexto de (13), "o lance" e o estado de coisas descrito depois dos dois pontos são identificados.

(13) ***O lance é o seguinte**: quando a gente manda uma letra a respeito do Reino de Deus e o caboclo não a entende, vem o capeta e rouba o que foi plantado no seu coração. Esse aí é a semente que caiu no caminho. Mateus 13:19* (BFS)

PERCEPÇÃO

Em função de seu caráter dêitico e performativo de apontar para a presença duma entidade, estabelecendo o foco, construções imperativas com verbos de percepção constituem uma estratégia de verbalização relevante para o estudo do fenômeno da apresentação, tanto do ponto de vista sincrônico quanto diacrônico. No domínio temporal, a entidade apresentada (isto é, o evento ou estado) responde à pergunta "o que foi visto/ouvido/notado/etc.?".

Nos exemplos (14) a (16), os verbos de percepção *olhar* e *ver* são utilizados para expressar não somente a percepção visual dum evento específico, mas também para demandar a atenção de Jesus para esse evento, que é o fato de os discípulos colherem espigas num sábado. Expressões como *olhe* (em correspondência ao tratamento com "você", na VFL), *olha* (em correspondência ao tratamento com "você", na NVI) e *veja* (em correspondência ao tratamento com "você", na NTLH) são muito comuns em textos da oralidade concepcional[5] e ocorrem, por isso, nas traduções VFL, NVI e NTLH, cuja linguagem é menos elaborada.

(14) ***Olhe**! Os seus discípulos estão fazendo o que não é permitido fazer no sábado! Mateus 12:2* (VFL)

(15) ***Olha**, os teus discípulos estão fazendo o que não é permitido no sábado. Mateus 12:2* (NVI)

(16) ***Veja**! Os seus discípulos estão fazendo uma coisa que a nossa Lei proíbe fazer no sábado! Mateus 12:2* (NTLH)

OCORRÊNCIA

Levando em conta a ordem da entidade, Hengeveld (1992: 117) distingue a localização dum indivíduo (entidade de 1ª ordem) e a ocorrência dum evento ou estado de coisas relevante (entidade de 2ª ordem). Na relação de ocorrência, a entidade apresentada responde à pergunta "o que acontece/aconteceu?". No exemplo (17), o estado de coisas relevante, que responde à pergunta "o que aconteceu?", é o assassinato de Abel por Caim, que acontece enquanto os dois estavam no campo:

(17) *e **sucedeu que**, estando eles no campo, se levantou Caim contra o seu irmão Abel, e o matou. Gênesis 4:8* (ARA)

E sucedeu que, *E aconteceu que* são fórmulas frequentes no texto bíblico para apresentação de ocorrências relevantes,[6] de estados de coisas decisivos no domínio temporal.

MODO

Na relação semântica de modo, um termo explicita as circunstâncias em que se dá um estado de coisas.[7] De forma provisória, consideraremos que, na relação semântica de modo, a entidade apresentada responde à pergunta "o que é como *x*?". Em (18), a expressão apresentativa *assim* introduz as circunstâncias diversas em que um evento determinado (neste caso, o nascimento de Jesus) se deu.

(18) ***Foi assim o nascimento de Jesus Cristo**: Maria, sua mãe, estava prometida em casamento a José, mas, antes que se unissem, achou-se grávida pelo Espírito Santo* (EA). *Mateus 1:18* (NVI)

ADIÇÃO

No estilo semítico de narração, entidades de 2ª ordem (estados de coisas) são frequentemente apresentadas por meio da expressão de adição. Segundo Black (1988), embora o Novo Testamento tenha sido escrito em grego *koiné*, a influência desse estilo semítico, denunciada nos livros do Velho Testamento pelo uso da forma hebraica *waw* ("e"), mostra-se, por exemplo, na frequência de uso da conjunção grega *kai* ("e"). Na família de traduções portuguesas mais próxima da escrituralidade, esse estilo semítico é reproduzido (como na tradução Almeida Corrigida Fiel), de modo que a entidade apresentada é introduzida pela conjunção *e* e responde à pergunta "e o que aconteceu?". Essa forma de apresentação é particularmente frequente após complicações da narrativa: em (19), o evento apresentado (Adão e Eva terem relações sexuais) ocorre após a expulsão do paraíso; em (20), o evento apresentado (Deus abençoar a Noé) segue o dilúvio; em (21), o evento apresentado (o novo casamento de Abraão) segue-se à morte de Sara; em (22), o evento apresentado (a partida de José para o Egito) segue-se à traição dos irmãos, que o venderam a ismaelitas:

(19) ***E** conheceu Adão a Eva, sua mulher, e ela concebeu e deu à luz Caim, e disse: Alcancei do Senhor um homem. Gênesis 4:1* (ACF)

(20) ***E** abençoou Deus a Noé e a seus filhos, e disse-lhes: Frutificai e multiplicai-vos e enchei a terra. Gênesis 9:1* (ACF)

(21) ***E** Abraão tomou outra mulher; e o seu nome era Quetura.*[8] *Gênesis 25:1* (ACF)

(22) ***E** José foi levado ao Egito, e Potifar, oficial de Faraó, capitão da guarda, homem egípcio, comprou-o da mão dos ismaelitas que o tinham levado lá. Gênesis: 39: 1* (ACF)

TEMPO

Na relação de tempo, a entidade apresentada responde à pergunta: "o que aconteceu no momento *x* do tempo?". Em (23), o estado de coisas que responde à questão é a doença de Abias, filho de Jeroboão.[9]

(23) ***Naquelle mesmo tempo**, enfermou Abias, filho de Jerobeam. 1 Reis 14:1* (Almeida, 1681)

Relações semânticas no domínio epistêmico

MOVIMENTO

Na relação semântica de movimento, uma entidade se desloca de um alvo para uma fonte. No domínio epistêmico, esse movimento é metafórico, isto é, diz respeito a uma atividade mental.

A entidade apresentada, no exemplo a seguir, responde à pergunta "Qual o raciocínio que deve ser acompanhado?". O verbo de movimento *acompanhar* tem seu significado metaforicamente ampliado para um movimento que não é físico, mas diz respeito à atividade mental de compreender um raciocínio, a pedido do enunciador:

(24) ***Acompanha*** *o meu raciocínio: Eu sou do céu, vocês não. Vocês pertencem a este mundo, eu não. Eu disse que se vocês não cressem, então: créu. Mas se arrependessem e crendo que EU SOU, então: céu! João 8:23-24* (BFS)

Em (25), a expressão *saca só* é uma gíria que significa “entenda”, “compreenda”. Como atividade mental, “sacar” possui um sentido metaforizado a partir do sentido literal de “extrair algo”. Neste exemplo, a entidade apresentada (uma parábola que é iniciada no trecho) responde à pergunta “o que deve ser entendido/sacado?”.

(25) *Eu vim pra resolver o problema de quem tá zoado.* ***Saca só****: um cara tinha 100 amigos no Facebook. Mateus 18:11-12* (BFS)

FACTUALIDADE

A relação semântica de factualidade engloba outras distinções semânticas, tais como certeza, probabilidade, possibilidade.

Na relação de certeza, a entidade apresentada responde à pergunta “o que é certamente verdadeiro/falso?”. No exemplo a seguir, a expressão *em verdade vos digo* é uma tradução aproximativa da fórmula *Ἀμὴν, ἀμὴνλέγωσοι* (*amen, amen, lego soi* = “verdadeiramente, verdadeiramente te digo”). Essa fórmula, que ocorre frequentemente no início da sentença, tem por função asseverar a verdade da informação a ser apresentada, ou seja, de proposições, entidades de 3ª ordem, que podem ser avaliadas por seu valor de verdade. Entre essa fórmula e a proposição apresentada, a relação que se estabelece é de afirmação da factualidade (cf. Hengeveld, 1992: 90).

A fórmula apresentativa *em verdade, em verdade vos digo*, muito frequente nas falas de Jesus, em particular no evangelho de João, introduz, especificamente nos exemplos (26), (27) e (28), proposições condicionais que exprimem uma relação de implicação de tipo “se P então Q” no domínio epistêmico: se a proposição P não for verdadeira (se alguém não nascer de novo; se não se converter), então isto é condição suficiente, causa ou fator impulsionador/facilitador ("*enablement*", cf. Sweetser, 1990:115) para que a proposição Q (poder ver o reino de Deus; entrar no reino dos céus) também não seja; se a proposição P (cometer pecado) for verdade, então a proposição Q (ser servo do pecado) também será.

(26) *Jesus replicou-lhe:* ***Em verdade, em verdade te digo****: quem não nascer de novo não poderá ver o Reino de Deus. João 3:3* (BAM)

(27) *Respondeu-lhes Jesus:* ***Em verdade, em verdade vos digo que*** *todo aquele que comete pecado é servo do pecado. João 8: 34* (ARA)

(28) *e disse:* ***Em verdade vos digo que*** *se não vos converterdes e não vos fizerdes como crianças, de modo algum entrareis no reino dos céus. Mateus 18:3* (AA)

Todavia, essa mesma fórmula apresentativa pode introduzir conteúdos proposicionais de estruturas variadas. Assim, em (29), a proposição cujo valor de verdade é asseverado designa, neste exemplo, um estado de coisas, isto é, uma relação temporal em que o indivíduo x (Pedro) no momento t_i ("hoje, nesta noite, antes que o galo cante duas vezes") renega Jesus três vezes. Como estado de coisas, a renegação de Pedro só pode ser observada no momento t_i do tempo em que ocorre; todavia, como proposição, isto é, como pensamento de Jesus, pode ser avaliada como verdadeira ou falsa.

(29) ***Em verdade te digo que*** *hoje, nesta noite, antes que o galo cante duas vezes, três vezes me negarás. Marcos 14:30* (ACF)

Relações semânticas no domínio deôntico / interpretação

Predicados que se referem a entidades de quarta ordem expressam a relação semântica de interpretação (cf. Hengeveld, 1992:90). Tendo em vista que são inúmeras as ações e atos de falas dos seres humanos, também inúmeras podem ser as relações semânticas no domínio deôntico.

Os exemplos (30), (31) e (32) ilustram a apresentação de entidades de 4ª ordem, que são entidades com valor de desejabilidade positiva ou negativa. Nestes exemplos especificamente, o ato de fala executado é o de comparação, marcado pela construção "melhor é x do que y", seguida pelas entidades apresentadas e comparadas:

(30) ***Melhor é*** *a boa fama* ***do que*** *o melhor unguento, e o dia da morte* ***do que*** *o dia do nascimento de alguém. Eclesiastes 7:1* (ACF)

(31) ***Melhor é*** *ir à casa onde há luto* ***do que*** *ir à casa onde há banquete, porque naquela está o fim de todos os homens, e os vivos o aplicam ao seu coração. Eclesiastes 7:2* (ACF)

(32) ***Melhor é*** *a mágoa* ***do que*** *o riso, porque com a tristeza do rosto se faz melhor o coração. Eclesiastes 7:3* (ACF)

Operadores deônticos de necessidade, obrigação e permissão também podem apresentar entidades do domínio deôntico. Nos exemplos (33) e (34), as expressões *convém que* e *é necessário que* introduzem entidades com valor positivo de desejabilidade, que, nos dois exemplos, consistem no requisito de que o bispo tenha reputação ilibada. Em (35), uma ordem é apresentada por meio do verbo *seja*, indicando qual é a conduta eticamente desejável a ser seguida.

(33) ***Convém****, pois,* ***que*** *o bispo seja irrepreensível, marido de uma mulher, vigilante, sóbrio, honesto, hospitaleiro, apto para ensinar. 1 Timóteo 3:2* (ARC)

(34) ***É necessário****, pois,* ***que*** *o bispo seja irrepreensível, esposo de uma só mulher, discreto, sóbrio, circunspecto, hospitaleiro, capaz de ensinar. 1 Timóteo 3:2* (TB)

(35) *Mas* ***seja*** *o vosso falar: sim, sim; não, não; pois tudo que passa disso vem do Maligno. Mateus 5:37* (TB)

CODIFICAÇÃO DA APRESENTAÇÃO: RECURSOS LINGUÍSTICOS

Dado que a indicatividade está ligada à função mostrativa, e a predicatividade, à descritiva, as diferentes estratégias que verbalizam a (re) introdução duma entidade no discurso podem ser localizadas num contínuo (Figura 1). Seiler (1988: 72) divide essas estratégias em três grupos: a) estratégias indexicais, que compreendem a nomeação e a concordância com gênero e número; b) estratégias classificatórias, que incluem a classificação por numerais, artigos e verbos; e c) estratégias relacionais, que incluem massa/tamanho, coleção e abstração. As técnicas dêiticas são principalmente indicativas, pois possuem caráter menos descritivo e mais referencial (isto é, relacionam um signo linguístico e uma entidade), enquanto as técnicas principalmente predicativas têm caráter descritivo e caracterizador e expressam uma carga semântica maior, correspondente, grosso modo, ao conteúdo dum signo linguístico.

Figura 1 – Contínuo de técnicas entre indicatividade e predicatidade segundo Seiler (1988: 72)

Dêixis		Técnicas Classificatórias			Técnicas relacionais		
Nomeação	Gênero e Número	Numerais	Artigos	Verbos	Massa/ Tamanho	Coleção	Abstração
Indicatividade							Predicatividade
Extensionalidade							Intensionalidade
Máximo							Mínimo

Como a figura mostra, estratégias mais especificadoras (como, por exemplo, a dêixis) tendem mais à indicatividade/extensionalidade, enquanto estratégias mais caracterizadoras tendem à predicatividade/intensionalidade.

No presente item, o inventário de estratégias de verbalização para a (re)introdução duma entidade no discurso seguirá a ordem sistemática do contínuo proposto por Seiler, partindo, assim, das técnicas mais dêiticas até as mais relacionais. Todas as estratégias a seguir listadas buscam (re)introduzir uma entidade no discurso, respondendo à pergunta "quem ou o quê?".

Nomes próprios

Nomes próprios e dêiticos têm em comum o fato de que carregam pouco conteúdo semântico e servem à apreensão imediata duma entidade ou estado de coisas, apontando, assim, a entidades específicas. O nome próprio é, para Givón (1985: 216), a expressão mais referencial e semanticamente pobre da comunicação.

(36) ***Débora***, *profetisa, mulher de Lapidote, julgava a Israel naquele tempo. Juízes 4:4* (ARA)

Vocativos

As expressões de cunho interpelativo (*gente*, *galera*, *aí Jesus*) exemplificam a seguir a função de demandar a atenção dos interlocutores para os tópicos a serem introduzidos, que são estados ou eventos de 2ª ordem, com duração no tempo e no espaço em (37) e (38) ("alguém tem dois filhos" e "determinados parentes desejam falar com alguém"), e de 3ª ordem (uma proposição, uma entidade sem duração: "um time de futebol não pode vencer dividido"), no exemplo (39):

(37) ***Gente***! *Um sujeito tinha dois filhos. Aí ele deu um serviço pra cada um. Um disse que não iria fazer o serviço, mas acabou indo. Mateus 21:28-29* (BFS)

(38) ***Aí Jesus***, *sua mãe e seus irmãos tão aí querendo trocar uma ideia com você". Mateus 12:47* (BFS)

(39) *"**Galera**... um time de futebol não pode vencer dividido. Ou todo mundo joga pra ganhar, ou então os três pontos ficam pro adversário. Se o diabo tá gastando pólvora pra combater as próprias coisas dele, como então ele vai se garantir? Mateus 12:25-26* (BFS)

Demonstrativos

Segundo Castilho (2012: 497), o artigo, o demonstrativo e o pronome pessoal integram uma mesma classe: a dos *mostrativos*. O autor explica que os mostrativos compartilham das propriedades semânticas de verificação de identidade, foricidade e dêixis e funcionam como especificadores do sintagma nominal. Abaixo, o demonstrativo *este* ocorre em posição remática em (40) e temática em (41). Em ambos os exemplos, especifica e indica a presença duma entidade:

(40) *São **estes** os sacerdotes e levitas que subiram com Zorobabel, filho de Sealtiel, e com Jesua: Seraías, Jeremias, Esdras, Armarias, Maluque, Hatus, Secanias, Reum, Meremote [...] Neemias 12:1-3* (ARA)

(41) *E **estes** são os reis que reinaram na terra de Edom, antes que reinasse rei sobre os filhos de Israel: Bela, filho de Beor, e era o nome da sua cidade Dinabá. 1 Crônicas 1:43* (ACF)

Artigos definidos e indefinidos

Para Weinrich (1993: 407), além de expressar número e gênero, os artigos definidos e indefinidos desempenham funções anafóricas ou catafóricas, respectivamente. Segundo esse autor, o artigo definido informa ao interlocutor que a entidade é dele conhecida, enquanto o indefinido sinaliza uma entidade que ele desconhece. Em (42), a (re)introdução da entidade ocorre por meio do artigo definido, dado que o referente (neste caso, o indivíduo Jesus) ainda estava acessível na memória dos interlocutores de Pilatos (nesse caso, a multidão). Em (43), (44) e (45), o artigo indefinido introduz os protagonistas de duas histórias diferentes (*um cara*; *um homem*):

(42) *Eis **o** homem. João 19:5* (ACF)

(43) ***Um** cara tinha cem ovelhas na sua criação. Se uma fugir, ele não vai deixar as noventa e nove e ir atrás da fujona? Lucas 15:4* (BFS)

(44) ***Um** homem descia de Jerusalém para Jericó e caiu nas mãos de alguns ladrões. Lucas 10:30* (NAA)

(45) *Descia um homem de Jerusalém para Jericó, e caiu nas mãos dos salteadores. Lucas 10: 30* (ARC)

Possessivos

Possessivos estabelecem segundo a tradição gramatical uma relação entre um "possuidor" e uma "entidade possuída" (cf. Castilho, 2012: 501), duas categorias gramaticais que precisam ser entendidas em sentido lato, para abranger além dos dois argumentos de verbos como *ter* e *possuir* o primeiro e o segundo argumentos de predicados relacionais, como *mãe*, *irmão*, *vizinho*, *acusador* etc.[10] Nos exemplos a seguir, esse segundo argumento é introduzido no discurso, ao mesmo tempo que a referência ao primeiro argumento (o enunciador em (46); Josias em (47) e (48)) permite a manutenção do tópico e, desta maneira, a progressão temática do texto:

(46) *Eis **minha** mãe e **meus** irmãos! Mateus 12:49* (TB)

(47) *Josias tinha oito anos quando começou a reinar e reinou trinta e um anos em Jerusalém. **Sua** mãe chamava-se Jedida, filha de Adaías, de Bozcate. 2 Reis 22:1* (TB)

(48) *Josias tinha oito anos de idade quando se tornou rei de Judá. Ele governou trinta e um anos em Jerusalém. A mãe **dele** se chamava Jedida e era filha de Adaías, da cidade de Boscate. 2 Reis 22:1* (NTLH)

Relativos e Interrogativos "*quem?*" e "*o quê?*"

Num diálogo, a progressão tópica pode ser agilizada quando um dos interlocutores, por meio duma pergunta, demanda explicitamente do outro interlocutor que uma lacuna informativa seja preenchida por meio duma resposta, de modo que o par dialógico pergunta-resposta serve ao gerenciamento informacional (cf. Weinrich, 1993: 878).

Nos exemplos (49) a (51), a pergunta e a resposta são produzidas pelo mesmo enunciador como uma estratégia para chamar a atenção do interlocutor para a informação que preenche a lacuna criada pela pergunta inicial. Desse modo, cria-se uma necessidade comunicativa (o desejo de conhecer a resposta) no intuito de enfatizar a informação que será transmitida. Não se trata de uma pergunta retórica no sentido da asserção dum estado de coisas na forma de pergunta, mas de um recurso retórico de função apelativa, persuasiva, porque o enunciador conduz o interlocutor a uma determinada conclusão, dando ao enunciado uma orientação argumentativa:

(49) ***Quem*** *tem ouvidos para ouvir, ouça. Mateus 13:9* (Almeida, 1860)

(50) ***Quem****, Senhor, habitará no teu tabernáculo?* ***Quem*** *há de morar no teu santo monte?* ***O que*** *vive com integridade, e pratica a justiça, e, de coração, fala a verdade. Salmos 15: 1-2* (ARA)

(51) ***Quem*** *subirá ao monte do Senhor?* ***Quem*** *há de permanecer no seu santo lugar?* ***O que*** *é limpo de mãos e puro de coração* [...]. *Salmo 24:3-4* (ARA)

O enunciado *O que vive com integridade, e pratica a justiça, e, de coração, fala a verdade* serve, simultaneamente, ao movimento de mostrar uma entidade específica (indicatividade), ou seja, de dar informações referenciais sobre a pergunta "quem?", e de atribuir propriedades a essa entidade (predicatividade). "Viver com integridade", "praticar justiça" "de coração, falar a verdade" são certamente descrições, propriedades de um indivíduo no mundo. Todavia, do ponto de vista referencial, os pronomes *quem* e *o que* servem à identificação desse indivíduo.

Quantificadores

Em (52), a expressão *certa mulher* apresenta com função temática uma nova personagem que será relevante na narrativa. Refere-se a um indivíduo específico que entretanto não é identificável (essa é a função do pronome indefinido periférico (Neves, 2011: 536) *certa*: especificar a referência, inclusive, por meio de gênero; no caso, ele informa que há um indivíduo específico entre os que podem ser descritos como mulheres dos profetas):

(52) ***Certa*** *mulher, das mulheres dos discípulos dos profetas, clamou a Eliseu, dizendo [...] 2 Reis 4:1* (ARA)

Construções adverbiais

(53) ***Aqui** está o meu servo que escolhi. Mateus 12:18* (NTLH)
(54) ***No princípio** criou Deus o céu e a terra. Gênesis 1:1* (ACF)
(55) ***Certo dia**, apareceu um primo de Jesus chamado João, falando coisas sinistras no deserto da Judéia. Mateus 3:1* (BFS)

Verbos

VERBA *SENTIENDI*

Como mencionado no item "Percepção", assumo que algumas formas apresentativas tem sua origem em formas imperativas de verbos de percepção. Em sua análise a respeito do uso de verbos de percepção como marcadores discursivos, Fagard (2010) identifica ainda para os imperativos *mira*, no catalão, *olha*, no português, *guarda*, no italiano, *regarde*, no francês, e *uite*, no romeno, a função de chamar a atenção do interlocutor para uma entidade ou tópico no discurso que não necessariamente é uma entidade física presente no contexto situacional, mas mental.[11] Nos exemplos a seguir, os verbos de percepção *olhar* e *ver* são utilizados para expressar a percepção visual duma entidade específica e para demandar a atenção do interlocutor para ela:

(56) ***Vede** aqui meu servo a quem escolhi. Mateus 12:18* (Almeida, 1681)
(57) ***Olhem** para o meu Servo. Vejam o meu Escolhido. Mateus 12:18* (BV)

VERBA *SCIENDI*

O exemplo (58) introduz uma entidade do domínio epistêmico e, por isso, o verbo expressa uma atividade mental:

(58) ***Saca** só: um cara tinha 100 amigos no Facebook. Mateus 18:12 (*BFS*)*

VERBOS EXISTENCIAIS

Ilari e Basso (2014: 92) definem verbos existenciais como aqueles que "trazem para a existência" novos objetos, de que se falará em seguida, mas preferem o termo "apresentacionais" por ser este menos comprometido com a ontologia, já que as entidades introduzidas por tais verbos passam a existir no universo do discurso e não enquanto objetos do mundo real. Os autores detectam quatro características para verbos existenciais/apresentacionais: a) a presença de uma coda, representada por um adjetivo ou uma oração relativa; b) a posição pós-verbal de seu único argumento; (c) o fato de que esse argumento é normalmente introduzido pelo artigo indefinido; (d) a presença, na coda, de um circunstancial de tempo ou de lugar. Também Franchi, Negrão e Viotti (1998: 6) usam essa terminologia. Esses autores definem a função apresentativa como o processo sintático "que coloca em proeminência um de seus constituintes". O constituinte colocado em proeminência constitui na terminologia de Franchi o "foco apresentativo".

(59) *E **houve** guerra entre Asa e Baasa, rei de Israel, todos os seus dias. 1 Reis 15:16* (ACF)

VERBOS DE OCORRÊNCIA

(60) ***Sucedeu** que os amalequitas vieram atacar os israelitas em Refidim. Êxodo 17:8* (NVI)

VERBOS INACUSATIVOS COM SUJEITO POSPOSTO

Ilari e Basso (2014: 91) definem verbos inacusativos como verbos monoargumentais, cujo argumento corresponde ao indivíduo que realiza/sofre a ação. Os autores destacam que frequentemente o sujeito aparece em posição pós-verbal. Nos exemplos a seguir, com verbos inacusativos, o verbo funciona como recurso de apresentação, enquanto o sujeito, como entidade apresentada, responde à pergunta "quem?" ou "o quê?":

(61) ***Andava*** *Jesus por toda a Galileia, ensinando nas sinagogas, pregando o evangelho do reino e curando todas as doenças e enfermidades entre o povo. Mateus 4:23* (TB)

(62) ***Morava*** *em Betel um profeta velho* [...] *1 Reis 13:11* (ARA)

VERBOS TRANSITIVOS COM SUJEITO POSPOSTO

Verbos transitivos, na função apresentativa, podem ter o constituinte que desempenha a função sintática de sujeito e responde à pergunta "quem?" ou "o quê?" destacado para posição pós-verbal e desempenhando, no nível informacional, função remática.

(63) ***Queixou-se*** *o povo de sua sorte aos ouvidos do Senhor; ouvindo-o o Senhor, acendeu-se-lhe a ira, e fogo do Senhor ardeu entre eles e consumiu extremidades do arraial. Números 11:1* (ARA)

VERBA *DICENDI*

O citar é um ato dêitico, em que não são exatamente atribuídas propriedades a algo, mas se apreende uma entidade do discurso de forma imediata, direta, individual, específica (cf. Iturrioz Leza, 1986: 288; Seiler, 1986: 67).

(64) ***Diz*** *o insensato no seu coração: Não há Deus. Salmos 14:1* (ARA)

(65) *Herodes* ***jogou um migué de que queria saber*** *onde estaria o tal menino* [...]. *Mateus 2:8* (BFS)

Construções impessoais

Aparecem nestes exemplos, já comentados:

(66) ***Convém****, pois,* ***que*** *o bispo seja irrepreensível, marido de uma mulher, vigilante, sóbrio, honesto, hospitaleiro, apto para ensinar. 1 Timóteo 3:2* (ARC)

(67) ***É necessário****, pois,* ***que*** *o bispo seja irrepreensível, esposo de uma só mulher, discreto, sóbrio, circunspecto, hospitaleiro, capaz de ensinar. 1 Timóteo 3:2* (TB)

Adjetivos

(68) ***Bem-aventurados*** *os que chorão, porque elles serão consolados. Mateus 5:5* (Figueiredo)

Construções participiais e gerundiais

(69) ***Passadas*** *estas coisas e* ***aplacada*** *a ira do rei Assuero, lembrou-se ele de Vasti, do que ela fizera e do que se decretara a seu respeito. Ester 2:1* (AA)

(70) ***Estando*** *Jesus numa das cidades, passou um homem coberto de lepra. Lucas 5:12* (NVI)

Construções relativas

Em todos estes exemplos, a construção relativa serve para aplicar um nome (coisa nova no texto) a uma personagem que está sendo introduzida.

(71) *Então saiu do arraial dos filisteus um homem guerreiro,* ***cujo*** *nome era Golias. 1 Samuel 17:4* (ACF)

(72) *Tinha Absalão, filho de David, uma formosa irmã,* ***cujo*** *nome era Tamar. Amnom, filho de Davi, se enamorou dela. 2 Samuel 13:1* (ARA)

(73) *Tinha, porém, Amnom um amigo* ***cujo*** *nome era Jonadabe, filho de Siméia, irmão de Davi; Jonadabe era homem mui sagaz. 2 Samuel 13:3* (ARA)

APRESENTATIVOS E TRADIÇÕES DISCURSIVAS

Do ponto de vista do modelo de Traduções Discursivas (TD), todo texto está em duas tradições: na de uma língua particular e na de determinados modelos de organização do discurso (universos do discurso, estilos, gêneros textuais, atos de fala, entre outros, cf. Koch, 1997: 45). Esses padrões ou tradições que se formam no discurso não pertencem à gramática da língua, mas a modos particulares de dizer de comunidades culturais (grupos profissionais, políticos, literários, religiosos etc.). Coseriu (1994), em sua *Textlinguistik*, falava de "tradições de textos" (modelos de verbalização de tarefas comunicativas recorrentes); mais tarde, Peter Koch (1997) introduziu o termo "tradição discursiva" (ver volume VII desta coleção). Apesar de não pertencerem às regras da gramática duma língua, as TD são filtros que exercem influência sobre as escolhas linguísticas dos falantes, pois determinadas situações de comunicação evocam o uso de formulações que se habitualizam, tornando-se tradicionais, convencionais. Nos próximos parágrafos, buscamos investigar as relações que se estabelecem entre tradições discursivas do narrar e o uso de construções apresentativas. Para tanto, tratamos da relação entre apresentativos e as tradições da *mímesis* e *diegesis* (subseção "Origem de *eis* no deslocamento de *ecce* entre indicatividade e predicatividade"), e da *sequência narrativa* (subseção "Deslocamento de *eis* entre domínios conceituais: extensão de usos").

Mímesis e *diegesis*; apresentar e predicar

A distinção entre *mímesis* e *diegesis* foi introduzida por Platão no terceiro livro da *República*. Ali, Platão (1999: 84-86) defende que, ao fazer um discurso como se se tratasse de outra pessoa, o poeta aproxima seu estilo àquele da pessoa que fala e, dado que aproximar-se de alguém na voz e na aparência significa imitar aquela pessoa, então há um estilo de narrar por imitação, por *mímesis*. Já quando o poeta não se oculta, seu discurso não é *mímesis*, mas narração/comentário do próprio poeta, isto é, *diegesis*. Para exemplificar essa distinção, Platão recorre à abertura da Ilíada de Homero: quando o poeta não se oculta, mas fala como ele mesmo, há *diegesis*; quando fala como se fosse Crises e tenta fazer com que suponhamos que não é Homero que fala, mas o sacerdote, há *mímesis*. Essa distinção também é conhecida entre escritores no mundo anglo-saxão com os termos "*showing*" (mostrar) e "*telling*" (narrar) (cf. Rabatel, 2016: 269; Goldberg, 2008: 83). Na *mímesis*, o autor não comenta/narra, por exemplo, quais os sentimentos das personagens (isto seria *diegesis*), mas mostra a situação específica em que a personagem se encontra para que o leitor "entre na história", se identifique com a personagem e experimente suas sensações, sem que estas tenham sido comentadas no texto pelo narrador. Também Volóchinov (2017: 257-258), refere-se aos estilos de *mímesis*/mostrar e *diegesis*/narrar com as expressões "estilo pictórico" e "estilo linear", respectivamente.

Na *mímesis*, um dos efeitos de sentido a guiar o enunciador é a aproximação do leitor/ouvinte com o eu-aqui-agora criado por meio do discurso – não com o eu-aqui-agora das pessoas reais, do tempo físico, nem do espaço geométrico (Fiorin, 1996: 301). Por não terem por função informar, mas *mostrar* uma entidade no discurso, os apresentativos desempenham um papel relevante no estilo pictórico de narrativa: ao servirem à imitação, servem também à construção de pontos de vista, pois sinalizam para o interlocutor o olhar do narrador ou duma personagem. Mas esse olhar, por sua vez, dirige o olhar do leitor/ouvinte e impõe-se a ele. As entidades apresentadas tornam-se, assim, presentes e atuais na consciência do interlocutor, que se identifica com esse olhar, de tal modo que o interlocutor se torna uma testemunha dos eventos. Os apresentativos contribuem, portanto, para o gerenciamento dos pontos de vista e para a criação de efeitos de sentido, tais como subjetividade e objetividade, imediatez, subitaneidade e quebra de expectativa, entre outros.

(74) *E **eis que havia ali** um homem que tinha uma mão seca. Mateus 12:10* (Almeida, 1712)

(75) *E **eis que apparece** um homem que tinha ressecada uma das mãos. Mateus 12:10* (Figueiredo)

(76) *E **estava ali** um homem que tinha uma das mãos mirrada. Mateus 12:10* (Almeida, 1903)

(77) *E **notou ali** um homem com uma das mãos defeituosa. Mateus 12:10* (BV)

(78) ***Achava-se ali** um homem que tinha uma das mãos ressequida. Mateus 12:10* (ARA)

(79) ***Havia ali** um homem que tinha uma das mãos aleijada. Mateus 12:10* (VFL)

(80) ***Achava-se ali*** *um homem que tinha seca uma das mãos. Mateus 12:10* (TB)

(81) *Aproveitando que* ***tinha*** *um sujeito maneta por lá, os religiosos novamente trouxeram à discussão essa besteira sobre o sábado. Mateus 12:10* (BFS)

Nos exemplos de (74) a (81), é o olhar de Jesus que encontra, dentro da sinagoga, um homem com uma mão aleijada e o leitor é convidado a compartilhar dessa percepção subjetiva. Isso fica mais evidente no exemplo (77), em virtude do uso de um verbo de percepção (*notar*). Além disso, as nuances emotivas são distintas segundo as formulações escolhidas pelos tradutores. Assim, as traduções Almeida (1712) e Figueiredo (1821), exemplos (74)-(75), imprimem maior dramaticidade, em função da subitaneidade que *eis que* expressa. Nas demais formulações, embora exista uma sinalização do ponto de vista subjetivo de Jesus ao entrar na sinagoga, a carga dramática é menor, pois as formulações são emocionalmente mais neutras, com verbos existenciais, tais como *estar* (76), *achar-se* (78) e (80), *haver* (79) e *ter* (81).

Rabatel (2016: 191-2) assinala que, principalmente na abertura dum texto, os apresentativos criam um efeito de real, mergulhando o leitor no cerne da narrativa, permitindo que este leitor se identifique com o personagem focalizador. Com frequência, na abertura, *uma entidade é apresentada, pela primeira vez, como se fosse conhecida*, pois "*o universo de discurso dá-se aí como verossímil – a confiança do leitor estando apoiada, em um caso, sobre a realidade (fingida) da percepção do focalizador-personagem, e, em outro, sobre o caráter digno de confiança do narrador*". É em decorrência dessa sensação de confiança que o enunciador recebe do interlocutor que lhe é possível, portanto, selecionar estratégias de determinação definida para entidades desconhecidas de seus interlocutores. No texto bíblico, essa técnica narrativa leva, na maior parte das vezes, à utilização de nomes próprios (cf. subseção "Nomes próprios", na página 391).

Eis que e a sequência narrativa

Além da tradição do narrar mimético, outras TD que podem influenciar o uso de apresentativos são as zonas textuais. Assim como a abertura/situação inicial, na sequência narrativa, necessariamente é uma zona textual propícia à ocorrência de apresentativos, pois o enunciador lida necessariamente com a tarefa de introduzir um referente novo no discurso, outras partes composicionais também podem exercer pressão na adoção de estratégias de apresentação. Essa relação entre zona textual e apresentativos pode ser ilustrada pelo uso do apresentativo *eis que* na sequência narrativa, que permite comprovar como determinados padrões textuais afetam o uso dos recursos linguísticos.

Para Adam (2008: 224-31), a trama terá um grau de narrativização tão mais alto quanto mais se aproximar da estrutura constituída por a) situação inicial (em que um estado de coisas é apresentado); b) nó ou conflito (em que o equilíbrio inicial é quebrado); c) ações e reações (os acontecimentos desencadeados pelo conflito); d) desenlace (que é a resolução do conflito a que as ações e reações levaram); e) situação final (o novo equilíbrio originado da resolução das tensões). A seguir, Mateus 12 ilustra essas unidades composicionais:

Tabela 3 – Unidades composicionais de Adam (2008)

	Narrativa 1: Jesus e os fariseus discutem por causa da guarda do sábado	**Narrativa 2**: Jesus e os fariseus discutem por causa da cura dum homem num sábado	**Narrativa 3**: A família de Jesus tenta impedi-lo de falar ao povo
Situação inicial	Naquele tempo passou Jesus pelas searas, em um sábado; e os seus discípulos, tendo fome, começaram a colher espigas, e a comer. Mateus 12:1	E, partindo dali, chegou à sinagoga deles. Mateus 12:9	E, falando ele ainda à multidão, Mateus 12:46
Nó / conflito	E os fariseus, vendo isto, disseram-lhe: Eis que os teus discípulos fazem o que não é lícito fazer num sábado. Mateus 12:2	E eis que havia ali um homem que tinha uma mão seca. Mateus 12:10	eis que estavam fora sua mãe e seus irmãos, pretendendo falar-lhe. Mateus 12:46
Ações / reações	Ele, porém, lhes disse: Não tendes lido o que fez Davi, [...] Porque o Filho do homem até do sábado é Senhor. Mateus 12:3-8	e eles, para o acusarem, o interrogaram, dizendo: É lícito curar nos sábados? [...] E ele a estendeu, e ficou sã como a outra. Mateus 12:10-13	E disse-lhe alguém: [...]
Desenlace	(Jesus partiu dali)	E os fariseus, tendo saído, formaram conselho contra ele, para o matarem. Mateus 12:14	Porque, qualquer que fizer a vontade de meu Pai que está nos céus, este é meu irmão, e irmã e mãe. Mateus 12:47-50

A tabela permite verificar que *eis que* anuncia o nó nas três narrativas. Nesta zona, um estado de coisas sempre sofre uma transformação decisiva. Na narrativa 1, a **situação inicial**, que é o passeio de Jesus pelo campo com seus discípulos, é interrompida por uma acusação de quebra do sábado. Tal acusação é introduzida por *eis que* na fala dos fariseus, e constitui o **conflito** com que Jesus é confrontado. O clímax é atingido quando Jesus refuta a acusação, derrotando os fariseus no conhecimento da lei (**ações/reações**). A situação final ou **desenlace** ocorre quando Jesus parte dali. De modo semelhante, o apresentativo *eis que* introduz, na narrativa 2, um homem a ser curado num sábado (*E eis que havia ali um homem que tinha uma mão seca*), e, na 3, a tentativa de sabotagem de sua própria família (*eis que estavam fora sua mãe e seus irmãos, pretendendo falar-lhe*). Nessas duas outras narrativas, o clímax atinge seu ápice também com a vitória de Jesus, que ocorre na zona textual de ações e reações. O desenlace, na segunda narrativa, é a decisão dos fariseus de matá-lo e, na terceira, é a afirmação pública de Jesus de que seus laços de sangue não eram sua verdadeira família. Além de apontar um evento ao interlocutor, o traço temporal de subitaneidade na semântica de *eis que* é interpretado como mudança e/ou surpresa e, por isso, intensifica a dramaticidade do texto, trazendo uma consequência negativa para o protagonista. No primeiro e segundo conflitos, a consequência negativa é a possível punição pela quebra da lei; no terceiro, é a interrupção do trabalho que Jesus iniciou se ele atender à sua família.

INDICATIVIDADE, PREDICATIVIDADE E MUDANÇA SEMÂNTICA: O CASO DE *EIS QUE* CAUSAL

Para Seiler (1988: 17), o contínuo de indicatividade e predicatividade é um *locus* de mudança linguística privilegiado. No presente item, a formação da perífrase conjuncional causal *eis que* a partir do apresentativo *eis* é um exemplo de que processos de mudança semântica podem ser concebidos, de maneira sistemática, como deslocamentos entre os quatro domínios conceituais (espacial, temporal, epistêmico, deôntico) no contínuo das funções de indicatividade e predicatividade. As subseções que seguem descrevem as etapas desse deslocamento.

Origem de *eis* no deslocamento de *ecce* entre indicatividade e predicatividade

Segundo Machado Filho (1953: 157-8), a origem de *eis* é controvertida, pois há duas hipóteses:

- Há quem defenda (por exemplo, Gonçalves Vianna, Epifânio Dias, Maximiliano Maciel e José Joaquim Nunes) que *heis* é contração de *haveis*, o que explicaria a possibilidade de ser acompanhado por pronome. *Eis* derivaria da segunda pessoa do presente do indicativo do verbo *haver* no plural (= *haveis*) (cf. Silva, 1813: 649; Spalding, 1971:78). Da contração de *haveis* teria resultado *heis* (ou seja, *heis-me*, com o sentido de "aqui me tendes"), que, por sua vez, originaria a *eis-me*, com a perda do "h" (*haveis* > *heis* > *eis*). Silva observa que os antigos escreviam o verbo *haver* sem "h" e, contra a objeção de que *heis* é uma forma plural, mas *eis* pode ser dirigida a um interlocutor no singular, argumenta que a pluralização[12] é comum nas formas de tratamento, mesmo quando se trata de um só indivíduo.
- Outros (a exemplo de Morais, Diez, Pacheco e Lameira, Júlio Ribeiro, A. Coelho, Ribeiro de Vasconcelos, M. Lübke e Othoniel Mota) apontam *ecce* como étimo de *eis* (cf. Machado Filho, 1953:157-8). Johnston (1905: 131) inclui *eis* entre as formas do francês antigo equivalentes a *voici* e *voilà*. Assim, *eis* derivaria de *ecce*, forma latina seguida ora de nominativo, ora de acusativo (cf. Bluteau, 1712:19), e usada com o sentido de "vede", "olha". Nunes (1930: 360) objeta que, embora o sentido de *ecce* seja semelhante ao de *eis*, não se pode explicar tal origem foneticamente. Todavia, Mota (1935: 57) alega que *ecce* pode ter dado *eis* através de *esse* > *eice* > *eiz*, do mesmo modo que *símplice(m)* deu *simples* através de *simpleze* > *simplez.*

Julia (2015) defende que o segundo elemento do apresentativo *ecce* seria uma partícula dêitica antiga **k̂e* do protoindo-europeu. Com relação à raiz √*ec-* de *ecce*, o *On-line Etymology Dictionary*[13] indica sua origem num radical do protoindo-europeu *√*okw-* com significado de "ver".[14] Como forma verbal transitiva, *ecce* requer um complemento, que pode ser um sintagma nominal ou verbal. Esse elemento nominal é encontrado no acusativo, no latim clássico arcaico, e no nominativo, no latim clássico. Tal regime nominal nominativo ou acusativo é, para a autora, um indício de que a palavra *ecce* já não era mais sentida como forma verbal.

Embora não apresente traço de morfologia verbal como tempo, modo, aspecto e pessoa ou, dito noutra forma, embora se comporte de modo semelhante a um verbo defectivo de uma só pessoa no imperativo, todavia, a forma derivada *eis* parece ter mantido características verbais no português, pois pode ser acompanhada por pronomes enclíticos:

(82) *O fim se avizinha, o fim se aproxima, ele desperta para cair sobre ti; ei-**lo**! Ezequiel 7:6* (BAM)
(83) *E ele disse: ei-**la** aí na tenda.* Gênesis 18:9 (ACF)

Para Mota (cf. 1935: 180), é natural que as formas *ecce illum* ou *eccillum*, com o complemento no acusativo no latim vulgar, tenham vingado no português com a expressão *ei-lo*.

Formas imperativas e apresentativos, conforme Julia (2015), compartilham da função de convidar o interlocutor a tomar conhecimento de um evento súbito, da chegada de uma pessoa ou de um objeto relevante na conversa. Por isso, em diversas línguas antigas indo-europeias (grego, gótico, irlandês antigo, sânscrito, armênio, entre outras), um verbo de percepção visual na forma imperativa (com o significado de "olhe" ou "veja") está na origem de formas apresentativas. Do ponto de vista diacrônico é, portanto, fato atestado que os verbos de percepção são fonte frequente para a formação de apresentativos. Explicando essa mesma ligação, Creissels (2017: 58-9) argumenta que um enunciado como *Veja/olhe para X*, quando não interpretado em seu sentido literal de convidar um indivíduo a ver algo no contexto situacional imediato, mas no sentido de expressar a presença de um referente numa situação de comunicação, convencionaliza-se em sua função ostensiva, dando origem a formas apresentativas.

Na perspectiva do contínuo de indicatividade e predicatividade, tal processo de mudança semântica corresponderia a um deslocamento do enunciado da predicatividade para a indicatividade e explicaria a formação de apresentativos como *ecce* e *eis*.

Figura 2 – Indicatividade e predicatividade na evolução semântica de *ecce/eis*

Indicatividade ←———————— Predicatividade

"Veja/olhe, X"[15] "Veja/olhe X"

Deslocamento de *eis* entre domínios conceituais: extensão de usos

Que a formação de apresentativos também está vinculada a uma extensão de seus empregos é um argumento de Oppermann-Marsaux (2006: 90). Blühdorn (cf. 2008: 53-4) comprova que, do ponto de vista diacrônico, vários conectores do alemão, por exemplo, estão ligados a extensões de emprego entre os domínios espacial, temporal, epistêmico e deôntico. A tabela a seguir sintetiza os deslocamentos descritos pelo autor de três desses conectores (al. *bevor*; *während*; *zwar*) que se moveram do domínio espacial ao temporal, do temporal ao epistêmico e do epistêmico ao deôntico:

Tabela 4 – Extensão de emprego na diacronia de alguns conectores do alemão

Domínio Conceitual	Deslocamentos de potenciais de leitura		
	espacial > temporal	temporal > epistêmico	epistêmico > deôntico
Deôntico			*zwar* (aprox. *na verdade* + ato de fala)
Epistêmico		*während* (port. *enquanto*; adversatividade)	*zwar* (aprox.. port. *na verdade* + proposição)
Temporal	*bevor* (port. *antes*)	*während* (port. *enquanto*; simultaneidade)	
Espacial	justaposição das prep. *bei* + *vor* (aprox. port. *de frente a*)		

Os exemplos a seguir das traduções Almeida de 1681 e Figueiredo de 1821 comprovam que, pelo menos desde o século XIX, o emprego de *eis* no português já havia se estendido para os domínios conceituais mais complexos, introduzindo como referentes não só entidades espaciais (indivíduos; "me"), mas também temporais (estados de coisa; indivíduos ("mãe e irmãos de Jesus, no momento t_i do tempo, estão no lugar Y"), epistêmicas (entidades abstratas, sem duração, não observáveis, verdadeiras ou falsas; "genealogia") e deônticas (ações, atos de fala; "resposta"), respectivamente nos exemplos abaixo:

Tabela 5 – Extensão de emprego na diacronia de *eis*

Domínio Conceitual	**Potenciais de Leitura de *eis***
Deôntico: entidades de 4ª ordem	[...] ***Eis*** *aqui a resposta que tu deves dar a este povo* [...] (1 Reis 12: 10, Figueiredo, 1821)
Epistêmico: entidades de 3ª ordem	***Eis*** *aqui a genealogia de Thaxa. Tharagérou a Abrao, a Naocor, e a Aran. Aran gerou a Lot.* (Gênesis 7:37; Figueiredo, 1821)
Temporal: entidades de 2ª ordem	[...] ***eis que*** *estavao sua mãe e seus irmãos fora* (Almeida, 1681)
Espacial: entidades de 1ª ordem	***Eis****me aqui, eu fou o que bufcaes* [...] (Atos 10: 21, Almeida, 1681)

Os exemplos anteriores podem, portanto, ser localizados, no eixo do contínuo de indicatividade e predicatividade, como mais próximos da indicatividade; e, no eixo, dos domínios conceituais, como pertencentes a domínios em escala de complexidade.

Figura 3 – Mudança semântica de eis entre indicatividade e predicatividade

		Indicatividade	Predicatividade
Domínio espacial	*eis*		
Domínio temporal	*eis*		
Domínio epistêmico	*eis*		
Domínio deôntico	*eis*		

Esses deslocamentos entre domínios fundamentam-se em relações de contiguidade e processos metonímicos daí derivados (cf. Blühdorn, 2013: 22). Todo movimento no espaço demanda também a passagem do tempo; por essa razão, conectores espaciais são reanalisados, com frequência, como conectores temporais, pois "localizam" entidades no mundo temporal. Relações temporais, por sua vez, podem ser reinterpretadas como relações lógicas, que "localizam" entidades abstratas no mundo epistêmico: por exemplo, as relações de anterioridade e posterioridade entre dois eventos podem ser reinterpretadas como relações de causa e efeito, pois causas são, em geral,[16] temporalmente anteriores a seus efeitos[17] (cf. Blühdorn, 2006: 263). Por fim, relações lógicas também podem ser reinterpretadas como uma "localização" de ações no mundo deôntico.

Deslocamento de *eis que* à predicatividade e ao domínio epistêmico

Um novo deslocamento do *eis que* temporal em direção à predicatividade ocasiona um uso que não é apenas referencial (isto é, de introdução de um referente no discurso), mas também predicativo, como conector de expressão de tempo, dado que o valor de subitaneidade desenvolve o de posterioridade imediata. Comparando a tradução Figueiredo (84) com outras mais atuais, uma mais próxima da escrituralidade (ARA) e outra, da oralidade (NTLH), verifica-se que, no mesmo trecho, a força temporal que se estabelece entre elas se exprime por *eis que* na tradução de Almeida (1681) e na ARA, e por *quando* na mais atual:

(84) *Estando elle ainda fallando*, ***eis que*** *chega Judas* [...]. *Mateus 26: 47* (Figueiredo)

(85) *Falava ele ainda, e* ***eis que*** *chegou Judas* [...]. *Mateus 26:47* (ARA)

(86) *Jesus ainda estava falando*, ***quando*** *chegou Judas* [...]. *Mateus 26 47* (NTLH)

A partir do uso temporal, mais usos mais abstratos desenvolvem-se: o valor temporal de posterioridade imediata de *eis que* é reinterpretado, via relação de contiguidade, como causalidade (domínio epistêmico). É nas tradições da escrituralidade (sobretudo, jurídicas), nas quais os conectores epistêmicos são mais frequentes, que esse uso inovador no PB se desenvolve, pelo menos já no século XX. Um artigo da revista *Careta*, de maio de 1945, registra esse emprego causal de *eis que*:

> Em três logares diferentes: prefácio de tradução de obra clássica, texto de compêndio de latim e trecho de parecer jurídico, encontramos empregada a palavra "eis" do modo que se vai ver:
> Foi a mais repulsiva maledicência que lhe urdiu a sua fama, **eis que** era casta em seus costumes.
> Conseguiu isolar Mitridates, que, afinal, vencido, se fez matar por um mercenário, **eis que** o veneno que bebera não atuara sobre seu organismo.
> Entendia que se impunha a citação pessoal, **eis que** os pacientes não podiam voltar voluntariamente ao país.
> Não obstante a cultura dos autores desses trechos, temos dúvida sobre a legitimidade da forma por que "eis" foi empregado, em logar de "pois".
>
> (Revista *Careta*, número 1923, 5 de maio de 1945, p. 4.)

A formação do *eis que* causal pode ser representada graficamente mediante a figura 4: inicialmente, uma forma verbal imperativa com o sentido "Veja X" origina *ecce*, que se desloca em direção à indicatividade com o sentido "Veja, X!" e origina, por sua vez, ao port. *eis*. Em seguida, processos metonímicos levam à extensão dos tipos de entidades apresentadas por *eis*: desde o domínio espacial até o temporal, o epistêmico e o deôntico. Um novo deslocamento do apresentativo *eis que*, no domínio temporal, em direção à predicatividade, possibilita a formação de uma perífrase conjuncional temporal "eis que", no polo mais próximo da predicatividade. Por fim, ocorre uma extensão de emprego dessa perífrase temporal para o domínio epistêmico, com valor de causalidade:

Figura 4 – Mudança semântica de "*eis que*" entre indicatividade e predicatividade

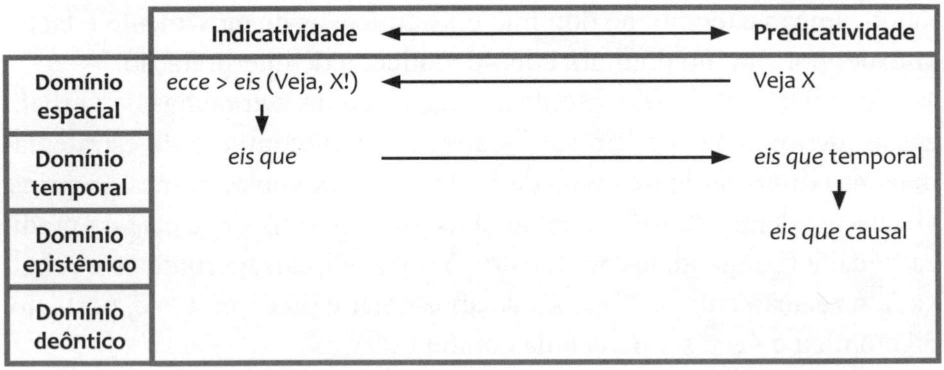

CONSIDERAÇÕES FINAIS

O presente capítulo desenvolveu um panorama de construções apresentativas do PB, abordando aspectos semânticos (tipos de entidades apresentadas e relações semânticas entre termos apresentativos e as entidades em questão), linguísticos (estratégias de indexicais, classificatórias e relacionais), textuais (tradições discursivas da narrativa) e diacrônicos (a exemplo da evolução semântica do apresentativo *eis* em perífrase conjuncional causal *eis que*), a partir de um *corpus* de traduções da Bíblia em português. A escolha do *corpus* justifica-se, de um lado, por se tratar duma tradição discursiva propícia à ocorrência de apresentativos e, por outro, pela disponibilidade de dados de diferentes sincronias. Os principais resultados do estudo exploratório desenvolvido nas seções anteriores podem ser sumarizados como segue.

Com respeito aos aspectos semânticos, verificou-se que os recursos apresentativos introduzem entidades de diferentes ordens (indivíduos ou objetos; estados de coisa; proposições; opções pragmáticas), que determinam usos e extensões de significado desses recursos segundo quatro domínios conceituais (espacial, temporal, epistêmico e ético-deôntico). No interior de cada um desses domínios, identificaram-se relações semânticas variadas entre o termo apresentativo e a entidade apresentada, referentemente: no domínio espacial, as relações semânticas de nomeação, identidade, atribuição de propriedade, percepção, localização e existência; no domínio temporal, as de identidade, percepção, ocorrência, modo, adição e tempo; no domínio epistêmico, as de movimento e factualidade; por fim, no domínio ético-deôntico, a de interpretação.

Em relação à codificação da apresentação, as estratégias de verbalização identificadas podem ser localizadas num contínuo de estratégias mais próximas da indicatividade (como, por exemplo, nomes próprios, vocativos, demonstrativos, possessivos) até as mais próximas da predicatividade (como adjetivos, construções participiais, gerundiais e relativas). A relação entre as funções de apresentar e predicar não é, portanto, dicotômica e deve ser percebida como gradativa.

A abordagem dos aspectos textuais voltou-se à influência de duas tradições discursivas do narrar: o estilo pictórico e zonas textuais específicas que constituem a sequência narrativa. Essas tradições mostraram-se relevantes para a seleção de recursos apresentativos no nível microestrutural. Observou-se, assim, que *eis* desempenha, em narrativas do evangelho de Mateus, a função textual de introduzir o nó da narrativa.

A evolução do apresentativo *eis* em perífrase conjuncional causal *eis que* serviu à exemplificação de como deslocamentos no contínuo de indicatividade e predicatividade e nos quatro domínios conceituais são lugares de extensões de usos e significados e, dessa maneira, *loci* de mudança linguística.

Para a comprovação das hipóteses anteriores serão necessárias futuras pesquisas quantitativas, com dados mais amplos, que compreendam tradições discursivas de esferas comunicativas variadas (familiares, jornalísticas, literárias, jurídicas, entre outros).

NOTAS

1 Quando introduzem entidades conhecidas, as construções apresentativas trazem argumentos definidos. Tal é o caso da famosa frase de Pôncio Pilatos "Eis **o homem**" (João, 19:5), em que o SN definido poderia ser substituído por um pronome: "ei-**lo**". Aqui, a intenção do enunciador não é atribuir a um indivíduo (no caso, Jesus) alguma propriedade (tal como ser humano do sexo masculino), mas a de apontar para sua presença na situação de comunicação. Quer dizer, sua função é puramente ostensiva, dêitica. Especificamente, o apresentativo *eis* sugere que a entidade apresentada, embora conhecida, não estava fisicamente presente no contexto até o momento da fala.

2 Do ponto de vista do Modelo de Tradições Discursivas (TD), o ponto de coordenadas da enunciação é o eu-aqui-agora. Ao aproximar-se, num enunciado, das pessoas, dos tempos e espaços da enunciação, o enunciador utiliza-se da linguagem da imediatez comunicativa (cf. Koch e Oesterreicher, 1990). Afastar-se do eu-aqui-agora, instaurando no enunciado uma distância espacial, temporal, referencial ou emocional, aproxima o texto da linguagem da distância comunicativa.

3 A esse respeito, Blühdorn (2010: 216): "Physical objects have spatial properties. They are spatially extended and are linked to each other by spatial relations: insideness, aboveness, behindness etc. They occur or fail to occur in the context of other physical objects. The conceptual domain in which they can occur and in which they are linked to each other is the domain of space (see Frawley, 1992: 250ff).".

4 Essa passagem ocorre no *Livro de Neemias*, capítulo 11, depois que o leitor toma conhecimento da decisão de trazer uma de cada dez pessoas do povo de Israel para morar em Jerusalém, deixando as demais em outras cidades. Seguem-se nesse ponto várias enumerações: os chefes de província, os indivíduos de cada tribo que habitaram em Israel e a lista de sacerdotes do exemplo (8).

5 A oralidade concepcional diz respeito à configuração linguística de textos da imediatez comunicativa e não ao seu meio de veiculação, que pode ser tanto fônico quanto gráfico.

6 Em outros textos que não os bíblicos, e na fala corrente, aparecem outras fórmulas que realizam a mesma função: "Ora *se deu que* chegou, no banguê do meu avô, uma negra bonitinha, chamada Negra Fulô", "E *não é que* o boi respondeu para o Barão Geraldo de Rezende que a Sexta-feira Santa não era dia de os viventes trabalharem?" etc. Inventariar e situar essas fórmulas em seus respectivos tempos e em suas tradições discursivas é uma tarefa importante para a Semântica descritiva do PB, que infelizmente teremos que deixar para outra ocasião.

7 Castilho (2012: 546) não acolhe essa denominação, em virtude de sua amplitude significacional.

8 Na narrativa bíblica, o fato de a nova esposa de Abraão chamar-se Quetura é tratado como um estado de coisas.

9 Muitos episódios da versão latina do Novo Testamento começam pela expressão *In illo tempore*. Justifica-se entender essa expressão como um apresentador de episódios.

10 A definição de possessivo como estabelecendo uma relação entre possuidor e possuído vale somente para alguns usos dessa categoria gramatical.

11 Um exemplo é o uso da expressão *olha só* na versão Bíblia Freestyle de João 3: *"**Olha só**. Deus dá para cada um uma tarefa."*

12 A respeito da pluralização do interlocutor nas formas de tratamento como estratégia de polidez, veja-se Koch (2008).

13 Disponível em: <https://www.etymon-line.com/word/*okw->. Acesso em: 7 nov. 2019.

14 Há evidências para essa fonte hipotética no sânscrito *akshi*, no grego *opsis* e no latim *oculus*, entre outros. Curtius (1876: 62-3) também sugere como origem de *ecce* a mesma raiz √*oc*- de *oculus*, defendendo, ainda, que *ecce* e *eccere* são imperativos como *idou* é para *ide*. Nessa mesma linha, Doederlein (1838: 109) afirma que *ecce* é a forma ativa e que *eccere* é a depoente de εκκω.

15 Adicionamos uma vírgula ao exemplo de Creissels (2017), para acentuar o deslocamento de sentido.

16 Nem toda causa é *temporalmente* anterior ao seu efeito, embora lhe seja sempre *logicamente* anterior. Por exemplo, o impacto da pedra que estilhaça a vidraça é a causa logica do estilhaçamento da vidraça, e o estilhaçamento da vidraça pode ocorrer simultaneamente ao impacto da pedra.

17 Blühdorn (2006) lembra que, na lógica, o princípio *post hoc ergo propter hoc* (= "depois disso, logo, causado por isso") é reconhecido como uma falácia, pois um evento anterior não é necessariamente a causa de um evento posterior.

VERBOS DE RAIZ AFRICANA NO BRASIL: DIFUSÃO GERAL, ORIGENS E O CASO DO VERBO *CUENDAR*

Laura Álvarez López
Juanito Ornelas de Avelar

SUMÁRIO

No Brasil, os primeiros registros de vocábulos de origem africana datam do século XVI (Petter, 2002: 128). No primeiro dicionário monolíngue para o português, elaborado por Moraes Silva (1789), lexicólogo brasileiro formado em Coimbra, aparecem os primeiros itens lexicais de origem africana, então classificados como *brasileirismos*. Bonvini (2002), entretanto, questiona a caracterização desses itens no português brasileiro como *brasileirismos*, uma vez que alguns dos vocábulos assim classificados já tinham sido registrados em dicionários anteriormente publicados em Portugal.

As primeiras publicações que abordam, de uma forma mais direta, a "influência africana" no português brasileiro datam da primeira metade do século XX (ver, entre outros, Laytano, 1936; Machado Filho, 1943; Mendonça, 1933; Raimundo, 1933, 1936; Ribeiro, 1939; Senna, 1934, 1938, além de uma série de dicionários e glossários gerais e regionais). A partir da década de 1960, são realizados trabalhos que incluem dados coletados em comunidades afrorreligiosas ou de afrodescendentes cujos membros utilizam itens lexicais de origem africana (Álvarez-López, 2004; Angenot, Jaquemin e Vincke, 1974; Byrd, 2005; Cacciatore, 1977; Castro, 1976, 2001; Póvoas, 1989; Queiroz, 1998; Vogt e Fry, 1996, entre outros). Várias das publicações sobre o tema tomam trabalhos anteriores como ponto de partida (Schneider, 1991; Bolouvi, 1994; Lopes, 1993-1995). Há ainda estudos recentes sobre o léxico de origem africana no Brasil em várias coletâneas publicadas neste século (Bartens e Baker, 2012; Fiorin e Petter 2008; Petter e Vanhove, 2011).

Atualmente, muitos dos termos de origem africana podem ser encontrados em dicionários brasileiros, como o *Houaiss* e o *Novo Aurélio do século XXI*, embora essas obras apresentem inconsistências no que diz respeito às informações sobre etimologias especificamente africanas (Petter, 2002: 137-140; 2003). Petter (2005) confirma que as palavras de origem africana não são classificadas como "africanismos" nos dicionários *Houaiss* (Houaiss, 2001) e *Aurélio* (Ferreira, 1999). Os termos de origem africana usados no Brasil constam, em tais dicionários, como *brasileirismos*, enquanto a denominação *africanismos* é reservada aos termos próprios das variedades do português na África (Petter, 2005).

Na coletânea organizada por Bartens e Baker (2012), em que vários autores analisam dados de variedades originadas ou fortemente marcadas por contato linguístico (crioulos de base lexical portuguesa na África, variedades de espanhol e português na América Latina, o crioulo das Ilhas Maurício, vários crioulos caribenhos de base lexical inglesa e francesa, o crioulo Berbice Dutch, o ndyuka e o saramacano), a proporção média de substantivos no léxico de origem africana é de 74%. Tendências semelhantes são observadas em algumas variedades afro-brasileiras, como a Cupópia do Cafundó e o "crioulo" de São João da Chapada, ambos com aproximadamente 80% de substantivos e 10% de verbos entre as palavras de origem africana (Álvarez-López e Jon-And, 2017; Álvarez-López, no prelo). De acordo com uma hipótese apresentada em Baker (2012: 283), os grupos com maior peso demográfico no início da colonização contribuem, de um modo geral, com mais palavras do que outros grupos, mas sobretudo com mais itens lexicais de outras classes de palavras que não a dos substantivos.

Enfocando verbos de origem africana, é possível lançar luz sobre o papel dos falantes de diferentes línguas africanas na formação do português brasileiro (PB). Caso a maioria dos verbos integrados ao português brasileiro tenha origem, por exemplo, nas línguas do grupo Bantu,[1] o esperado é que os falantes dessas línguas tenham, em termos demográficos, sido dominantes no período de formação do PB. Se, ao contrário, os dados demográficos contradizerem essa hipótese, uma motivação plausível à luz da proposta de Baker (2012) passa a ser a de que, no período de formação do PB, esse grupo tivesse ou mais prestígio social ou mais contato com falantes de português em uma gama mais ampla de regiões no Brasil.

A partir de fontes lexicográficas e de dados coletados em comunidades afro-brasileiras, iremos aqui apresentar um panorama geral da difusão e das origens dos verbos de base africana no Brasil. Esse panorama é sumarizado na Tabela 1 (apresentada no apêndice deste capítulo), que traz 216 verbos de origem africana levantados a partir da obra de Castro (2001), juntamente com as seguintes informações: forma do verbo, difusão (uso limitado ao contexto religioso, uso generalizado na Bahia, uso generalizado no Brasil) e etimologia. Para exemplificar a entrada de verbos de origem africana no PB, assim como a sua difusão e mudança semântica no Brasil, iremos nos ocupar mais de perto do verbo *cuendar*, um item que aparece em contextos restritos, mas no seio de grupos diversos.

Este capítulo é dividido da seguinte forma: na seção "Materiais e método", apresentamos os materiais e métodos utilizados; na seção "Panorama dos verbos de origem africana no Brasil: difusão e origens", fornecemos um panorama dos verbos de raiz africana no Brasil, discutindo as suas origens e difusão para além de grupos específicos, por exemplo, ligados a religiões afro-brasileiras; na seção "Difusão e evolução semântica de *cuendar*", analisamos as propriedades semânticas de *cuendar* em diferentes âmbitos de uso desse verbo. A última seção apresenta as nossas considerações finais.

MATERIAIS E MÉTODO

Os materiais que compõem o *corpus* do projeto PHPB (Para a História do Português Brasileiro) não apresentam registros da fala africana, muito embora os africanos apareçam em destaque nos inúmeros anúncios de jornais que os proprietários de escravos faziam circular a respeito de negros fugidos. Esses anúncios costumavam caracterizar o escravo pela origem ou pela etnia, através, por exemplo, de "nomes de nação" (Alkmim, 2006; cf. Álvarez-López, 2015, Lima, 2012), mas não permitem chegar a conclusões substanciais sobre a difusão do léxico africano no português brasileiro. Assim, dada a escassez de fontes sobre a fala de africanos e seus descendentes no *corpus* do PHPB, partimos de estudos anteriores para efetivar o levantamento de itens verbais de base etimológica africana no Brasil.

Nosso ponto de partida é a obra de Yeda Pessoa de Castro, que inclui 3.517 vocábulos levantados durante um extenso trabalho de campo realizado na Bahia. Do total desses vocábulos, 310 (9%) são verbos. Primeiramente, foram identificadas as 265 entradas com palavras classificadas como sendo verbos de origem africana em Castro (2001). Nos casos em que havia várias entradas para o mesmo verbo, o item foi considerado como uma única ocorrência (por exemplo, o correspondente do verbo *beber* ocorre apenas uma vez na lista, embora esse mesmo item apareça em várias das entradas listadas pela autora, como *beber*, *beber café*, *beber água*). Ficamos assim com 216 verbos de possível origem africana.[2] Os 45 verbos em português com significados especiais em expressões usadas no âmbito afrorreligioso (como *tirar um barco*, com o sentido de 'iniciar um grupo de pessoas') e os verbos construídos com uma forma verbal do português e mais um substantivo de origem africana (como *arriar-ebó*, 'colocar oferendas em um lugar específico') foram excluídos, mas se encontram listados abaixo da Tabela 1, no apêndice deste capítulo.

Especificamente sobre o verbo *cuendar*, que figura na obra de Castro (2001) como *cuendá/quendá* ou *puendá*, 'andar, partir, viajar', restrito ao âmbito religioso, tem origem banto e será abordado na seção "Difusão e evolução semântica de *cuendar*". Essa análise incluirá os exemplos de uso levantados em entrevistas realizadas na comunidade rural afro-brasileira do Cafundó, assim como de exemplos retirados de textos e vídeos atuais publicados na internet. As entrevistas são hoje parte do Projeto Cafundó, que integra o acervo do Cedae/Unicamp (Centro de Documentação Alexandre Eulálio).[3]

PANORAMA DOS VERBOS DE ORIGEM AFRICANA NO BRASIL: DIFUSÃO E ORIGENS

Seguindo a classificação de Castro (2001), temos a seguinte distribuição no que diz respeito ao âmbito de uso, ou difusão, dos 216 verbos estudados: 55% (118/216) desses verbos aparecem em contexto religioso afro-baiano ou na fala de praticantes de religiões afro-brasileiras, o que corresponde aos níveis sociolinguísticos 1 (língua de santo, 112 ocorrências, como *azuelá* 'cantar, rezar') e 2 (povo de santo, 6 ocorrências, como *bola(r)* 'entrar em transe'), propostos pela autora; 28% (60/216) estão presentes em variedades regionais da Bahia, que correspondem aos níveis 3 (linguagem popular da Bahia, como *desbunda(r)* 'perder o autodomínio') e 4 (português baiano geral, como *denga(r)* 'fazer denguice'), dentro da mesma proposta; 17% (38/216) foram difundidos nacionalmente e correspondem ao nível 5 (português brasileiro, como *capenga(r)* 'mancar'), sendo que três desses itens são caracterizados como generalizados para a língua portuguesa, não estando, portanto, limitados ao português brasileiro (*cachimba(r)* 'fumar cachimbo', *carimba(r)* 'colocar carimbo', *macaca(r)* 'imitar de maneira ridícula'). O Gráfico 1 a seguir ilustra essa distribuição, agrupando os referidos níveis sociolinguísticos em três categorias: âmbito afrorreligioso (língua de santo e povo de santo), variedades da Bahia (linguagem popular da Bahia e português baiano geral) e português brasileiro.

Gráfico 1 – Difusão dos verbos de suposta origem africana (*n* = 216) (classificação baseada em Castro, 2001)

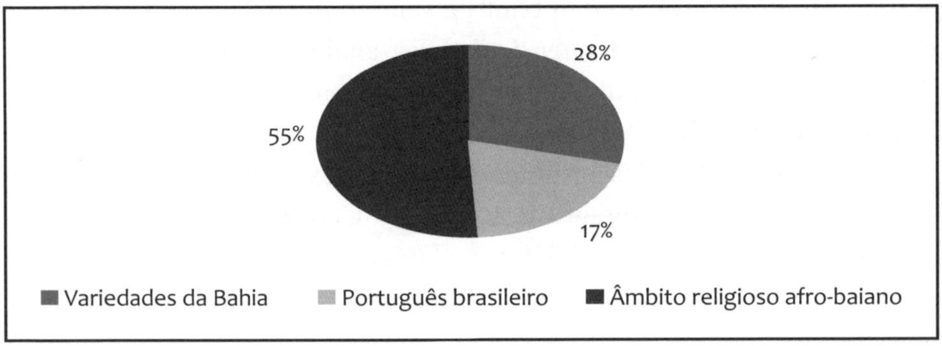

No conjunto dos verbos constantes da Tabela 1 (ver apêndice), 66% (142/216) têm uma possível origem banto, sendo que 48 desses 142 (34%) estão limitados ao âmbito religioso (Gráfico 2). Os verbos que foram classificados como de origem fon ou iorubá (Castro, 2001) constituem 34% (74/216) do total. Com exceção de 4 casos entre 70, esses verbos (95%) estão praticamente restritos ao âmbito religioso (Gráfico 3; para 3 das 4 exceções, Castro também sugere uma possível origem banto).

Gráfico 2 – Uso dos verbos de origem banto

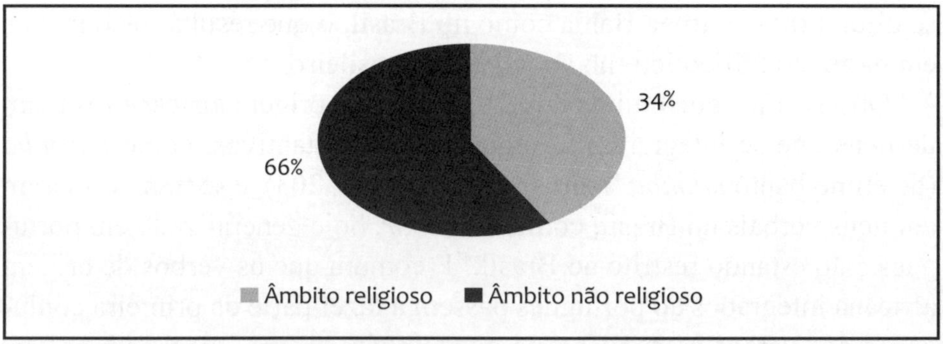

Gráfico 3 – Uso dos verbos de origem oeste-africana

Quanto à distribuição da totalidade das palavras levantadas por Castro (2001: 128) em função de sua origem, a autora afirma que 49,6% dos vocábulos são de origem banto, enquanto 50,4% têm origem na região oeste-africana. Cabe notar a diferença entre a distribuição das origens do total de palavras e a distribuição das origens especificamente entre os verbos, em que a predominância de itens provenientes do grupo Bantu é óbvia. O fato de haver uma concentração mais alta de verbos de origem banto se explica, conforme a proposta de Baker (2012), pelo destaque dos falantes dessas línguas no período inicial de formação do português brasileiro. Conforme Lucchesi (2009: 64), a maioria dos africanos que chegaram ao Brasil nos séculos XVI e XVII eram falantes de línguas Bantu, informação que é consensual entre os historiadores. Também entre os séculos XVII e XIX, o conjunto de falantes dessas mesmas línguas predomina no panorama geral do tráfico (Lucchesi, 2009: 64). É importante destacar que dois terços dos verbos provenientes desse grupo linguístico se difundiram tanto na Bahia como no Brasil, o que resulta, pelo menos em parte, do tráfico interno ao território brasileiro.

Observamos que muitos dos 216 verbos de origem africana resultam de itens que se integraram à língua como substantivos, como *carimbo* (do étimo banto *ndimbu* 'marca', Castro, 2001: 203), e se transformaram em itens verbais no Brasil, como *carimbar*, hoje generalizado em português, não estando restrito ao Brasil.[4] É comum que os verbos de origem africana integrados ao português passem a fazer parte da primeira conjugação dos verbos portugueses (o que também ocorre, aliás, com os empréstimos de outras línguas, como *chutar*, *lanchar*, *clicar*, *plugar*, *logar* etc., formados a partir de raízes provenientes do inglês). Entretanto, 75 das formas verbais listadas em Castro (2001) não acabam em *-á* ou *-ar*, e não podem, portanto, serem tratadas de modo inquestionável como pertencentes à primeira conjugação. Com exceção de um caso, esses verbos estão restritos ao âmbito religioso. Apenas 16 dessas 75 formas são de possível origem banto, entre as quais 12 terminam em *-a* (pode ser que o acento gráfico sobre a vogal não apareça na palavra por erro; ver Tabela 2 no apêndice).

Alguns itens ainda considerados brasileirismos, como *xingar* e *cochilar*,[5] fazem parte dos verbos de origem africana que "podem ser usados em qualquer interação social" (Alkmim e Petter, 2008: 157). Esses itens, que estão registrados como brasileirismos desde o século XIX e, conforme Alkmim e Petter, tiveram a sua forma e interpretação semântica mantidas, estando perfeitamente integrados ao léxico brasileiro, o que se confirma pela sua presença em palavras compostas e derivadas: *xingamento*, *xingação*, *xingo*, *xingador*, *xingatório*, *xingado*. Conforme Alkmim e Petter (2008: 170), esses brasileirismos são "*menos coloquiais e de uso mais extenso, pelo fato de serem os primeiros ou únicos vocábulos disponíveis no Brasil para designar seus referentes*" (ou seja, o ato ou a ideia a que reportam), como, por exemplo, *cochilar* e *xingar*, cujos correspondentes em Portugal seriam *dormitar* e *insultar*.

Relativamente à estrutura morfológica de verbos como *cuendar* 'andar' e *cochilar* 'dormitar', sabemos que uma das funções do prefixo *ku-* em várias línguas Bantu introduzidas no Brasil, como o quimbundo, é a formação de verbos infinitivos, além da composição de itens com interpretação locativa. Blommaert (1986) destaca que, além de esse prefixo ter uma funcionalidade ambígua (infinitivo ou locativo), a sua evolução semântica indica que se transformou em prefixo *passe-partout* (ou seja, uma forma empregada quando o sistema linguístico exige um prefixo não marcado e de fácil adaptação a contextos frásicos que requeiram itens semanticamente desbotados e com ampla funcionalidade). Em português, *ku-* é reanalisado como parte da raiz verbal, perdendo o estatuto de item gramatical independente. Essa reanálise é observada até mesmo em verbos de origem africana que são pouco difundidos, mas estão presentes em algumas comunidades afro-brasileiras, como *cucuerar* 'casar', *cunuar* 'beber', *cupopiar* 'falar', *curiar* 'comer', *curimar* 'trabalhar', *cutar* 'rezar' (Angenot, Angenot, e Maniacki, 2013: 101-108). Essa reinterpretação do prefixo não é inesperada, visto que estudos tipológicos exemplificam muitas línguas que reanalisam afixos do mesmo tipo como parte da raiz verbal ao receberem formas infinitivas como empréstimo (Wohlgemuth, 2009: 80).

A seguir, exploraremos os caminhos do verbo *cuendar* a partir da sua evolução em uma comunidade com histórico de isolamento sociocultural e em grupos LGBT (Lésbicas, Gays, Bissexuais, Travestis, Transexuais e Transgêneros).[6] Por essa razão, a sua evolução é menos conhecida que a dos verbos já generalizados para o PB.

DIFUSÃO E EVOLUÇÃO SEMÂNTICA DE *CUENDAR*

Difusão de *cuendar*

Além de ser registrado em estudos realizados em comunidades afrorreligiosas (Álvarez-López, 2004; Castro, 2001), o verbo *cuendar* está presente na linguagem de comunidades afro-brasileiras com histórico de relativo isolamento social, como a do Cafundó (Angenot, Angenot e Maniacki, 2013; Vogt e Fry, 1996), bem como é amplamente empregada na gíria associada a grupos LGBT. No que diz respeito às origens africanas desse item, verificamos que a raiz verbal *-enda* aparece tanto em quimbundo como em quicongo e umbundo (Johnston, 1919), podendo, por essa razão, ser caracterizada como um item lexical de "*grande ressonância na África bantu*" (Slenes, 1992: 61). É muito provável que essa "ressonância" explique a sua difusão no Brasil, que ocorre apesar de o verbo estar restrito a âmbitos socioculturais específicos e não ter se integrado de forma geral no português brasileiro. Nesse sentido, o verbo *cuendar*, embora limitado a certos contextos, contrasta com os verbos de origem fon e iorubá, que não mostram a mesma difusão no Brasil.

Como iremos destacar adiante, *cuendar* é amplamente empregado na Cupópia, a "língua secreta" detectada na comunidade de Cafundó (Vogt e Fry, 1996), na região de Sorocaba/SP. Slenes (1992: 60-61) relaciona a Cupópia a outras variedades regionais afro-brasileiras em que há forte presença de um léxico de origem africana, propondo ter existido uma língua franca de base banto (com elementos do quimbundo, do quicongo e do umbundo) entre os escravos no Brasil. Se esta proposta estiver correta, a Cupópia provavelmente remonta a uma dessas línguas francas que se constituíram como um "*veículo da socialização dos escravos segregados na senzala, ou foragidos nos quilombos*" (Lucchesi, 2009: 61). Ainda conforme Slenes (1992: 61), "*o vocabulário utilizado pelos escravos na língua franca de origem africana e na troca de códigos quando eles falavam em português, evoluiu após 1810 no sentido de incorporar mais palavras de origem africana derivadas de raízes largamente difundidas nas línguas bantu, ou de privilegiar as palavras desse tipo já em uso ou provenientes originalmente do kimbundu e/ou do kikongo-umbundo*". Nesse sentido, Slenes (1992: 61) afirma que, em comunidades como a do Cafundó, o léxico tem "*alta incidência de palavras cujas raízes são largamente difundidas na África Central*".

O ponto de partida para a abordagem de *cuendar* é um conjunto de dados extraídos de entrevistas com moradores da comunidade do Cafundó, integradas ao acervo do Projeto Cafundó (ver "Usos e sentidos de *cuendar*"). Também apresentaremos alguns dados extraídos da internet que mostram a ocorrência de *cuendar* (e as formas derivadas *acuendar* e *desacuendar*) em vídeos publicados no YouTube, a maioria absoluta deles com temáticas associadas à comunidade LGBT.

Propriedades do verbo *cuendar* na Cupópia do Cafundó

Esta seção apresenta algumas propriedades semântico-sintáticas de *cuendar*, bem como algumas extensões de sentido assumidas pelo verbo. A escolha desse item se deve ao fato de que, embora não seja corrente entre as diferentes variedades do português, o seu uso foi registrado em comunidades afrorreligiosas (Álvarez-López, 2004; Castro, 2001) e vem se difundindo em grupos sociais determinados, principalmente na comunidade LGBT. Ao que tudo indica, *cuendar* vem experimentando um processo de mudança léxico-gramatical cuja observação pode evidenciar de que modo algumas formas verbais provenientes das línguas africanas introduzidas no Brasil se integraram ao léxico geral do português. Antes de expor as propriedades do verbo, é importante pôr em destaque a comunidade do Cafundó e a sua língua especial, a Cupópia, o que é feito a seguir.

A CUPÓPIA DO CAFUNDÓ

Os trabalhos que se iniciaram ao final da década de 1970 sobre a comunidade do Cafundó (Salto de Pirapora/SP), hoje oficialmente reconhecida como remanescente quilombola, ocupam um lugar de destaque entre os estudos acerca do papel sócio-histórico e linguístico desempenhado pelos africanos na constituição da sociedade brasileira. As investigações sobre a comunidade foram motivadas pela "descoberta" de uma localidade onde uma suposta língua africana, chamada de Cupópia, teria sido preservada desde os tempos da escravidão. Os trabalhos iniciados por uma equipe de pesquisadores da Universidade Estadual de Campinas, incluindo os professores Carlos Vogt, Peter Fry, Robert Slenes e Maurício Gnerre, levaram à conclusão de que se tratava de uma "variedade linguística" com um considerável acervo vocabular de base africana, tendo o português como sua matriz gramatical (Vogt e Fry, 1996). O material levantado à época pelos pesquisadores, que abarca cerca de 46 horas de entrevistas com moradores da comunidade, revelou não apenas fatos linguísticos desconhecidos, mas também elementos históricos e culturais que, na memória dos residentes do Cafundó, remontavam à origem e formação da comunidade no século XIX.[7]

Em 1801, 39% dos africanos escravizados registrados em Sorocaba (perto da região onde hoje se localiza o Cafundó) eram nascidos na África, sendo que 87% dessas pessoas foram classificadas como pertencentes à nação "Angolla" (Vogt e Fry, 1996: 182-184). Tais fatos sugerem que a maioria desses africanos falavam quimbundo ou línguas aparentadas. Nesse mesmo ano, o bisavô do dono de Antônia e Ifigênia (as duas irmãs que viriam a herdar a terra onde hoje é a comunidade do Cafundó) possuía, entre outros escravos, oito "angollas", três "congos" e um "monjolo", o que revela a presença de falantes de quimbundo (os angollas), quicongo (os congos) e umbundu (o monjolo) (Vogt e Fry, 1996: 352).

Os primeiros registros escritos dos ancestrais do principal grupo familiar no Cafundó são de 1803, quando Florinda, a bisavó de Antônia e Ifigênia, foi registrada entre os escravos como crioula de 7 anos (Vogt e Fry, 1996: 56-59). As genealogias detalhadas apresentadas por Slenes (em Vogt e Fry, 1996) mostram que a situação da família era estável, o que provavelmente fez com que os pais pudessem passar as suas tradições orais de geração em geração (Vogt e Fry, 1996: 57). Sabe-se ainda que o bisavô do dono de Antônia e Ifigênia chegou à localidade em meados do século XVIII, e que, na primeira metade do século XIX, cerca de 50% dos escravos da região eram nascidos na África e, muito provavelmente, falantes nativos de línguas africanas, enquanto o resto tinha nascido no Brasil (Vogt e Fry, 1996: 53, 182).

Em 1872, conforme os registros históricos, Ricarda, a neta de Florinda, se casou com um africano chamado Joaquim Congo, que tinha chegado ao Brasil em 1840, aos 12 anos de idade. O nome de nação "Congo" era utilizado nessa época para designar africanos do Reino do Congo ao Norte da atual Angola (Karash, 1987: 15). Em consequência, o nome de Joaquim Congo sugere que ele era falante de alguma variedade de quicongo (ver Álvarez-López, 2012: 58-59).

Com base nessas informações, podemos assumir que a Cupópia surgiu após 1750. Parte da população escrava pode ter sido bilíngue, mas as gerações seguintes devem ter abandonado as línguas africanas, passando então a falar uma variedade regional do português no início do século XIX. Essa situação é condizente com o que propõe Winford (2009: 311), para quem, em situações similares à descrita, o normal é a terceira geração mudar para a língua dominante em um determinado contexto social. Nesse sentido, uma hipótese é que, tendo o português se tornado língua da comunidade, os itens lexicais de uma coiné de base banto (quimbundo/quicongo/umbundo), originalmente falada pelos mais velhos, tenham sido incorporados a um código diferenciado. A Cupópia seria, nesse caso, o resultado de um processo descrito por Winford (2005: 399) como "*lexical borrowing under* RL *[Recipient Language] agentivity*", ou empréstimos lexicais introduzidos pelos falantes da língua que recebe os empréstimos.

USOS E SENTIDOS DE *CUENDAR*

Nas entrevistas realizadas no Cafundó, aparecem 16 verbos que não fazem parte da variedade regional do português onde a comunidade se localiza, nem do português brasileiro em geral. Encontramos 12 desses 16 verbos nos dicionários de línguas africanas consultados: *coçumbar* 'ouvir, escutar, pegar', *conenar* 'defecar', *copequerar* 'dormir', *cucuerar* 'casar', *cuendar* 'ir, andar', *cuipar* 'matar', *cunuar* 'beber', *cupopiar* 'falar', *curirar* 'chorar', *cusitar* 'urinar', *muiombar* 'morrer'. Todos esses verbos podem assumir uma gama de significados que, à primeira vista, parecem ser determinados pelo contexto frásico (ou seja, pela composição de sentidos resultante da combinação de outros elementos presentes na frase). Ainda está por ser feito um estudo detalhado sobre cada um desses verbos, mas uma observação mais detida pode revelar que, ao contrário do que pode parecer num primeiro momento, os sentidos possíveis para alguns deles não são determinados exclusivamente pelo contexto: os itens verbais da Cupópia trazem traços particulares de significação que condicionam, em maior ou menor grau, a sua seleção numa determinada frase.

O verbo *cuendar*, que iremos olhar de perto, é um dos mais frequentes na documentação conservada da Cupópia. A análise desse verbo ficará aqui restrita à sua produção em uma entrevista com um dos moradores da comunidade, chamado seu Otávio, que à época da coleta do material contava com 60 anos de idade. A escolha dessa amostra para a análise de *cuendar* se deu pelo fato de que, na entrevista concedida, o próprio seu Otávio apresenta ou sugere traduções para a maioria das frases produzidas no andamento da conversa com os entrevistadores, o que facilita estabelecer, com mais precisão, os sentidos assumidos pelo verbo.

Cuendar tem origem no quimbundo *kuénda*, que, na *Grammatica Elementar do Kimbundo ou Língua de Angola*, de Heli Chatelain (1889), é apresentado como tendo o significado correspondente ao verbo português *andar*. Em termos morfológicos, *-enda* é a raiz lexical do verbo, enquanto *ku-* é a marca morfológica típica de infinitivo. Conforme já destacado na segunda seção, o morfema infinitivo do quimbundo foi reanalisado como uma marca que é parte da raiz verbal, perdendo o estatuto de item gramatical independente, similarmente ao que é observado em outros africanismos presentes no Brasil, como *cufar* 'morrer' e *cochilar*.

O *Dicionário Kimbundu-Português*, de Assis Junior (s.d.), apresenta outros verbos do quimbundo derivados a partir da raiz *-enda* com significados próximos ao de *kuénda*, cuja entrada lexical é reproduzida em (1) a seguir; em (2), vemos a entrada lexical com *kuendela* e *kuriendela*; em (3), com *kuendelela*; e em (4), com os itens *kuendesa* e *kuriendesa*. Algumas das entradas lexicais trazem valores que correspondem a substantivos em português, o que é indicado pela abreviatura *sub*.

(1) ***Kuénda***, v. intr Andar; percorrer: *kuijia Ngola-, ki ukol' ê.* | Viajar; caminhar; marchar. || sub. Andadura; marcha.

(2) ***Kuendela***, v. tr. e intr. Andar de; *-mu uânda.* | Percorrer; ir por: *-boxi* || ***Kuriendela***, v intr. e r. Ir por si. | Guiar-se.

(3) ***Kuendelela***, v. tr e intr. Ir pelo que está feito, ou outrem iniciou. | Prosseguir; ir andando, fazendo, dizendo || sub. Continuação; prosseguimento.

(4) ***Kuendesa***, v. tr. Encaminhar; acompanhar; guiar. | Ensinar a andar. | fig. Cortejar. || ***Kuriendesa***, v. intr. e r. Fazer-se guiar | Insinuar-se; captar simpatias

Os sentidos assumidos por *cuendar* na Cupópia, indicados na Tabela 4 a seguir, permitem caracterizá-lo como o que na literatura pode ser chamado de *verbo direcional de movimento*, empregado principalmente para expressar um estado de coisas que pressupõe a realização de um percurso ou trajeto, com um ponto de origem e um ponto de destino que podem ou não ser apresentados na frase. Esse é claramente o caso de *percorrer*, *viajar*, *caminhar*, *encaminhar*, *ir*, *guiar-se* ou *fazer-se guiar*, entre outros possíveis. Alguns dos sentidos indicados no dicionário de Assis Junior (s.d.) não são claramente indicativos da realização de um percurso, mas permitem pressupor algum tipo de "movimento psicológico" em direção a algo ou alguém, como *cortejar*, *insinuar-se* e *captar simpatias*. O total de ocorrências de *cuendar* com cada um dos sentidos possíveis identificados na entrevista com seu Otávio é indicado na tabela a seguir: os três sentidos mais comuns podem ser traduzidos pelos verbos *ir*, *chegar* e *conduzir/levar* do português, que aparecem nas traduções de *kuénda* e seus derivados listados em (1)-(4).

Tabela 4 – Sentidos do verbo *cuendar* na entrevista com Seu Otávio

Sentido	Total
"chegar (de algum lugar / a algum lugar)"	6
"ir (a algum lugar)"	6
"conduzir, levar (algo/alguém a algum lugar)"	6
"cair (em algum lugar)"	5
"pôr (algo em algum lugar)"	4
"sair (de alguém), com o sentido de nascer"	4
"vir (de algum lugar)"	4
"tirar, arrancar (algo de algum lugar)"	3
"andar (por/em algum lugar)"	3
"pegar (algo/alguém até próximo de si),com sentido de segurar"	2
"trazer (algo a algum lugar)"	1
"passar (por algum lugar)"	1
"pegar (alguém para si), com sentido de namorar"	1
"olhar para algo longe"	1
ocorrências com significado difuso	2
TOTAL GERAL	**49**

A análise da fala de seu Otávio revela que *cuendar* preservou, na Cupópia, as propriedades de *kuénda* e seus derivados na condição de verbos direcionais de movimento. A maioria das ocorrências detectadas, que serão exemplificadas mais adiante, remetem a um ato que pressupõe movimento em direção a algo, em afastamento de algo e/ou através de algo, ainda que o ponto inicial ou final do percurso não seja expresso na construção. Conforme indicado na tabela anterior, é possível associar os sentidos assumidos por esse item ao de um verbo direcional de movimento em 47 das 49 ocorrências detectadas.

De um ponto de vista sintático, a origem e o destino do percurso, bem como o lugar através do qual se dá o trajeto, podem ser apresentados na forma de complementos verbais, que correspondem ao que algumas gramáticas tradicionais do português chamam de *complementos locativos* ou *circunstanciais* ou, ainda, de *adjuntos adverbiais de lugar*. Mas *cuendar* também pode se apresentar em construções sem adjuntos ou complementos, sem que a origem e o destino sejam expressos, embora a realização de um percurso possa ser pressuposta pelo sentido assumido pelo verbo. Iremos aqui adotar as seguintes designações para classificar as ocorrências de *cuendar* quanto à presença de argumentos, a ser exemplificadas adiante: (i) *monoargumental*, quando apresenta apenas o sujeito como seu argumento; (ii) *biargumental direto*, quando, além do sujeito, apresenta um objeto direto; (iii) *biargumental locativo*, quando, além do sujeito, apresenta um complemento locativo; e (iv) *triargumental direto locativo*, quando apresenta um sujeito, um objeto direto e um complemento locativo. Nos casos em que um complemento locativo pode ser inferido, mas não está fonologicamente explícito dentro do enunciado, *cuendar* foi considerado como sendo dos tipos em (i) ou (ii).

Entre os 49 casos detectados, 23 ocorrências de *cuendar* são como biargumental locativo, seguidas de 18 ocorrências como monoargumental, 4 ocorrências como biargumental direto e 4 ocorrências como triargumental direto locativo. As construções apresentadas a seguir mostram ocorrências de *cuendar* em cada um desses tipos, com alguns dos significados indicados na tabela anterior.

(5) *cuendar* como biargumental locativo

a. *do sengue vem* ***cuendano*** *no injó*
do mato vem chegando na casa
'Vem chegando em casa pelo mato'

b. *cupópia nani que se não nhemanhara* ***cuenda*** *pro chitongo*
fala baixo porque se não homem leva pra cadeia
'Fala baixo porque se não a polícia leva para a cadeia'

c. *quon'o* ***cuendei*** *de ambara, co'tequi vavuro, encontrei o caiapembe vatema*
quando vim de cidade, com noite grande, encontrei o fantasma brabo
'Quando eu vim da cidade, já noite, encontrei o diabo'

d. ***cuendou*** *da anguta camanaco*
saiu da mulher criança
'A criança nasceu da mulher'

(6) *cuendar* como monoargumental

a. *vem* ***cuendando*** *nhemanhara*
vem chegando homem
'O homem vem chegando'

b. *vou* ***cuendar***
vou ir
'Vou embora'

c. *camanaco* ***cuendou***
criança saiu
'A criança nasceu'

d. *acoçumbar o anguto vavuru no visó pra* ***cuendá****, pra cucuerá*
escolher a mulher bonita no olho pra pegar pra casar
'Escolher uma mulher bem bonita pra namorar e casar'

(7) *cuendar* como biargumental direto e triargumental direto locativo

a. ***cuenda*** *o camanaco, que tá curirano*
pega a criança, porque tá chorando
'Segura a criança, porque ela tá chorando'

b. *vai* ***cuendar*** *o tataió no injó do jambi pra cutar*
vai levar o pai na casa do santo pra rezar
'Vai levar o pai na igreja para rezar'

É interessante observar que, em muitos casos, os sentidos assumidos pelo verbo não são inerentemente indicativos de movimento direcional, como em *nascer* (5d e 6c) e *namorar* (6d). Tais sentidos, contudo, podem ser depreendidos a partir da um significado mais básico que guarda uma clara relação com a ideia de movimento e direção: no caso de *nascer*, o significado básico pode ser correspondente ao do verbo português *sair*, em coocorrência com um sintagma nominal preposicionado indicativo de origem (*da anguta* 'da mulher', em 5d); no caso de *namorar*, o significado básico para *cuendar* é o de *pegar*, *trazer para si*, após o ato de *coçumbar* 'escolher' uma mulher para *cucuerar* 'casar-se'.

Dessa forma, tendo em vista os usos apontados no dicionário de Assis Junior (s.d.), *cuendar* parece ter preservado, de um modo geral, as propriedades semânticas de *kuénda* e seus derivados no quimbundo: trata-se de um verbo que indica um movimento para o qual se pressupõe um trajeto. Como vimos, o ponto final e/ou o ponto inicial desse trajeto, assim como o meio pelo qual ele se dá, nem sempre vêm expressos na frase, mas mesmo assim o movimento para a realização de um percurso é quase sempre pressuposto a partir do significado assumido pelo verbo.

É importante aqui destacar que os resultados do estudo de Jon-And e Álvarez-López (2017) revelam um maior nível de reestruturação envolvendo os sintagmas nominais (SNs) da Cupópia se comparados aos sintagmas verbais (SVs), provavelmente devido à alta proporção de substantivos de origem africana no léxico. O conceito de variedades reestruturadas é empregado pelas autoras no sentido de Holm (2009) para descrever variedades vernáculas que pressupõem a mudança de língua (*language shift*) em uma comunidade linguística, o que pode resultar em reduções morfológicas e no surgimento de recursos inovadores (Holm, 2009: 339-342). A reestruturação gramatical parcial à qual Holm (2009) se refere consiste em reduções morfossintáticas, como a perda de morfologia verbal e nominal e a ausência de cópula, uma e outra encontradas na Cupópia. Álvarez-López e Jon-And (2017) defendem que os SVs da Cupópia mostram, em contraste com os SNs, menos reestruturação, já que apresentam as mesmas propriedades gerais identificadas na variedade do português que é falada no Cafundó. Entretanto, com base na presente análise sobre o uso de um dos verbos mais comuns da Cupópia (*cuendar*), é possível observar que esse item, apesar de estar integrado no paradigma verbal do PB, preserva as propriedades semânticas dos seus correspondentes – *kuénda* e derivados – nas línguas Bantu, comportando-se como um item sem qualquer paralelo no português. Ou seja: até onde sabemos, não há, em português, nenhum verbo direcional de movimento capaz de veicular um conjunto tão amplo de sentidos em configurações sintáticas tão diversas como o verbo *cuendar*, o que foge à expectativa de os SVs da Cupópia não exibirem (ou exibirem pouca) reestruturação.

Como explicar o fato de o verbo conservar sentidos específicos detectados em uma língua do grupo Bantu que há muito tempo já não é falada no Brasil? Não parece se tratar de um mero caso de empréstimo lexical, tendo em vista que, além da evidente identidade na raiz morfológica da palavra, *cuendar* abarca uma gama de propriedades semânticas de *kuénda* e seus derivados. Em termos meramente descritivos, uma hipótese que pode ser aventada é a de que *cuendar* apresenta significação difusa, mas, ao mesmo tempo, preserva um significado básico em torno de um eixo nocional específico. No caso em questão, esse eixo diz respeito à noção de *movimento direcional*, um traço comum aos verbos do português que podem ser substituídos por *cuendar* no uso da Cupópia. Esse item não veio diretamente do quimbundo, do quicongo ou do umbundo com essas características, mas passou a apresentá-las provavelmente pela ação de mecanismos linguísticos que atuam em certos processos de gramaticalização, como o desbotamento semântico, a despeito de preservarem um significado básico. Embora não disponhamos, até este momento, de elementos suficientes para rastrear historicamente esse processo em afrovariedades do português (o que, por extensão, nos impede de desenvolver considerações teóricas mais consistentes a respeito de um possível processo de gramaticalização na história de *cuendar*), podemos considerar que as propriedades desse verbo foram definidas pela confluência de aspectos inovadores (por exemplo, o desbotamento semântico) com aspectos conservadores (por exemplo, o significado mais básico da raiz verbal), determinados então pela herança das línguas Bantu à Cupópia.

Cuendar na comunidade LGBT

Para além do Cafundó e outras afrocomunidades com histórico de certo isolamento social, o verbo *cuendar* e seus derivados (*acuendar* e *desacuendar*) são largamente empregados na interação entre membros de certos grupos integrados à comunidade LGBT. O verbo aparece listado entre os itens que compõem um conjunto mais ou menos fixo de palavras e expressões empregadas no âmbito desses grupos. É comumente aceito que esse conjunto (ou, pelo menos, grande parte dele) é compartilhado com a linguagem do candomblé (cf. Álvarez-López e Edfeldt, 2007). O mesmo conjunto aparece associado a uma lista de expressões que ficou conhecida pelo nome de *bajubá* ou *pajubá*, que abarca não apenas termos de origem reconhecidamente africana, mas também uma série de outras formas vocabulares de uso mais ou menos corrente no português. Na escrita, o verbo e seus derivados podem aparecer tanto com *c* (*cuendar*) quanto com *q* (*quendar*). Diante disso, nos dados da internet que iremos apresentar a partir de (8) adiante, optamos por reproduzir a forma com que a palavra aparece escrita na página de onde o exemplo foi extraído. Nos casos em que a palavra é apenas pronunciada, sem qualquer referência escrita, mantivemos a versão com *c*, tal como no restante deste capítulo, exatamente por ser esta a forma como os verbos que incorporaram o morfema banto *ku-* são normalmente registrados de acordo com o sistema ortográfico vigente do português.

No intuito de observar, ainda que de forma de assistemática, o alcance de *cuendar* em situações comunicativas na comunidade LGBT, bem como os significados que podem ser associados ao verbo, fizemos uma busca pelos termos *cuend* e *quend* em vídeos publicados no YouTube, plataforma da internet que possibilita a publicação de arquivos audiovisuais por qualquer pessoa. O serviço de busca do YouTube nos retornou aproximadamente 6.500 vídeos para cada um dos termos, que inclui não apenas a ocorrência de *cuend/quend* em vídeos brasileiros, mas também do exterior, em diferentes contextos de uso. Entre os vídeos brasileiros, contudo, a maioria das ocorrências envolve situações de interlocução produzidas no âmbito da comunidade LGBT. A nossa observação se concentrou especificamente nessas ocorrências, que podem aparecer tanto em diálogos e discursos reproduzidos em vídeos quanto em comentários acerca do conteúdo apresentado pelos mesmos.

A maioria das ocorrências (ou, pelo menos, grande parte delas) apresenta as formas derivadas *acuenda* e *desacuenda*, em casos como os reproduzidos a seguir. Foi possível observar que *acuenda* tende a ter um valor proximal, podendo equivaler a verbos como *entrar*, *chegar*, *vir*, *aproximar-se*, enquanto *desacuenda* ocorre geralmente com um valor distal, equivalendo a verbos como *sair*, *ir embora*, *afastar-se*.

(8) a. *"**Desacuenda** do Scruff"* [saia]
b. *"A senhora tá muito **acuendando** no Grindr"* [entrando] (https://www.youtube.com/watch?v=FDr2CbrBC8Y)

(9) *"O que foi, linda? **Desacuenda**!"* [saia, se afaste] (https://www.youtube.com/watch?v=zd84H8vuS38)

(10) *"**Aquenda** aqui!"* [chega] (nome de um programa exibido por um canal do YouTube, https://www.youtube.com/watch?v=OwAD1eGLwho)

(11) *"Rá fez tua modinha no abadá? NÃAAAUMM???? Mermã, pois te **aquenda**!"* [venha] (https://www.youtube.com/watch?v=ZmJLvZ4pupg)

(12) *"Vem pro ObA ObA que a vida arde e a morte **desaquenda**!"* [se afasta, vai embora] (título de uma peça de teatro, https://www.youtube.com/watch?v=ernk6qBZ8sU)

A forma *acuendar/aquendar*, em particular, pode ocorrer sem apresentar explicitamente um valor proximal, ainda que uma ideia de "movimento" (figurado ou não) possa ser depreendida em tais ocorrências, como nos exemplos a seguir:

(13) *"**Aquenda** a mente"* [abra] (título de um canal do YouTube, https://www.youtube.com/channel/UCXfNYCXW8hz5g6vx-2bLrPlA)

(14) *"**Acuenda** essa neca"* [esconda, ponha pra dentro] (*neca* é uma referência ao órgão sexual masculino, https://www.youtube.com/watch?v=qA-_hrOWDHw)

Quanto às ocorrências da forma sem os prefixos *a-* ou *des-*, os significados não são, na maioria dos casos, de depreensão simples. Por essa razão, vamos aqui nos abster de apresentar possibilidades de interpretação para tais ocorrências. Um exemplo claro dessa imprecisão está na letra da música *Quenda*, da drag queen Suzy Brasil, que traz inúmeras ocorrências do verbo, algumas reproduzidas a seguir. A esse respeito, é importante destacar que, na Cupópia do Cafundó, o que facilitou a depreensão dos sentidos possíveis para *cuendar* foi a tradução feita pelo seu Otávio e outros interlocutores para a maioria das ocorrências do verbo (ver "Usos e sentidos de *cuendar*"). No caso da música de Suzy Brasil, não dispomos desse recurso da tradução pelo falante que produz as frases, mas observamos que a forma *quenda* está substantivada em alguns casos (como em "Quenda é o fervo" e "Quenda é pegação"), além de não ser claro, em alguns trechos, se o termo nominal que se segue ao verbo é um sujeito posposto ou um objeto direto. Da mesma forma, não é possível depreender se todas as ocorrências de *quenda* estão no presente do indicativo ou se consistem, pelo menos algumas delas, numa realização do imperativo. Apesar dessa imprecisão semântico-gramatical, *quenda* pode ser interpretado, nesse caso, como um item que serve à marcação de uma identidade para reforçar tanto o pertencimento a um grupo específico do universo LGBT quanto o caráter cômico da personagem que desenvolve a performance.[8]

(15) *Quenda meu amigo*
Quenda na moral
Quenda tá babado,
Quenda todo pessoal
Quenda mona de equê
Quenda mona uó
Quenda mala, odara
Quenda quenda quenda só
[...]
Quenda é o fervo,
Quenda é pegação,
Quenda gira é forte,
Quenda o bofe sangue bom,
Quenda o bofe dunda
Quenda mala uó
Quenda anaconda, quenda
a mala do ocó
Vídeo disponível em: https://www.youtube.com/watch?v=EnrULLUeP64
Letra disponível em: https://www.letras.mus.br/suzy-brasil/1597819/

Há uns poucos casos em que *cuendar/quendar* é empregado com um significado bem delineado, facilmente depreendido pelo contexto, mas sem qualquer associação com verbos direcionais de movimento. Essa é a situação de um vídeo que convida o espectador a "quendar as alternativas", com o sentido de *marcar as alternativas* ou *escolher uma resposta* (https://www.youtube.com/watch?v=ObCQWSoL_Ss) entre um conjunto de opções. Nesse mesmo vídeo, ocorre o substantivo *aquendações*, para designar um link que dá acesso ao campo de um formulário no qual o usuário da página pode postar um comentário.

Esse conjunto de fatos sugere que, para poder designar os diversos significados relacionados aos diferentes verbos direcionais de movimento, a raiz *cuend-* tende, na comunidade LGBT, a ocorrer com morfemas prefixais: a forma *acuenda* produz, quase sempre, um valor proximal, enquanto *desacuenda*, um valor distal. As ocorrências sem os afixos *a-* e *des-* não são claras quanto ao significado, o que pode explicar, pelo menos em parte, o porquê de esse verbo não ser de uso corrente no português, diferentemente do que se atesta na Cupópia do Cafundó, em que se apresenta como uma das formas verbais mais frequentes.

A fim de situar o comportamento de *cuenda* e seus derivados no conjunto de outros verbos de origem africana, observamos algumas particularidades dos itens listados na Tabela 1, no apêndice deste capítulo (ver também seção "Panorama dos verbos de origem africana no Brasil: difusão e origens"), quanto à presença ou ausência de prefixos do português integrados a suas raízes. Excluindo 10 casos para os quais não foi possível depreender se a primeira sílaba consiste ou não em um prefixo (como *abancar* e *infonar*), observamos que 19 verbos da Tabela 1 são formados por prefixação: *acapangar*, *amocambar*, *amofumbar*, *amolecar*, *aquilombar*, *assenzalar*, *encafifar*, *desbundar*, *descabaçar*, *despongar*, *empombar*, *encabular*, *encafuar*, *encalombar*, *encalungar*, *enfusar*, *enquizilar*, *enxodozar* e *esmolambar*. Com exceção de apenas um desses verbos (*encalungar*), todos os demais são usados, segundo Castro (2001), para além ou fora do âmbito religioso. Isso significa que, de um total de 111 verbos empregados exclusivamente no âmbito religioso, há apenas um caso (menos de 1%) formado por prefixação. Já entre os casos empregados em outros âmbitos (variedades do português na Bahia, em particular, e no Brasil, de um modo geral), que chegam a um total de 76 verbos da lista, a prefixação ocorre em 18 itens (24% desse total).

Esses números sugerem que, além de indicar uma maior integração do verbo à língua em contextos diversos, a prefixação contribui para ampliar a sua funcionalidade na passagem para o português corrente, tornando-o mais especializado em certos sentidos ou introduzindo nuances de significação que a raiz da palavra por si só não é capaz de expressar, tal como ocorre com *acuendar* e *desacuendar*. Esse é o caso, por exemplo, do par *bundar*/*desbundar*, com ambos os itens sendo derivados da raiz banto *(m)bund-*. *Bundar* significa, segundo Castro (2001), "dar um golpe com a bunda", enquanto *desbundar* indica "perder o domínio, causar espanto, admiração": trata-se de um caso claro em que a introdução do prefixo promove um sentido que não é direta nem imediatamente sugerido pelo significado da raiz, ao contrário da ocorrência sem o prefixo.

Dos verbos de origem africana que ocorrem estritamente na Cupópia, a prefixação é rara. Ocorre, por exemplo, em *acoçumbar* (a partir de *coçumbar* – ver dado em (6d), na seção "Usos e sentidos de *cuendar*"). Isto sugere que, na Cupópia e na linguagem do âmbito religioso, a raiz verbal consegue atender por si só a propósitos comunicativos porque a linguagem é usada com funções muito restritas, ao contrário do que ocorre no uso efetivo do português. Esse aspecto talvez explique por que não é simples, ao observarmos os usos linguísticos no meio LGBT, depreender um eixo nocional bem delineado para a raiz *cuend-* sem prefixação (como na música de Suzy Brasil), ao contrário do que vimos ocorrer na Cupópia.

CONSIDERAÇÕES FINAIS

A partir do panorama geral dos verbos de origem africana, verificamos que os dados demográficos e linguísticos coincidem no que diz respeito ao destaque dos falantes de línguas Bantu no Brasil. Muitos verbos provenientes desse grupo se encontram completamente integrados à primeira conjugação do PB, sendo a sua difusão bastante geral. Grande parte deles é derivada de outras classes de palavras, como substantivos e adjetivos. Uma hipótese plausível é que esses verbos entraram no português como empréstimos introduzidos, muito provavelmente, por afrodescendentes que também se utilizavam de línguas francas – ver subseção "Difusão de *cuendar*". Como proposto por Slenes (1992), tais línguas francas seriam de base banto e teriam se constituído como uma importante via para promover a passagem de palavras africanas para o PB. Porém, não sabemos o porquê de alguns verbos terem entrado para a língua, enquanto outros ficaram restritos a âmbitos socioculturais ou grupos específicos. Talvez uma explicação esteja no fato de que esses grupos ou âmbitos religiosos têm, em uma certa medida, carecido de prestígio na sociedade brasileira.

Quanto às observações sobre os mecanismos de mudança semântica, constatamos, através da análise do verbo *cuendar*, que propriedades semânticas da raiz verbal de origem banto são preservadas. O significado básico compartilhado pelos verbos do quimbundo derivados dessa raiz, relacionado a um eixo nocional específico (movimento direcional), é claramente mantido, o que seria um aspecto conservador da linguagem. Ao mesmo tempo, temos um desbotamento semântico da raiz *cuend-*, o que representa um aspecto inovador. É possivelmente em função desse desbotamento que essa raiz aparece associada, no meio LGBT, aos prefixos *a-* e *des-*, ao que tudo indica para garantir um delineamento semântico mais preciso no uso do verbo. Uma outra observação relevante sobre a composição morfológica de *cuendar* e seus derivados é que os prefixos verbais de origem Bantu, como *ku-*, são reinterpretados como parte da raiz do verbo, enquanto os prefixos portugueses aparecem sobretudo para introduzir novos significados às raízes verbais africanas já integradas à primeira conjugação do português, em verbos de difusão relativamente ampla, utilizados além dos contextos afrorreligiosos.

Saber em que medida os fatos relativos a *cuendar* e seus derivados são mais ou menos representativos do percurso histórico experimentado por outros verbos de origem africana introduzidos no Brasil é uma questão em aberto. No entanto, por estar em meio ao que parece ser um processo de mudança semântica (com possíveis consequências gramaticais sobre as construções que integra), *cuendar* pode oferecer pistas importantes para elucidar aspectos relativos não apenas à história dos verbos de origem africana, mas também daqueles provenientes de outras línguas. As dinâmicas de interação linguística e sociocultural que atuaram (e vêm atuando) para preservar os sentidos mais básicos de *cuendar* e, ao mesmo tempo, promover algumas especializações em seu uso por meio de formação de novos itens (como *acuendar* e *desacuendar*) podem certamente ser parte de uma agenda de investigação mais ampla, na tentativa de entender como diferentes elementos históricos afetam a composição do repertório lexical das variedades do português brasileiro, nos mais diversos contextos sociais.

APÊNDICE

Nos casos em que havia várias entradas para o mesmo verbo, a entrada só figura uma vez na Tabela 1 (por exemplo *beber* está uma vez na lista, embora Castro tenha registrado várias entradas: *beber*, *beber café*, *beber água*). Os verbos construídos com um verbo em português e mais um substantivo de origem africana foram excluídos e listados abaixo da Tabela 1, junto com os verbos para os quais não havia nenhuma indicação de possível origem africana.

Os âmbitos de uso especificados em Castro (2001) são: LS, 'língua de santo', ou língua ritual, ou 'povo de santo', linguagem utilizada no dia a dia entre adeptos de religiões afro-brasileiras; na LP 'linguagem popular' na Bahia, BA 'linguagem baiana' em termos gerais, BR, 'linguagem brasileira', difundida em todo o Brasil, ou PO, 'português geral', que se encontra também fora do Brasil.

As possíveis origens indicadas para os verbos foram identificadas por Castro (2001) e são as seguintes: yor (iorubá), fon, ewe, kik (quicongo), kimb (quimbundo), umb (umbundo), port (português).

Tabela 1 – itens lexicais classificados como verbos de origem african em Falares africanos na Bahia (Castro, 2001)

VERBO	ÂMBITO DE USO / DIFUSÃO	SIGNIFICADO	ORIGEM
1. *Abadjé*	LS	Estragar, perder a virgindade	Yor, fon
2. *Abanca(r)*	LS	Fugir, sair em fuga, correr, perseguir	Kik, kimb
3. *Abudjé*	LS	Morder	Yor
4. *Abulé*	LS	Estar deitado, deitar	Yor
5. *Aburicá*	LS	Fazer mal, destruir completamente, apanhar doença incurável provocada por feitiço; feder, deteriorar, profanar	Yor
6. *Acapanga(r)-se*	BR	Contratar capanga, proteger-se	Kik, kimb
7. *Acará*	LS	Tocar fogo, incendiar	Kik, kimb, umb
8. *Acu*	LS	Morrer	Fon, yor
9. *Acuerá*	LS	Esposar, amancebar	Kik, kimb
10. *Adabulé, adubulé, dabulé*	LS	Fazer saudação (dobalé)	Yor
11. *Adalu*	LS	Misturar	Yor

12. *Agogô*	LS	Ir no mato, ir defecar	Yor
13. *Ajeum, jeum*	LS	Comer	Yor
14. *Aló*	LS	Ir, sair	Yor
15. *Amoca(r), amocamba(r)*	LP	Esconder, reunir em mocambo, ocultar	Kik
16. *Amofumba(r), mofumba(r), mufumba(r)*	LP	Esconder, fazer alguma coisa secretamente, ocultar em lugar escuro	Kik, kimb
17. *Amoleca(r)*	BR	Tratar indecorosamente, ridicularizar, rebaixar; tornar-se moleque	Kik, kimb, umb
18. *Anã, uaná*	LS	Mamar	Fon
19. *Anajelá*	LS	Menstruar	Fon
20. *Analeiú*	LS	Tomar banho, ir para o banho	Fon
21. *Anum*	LS	Limpar	Yor
22. *Apanaiá*	LS	Causar distúrbio, perturbar	Yor
23. *Aquilomba(r)*	BR	Reunir-se em quilombo	Kik, kimb
24. *Arirê*	LS	Cantar	Yor
25. *Assenzala(r)*	BR	Dar aparência de senzala	Kik, kimb
26. *Azuelá, zuela(r)*	LS	Cantar, falar, rezar	Kik, kimb
27. *Babata(r)*	BR	Tatear, apalpar	Kik, kimb
28. *Bagunça(r)*	BR	Fazer bagunça	Kik
29. *Balé*	LS	Varrer	Yor
30. *Bangola(r), Bangula(r), mangona(r)*	BA	Executar um trabalho com muita preguiça, remanchar; vaguear	Kik, kimb, umb
31. *Banza(r)*	BR	Ficar pensativo, triste, pasmado de mágoas, sentir banzo	Kik, kimb
32. *Batuca(r)*	BA	Repetir a mesma coisa insistentemente, dançar batuque	Kik, kimb
33. *Berê, buerê*	LS	Perguntar, autorizar	Fon, yor
34. *Beru, bueru*	LS	Ter medo	Yor

35. *Biatá*	BA	Joeirar, passar em peneira, limpar milho, feijão etc. após colheita	Kik, kimb, umb
36. *Bimba(r)*	LP	Copular	Kik, kimb
37. *Bola(r)*	PS	Entrar em transe	Kik, kimb
38. *Bonga(r)*	LP	Buscar, procurar, apanhar de grão em grão	Kik, kimb
39. *Brucuta(r)*	LP	Procurar remexendo, fazendo barulho	Kimb
40. *Brugunza(r)*	LP	Remexer, procurar	Kik, kimb
41. *Bumba(r)*	BR	Surrar, espancar, bater; tocar, bater o bombo	Kik
42. *Bunda(r)*	BR	Dar um golpe com a bunda	Kik, kimb
43. *Buó*	LS	Ouvir, entender	Yor
44. *Cachimba(r)*	PO	Fumar cachimbo, fumegar, lançar, exalar vapores	Kik, kimb
45. *Cacimba(r)*	BR	Encher de cacimba (um terreno)	Kik, kimb
46. *Caçula(r)*	LP	Pilar, socar o milho no pulão	Kik, kimb, umb
47. *Cafanga(r)*	BA, LP	Resmungar com raiva; maldizer, blasfemar; ameaçar, gabando-se de proeza, zumbar	Kik, kimb
48. *Cafifa(r), encafifa(r)*	LP	Amuar, calar-se de repente; envergonhar-se; mortificar, desagradar	Kik
49. *Cafuna(r)*	LP	Impelir (a castanha de cajú) por meio de um piparote no jogo infantil chamado "capitão"	Kik
50. *Cafunga(r)*	LP	Procurar, catar, meter o nariz onde não é chamado; resmungar pelos cantos	Kik, kimb
51. *Candonga(r)*	LP	Mexericar, lisonjear, adular, importunar, sonegar impostos, contrabandear	Kik, kimb
52. *Candonguea(r)*	LP	Implicar, tornar-se inquieto, impaciente	Kik, kimb
53. *Capanga(r)*	BA	Comprar com capangueiro, comprar diamantes a quem os extrai	Kik, kim
54. *Capenga(r), capenguea(r)*	BR	Mancar, coxear	Kik, kimb, umb

55. *Capianga(r)*	LP	Furtar com destreza, surrupiar; bater estrada, procurar o que não está perdido	Kik, kimb
56. *Capoeira(r)*	BA	Ter jogo de cintura, habilidade para sair de situações difíceis	Kik, kimb
57. *Carimba(r)*	PO	Colocar carimbo	Kik, kimb, umb
58. *Catiçá*	LS	Oferecer em sacrifício, encantar	Kik, kimb
59. *Catimba(r)*	LP	Usar de catimba (manha, astúcia, engodo)	Kik, kimb
60. *Catinga(r)*	BR	Ter catinga (cheiro fétido e desagradável do corpo humano)	Kik, kimb
61. *Catula(r)*	PS	Raspar a cabeça do noviço durante a iniciação	Kik, kimb
62. *Caxila*	LS	Chegar	Kik, kimb
63. *Caxinga(r)*	LP	Retardar, fazer lentamente	Kik
64. *Chueta(r)*	LP	Mofar-se de uma pessoa, não dar importância, desdenhar, por em ridículo	Kik
65. *Cochila(r)*	BR	Dormitar, dormir levemente, descuidar-se	Kik, kimb
66. *Congá*	LS	Amarrar os maus espíritos	Kik
67. *Corim*	LS	Cantar	Yor
68. *Cubatá*	LS	Bater, tocar tambor	Kik, kimb
69. *Cudiá, cuniá, curiá*	LS	Comer	Kik, kim
70. *Cuendá, puendá, quendá, quendô*	LS	Andar, partir, viajar	Kik, kimb
71. *Cufa(r), cufô, afá, afô*	LP	Morrer	Kik, kimb, umb
72. *Culana*	LS	Lutar, perseguir	Kik, kimb
73. *Cunena, cunema, daracunena, nena*	LS	Defecar	Kik, kimb

74. *Cunlé*	LS	Ajoelhar	Yor
75. *Cunuá, nu, uaná*	LS	Beber, fumar	Kik, kimb
76. *Curimá*	LS	Trabalhar	Kik, kimb, umb
77. *Curimba*	LS	Cantar em louvor	Kik, kimb
78. *Cussuça, daracussuça*	LS	Urinar	Kik, kimb
79. *Cuvalá*	LS	Nascer	Kik, kimb, umb
80. *Dadê*	LS	Chegar, vir até aqui	Yor
81. *Dafum*	LS	Dar, pedir	Yor
82. *Darucó*	LS	Dar o nome, batizar	Yor
83. *Denga(r)*	BA	Fazer dengue (choradeira, birra de criança, manha, treta)	Kik, kimb
84. *Desbunda(r)*	LP	Perder o autodomínio, causar espanto, admiração	Port (des), Kik, kimb (bunda)
85. *Descabaça(r)*	LP	Desvirginar, tirar o cabaço (hímen)	Port (des), Kik, Kimb (kabasu)
86. *Desponga(r), ponga(r)*	BR	Sair ou saltar de um veículo em movimento	Port (des), kik (pongula)
87. *Didê, odidê*	LS	Chegar, esperar. Levantar, ficar de pé	Yor
88. *Didá*	LS	Criar	Yor
89. *Dum*	LS	Doer	Yor
90. *Dupé*	LP	Agradecer? (Reenvia à expressão com significado de ‘obrigado, por favor, com licença’)	Yor
91. *Durô*	LS	Levantar, ficar de pé	Yor
92. *Durodê*	LS	Esperar	Yor
93.*Ebimpá*	LS	Ter fome, morrer de fome	Yor
94. *Ecoibi*	LS	Morrer	Yor

95. *Edifá*	LS	Consultar	Yor
96. *Empomba(r)*	BR	Estar, ficar de mau humor, não ter bom senso	Port (pombo), Kik (mpombo)
97. *Encabula(r), incabula(r)*	BR	Envergonhar, acanhar-se, aborrecer, amuar; dar, trazer má sorte, mal feito	Kik, kimb
98. *Encafua(r)*	BR	Meter em cafua	Kik
99. *Encalomba(r)*	BR	Encher de calombo (inchaço)	Kik, Kimb
100.*Encalunga(r)*	PS	Enfeitiçar	Port (en), Kik, kimb, umb (kalunga)
101. *Enfusar, infuza(r)*	BA	Não ter seguimento, não ter saída, encalhar, não obter venda, ficar solteirona	Kik, Kimb
102. *Enjia(r),enjica(r)*	LP	Implicar, embirrar; estar com frio	Kik, kimb
103. *Enquizila(r)*	BR	Causar aborrecimento, antipatia; irritar-se, embirrar, implicar, estar cheio de quizila (tabu)	Kik, kimb
104. *Enxodoza(r)*	BR	Ter xodó (namorado, amante, paixão)	Kik, kimb, fon/ewe
105. *Esmolamba(r)*	BR	Andar esfarrapado, maltrapilho; achincalhar, acanalhar	Port (es), kik, kimb (mulamba)
106. *Fofa(r)*	LP	Copular	Port, kik, kimb
107. *Fuça(r)*	LP	Cansar, fatigar-se, envelhecer	Kik
108. *Fujica(r), fuxica(r)*	LP	Mexericar, segredar, fazer fuxico	Kik, kimb
109. *Fum*	LS	Dar, trazer, levar	Yor
110. *Funfa(r), furunfa(r)*	LS	Bater	Kik, kimb

111. *Funga(r)*	BR	Aspirar fortemente com ruído; respirar com dificuldade; absorver ou respirar pelo nariz, cheirar rapé, resmungar, ficar zangado, farejar	Kik, kimb
112. *Furunga(r)*	LP	Remexer, misturar	Kik, kimb
113. Futricar	LP	Ver *fuxicar*	Kik, kimb
114. *Fuzarquea(r)*	BR	Fazer fuzarca (farra, folia, pândega, estardalhaço)	Kik, kimb
115. Gongunha(r), *gunguna(r)*	LP	Resmungar, murmurar consigo mesmo	Kik, kimb
116. Gonzom	LS	Comandar, ordenar	Fon
117. *Gronga(r)*	LP	Fazer gronga (feitiçaria por meio de beberagem; intriga, coisa mal feita, geringonça	Kik, kimb
118. *Grungunza(r)*	LP	Meditar; empregar esforço para decifrar alguma coisa, escarafunchar, remexer	Kik
119. *Guanguana*	LS	Acabar, terminar, encerrar	Kik
120. *Gunaguane*	LS	Apagar o fogo	Kik
121. *Ibereci*	LS	Começar	Yor
122. *Imbonda(r)*	LP	Enganar, mentir astuciosamente	Kimb
123. *Imbrema*	LS	Copular	Kik
124. *Infona(r)*	BA	Frustrar um compromisso	Kik
125. *Infunica(r)*	LP	Desfigurar, mascarar	Kik
126. *Ingunda(r)*	BA	Franzir, preguear (ref. a tecido); embaraçar, intrincar	Kik, kimb
127. *Injia(r)*, *injica(r)*	BA	Sentir frio	Kik, fon, yor
128. *Inzalá*	LS	Ter fome	Kik, kimb
129. *Jinga(r)*	BR	Andar bamboleando o corpo, curvar-se, dobrar-se num sentido e noutro	Kik, kimb
130. *Jirrã*	LS	Cantar, louvar	Yor
131. *Jocô*	LS	Sentar	Yor

132. *Labé*	LS	Cortar	Fon, yor
133. *Lamba(r)*	LP	Chicotear, bater com lamba (chicote)	Kik, kimb, fon, yor
134. *Lenga(r)*	PS	Fugir	Kik, kimb
135. *Macaca(r), macaquea(r)*	PO	Imitar de maneira ridícula	Kik
136. *Macotea(r)*	LP	Ter prestígio como um macota	Kik, kimb
137. *Maiongá*	PS	Tomar banho, ir para a maionga (banho ritual)	Kik, kimb
138. *Maló*	LS	Pode ir, vá embora	Yor
139. *Mambemba(r)*	BR	Representar de cidade em cidade, fazer parte de uma companhia mambembe	Kik
140. *Mandinga(r)*	BR	Enfeitiçar, fazer feitiço	Kik, kimb
141. *Manducá*	LS	Começar	Kik, kimb
142. *Manga(r)*	BR	Zombar, troçar, vangloriando-se; caçoar, afetando seriedade	Kik
143. *Manzanza(r), mazanza(r)*	LP	Demorar na execução de um trabalho, remanchar	Kik
144. *Maxixa(r)*	BR	Dançar maxixe	Kik, kimb
145. *Menga(r)*	LS	Copular, ter relações sexuais	Kik
146. *Menguenzá*	LS	Estar menstruada	Kik
147. *Mocá*	LS	dormir	Kik
148. *Mocamba(r)*	BR	Viver em mocambo	Kik
149. *Moganga(r)*	LP	Fazer moganga (deboche, careta, trejeito, fingimento)	Kik, kimb
150. *Moleca(r), molequea(r)*	BR	Ato ou atitude de moleque, proceder como garoto	Kik, kimb, umb
151. *Muandô*	LS	Vá, ande!	Kik, kimb
152. *Muçurunga(r), muxurunda(r)*	LP	Chicotear, bater	Kik, kimb

153. *Mufumba(r), mofumba(r), amofumba(r)*	LP	Esconder, fazer alguma coisa secretamente, ocultar em lugar escuro	Kik, kimb
154. *Mujé*	LS	Beber sangue (ritual)	Yor
155. *Mum*	LS	Beber	Yor
156. *Murunga(r)*	LP	Remanchar, retardar no trabalho	Kik, kimb
157. *Muxoxa(r), muxoxea(r)*	LP	Fazer muxoxo (estalido com a língua e os lábios, semelhante a um beijo, demonstrando enfado ou desdém)	Kik, kimb
158. *Naborodô*	LS	Copular	Kik, fon
159. *Najadá*	LS	Defecar	Fon
160. *Ofoló, oló*	LS	Voar, ir embora, desaparecer, morrer	Yor
161. *Oiê*	LS	Compreender	Yor
162. *Omã*	LS	Lançar maldição	Fon
163. *Orim*	LS	Andar	Yor
164. *Oxubu*	LS	Cair	Yor
165. *Pamó*	LS	Cobrir, guardar	Yor
166. *Patapata*	LS	Acabado, terminado	Yor
167. *Puá*	LS	Matar	Yor
168. *Puadá, quadá*	LS	Voltar, retornar, vir	Fon, yor
169. *Quatá*	LS	Pegar, tomar, dar	Kik, kimb, umb
170. *Quibanda(r)*	LP	Usar o quibando (peneira grossa em forma de disco, para sengar o arroz, o café, etc.)	Kik, kimb
171. *Quijila(r), quizila(r)*	LP	Causar quizila (tabu, interdição religiosa), zangar, importunar	Kik, kimb
172. *Quitonga*	LS	Copular, dormir com alguém	Kik, kimb
173. *Raun*	LS	Costurar	Yor
174. *Ranti*	LS	Lembrar	Yor
175. *Rerim*	LS	Rir	Yor
176. *Ri*	LS	Olhar, ver	Yor

177. Runhã, runrã	LS	Abrir a porta	Fon
178. Saca, sacuro	LS	Exorcizar, usando também folhas	Kik, kimb
179. Sacanea(r)	LS	Fazer sacanagem (ação de sacana, indivíduo desprezível, sem-vergonha)	Kik, kimb, umb
180. Sacudi(r)	LS	Descarregar ou purificar o corpo ou a casa de males através de rezas e folhas, que são depois jjogadas na rua	Kik, kimb, port
181. Sacurupemba	LS	Realizar a opemba, rito propiciatório que consiste em "cruzar" o recinto onde se vai fazer uma cerimônia religiosa, salpicando o chão, no centro e nos quatro cantos da sala com pó-de-pemba, a fim de afastar os espíritos que possam causar distúrbios durante danças e cânticos	Kik, kimb, umb
182. Samanga(r)	LP	Estar ocioso	Kik, kimb, umb
183. Samba(r)	BR	Dançar o samba; roupa folgada samba no corpo; sair-se mal. Ser preso	Kik, kimb
184. Sanguigu	PS	Fazer serão, vigília	Fon
185. Sarê	LS	Correr	Yor
186. Savará, savalu	LS	Prestar homenagem, saudar as divindades	Fon
187. Senga(r)	LP	Separar por meio de peneiras	Kik
188. Sessa(r)	BR	Peneirar	Kik, kimb
189. Simim	LS	Descansar	Yor
190. Soró	LS	Falar	Yor
191. Subiça	LS	Procurar, buscar, suplicar alguma coisa	Kik
192. Sum	LS	Dormir	Yor
193. Sungar	BR	Puxar para cima, suspender o cós de calças ou saias; subir, trepar, erguer qualquer coisa; fungar com dificuldade o muco do nariz, deixando de assoar-se	Kik, kimb
194. Sunguilá	LS	Venerar, consagrar	Kik

195. *Surrã*	LS	Fechar a porta, cerimônia consecutiva à morte da iaô	Fon
196. *Taburicá*	LS	Deteriorar, estragar, menstruar	Kik
197. *Tagonzom*	LS	Sentir-se bem, mostrar arrogância	Por, kik, fon
198. *Tarameçó, meçó*	LS	Ver, olhar, predizer	Kik, kimb
199. *Tibunga(r)*	LP	Mergulhar	Kik
200. *Tobué*	LS	Cochilar	Yor
201. *Tubiá-guanguana/ gunaguane*	LS	Apagar o fogo	Kik, kimb
202. *Tuizá, tuizô*	LS	Venha cá, volte	Kik, kimb
203. *Tunga(r)*	LP	Teimar, renitir; bater, dar pancada; enganar, iludir	Kik, kimb
204. *Uadilá*	LS	Chorar	Kik, kimb
205. *Ué*	LS	Lavrar	Yor
206. *Uzô*	LS	Esquentar, clarear	Fon
207. *Vavuca(r)*	LP	Remexer, misturar	Kik, kimb
208. *Vunza(r)*	BA	Remexer (malas, gavetas, etc.)	Kik, kimb
201. *Xiba(r)*	LS	Fumar	Kik, kimb
210. *Xicamã*	LS	Sentar	Kik, kimb
211. *Xinga(r)*	BR	Insultar, ofender com palavras, injuriar	Kik, kimb
212. *Xinguilá*	LS	Rogar praga	Kik, kimb
213. *Xixila(r)*	BA	Ser ou ficar xixilado (sem vergonha, descarado)	Kik
214. *Xocum*	LS	Chorar	Yor
215. *Zanza(r)*	BR	Vaguear, andar ao acaso, distraído	Kik, kimb
216. *Zunza(r)*	LP	Fazer barulho, confusão, intriga irritantemente	Kik

LISTA DE VERBOS COM RAIZ VERBAL PORTUGUESA

Abaixo listamos os itens verbais que são elencados por Castro (2001) como formados a partir de verbos portugueses, para os quais não há possível étimo africano. Muitos desses verbos portugueses, porém, se combinam com substantivos de origem africana. Um total de 38 (em 45) verbos estão restritos ao universo afrorreligioso (PS/LS).

1. *Abrir-ajira* – 'iniciar as cerimônias da Umbanda', PS
2. *Abrir-caminho* – 'preceder a rituais propiciatórios', PS
3. *Arriar-ebó* – 'colocar oferendas em um lugar específico', PS
4. *Assentar* – 'instalar os objetos rituais no assento', LS
5. *Assentar-santo* – ver assentar, PS
6. *Baixar-o-santo* – 'entrar em transe de possessão', PS
7. *Bater* – 'realizar cerimônias públicas', PS
8. *Bater-bembé* – 'realizar uma festa pública de candomblé', LP
9. *Bater-binga* – 'morrer', LP
10. *Bater-coro* – 'tocar atabaque', PS
11. *Bater-paó* – 'bater palmas ritualmente', PS
12. *Botar-santo, botar-caboclo* – 'fazer os preparativos rituais para festejar a entidade', PS
13. *Botar-a-mão-na-cabeça* – 'preparar a noviça ou o noviço para receber o santo', PS
14. *Botar-mesa* – 'predizer e resolver, por adivinhação os problemas do consulente', PS
15. *Botar um barco* – 'abrigar um grupo de noviços para a iniciação', PS
16. *Cair-no-santo* – 'entrar em transe de possessão', PS
17. *Chamar-o-santo* – 'provocar o transe de possessão por meio de cânticos e toques de atabaque', PS
18. *Dar-de-comer-à-cabeça* – 'em alusão a sacrifícios cerimoniais de animais cujo sangue é derramado sobre a cabeça do iniciado', PS
19. *Dar-dobalé* – 'render homenagem aos chefes do culto', PS
20. *Dar-prego* – 'empacar, emperrar', BA
21. *Darrum, darrumo* – 'tocar atabaque para chamar a divindade', PS
22. *Deitar-debalé* – 'deitar aos pés do pai-de-santo/da mãe-de-santo em sinal de reverência', PS

23. *Esticar-o-mulambo* – 'morrer', LP
24. *Falar-língua, falar-por-língua* – 'falar ou cantar e língua-de-santo', LS
25. *Fazer-a-cabeça* – 'iniciar-se nos segredos do culto', PS
26. *Fazer-nena* – 'ir defecar', LS
27. *Fazer-o-santo* – submeter-se ao processo de iniciação', PS
28. *Fechar-o-corpo* – 'proteger contra os males através de uma cerimônia especial', PS
29. *Ficar-de-tanga* – 'ficar na miséria', BR
30. *Inxerir* – 'instrometer-se', BA
31. *Juremar* – 'fazer festa em homenagem à Jurema', PS
32. *Nascer-feito* – 'nascer iniciado', PS
33. *Pegar* – 'ser bem aceito pelo santo', PS
34. *Pitar macaia, macanho* – 'morrer', LP
35. *Plantar roça* – 'praticar o lesbianismo', PS
36. *Puxarrum, puxarrumo* – 'tocar atabaque', PS
37. *Ralar-coco* – 'praticar o lesbianismo', PS
38. *Raspar* – 'raspar a cabeça do noviço durante a iniciação', PS
39. *Receber* – 'ter a entidade em si', PS
40. *Recolher* – 'abrigar um grupo de noviços para a iniciação', PS
41. *Suspender-ogã* – 'aclamar o candidato à iniciação para o cargo de ogã em uma festa pública', PS
42. *Tirar um barco* – 'completar o curso da iniciação de um grupo de noviços', PS
43. *Tomarrum* – 'cair em transe de possessão', PS
44. *Vadiar-no-canzuá* – 'realizar uma cerimônia pública em homenagem ao caboclo', PS
45. *Zelar* – 'cumprir as obrigações rituais para com as divindades', PS

Tabela 2 – Verbos que não parecem estar integrados à primeira conjugação do português

VERBO	ÂMBITO DE USO/ DIFUSÃO	SIGNIFICADO	ORIGEM
1. *Abadjé*	LS	Estragar, perder a virgindade	Yor, fon
2. *Abudjé*	LS	Morder	Yor
3. *Abulé*	LS	Estar deitado, deitar	Yor
4. *Acu*	LS	Morrer	Fon, yor
5. *Adabulé, adubulé, dabulé*	LS	Fazer saudação (dobalé)	Yor
6. *Adalu*	LS	Misturar	Yor
7. *Agogô*	LS	Ir no mato, ir defecar	Yor
8. *Ajeum, jeum*	LS	Comer	Yor
9. *Aló*	LS	Ir, sair	Yor
10. *Analeiú*	LS	Tomar banho, ir para o banho	Fon
11. *Anum*	LS	Limpar	Yor
12. *Arirê*	LS	Cantar	Yor
13. *Balé*	LS	Varrer	Yor
14. *Berê, buerê, bueru*	LS	Perguntar, autorizar	Fon, yor
15. *Beru*	LS	Ter medo	Yor
16. *Buó*	LS	Ouvir, entender	Yor
17. *Caxila*	LS	Chegar	Kik, kimb
18. *Corim*	LS	Cantar	Yor
19. *Culana*	LS	Lutar, perseguir	Kik, kimb
20. *Cunena, cunema, daracunena, nena*	LS	Defecar	Kik, kimb
21. *Cunlé*	LS	Ajoelhar	Yor
22. *Curimba*	LS	Cantar em louvor	Kik, kimb
23. *Cussuça, daracussuça*	LS	Urinar	Kik, kimb
24. *Dadê*	LS	Chegar, vir até aqui	Yor

25. *Dafum*	LS	Dar, pedir	Yor
26. *Darucó*	LS	Dar o nome, batizar	Yor
27. *Didê, ididê*	LS	Chegar, esperar. Levantar, ficar de pé	Yor
28. *Dum*	LS	Doer	Yor
29. *Dupé*	LP	Agradecer? (Reenvia à expressão com significado de 'obrigado, por favor, com licença')	Yor
30. *Durô*	LS	Levantar, ficar de pé	Yor
31. *Durodê*	LS	Esperar	Yor
32. *Ecoibi*	LS	Morrer	Yor
33. *Fum*	LS	Dar, trazer, levar	Yor
34. *Gonzom*	LS	Comandar, ordenar	Fon
35. *Guanguana*	LS	Acabar, terminar, encerrar	Kik
36. *Gunaguane*	LS	Apagar o fogo	Kik
37. *Ibereci*	LS	Começar	Yor
38. *Imbrema*	LS	Copular	Kik
39. *Jirrã*	LS	Cantar, louvar	Yor
40. *Jocô*	LS	Sentar	Yor
41. *Labé*	LS	Cortar	Fon, yor
42. *Maló*	LS	Pode ir, vá embora	Yor
43. *Muandô*	LS	Vá, ande!	Kik, kimb
44. *Mujé*	LS	Beber sangue (ritual)	Yor
45. *Mum*	LS	Beber	Yor
46. *Naborodô*	LS	Copular	Kik, fon
47. *Ofoló, oló*	LS	Voar, ir embora, desaparecer	Yor
48. *Oiê*	LS	Compreender	Yor
49. *Omã*	LS	Lançar maldição	Fon
50. *Oeim*	LS	Andar	Yor
51. *Oxubu*	LS	Cair	Yor
52. *Pamó*	LS	Cobrir, guardar	Yor

53. *Patapata*	LS	Acabado, terminado	Yor
54. *Quitonga*	LS	Copular, dormir com alguém	Kik, kimb
55. *Raun*	LS	Costurar	Yor
56. *Ranti*	LS	Lembrar	Yor
57. *Rerim*	LS	Rir	Yor
58. *Ri*	LS	Olhar, ver	Yor
59. *Runhã, runrã*	LS	Abrir a porta	Fon
60. *Saca, sacuro*	LS	Exorcizar, usando também folhas	Kik, kimb
61. *Sacurupemba*	LS	Realizar a opemba, rito propiciatório que consiste em 'cruzar' o recinto onde se vai fazer uma cerimônia religiosa, salpicando o chão, no centro e nos quatro cantos da sala com pó-de-pemba, a fim de afastar os espíritos que possam causar distúrbios durante danças e cânticos	Kik, kimb, umb
62. *Sanguigu*	PS	Fazer serão, vigília	Fon
63. *Sarê*	LS	Correr	Yor
64. *Simim*	LS	Descansar	Yor
65. *Soró*	LS	Falar	Yor
66. *Subiça*	LS	Procurar, buscar, suplicar alguma coisa	Kik
67. *Sum*	LS	Dormir	Yor
68. *Surrã*	LS	Fechar a porta, cerimônia consecutiva à morte da iaô	Fon
69. *Tagonzom*	LS	Sentir-se bem, mostrar arrogância	Por, Kik, Fon
70. *Tarameçó, meçó*	LS	Ver, olhar, predizer	Kik, kimb
71. *Tobué*	LS	Cochilar	Yor
72. *Tubiá-guanguana/ gunaguane*	LS	Apagar o fogo	Kik, kimb
73. *Ué*	LS	Lavrar	Yor
74. *Uzô*	LS	Esquentar, clarear	Fon
75. *Xocum*	LS	Chorar	Yor

NOTAS

1 Empregamos o substantivo próprio *Bantu* para designar o vasto grupo linguístico da família Niger-Congo (como em *línguas Bantu* e *grupo Bantu*), seguindo a nomenclatura largamente empregada na literatura sobre as línguas africanas. Contudo, recorremos ao adjetivo *banto* quando a referência não diz respeito à designação do grupo, mas a propriedades que são características ou particulares das línguas desse grupo (como em *origem banto* e *base banto*). Informamos ainda que, exclusivamente nos trechos reproduzidos do trabalho de Robert Slenes (1992) na seção "Difusão de *cuendar*", mantivemos a forma como esse autor emprega o termo (*bantu*).

2 Excluímos os vocábulos *tiritar*, *zonzo* e *zangar* por serem vocábulos usados também em Portugal, para os quais foram encontradas etimologias alternativas (https://www.infopedia.pt/dicionarios/lingua-portuguesa; http://michaelis.uol.com.br). Como *tiritar* e *zonzo* também aparecem no espanhol europeu (www.dle.rae.es), é possível que a sua origem seja ibérica, e não africana.

3 Os materiais foram digitalizados em 2013 com o apoio da fundação sueca STINT (Swedish Foundation for International Cooperation in Research and Higher Education) e podem ser consultados na plataforma de arquivos sonoros do Centro de Documentação Alexandre Eulálio, da Universidade Estadual de Campinas (http://www3.iel.unicamp.br/cedae/).

4 Disponível em: <https://www.infopedia.pt/dicionarios/lingua-portuguesa/carimbar>. Acesso em: dez. 2018.

5 Disponível em: <https://www.infopedia.pt/dicionarios/lingua-portuguesa/xingar> e em: <https://www.infopedia.pt/dicionarios/lingua-portuguesa/cochilar>. Acesso em: dez. 2018.

6 A sigla LGBT é amplamente utilizada por movimentos sociais e entidades governamentais no Brasil e no exterior. Outras siglas também são empregadas, por exemplo: LGBTIS, para abarcar intersexuais e simpatizantes; LGBT*, para indicar que T (de *Trans-*) tem significados múltiplos; LGBTQ, tendo em vista a perspectiva dos Estudos *Queer* em torno, entre outros aspectos, de orientação sexual e diversidade de gênero. Optamos pela sigla LGBT por nos parecer, até o momento, a mais utilizada no Brasil.

7 Atualmente, residem na comunidade apenas duas pessoas que dizem falar a Cupópia. Conforme Petter (1998:199), só havia adultos que sabiam falar Cupópia na década de 1990. Durante uma visita à comunidade em dezembro de 2014, tivemos a oportunidade de conversar com dois moradores que disseram ser os últimos falantes da "língua".

8 Algumas palavras que aparecem na letra da música podem apresentar os seguintes significados na chamada *gíria gay*: ***babado***: acontecimento bom ou mau (também pode ser empregado como adjetivo para qualificar algo como sendo positivo ou negativo), confusão, caso amoroso, relação sexual; ***bofe***: homem bonito, másculo; ***dunda***: homem negro; ***equê***: mentira, farsa, engano (há também o termo *ekê*, que se refere ao órgão sexual masculino); ***fervo***: agito, diversão, lugar onde se vai para se divertir ou procurar diversão; ***gira***: lugar, localidade, região, zona; ***mala***: órgão genital masculino; ***mona***: mulher ou homem gay afeminado; ***ocó***: homem; ***odara***: grande; ***pegação***: preliminares do ato sexual (que pode ou não ser consumado) ou busca por sexo em locais específicos; ***uó***: coisa ruim, negativa, sem valor. Vários desses itens foram listados por Álvarez-López (2004) como parte da linguagem do candomblé, o que mostra haver uma superposição entre essa linguagem e o que tem sido denominado *gíria gay*.

REFERÊNCIAS BIBLIOGRÁFICAS

Critérios de indexação:

(1) As entradas vêm pelo sobrenome, em sequência alfabética e cronológica, do texto mais antigo para o texto mais recente.
(2) Em caso de mais de um autor, um ponto e vírgula separa os nomes.
(3) A data de publicação aparece no final do verbete. Sempre que possível, indica-se entre colchetes a data da primeira edição.
(4) Nos textos publicados em coletâneas, remete-se apenas aos organizadores, data e páginas, entre parênteses. Para a obtenção dos dados bibliográficos completos, procure pelo sobrenome do organizador e data da publicação.

Adam, Jean-Michel. *Linguística Textual*: introdução à análise textual dos discursos. São Paulo: Cortez, 2008.

Alexiadou, A. et al. (Orgs.). *Perfect explorations*. Berlin/New York: De Gruyter, 2003.

Alkmim, Tânia M. "A variedade linguística de negros e escravos: um tópico da história do português do Brasil". In: Rosa Virgínia Mattos e Silva (2001: 317-336).

Alkmim, Tânia Maria. A fala como marca: escravos nos anúncios de Gilberto Freire. *Scripta*, Belo Horizonte 9: 221-229, 2006.

Alkmim, Tânia Maria; Petter, Margarida M.T. Palavras da África no Brasil de ontem e de hoje. In: J. L Fiorin,.; M. Petter. (Orgs. 2008: 145-179).

Alkmin, Mônica A. (Org.) *Para a história do português brasileiro, Volume V: Estudos sobre mudança linguística e história social*. Editora fale/ufmg, Belo Horizonte, 2007, pp. 545-578.

Allan, K.; Jaszczolt, K. (Orgs.). *The Cambridge Handbook of Pragmatics*. Cambridge: Cambridge University Press, 2011.

Almeida, Erica Sousa de. Cartas de Leitores. Rio de Janeiro. Rio de Janeiro: Projeto phpb/rj, 2011. Disponível em: <https://docs.google.com/viewer?a=v&pid=sites&srcid=ZGVmYXVsdGRvbWFpbnxjb3Jwb3JhcGhwYnxneDo0ZmNiMDZmNjMwMGI0NWZj> Acesso em: 21 ago. 2018.

Almeida, Erica Sousa de; Viegas, Thomé; Marques, Elaine. Editoriais. Rio de Janeiro. Rio de Janeiro: Projeto phpb | rj, 2013. Disponível em: <https://docs.google.com/viewer?a=v&pid=sites&srcid=zgvmyxvsdgrvbwfpbnxjb3jwb3jhcghwynxnedo0zja0otq3ywrjzjzmntbh>. Acesso em: 21 ago. 2018.

Almeida, Maria Lucia Leitão de. Processo de Mesclagem em Anguladores no Português do Brasil. *Veredas: revista de estudos linguísticos*. Juiz de Fora, 3.1, pp. 129-142, 1999.

Almeida, Maria Lucia Leitão de. A Linguística Sociocognitiva e os anguladores: uma nova perspectiva para fenômenos tidos como marginais. In: Claudio Cezar Henriques; Darcilia Simões; André Crim Valente (Orgs. 2005: 56-67).

Almeida, Napoleão Mendes de. *Gramática latina*. 30. ed. São Paulo: Saraiva, 2011.

Álvarez López, L.; Jon-And, A. Afro-Brazilian Cupópia: lexical and morphosyntactic features of a lexically driven in-group code. *Journal of Pidgin and Creole Languages*, 32 (1). 75-103, 2017.

Álvarez-López, Laura. *A língua de Camões com Iemanjá*; forma e funções da linguagem do candomblé. Tese (Doutorado) – Estocolmo: Departamento de espanhol, português e estudos latino-americanos da Universidade de Estocolmo, 2004, 228p.

Álvarez-López, Laura. Lubolos, mandingas y otros 'nombres de nación' de origen africano en Montevideo y Rio Grande do Sul. In: Laura Álvarez-López; Margarida Coll (Orgs. 2012: 35-69).

Álvarez-López, Laura. Quem éramos minas? Nota sobre a nação 'mina' no sul do Brasil e no Prata no século xix. In: J. Ornelas de Avelar; Laura Álvarez-López (Orgs. 2015: 43-69).

Álvarez-López, Laura. The dialect of São João da Chapada: possible remains of a mining language in Minas Gerais, Brazil. *International Journal of the Sociology of Language*. No prelo.

Álvarez-López, Laura; Coll, Margarida (Orgs.). *Una historia sin fronteras*: léxico de origen africano en Uruguay y Brasil. Estocolmo: Acta Universitatis Stockholmiensis, 2012.

Álvarez-López; Laura; Edfeldt, C. The role of language in the construction of gender and ethnic-religious identities in Brazilian-Candomblé communities. In: A. Jule (Org. 2007: 149-171).

Álvarez-López; Laura; Jon-And, Anna. Afro-Brazilian Cupópia. *Journal of Pidgin and Creole Languages*, 32: 75-103, 2017.

Alves, Ieda Maria. A observação sistemática da neologia lexical: subsídios para o estudo do léxico. *Alfa*. São Paulo, 50.2: 131-144, 2006.

Amaral, Patricia; Howe, Chad. Nominal and verbal plurality in the diachrony of the Portuguese Present Perfect. In: Patricia Cabredo-Hofherr; Brenda Laca (Orgs. 2012).

Andrade, Mário de. *Macunaíma*: o herói sem nenhum caráter. Edição crítica de Ancona Lopez, Telê Porto. Rio de Janeiro: ltc, 1978.

Angenot, Jean-Pierre; Angenot, G. de L.; Maniacky, J. Glossário de Bantuísmos Brasileiros Presumidos. *Revista Eletrônica Língua Viva*. Porto Velho, 2: 1-250, 2013.

Angenot, Jean-Pierre; Jacquemin, J.; Vincke J. Répertoire de Vocables Brésiliens d'Origine Africaine. Lubumbashi: Editions du celta, 1974.

Arden, Mathias; Meisnitzer, Benjamin; Pustka, Elissa (Orgs.). *Zwischen Sprechen und Sprache*. Frankfurt am Main: Lang, no prelo.

Aronoff, Mark. *Word formation in Generative Grammar*. Cambridge: mit Press, 1976.

Assis Junior, A. *Dicionário kimbundu-português, linguístico, botânico, histórico e corográfico. Seguido de um índice alfabético dos nomes próprios*. Luanda: Argente Santos, 1994 [1. ed. 1923]. Disponível em: <https://pt.scribd.com/document/324359655/Dicionario-Kimbundu-Portugues-Assis-Junior>; <https://archive.org/details/dicionriokimbu00assiuoft>. Acesso em: 9 nov. 2019.

Aurélio. *Novo Dicionário Aurélio da Língua Portuguesa*. 2ª ed. ver. e ampl.. Rio de Janeiro: Nova Fronteira, 1986.

Avelar, J. Ornelas de; Álvarez-López, Laura (Orgs.). *Dinâmicas Afro-Latinas*: Línguas e Histórias. Frankfurt am Main: Peter Lang, 2015.

Bailly, Anatole, *Le Grand Bailly Dictionnaire Grec Français*. Paris: Hachette. 2000.

Baker, P. Interpreting the Findings. In: A. Bartens; P. Baker (Orgs. 2012: 273-286).

Barbosa, Afranio G.; Lopes, Célia Regina dos S. Críticas, queixumes e bajulações na Imprensa Brasileira do séc. xix: cartas de leitores e cartas de redatores. Rio de Janeiro: Projeto phpb-Rio/Faperj. Edição Electrônica, 2004. Cartas impressas em jornais: cartas de redatores de sete cidades brasileiras. Disponível em: <https://docs.google.com/viewer?a=v&pid=sites&srcid=ZGVmYXVsdGRvbWFpbnxjb3Jwb3JhcGhwYnxneDo5MzAxY2IwNzAwZWNkM2Q>. Acesso em: 21 ago. 2018.

Barbosa, Afranio G.; Lopes, Célia Regina dos S. Críticas, queixumes e bajulações na Imprensa Brasileira do séc. xix: cartas de leitores. Capítulo V- Rio de Janeiro 1ª metade. Rio de Janeiro: ufrj, Pós-Graduação em Letras Vernáculas: Faperj, 2006a. Disponível em: <https://docs.google.com/viewer?a=v-&pid=sites&srcid=ZGVmYXVsdGRvbWFpbnxjb3Jwb3JhcGhwYnxneDozOTljZjdlNzE1MmUwYjJm>. Acesso em: 21 ago. 2018.

Barbosa, Afranio G.; Lopes, Célia Regina dos S. Críticas, queixumes e bajulações na Imprensa Brasileira do séc. xix: cartas de leitores. Capítulo iii – Paraná 2ª metade xix. Rio de Janeiro: ufrj, Pós-Graduação em Letras Vernáculas: Faperj, 2006b. Disponível em: <https://docs.google.com/viewer?a=-v&pid=sites&srcid=ZGVmYXVsdGRvbWFpbnxjb3Jwb3JhcGhwYnxneDo2NjBiYTQ5ZDZjZWJkN2Vi>. Acesso em: 21 ago. 2018.

Barbosa, Afranio G. & Lopes, Célia Regina dos S. Críticas, queixumes e bajulações na Imprensa Brasileira do séc. xix: cartas de leitores. Rio de Janeiro: ufrj, Pós-Graduação em Letras Vernáculas: Faperj, 2006c. Capítulo V – Rio de Janeiro 2ª metade. Barbosa, Afranio Gonçalves; Lopes, Célia Regina dos S.; Callou, Dina Maria Isensee. Disponível em: <https://docs.google.com/viewer?a=v&pid=sites&srcid=ZGVmYXVsdGRvbWFpbnxjb3Jwb3JhcGhwYnxneDo0YTcxZjIyZmUwNmZmM2Rj>. Acesso em: 25 ago. 2018.

Barbosa, Afranio G.; Lopes, Célia Regina dos S. Críticas, queixumes e bajulações na Imprensa Brasileira do séc. xix: cartas de leitores. Rio de Janeiro: ufrj, Pós-Graduação em Letras Vernáculas: Faperj, 2006d. Capítulo iii – Paraná 2ª metade xix. Cyrino, Sonia Maria Lazzarini, Universidade Estadual de Londrina / CNPq. Disponível em: <https://docs.google.com/viewer?a=v&pid=sites&srcid=ZGVmYXVsdGRvbWFpbnxjb3Jwb3JhcGhwYnxneDo3OTg2ZjdhOTY3OGU2MTE>. Acesso em: 21 ago. 2018.

Barbosa, Afranio G.; Lopes, Célia Regina dos S. Críticas, queixumes e bajulações na Imprensa Brasileira do séc. xix: cartas de leitores. Rio de Janeiro: ufrj, Pós-Graduação em Letras Vernáculas: FAPERJ, 2006e. Capítulo iv – Pernambuco 1ª metade xix. Pessoa, Marlos de Barros, Universidade Federal de Pernambuco. Disponível em: https://docs.google.com/viewer?a=v&pid=sites&srcid=ZGVmYXVsdGRvbWFpbnxjb3Jwb3JhcGhwYnxneDo1MTMwMTQ3NDVlYzU3MTli>. Acesso em: 21 ago. 2018.

Barbosa, Afrânio G. "O português escrito no século xviii: fontes reunidas na Biblioteca Nacional do Rio de Janeiro", Afrânio G. Barbosa: "O português escrito no século xviii: fontes reunidas na Biblioteca Nacional do Rio de Janeiro". In: A. T. Castilho (1998: 229-238).

Barbosa, Juliana Bertucci; Oliveira Longo, Beatriz Nunes de. Um estudo do pretérito perfeito simples e composto no português brasileiro. *Letras & Letras*. Uberlândia, 19.2: 7-19, 2003.

Barbosa, Juliana Bertucci. O pretérito perfeito no português do Brasil e no português de Portugal contemporâneo. *Todas as Letras* 5.14.1: 176-194, 2012.

Barbosa, Juliana Bertucci. *Tenho feito/ fiz a tese: uma proposta de caracterização do pretérito perfeito no português*. Tese (Doutorado em Linguística e Língua Portuguesa). Universidade Estadual Paulista, Araraquara, 2008.

Barme, Stefan. 'Sertanejo não sabe chorar': zum Nullartikel bei Nominalphrasen mit Subjektfunktion im Brasilianischen. *Zeitschrift für romanische Philologie* 127.1: 162-171, 2011.

Bartens, A; Baker, P. (Orgs.) *Black through White. African Words and Calques which Survived Slavery in Creoles and Transplanted European Languages*. Londres: Battlebridge, 2012.

Bartoli, Matteo. *Introduzione alla neolinguistica*. Ginevra: Leo Olschki, 1925.

Barwise, Jon; Perry, John. *Situations and attitudes*. Cambridge, Mass: mit Press, 1983.

Barwise, Jon; Cooper, Robin. Generalized quantifiers and natural language. *Linguistics and Philoshophy*, 4.2: 159-219, 1981.

Basílio, Margarida. O princípio da analogia na constituição do léxico: regras são clichês lexicais. *Veredas*, Juiz de Fora, 1: 9-21, 1997.

Bassani, Indaiá de Santana. Transparência, composicionalidade e uma proposta para mudança morfológica ("lexicalização"). *Uma abordagem localista para morfologia e estrutura argumental dos verbos complexos (parassintéticos) do português brasileiro*. 2013. 382f. Tese (Doutorado em Linguística) – Universidade de São Paulo, São Paulo.

Basso, Renato M. Mecanismos de mudança semântica: Composicionalidade, reanálise e pragmática. *Revista do GELNE*, Natal / RN,15 (número especial): 167-190, 2013.

Batoréo, Hanna. *Expressão do Espaço no Português Europeu*: Contributo Psicolinguístico para o Estudo da Linguagem e Cognição. Lisboa: fct e Fundação Calouste Gulbenkian, Textos Universitários de Ciências Sociais e Humanas. Tese de Doutorado, Lisboa: flul, 1996/2000.

Beavers, J. On the nature of goal marking and delimitation: Evidence from Japanese. *Journal of Linguistics*. Cambridge University Press, 44.2: 283-316, 2008.

Bechara, Evanildo. *Moderna gramática portuguesa*. São Paulo: Editora Nacional, 1969.

Beck, Sigrid et alii. Crosslinguistic variation in comparison constructions. *Linguistic variation yearbook*. 9: 1-66, 2009.

Becker, Martin. Das Pretérito Perfeito Composto – ein Perfekt? Zur Semantik und Diachronie der ter + Partizip-Konstruktion. In: Mathias Arden; Benjamin Meisnitzer; Elissa Pustka (Orgs. no prelo).

Becker, Martin. O Pretérito Perfeito Composto em diacronia – uma evolução perfeita? *Estudos de Lingüística Galega* 8: 25-43, 2016.

Belligh, Thomas. La frase presentativa in italiano: aspetti funzionali e cognitivi dell' alternanza tra il *c'è* presentativo e la struttura con inversione verbo-soggetto. Masterproefvoorgelegd tot het behalen van de graad van Master in de TaalenLetterkunde: Twee Talen Afstudeerrichting Engels-Italiaans, 2015.

Bellotto, Heloísa L. *Como fazer análise diplomática e análise tipológica de documento de arquivo*. São Paulo: APESP/IMESP, 2002 (Coleção Como Fazer, vol. 8.)

Berlinck, Rosane Andrade. "Dirigiu-se para a sede social da Elite Flor da Liberdade" e "Ofereceu um banquete aos visitantes": sobre a variação das preposições em complementos verbais. *Revista Diadorim*, 8: 287-305. 2011. Disponível em: <http://www.revistadiadorim.letras.UFRJ.br/index.php/revistadiadorim/article/view/19>. Acesso em: 10 jan. 2017.

Berlink, Rosane de Andrade; Guedes, Marymarcia (Orgs.). *E os preços eram commodos...: Anúncios de Jornais Brasileiros Século* XIX . São Paulo: Humanitas/FFLCH/USP, [2000] 2007.

Bertinetto, Pier Marco; Lenci, Alessandro. Habituality, Pluractionality, and Imperfectivity. In: Binnick, Robert I. (Org.). *The Oxford Handbook of Tense and Aspect*: 1-44, 2012. (DOI: 10.1093/oxfordhb/9780195381979.013.0030).

Biderman, Maria Teresa Camargo. Unidades complexas do léxico. In: Rio-Torto, G.; Figueiredo, O. M.; Silva, F. (Orgs.). *Estudos em homenagem ao professor Doutor Mário Vilela*. Porto, Portugal: Faculdade de Letras da Universidade do Porto, vol. 2: 747-757, 2005. Disponível em: <http://ler.letras.up.pt/uploads/ficheiros/4603.pdf>. Acesso em: 6 dez. 2017.

Biderman, Maria Teresa. *Dicionário contemporâneo de português*. São Paulo: Vozes, 1992.

Bisang, Walter; Malchukov, Andrej (Orgs.). *Unity and Diversity in Grammaticalization Scenarios*. Berlin: Language Science Press, 2017. [= DOI:10.5281/zenodo.823228]

Black, David Alan. New Testament Semitisms. *The Bible Translator* 39.2: 215-223. 1988.

Blommaert, J. Notes on the Bantu KU-prefix. *Annales Aequatoria.* Coqhuilhatville, 7: 265-276, 1986.

Blühdorn, Hardarik. A Semantic Typology of Sentence Connectives. In: Theo Harden; Elke Hentschel (Orgs. 2010: 215-231).

Blühdorn, Hardarik. *Assim, aí, então*: A interpretação de advérbios semanticamente subespecificados no âmbito do texto. Mannheim: Institut für Deutsche Sprache, 2011.

Blühdorn, Hardarik. Kausale satzverknüpfungen im Deutschen. *Pandaemonium Germanicum. Revista de Estudos Germanísticos* 10: 253-282, 2006.

Blühdorn, Hardarik. *Syntax und Semantik der Konnektoren: Ein Überblick*. Manuskript. Mannheim: Institut für Deutsche Sprache, 2008.

Blühdorn, Hardarik. Zur Semantik der Konjunktion *als*. Paradigmatische und syntagmatische Aspekte. *Linguistik On-line*, 13.1, 2013. Disponível em: <https://bop.unibe.ch/linguistik-on-line/article/view/869>. Acessado em: 20 jul. 2018.

Bluteau, Rafael. *Vocabulario portuguez e latino, aulico, anatomico, architectonico, bellico, botanico, brasilico, comico, critico, chimico, dogmatico, dialectico, dendrologico, ecclesiastico, etymologico, econômico, forense, fructifero ... autorizado com exemplos dos melhores escritores portugueses, e latinos...* Coimbra: Collegio das Artes da Companhia de Jesu, 1712/1728.

Bolinger, Dwight. *Aspects of Language*. New York/ Chicago/ San Francisco; Atlanta: Harcourt, Brace & World, Inc., 1968.

Bolouvi, L. P. *Nouveau dictionnaire etymologique afro-bresilien*: afro-brasilérismes d'origine Ewé-Fon et Yoruba. Lomé: Presses de l'Université du Bénin, 1994.

Bonvini, Emile. Palavras de origem africana no português do Brasil: do empréstimo à integração. In: J. J. Nunes; M. M. T. Petter (Orgs. 2002: 147-162).

Borba, Francisco da Silva (Org.). *Dicionário Unesp do português contemporâneo*. São Paulo: Unesp, 2004.

Borba, Francisco da Silva. *Organização de dicionários*: uma introdução à lexicografia. São Paulo: Editora da Unesp, 2003.

Bowern, C.; Evans, B. (Eds). *The Routledge Handbook of Historical Linguistics*. Oxford, UK: Routledge, 2014/2015.

Braga, Theophilo. Sobre a novellistica brazileira. In: Sylvio Roméro (Ed. 1885: VII-XXXVI).

Brandão, Helena Nagamine, "Escravos em anúncios de jornais brasileiros do século XIX: Discurso e Ideologia". In Jânia M. Ramos e Mônica A. Alkmin (Org. 2007: 485-506).

Bréal, Michel. *Essai de sémantique*, Paris: Hachette, 1897.

Brekle, H.; Lipka, L. (Eds.) *Wortbildung, Syntax und Morphologie.* Geburtstag von Hans Marchand. The Hague: Mouton, 1968.

Bühler, Karl, *Sprachtheorie. Die Darstellungsfunktion der Sprache*. Frankfurt a.M.: Ullstein [1934] 1982.

Bybee, Joan. *Language, usage and cognition*. Cambridge: Cambridge University Press, 2010.

Bybee, J.; Hopper, P. (Orgs.) *Frequency and the Emergence of Linguistic Structure*. Amsterdam: Benjamins, 2001.

Byrd, S. *Calunga, an Afro-Brazilian Speech of the Triângulo Mineiro: Its Grammar and History*. Ph.D. dissertation, University of Texas Austin, 2005.

CABREDO-HOFHERR, Patricia; LACA, Brenda. When Perfect means "Plural": The Present Perfect in Northeastern Brazilian Portuguese. In: Patricia Cabredo-Hofherr; Brenda Laca (Orgs. 2010: 67-100).

CABREDO-HOFHERR, Patricia; LACA, Brenda (Orgs.). *Layers of Aspect*. Center for the study of language and information, 2010.

CABREDO-HOFHERR, Patricia; LACA, Brenda (Orgs.). *Verbal Plurality and Distributivity*, De Gruyter, 2012.

CACCIATORE, O. *Dicionário de cultos afro-brasileiros*: com origem das palavras. Rio de Janeiro: Forense Universitária, 1977.

CALDAS AULETE. *Dicionário da Língua Portuguesa.* 5ª ed. Rio de Janeiro: Delta, 1987.

CALLOU, Dinah; SILVA, Giselle M. Oliveira. O uso do artigo definido em contextos específicos. In: HORA, Dermeval da (Org.). *Diversidade Linguística no Brasil*. João Pessoa: Idéia, 1997.

CAMACHO, R. G. *Classes de palavras na perspectiva da Gramática Discursivo-Funcional: o papel da nominalização no* continuum *categorial*. São Paulo: Editora da Unesp, 2011.

CAMARA JR. J. M. *Estrutura da língua portuguesa*. Petrópolis: Vozes, 1970.

CANÇADO, Márcia. *Manual de Semântica*. Belo Horizonte: UFMG, 2008.

CARNEIRO, Zenaide de Oliveira Novais; ALMEIDA, Norma L. Fernandes de. "Documentos dos séculos XVIII-XX para a constituição de um banco de dados do português. In: Castilho (Org. 1998: 197-210).

CARNEIRO, Zenaide de Oliveira Novais. *Cartas Brasileiras (1808-1904): um estudo linguístico-filológico*. Tese de doutorado. Universidade Estadual de Campinas, Institudo de Estudos da Linguagem. Campinas, SP, 2005. Orientador: Charlotte Marie Chambelland Galves, 2º volume, 2ª parte: cartas para Severino. Disponível em: <https://docs.google.com/viewer?a=v&pid=sites&srcid=ZGVmYXVsdGRvbWFpbnxjb3Jwb3JhcGhwYnxneDo3MmNhOTMzM2VjNDllOTBm>. Acesso em: 21 ago. 2018.

CASTILHO, Ataliba Teixeira (Org.). *Gramática do português falado –Vol. I*: a ordem. 2. ed. Campinas: Editora da Unicamp/Fapesp, 1991.

CASTILHO, A. T. (Org.). *Gramática do português falado I*: a ordem. Campinas/São Paulo: Editora da Unicamp/Fapesp, 1993.

CASTILHO, Ataliba. *História do português brasileiro*. Vol. 1: Primeiras ideias. São Paulo: Humanitas/Fapesp, 1998.

CASTILHO, Ataliba T. de. Proposta funcionalista de mudança linguística: os processos de lexicalização, semanticização, discursivização e gramaticalização na construção das línguas. In: Tânia Lobo; Ilza Ribeiro; Zenaide Carneiro; Norma Almeida (Orgs. 2006: 223-296).

CASTILHO, Ataliba T. de et al. (Orgs.). *Descrição, história e aquisição do português brasileiro*. Campinas: Pontes, 2007.

CASTILHO, Ataliba T. de. Para uma análise multissistêmica das preposições. In: A. T. de Castilho (Org. 2009: 279-331).

CASTILHO, A. T. de (Org.) *História do português paulista*. Volume I, Série Estudos. Campinas: IEL Publicações/Fapesp, 2009.

CASTILHO, Ataliba T. De. *Nova gramática do português Brasileiro*. São Paulo: Contexto, 2010.

CASTILHO, C. *Fundamentos sintáticos do português brasileiro*. São Paulo: Contexto, 2013.

CASTILHO, Ataliba T. de; MORAES DE CASTILHO, Célia Maria. Advérbios modalizadores. In: R. Ilari (Org. 2002a/b: 199-247).

CASTILHO, Ataliba T. *Nova gramática do português brasileiro*. São Paulo: Contexto, 2016.

CASTILHO, Ataliba. T.; ILARI, Rodolfo. Advérbios predicadores. In: R. Ilari; M. H. M. Neves (Orgs. 2008: 413-456).

CASTRO, Yeda Pessoa de. *De l'intégration des apports africains dans les parlers de Bahia au Brésil*, 2 vols. Lubumbashi: Université Nationale du Zaïre, 1976.

CASTRO, Yeda Pessoa de. *Falares Africanos na Bahia*: um vocabulário afro-brasileiro. Rio de Janeiro: Topbooks, 2001.

CHANTRAINE, Pierre *Dictionnaire étymologique de la langue grecque*: Histoire des mots. Paris: Éditions Klincksieck, 1968.

CHATELAIN, H. *Gramatica elementar do Kimbundo ou língua de Angola* [172] pp.Genebra: Typ. de Charles Schuchardt, 1888-89.

CHIERCHIA, Gennaro. "Reference to Kinds Across Languages". *Linguistic inquiry* 6.4: 339–405, 1998.

CHIERCHIA, Gennaro. *Semântica*. Tradução de R. Ilari, L.Negri, L,.A. Pagani. Londrina: EDUEL / Campinas: Edunicamp, 2003.

CINQUE, Guglielmo. *Functional structure in DP and IP*: The cartography of syntactic structures. New York: Oxford University Press, 2002.

CINQUE, Guglielmo; RIZZI, Luigi. *Mapping Spatial PPs*: The cartography of syntactic structures. Vol. 6. New York: Oxford University Press, 2010.

COELHO, Izete Lehmkuhl (Coord.). *Anúncios de Santa Catarina - 2ª metade séc. XX*. Santa Catarina: Centro de Comunicação e Expressão – UFSC / Projeto Para a História do Português Brasileiro de Santa Catarina. Disponível em: <https://docs.google.com/viewer?a=v&pid=sites&srcid=ZGVmYXVsdGRvbWFpbnxjb3Jwb3JhcGhwYnxneDoyYTZkNDkzYTU5MDgwNDAz>. Acesso em: 30 out. 2017.

COELHO, Izete Lehmkuhl (Coord.). *Cartas de Leitores de Santa Catarina - 2ª metade séc. XX*. Santa Catarina: Centro de Comunicação e Expressão – UFSC / Projeto Para a História do Português Brasileiro de Santa Catarina. Disponível em: <https://docs.google.com/viewer?a=v&pid=sites&srcid=ZGVmYXVsdGRvbWFpbnxjb3Jwb3JhcGhwYnxneDo2YzU1OWU2ZDE1MjlhNzA3>. Acesso: 30 out. 2017.

COELHO, Izete Lehmkuhl (Coord.). *Cartas pessoais de Santa Catarina - 2ª metade séc. XX*. Santa Catarina: Centro de Comunicação e Expressão. Projeto Para a História do Português Brasileiro de Santa Catarina. Fonte: Melo, Maria Albertina Freitas de. As cartas de Harry Laus e da sua tradutora francesa. Dissertação de Mestrado em Literatura. Florianópolis: UFSC, 2001, p. 29-144. Disponível em: <https://docs.google.com/viewer?a=v&pid=sites&srcid=ZGVmYXVsdGRvbWFpbnxjb3Jwb3JhcGhwYnxneDpjNWFiMDgyOTA1ZDZhNw>. Acesso em: 30 out. 2017.

COHEN, Eran. The Functions of Presentative Constructions in Jewish Zakho Neo-Aramaic. *Journal of Jewish Languages* 5.1: 1-21, 2017.

CONDORAVDI, C.; DEO, A. Aspect shifts in Indo-Aryan and trajectories of semantic change. In: C. Gianollo; A. Jäger; D. Penka (Orgs. 2014: 261-292).

COROMINAS, *Diccionario crítico etimológico castellano e hispánico: G-Ma*. Madrid: Gredos. 1984

COSERIU, Eugenio. *Textlinguistik. Eine Einführung*, 3. ed. revisada. Tübingen: Francke, 1994.

COSTA, Sônia Bastos Borba. Espaço e tempo em adverbiais portugueses quinhentistas. In: Sônia B. B. Costa; Américo V. L. Machadi Filho (Orgs. 2004: 47-66).

COSTA, Sônia B. B.; MACHADO Filho, Américo V. L. (Orgs.). *Do português arcaico ao português brasileiro*. Salvador: EDUFBA, 2004.

CREISSELS, Dennis. Copulas originating from the imperative of 'see/look'verbs in Mande languages. In: Walter Bisang; Andrej Malchukov (Orgs. 2017: 45-66).

CREVELS, Emily Irene. *Concession. A typological study*. Netherlands: Bureau Grafische Produkties, 2000.

CUNHA, Antônio Geraldo da. *Dicionário etimológico da língua portuguesa*. 4. ed. Rio de Janeiro: Lexicon, 2010 [1982].

CUNHA, Antonio Geraldo *Dicionário etimológico Nova Fronteira da língua portuguesa*. Rio de Janeiro: Nova Fronteira. 1982.

CUNHA, Celso; CINTRA, Lindley. *Nova gramática do português contemporâneo*. 9. ed., Lisboa: Sá da Costa. 1992 [1984].

CURTIUS, Georg. *Principles of Greek Etymology*. Vol. II. London: John Murray, 1876.

CYRINO, Sonia; ESPINAL M. T. Bare Nominals in Brazilian Portuguese: more on the DP/NP analysis. *Natural Language and Linguistic Theory* 33.2: 471-521, 2016.

DAHL, Ö. Inflationary Effects in Language and Elsewhere. In: J. Bybee; P. Hopper (Orgs. 2001: 471-480).

DASCAL, M. *Fundamentos metodológicos da linguística*. Vol. IV (Pragmática). Campinas: Edição do Autor, 1982.

DE CESARE, Anna Maria. Sul cosiddetto '*c'è* presentativo'. Forme e funzioni. In: Anna Maria de Cesare; A. Ferrari (Orgs. 2007: 127-153).

DE CESARE, Anna Maria; FERRARI, A. (Orgs.). *Lessico, grammatica, testualità* [ARBA 18]. Basel: University of Basel, 2007.

DE JESUS, H. M. A variação de preposições com o verbo *ir* de movimento em comunidades rurais do semiárido baiano. *Entrepalavras*, 2:1, 306-325, 2012. Disponível em: <http://www.entrepalavras.ufc.br/revista/index.php/Revista/article/view/57>. Acesso em: 10 jan. 2017.

DEO, A. Diachronic Semantics. *Annu. Rev. Linguist*., 2015.1: 179–97, 2015a.

DEO, A. The semantic and pragmatic underpinnings of grammaticalization paths: the progressive and the imperfective. *Semantics & Pragmatics*, 8, p.1-52. 2015b.

DEO, A. Formal Semantics/Pragmatics and Language Change. In: C. Bowern; B. Evans (Eds. 2014/2015: 393-409).

DEUSTCHER, G. *The unfolding of language*. London: Random House, 2005.

DICCIONARIO DE LA LENGUA ESPAÑOLA da Real Academia Española. 23. ed. Madrid: Espasa, 2014.

DOBOVIE-SORIN, Carmen. Number neutral amounts and pluralities in Brazilian Portuguese. *Journal of Portuguese Linguistics* 9:1, 53-74, 2010.

DOEDERLEIN, Johann Ludwig Christoph W. von. *Lateinische Synonyme und Etymologieen*. Sechster Theil. Leipzig: Fried. Christ. Wilh. Vogel, 1838.

DOETJES, Jenny. Adjectives and Degree Modification. In: C. Kennedy; L. McNally (Orgs. 2008: 123-155).

Doetjes, Jenny. *Quantifiers and selection: on the distribution of quantifying expressions in French, Dutch and English*. PhD dissertation. Leiden University, 1997.

Dowty, David; Wall, Robert; Peters, Stanley. *Introduction to Montague Semantics*. Dordrecht: Reidel, 1981.

Duarte, Maria Eugênia. *Cartas de Leitores em Jornais Cariocas: 2ª metade do século XX*. Rio de Janeiro: www.letras.UFRJ.br/PHPB-RJ, 2012. Disponível em: <https://docs.google.com/viewer?a=v&pid=sites&srcid=ZGVmYXVsdGRvbWFpbnxjb3Jwb3JhcGhwYnxneDozYzI0NmRkOTg1YTM0ZDYx>. Acesso em: 21 ago. 2018.

Ducrot, O. *Dire et ne pas Dire*: Principes de Semantique Linguistique. Paris: Hermann, 1972.

Dumézil, Georges. *Mitra-Varuṇa: essai sur deux représantations indo-européenes de la souveraineté*. Gallimard, 1948.

Eckardt, R. *Meaning Change in Grammaticalization*: An Enquiry into Semantic Reanalysis. Oxford, UK: Oxford Univ. Press, 2006.

Eckardt, Regine. Grammaticalization and Semantics Reanalysis. In: C. Maienborn; K. von Heusinger; P. Portner (Orgs. 2012: 2675-2701).

Ernout, Alfred; Meillet, Antoine. *Dictionnaire étymologique de la langue latine*: histoire des mots. 4ª ed. Paris: Klincksieck, 1979.

Etter, Annemarie (Org.) *Comemorativo do 75º aniversário de. O-o-PE-ro-si: homenagem a Ernst Rich pelo 75º Aniversário*. Berlin/New York: De Gruyter, 1986.

Fábregas, A. The exhaustive lexicalisation principle. *Nordlyd*, 34.2:165-199, 2007.

Fagard, Benjamin. Imperatives as Discourse Markers and Grammaticalization Paths in Romance: A diachronic *corpus* study. *Languages in Contrast*. John Benjamins Publishing, 10.2: 179-194, 2010.

Ferreira, Aurélio Buarque de Hollanda. *Aurelio Século XXI: o Dicionário da Língua Portuguesa*. Rio de Janeiro: Nova Fronteira, 1999.

Ferreiro, Manuel (Diretor). *Glosario da poesía medieval profana galego-portuguesa*. Universidade da Coruña, 2014. Disponível em <http://glossa.gal>. Acesso em: 30 abr. 2018.

Fiorin, José Luiz. *As astúcias da enunciação*: as categorias de pessoa, espaço e tempo. São Paulo: Ática, 1996.

Fiorin, J. L. (Org.) *Introdução à linguística*: princípios de análise. São Paulo: Contexto, 2010.

Fiorin, José Luís (Org.). *Novos caminhos da linguística*. São Paulo: Contexto, 2017.

Fiorin, José Luís; Petter, Margarida M T. (Orgs.). *África no Brasil*: a formação da língua portuguesa. São Paulo: Contexto, 2008.

Foltran, Maria J. et al. (Orgs.). *Anais do VII Congresso Internacional da Abralin*, Curitiba, 2011.

Foltran, Maria José; Nobrega, Vitor. Adjetivos intensificadores no português brasileiro: propriedades, distribuição e reflexos morfológicos. *Alfa*, 60(2), p. 319-340, 2016.

França, I. S. *Gramaticalização da preposição* a *e a interferência dos campos semânticos entre as preposições* a, em *e* para [146 f.]. Dissertação de Mestrado. Salvador: UFBA, 2006.

Franchi, Carlos; Negrão, Esmeralda Vailati; Viotti, Evani de Carvalho. Sobre a gramática das orações impessoais com *Ter/Haver*. *DELTA. Documentação de Estudos em Linguística Teórica e Aplicada* [PUC-São Paulo / Impresso] 14, número especial: 113-140, 1998.

Frank, Barbara; Haye, Thomas; Tophinke, Doris (Orgs.). *Gattungen mittelalterlicher Schriftlichkeit*. Tübingen: Narr, 1997.

Frawley, William. *Linguistic Semantics*. Hillsdale, NJ: Erlbaum, 1992.

Fulgêncio, Lúcia. *Expressões fixas e idiomatismos do português brasileiro*. Tese (Doutorado em Linguística e Língua Portuguesa). Pontifícia Universidade Católica de Minas Gerais, Belo Horizonte, 2008.

Gaffiot, Félix *Dictionnaire illustré latin-français*. Nova edição revista e aumentada, estabelecida sob a direção de Gérard Gréco. Paris: Hachette, 2016. Disponível em <http://gerardgreco.free.fr/IMG/pdf/Gaffiot_2016_-_komarov.pdf>. Acesso em: 24 fev. 2018.

Galves, Charlotte. A língua das caravelas: periodização do português europeu e origem do português brasileiro. In: Ataliba T. de Castilho et al. (Orgs. 2007: 513-528).

Galves, Charlotte. Periodização e competição de gramáticas: o caso do português médio. In: Tânia Lobo *et al*. (Orgs. 2012: 65-74).

Gärtner, Eberhard. *Grammatik der portugiesischen Sprache*. Berlin/Boston: De Gruyter, 1998.

Gärtner, Eberhard. O papel dos falantes afro-brasileiros na formação do diassistema do português brasileiro. In: Martina Schrader-Kniffki; Laura Morgenthaler García (Orgs.: 2007: 365-389).

Gauger, H. M. Determinatum und Determinans im abgeleiteten Wort? In: H. Brekle; L. Lipka (Eds. 1968: 93-108).

Geeraerts, Dick. Cognitive approaches to diachronic semantics. In: C. Maienborn; K. von Heusinger; P. Portner (Orgs. 2012: 2652-2675).

Gianollo, C.; Jäger, A.; Penka, D. (Orgs.). *Language Change at the Syntax–Semantics Interface*. Berlin: Mouton de Gruyter, 2014.

Givón, Talmy. Iconicity, Isomorphism and Non Arbitrary Coding in Syntax. In: J. Haiman (Org. 1985: 187-219).

Glare, P. G. W. *The Oxford Latin Dictionary*. Oxford: Oxford University Press, 1968.

Goldberg, Natalie. *Escrevendo com a alma*. São Paulo: Martins Fontes, 2008.

Gomes, Valéria Severina; Silva, Jéssica Pereira. Editoriais – Pernambuco. Recife: Projeto phpb/pe, 2010a, cd-rom. *Editoriais da primeira metade do século XX*. Disponível em: <https://docs.google.com/viewer?a=v&pid=sites&srcid=ZGVmYXVsdGRvbWFpbnxjb3Jwb3JhcGhwYnxneDo2ODAxOWVjMGZiNjJmYmMz>. Acesso em: 21 ago. 2018.

Gomes, Valéria Severina; Silva, Jéssica Pereira. Editoriais – Pernambuco. Recife: Projeto phpb/pe, 2010b, cd-rom. *Editoriais da segunda metade do século XX*. Disponível em: <https://docs.google.com/viewer?a=v&pid=sites&srcid=ZGVmYXVsdGRvbWFpbnxjb3Jwb3JhcGhwYnxneDozZDZlMzc1YmYxYzgyZTM2>. Acesso em: 21 ago. 2018.

Granda, Ana Sartori. *Cartas de amor na Bahia do século XX*: normas linguísticas, práticas de letramento e tradições do discurso epistolar. Dissertação (Mestrado) – Universidade Federal da Bahia, Instituto de Letras, Salvador, 2010. 2v. + 1 cd-rom. 5.3 Cartas de Otto e Renée. Disponível em: <https://docs.google.com/viewer?a=v&pid=sites&srcid=ZGVmYXVsdGRvbWFpbnxjb3Jwb3JhcGhwYnxneDpjZjE3MGY1NDgzMWJjZTE> Acesso em: 21 ago. 2018.

Grande Dicionário Houaiss da Língua Portuguesa. Acessível on line em <http://houaiss.uol.com.br>. Acesso em: 10 fev. 2018.

Greenberg, Joseph H. How does a language acquire gender markers? In: Joseph H. Greenberg (Ed. 1978: 47-82).

Greenberg, Joseph H. (Ed.) *Universals of Human Language*: Word Structure. (= Universals of human language, 3.). Stanford, California: Stanford University Press, 1978.

Grice, P. Lógica e conversação. In: M. Dascal (1982: 81-103).

Gross, Gaston. *Les expressions figées en français*. Paris: Ophrys, 1996.

Guevara, Ana Aguilar; Chernilovskaya, Anna; Nouwen, Rick (Orgs.) *Proceedings of Sinn und Bedeutung 16*. Cambridge, ma: mit wpl, 2012.

Guimarães, Márcio Renato. *Dos intensificadores como quantificadores*. Tese (Doutorado em Linguística) – Universidade Federal do Paraná, Curitiba, 2007.

Haiman, J. (Org.) *Iconicity in Syntax. Amsterdam: John Benjamins, 1985.*

Haiman, J.; Thompson, S. A. *Clause Combining in Grammar and Discourse*. Amsterdam: Benjamins, 1988.

Hannay, Mike. *English Existentials in Functional Grammar*. [= Functional Grammar Series 3]. Dordrecht: Foris, 1985.

Harden, Theo; Hentschel, Elke (Orgs.). *40 Jahre Partikelforschung*. Tübingen: Stauffenburg, 2010.

Harley, Heidi. On the identity of roots. *Theoretical linguistics*. 40.3-4: 225-276, 2014.

Hemforth, Barbara; Mertins, Barbara; Fabricius-Hansen, Cathrine (Orgs.). *Psycholinguistic Approaches to Meaning and Understanding across Languages* [= Studies in Theoretical Psycholinguistics 44]. Cham: Springer, 2014.

Hengeveld, Kees: *Non-verbal predication: theory, typology, diachrony* [= Functional Grammar Series; 15]. Berlin /New York: Mouton de Gruyter, 1992.

Henriques, Claudio Cezar; Simões, Darcilia; Valente, André Crim (Orgs.). *Língua portuguesa*: reflexões sobre descrição, pesquisa e ensino. Rio de Janeiro: Editora Europa, v. 1, 2005.

Hilpert, Martin. Dynamic visualizations of language change. Motion charts on the basis of bivariate and multivariate data from diachronic corpora. *International Journal of Corpus Linguistics* 16:4, 435-461, 2011.

Holm, J. Languages in contact. The partial restructuring of vernaculars. In: J. Holms; S. Michaelis (Orgs. 2009: 332-344).

Holm, J.; Michaelis, S. (Orgs.). *Contact languages*: Critical concepts in language studies. Vol. V. London/ New York: Routledge, 2009.

Hopper, Paul; Traugott, Elizabeth. *Grammaticalization*. 2ª ed. Cambridge, 2003.

Horta, J. H.; Petter, M. (Orgs.). *História do saber lexical e constituição de um léxico brasileiro*. 1ed. São Paulo: Humanitas/fflch/usp/Pontes, 2002.

Houaiss, Antonio; Villar, M. *Dicionário eletrônico da língua Portuguesa*. Rio de Janeiro: Objetiva, 2001.

Houaiss, Antônio; Villar, Mauro de Salles. *Dicionário Houaiss da Língua Portuguesa*. Rio de Janeiro: Instituto Houaiss; Objetiva, 2009.

Hundertmark-Santos Martins, Maria Teresa. *Portugiesische Grammatik*. Tübingen: Max Niemayer Verlag, 1982.

IATRIDOU, S. *et al*. Observations about the form and meaning of the Perfect. In: A. Alexiadou et al. (Orgs. 2003: 153-204).

ILARI, Rodolfo. Delocutivos nós também temos, falou? *Caderno de Estudos Linguísticos* 10: 81-85, 1986.

ILARI, Rodolfo. Notas para uma semântica do passado composto em português In: Actas do Congresso Internacional Organizado por Motivo dos Vinte Anos do Português no Ensino Superior: [Budapeste, entre 29 e 31 de Outubro de 1997]. Budapeste: Departamento de Língua e Literatura Portuguesa da Faculdade de Letras da Universidade Eötvös Loránd. Budapeste, S. 224-247, 1999.

ILARI, Rodolfo. Sobre os advérbios aspectuais. In: R. Ilari (Org. 2002: 139-180), 2002a.

ILARI, Rodolfo. Sobre os advérbios focalizadores. In: R. Ilari (Org. 2002: 181-198), 2002b.

ILARI, Rodolfo. *Introdução ao estudo do léxico*: brincando com as palavras. 5. ed. São Paulo: Contexto, 2011.

ILARI, Rodolfo. *A expressão do tempo em português*. São Paulo: Contexto, 2012.

ILARI, R. (Org.) *Gramática do português falado. Vol. II*: Níveis de análise linguística. 4. ed. rev. Campinas: Ed. da Unicamp, 2002.

ILARI, Rodolfo (Org.) *Gramática do Português Culto Falado no Brasil – Vol. III. Palavras de classe aberta*. São Paulo: Contexto, 2014.

ILARI, Rodolfo (Org.) *Gramática do Português Culto Falado no Brasil – Vol. IV. Palavras de classe fechada*. São Paulo: Contexto, 2015.

ILARI, Rodolfo et al. Considerações sobre a posição dos advérbios. In: Ataliba Teixeira Castilho (Org. 1991: 62-141).

ILARI, Rodolfo et al. Considerações sobre a posição dos advérbios. In: A. T. Castilho (Org. 1993: 65-140).

ILARI, Rodolfo et alii. A preposição. In: R. Ilari; M. H. M. Neves (Orgs. 2008: 623-808).

ILARI, Rodolfo; BASSO, Renato M. Advérbios verificadores. In: R. Ilari (Org. 2014: 311-44).

ILARI, Rodolfo; BASSO, Renato Miguel. Advérbios predicadores. In: R. Ilari (Org. 2014: 311-328).

ILARI, Rodolfo; BASSO, Renato Miguel. O verbo. In: R. Ilari (Org. 2014: 65-242).

ILARI, Rodolfo; BASSO, Renato Miguel. On the history of semantic studies in Brazil. In: Johannes Kabatek et al. (no prelo: Cap. 16).

ILARI, Rodolfo; GERALDI, João Wanderley. *Semântica*. Série Princípios, volume 8. São Paulo: Ática, 2006.

ILARI, R.; NEVES, M. H. M. (Orgs.). *Gramática do português culto falado no Brasil – Vol. 2.* Classes de palavras e processos de construção. Campinas: Editora da Unicamp, 2008.

ITURRIOZ LEZA, Jose Luis. Individuation and Determination III: The concept of verbal plurality and the pluralization of abstractives. *Función* 1.2: 201-308, 1986.

JABOB, Daniel ¿Representatividad lingüística o autonomía pragmática del texto antiguo? El ejemplo del pasado compuesto. In: D. Jabob; J. Kabatek (Orgs. 2001).

JABOB. D.; KABATEK, J. (Orgs.). *Lengua medieval y tradiciones discursivas en la Península Ibérica.* Descripción gramatical – pragmática histórica – metodología. Frankfurt am Main/Vervuert/Madrid: Iberoamericana, 2001.

JACKENDOFF, R. *Semantics and Cognition*. Cambridge: MIT Press, 1983.

JANSE, M.; JOSEPH, B. D.; RALLI; A. (Orgs.) *Proceedings of the 2nd International Conference of Modern Greek Dialects and Linguistic Theory*. Mytilene, Greece: Doukas, 2006.

JOHNSTON, H. H. *A Comparative Study of the Bantu and Semi-Bantu Languages*. Oxford: Clarenton Press, 1919.

JOHNSTON, Oliver M. Use of the French Equivalents of Latin *em*, *en*, and *ecce* Author(s): Source:*Modern Language Notes*, 20.5, pp. 131-134. 1905. [Published by: The Johns Hopkins University Press]. Disponível em: <http://www.jstor.org/stable/2918100>. Acesso em: 2 jul. 2018.

JON-AND, A.; ÁLVAREZ LÓPEZ, L. A Cupópia do Cafundó: uma análise morfossintática. *Revista de Estudos da Linguagem*, 26(1), 73-101, 2018.

JULIA, Marie-Ange, "Les présentatifs français *voici*, *voilà* et latins *ecce*, *em*, *ēn*: essai d'étude comparative". In: BUCHI, Eva; Chauveau, Jean-Paul; PIERREL, Jean-Marie Pierrel (Orgs.). *Actes du XXVIIe Congrès international de linguistique et de philologie romanes.* Nancy, 15-20 juillet 2013, Strasbourg: Éditions de linguistique et de philologie, 115-126, 2015. Disponível em: <http://www.atilf.fr/cilpr2013/actes/section-2/CIlpR-2013-2-Julia.pdf>. Acesso em: 23 jan. 2018.

JULE, A. (Org.). *Language and Religious Identity*: Women in Discourse. London: Palgrave, 2007.

KABATEK, Johannes. Gibt es einen Grammatikalisierungszyklus des Artikels in der Romania? *Romanistisches Jahrbuch* 53: 56-80, 2002.

KABATEK, Johannes. Existe-t-il un cycle de grammaticalisation de l'article dans les langues romanes? In: Rika Van Deyck; Rosanna Sornicola; Johannes Kabatek (Orgs. 2005: 139-172).

KABATEK, Johannes. Existe um ciclo de gramaticalização do artigo na România? In: Jânia M. Ramos (Org. 2007: 13-51).

KABATEK, Johannes. *Linguística Iberoamericana*, v. 31. Madrid/Frankfurt: Iberoamericana/Vervuert, 2008.

KABATEK, Johannes; WALL, Albert (Orgs.). *New Perspectives on Bare Noun Phrases in Romance and Beyond*. Amsterdam: John Benjamins, 2013.

KABATEK, Johannes et al. *Handbook of Brazilian Portuguese Linguistics*. Berlim: De Gruyter-Mouton, no prelo.

KAISER, Georg; VÖLKER, Harald (Orgs.). *Philologie und Grammatik* [Beihefte zur Zeitschrift für Romanische Philologie 415]. Berlin, New York: De Gruyter Mouton, 2017.

KARASH, M. *Slave life in Rio de Janeiro, 1808-1850*. Princeton, N.J.: Princeton University Press, 1987.

KASPER, Walter *et al*. (Orgs.). *Lexikon für Theologie und Kirche*. 3. ed. Friburgo: Herder, t. 10, Art. "Vieira", 2009.

KENNEDY, Christopher. *Projecting the adjective*. PhD Dissertation. University of California at Santa Cruz, 1997.

KENNEDY, C.; MCNALLY, L. (Orgs.). *Adjectives*: Syntax, Semantics and Discourse. Cambridge: Cambridge University Press, 2008.

KEWITZ, Verena. *Gramaticalização e semanticização das preposições* a *e* para *no Português Brasileiro (séculos XIX e XX)*. Tese de Doutorado. 210 f. São Paulo: Universidade de São Paulo, 2007.

KEWITZ, Verena; ALMEIDA, Maria Lucia Leitão de; LEMOS DE SOUZA, Janderson; GONÇALVES, Carlos A. As preposições: aspectos históricos e usos atuais. In: C. Lopes (Org. 2018: 294-385).

KIPARSKY, P.; CONDORAVDI, C. Tracking Jespersen's cycle. In: JANSE, M.; JOSEPH, B. D.; RALLI; A. (Orgs.) *Proceedings of the 2nd International Conference of Modern Greek Dialects and Linguistic Theory*. Mytilene, Greece: Doukas, 2006.

KLEIN, Ewan. A semantics for positive and comparative adjectives. *Linguistics and Philosophy* 4:1-45, 1980.

KLEIN, Ewan. The interpretation of adjectival, nominal and adverbial comparatives. In: J. A. G. Groenendijk; T. M. V. Janssen; M. B. J. Stokhof (Orgs. 1981: 381-398).

KOCH, Peter; OESTERREICHER, Wulf. Sprache der Nähe - Sprache der Distanz. Mündlichkeit und Schriftlichkeit im Spannungsfeld von Sprachtheorie und Sprachgeschichte. *Romanistisches Jahrbuch* 36.85: 15-43, 1985.

KOCH, Peter. Diskurstraditionen: zu ihrem sprachtheoretischen Status und ihrer Dynamik. In: Barbara Frank; Thomas Haye; Doris Tophinke (Orgs. 1997: 43-79).

KOCH, Peter. Tradiciones discursivas y cambio linguístico: el ejemplo del tratamiento *vuestra merced* em español. In: Johannes Kabatek (2008: 53-88).

KOCH, Peter; OESTERREICHER, Wulf. *Gesprochene Sprache in der Romania*: *Französisch*, *Italienisch*, *Spanisch*. Tübingen: Niemeyer, 1990.

KOCH, Peter; OESTERREICHER, Wulf. *Lengua hablada en la Romania*: español, francés, italiano. *Version española.* Tradução de Araceli López Serena. Madrid: Gredos, 2007.

KOCH, Peter. Location, existence, and possession: a constructional-typological exploration. *Linguistics* 50: 533-603, 2012.

KRIFKA, Manfred. Four thousand ships passed through the lock: object-induced measure functions on events. *Linguistics and Philosophy* 13.5: 487-520, 1990.

LACA, Brenda. Pluralidad y aspecto verbal en Español. *Revista Española de Lingüística* (RSEL) 36, pp. 7-41, 2006.

LAKOFF, George. *Women, Fire, and Dangerous Things*: What categories reveal about the mind. Chicago: Chicago University Press, 1987.

LAKOFF, George; JOHNSON, Mark. *Metaphors We Live By*. Chicago: Chicago University Press, 1980.

LAMBRECHT, Knud. Prédication seconde et structure informationelle: la relative de perception comme construction présentative, *Langue française* 127: 49-66, 2000.

LAMBRECHT, Knud. *Information Structure and Sentence Form - Topic, Focus and the Mental Representations of Discourse Referents*. Cambridge: Cambridge University Press, 1994.

LAMBRECHT, Knud. Presentational Cleft Constructions in Spoken French. In: J. Haiman; S. A. Thompson (1988: 135-180).

LANGACKER, Ronald. *Investigations in Cognitive Grammar*. [= Cognitive Linguistics Research 42]. Berlin: Mouton de Gruyter, 2009.

LANGACKER, Ronald. Syntactic Reanalysis. In: Charles Li (Org. 1977: 57-139).

LAYTANO, D. de. Os africanismos do dialeto gaúcho. In: *Separata da Revista do Instituto Histórico eGeográfico do Rio Grande do Sul.* II Trimestre do ano XVI, 1935.

LEHMANN, Winfried P.; MALKIEL, Yakov (Orgs.). *Directions for Historical Linguistics*: a Symposium. Austin: University of Texas Press, 1968.

LEMLE, Miriam. *Arbitrariedade saussuriana*: saltos e sobressaltos, 2008. Manuscrito.

LI, Charles (Org.). *Mechanisms of Syntactic Change*. Austin/London: Texas University Press, 1977.

LIGHTFOOT, D. *The development of language: Acquisition, change, and evolution.* Malden, MA: Blackwell, 1999.

LIGHTFOOT, David. *Principles of diachronic syntax*. Cambridge: Cambridge University Press, 1979.

Lima, I. S. Escravos bem falantes e nacionalização linguística no Brasil – uma perspectiva histórica, *Estudos Históricos*, 25.50: 352-369, 2012.

Löbner, Sebastian. Polarity in natural language: Predication, quantification and negation in particular and characterizing sentences. *Linguistics and Philosophy* 23:3, 213-308, 2000.

Lobo, Tânia; Ribeiro, Ilza; Carneiro, Zenaide; Almeida, Norma (Orgs.) *Para a História do Português Brasileiro – Vol. VI*: novos dados, novas análises, t. I. Salvador: edufba, 2006.

Lobo, Tânia *et al.* (Orgs.). *Rosae, Linguística Histórica, História das Línguas e outras histórias*. Salvador: edufba, 2012.

Longobardi, Giuseppe. Reference and Proper Names: A Theory of N-Movement in Syntax and Logical Form. *Linguistic inquiry* 25.4: 609-665, 1994.

Lopes, C. (Org.). *História do Português Brasileiro*. Vol. 4: Mudança sintática das classes de palavra – perspectiva funcionalista. São Paulo: Contexto, 2018.

Lopes, N. *Dicionario Banto do Brasil*. Rio de Janeiro: Secretaria de Cultura. 2006

Lucchesi, Dante; Baxter, Alan; Ribeiro, Ilza (Orgs.). *O português afro-brasileiro*. Salvador: edufba, 2009.

Lyons, John. *Semântica estrutural*. Lisboa: Presença, 1977/1984.

Machado Filho, Aires da Matta. *O negro e o garimpo em Minas Gerais*. Rio de Janeiro: Livraria José Olympio, 1943.

Machado Filho, Aires da Mata. *A correção na frase*. Coleção "Rex". Edição da Organização Simões: Rio de Janeiro, 1953.

Machado Filho, Américo Venâncio. *Dicionário do português arcaico*. Salvador: edufba, 2013.

Magne, Augusto. *Dicionário Etimológico da Língua Latina. Famílias de palavras e derivações vernáculas*. Vol. iii. Rio de Janeiro: Ministério da Educação e Cultura, Instituto Nacional do Livro, 1953.

Maienborn, C.; von Heusinger, K.; Portner, P. (Orgs.). *Semantics*: an International Handbook of Natural Language Meaning. Berlin: Mouton de Gruyter, 2012.

Malkiel, Y. The two sources of the hispanic suffix *-azo*. *Language*, xxxv, 1959.

Manu-Magda, Margareta. Indices of linguistic presentation in Romanian texts of the sixteenth century. *Linguistica Atlantica*, 33.2: 123-143, 2014.

Marantz, Alec. Sem escapatória da sintaxe: não tente fazer análise morfológica na privacidade do seu próprio léxico. *ReVEL*. Porto Alegre, 13.24: 8-33, 2015 [1997].

Marquilhas, Rita. *A faculdade das letras. Leitura e escrita em Portugal no séc. XVII*. Lisboa: Imprensa Nacional Casa da Moeda, 2000.

Martinet, A. *A functional view of language*. London: Clarendon, 1962.

Martins, Miguel G. *A arte da guerra em Portugal: 1245 a 1367*. Coimbra: Imprensa da Universidade de Coimbra, 2014. Disponível parcialmente em: <www.books.google.com.br>. Acesso em: 26 abr. 2018.

Mattos e Silva, Rosa Virgínia. *Estruturas trecentistas: elementos para uma gramática do português arcaico*. Lisboa: Imprensa Nacional-Casa da Moeda, 1989.

Mattos e Silva, Rosa Virgínia. *Para a História do Português Brasileiro – Vol. I: Primeiros estudos*. São Paulo: Humanitas, 2001.

Mattos e Silva, Rosa Virgínia. *Ensaios para uma sócio-história do português brasileiro*. São Paulo: Parábola, 2004.

Maurer Jr., Theodoro Henrique. *A Unidade da Romània Ocidental*. [= Boletim nº 2 da Cadeira de Filologia Românica]. São Paulo: Universidade de São Paulo, 1951.

McCoard, Robert W. *The English Perfect: Tense choice and Pragmatic Inferences*. Amsterdam: North Holland, 1978.

Medeiros, A. B. Formas nominais em *-nte* do português do Brasil: uma abordagem sintática. *Revista do GEL*, 7: 30-56, 2010.

Meier, Harri. Zum nichtpräsentierten Substantiv im Portugiesischen. In: José Maria Navarro *et al.* (Orgs. 1975: 177-202).

Meillet, A.; Ernout, A. *Dictionnaire etymologique de la langue latine*. 3. ed. Paris: Klincksiek, 1951.

Mendonça, Renato. *A influência africana no português do Brasil*. Rio de Janeiro: Sauer, 1933.

Miara, F. L. J. *Particípios duplos*: usos, desusos e alguns "intrusos". Dissertação (Mestrado) – Universidade Federal de Santa Catarina. Florianópolis: ufsc, 2013.

Michaelis. *Dicionário Michaelis da língua portuguesa.* Rio de Janeiro: dts Software Brasil Ltda., versão eletrônica, 1998.

Minussi, Rafael; Bassani, Indaiá. Em favor do conteúdo semântico das raízes. *Letras*. Curitiba, 96: 152-173, 2017.

Modolo, Marcelo. Depoimento sobre a constituição de um *corpus* diacrônico do Português de São Paulo. In: Ataliba T. Castilho (Org. 1998: 247-254).

Molsing, Karina. *The Present Perfect*: An exercise in the study of events, plurality and aspect. Tese (Doutorado), Porto Alegre, 2010.

Molsing, Karina. Universal and existential perfects in Brazilian Portuguese. *Revista Letras* [Curitiba] 73: 131-150. 2007

Moraes de Castilho, Célia Maria. *Os delimitadores no português falado no Brasil*. Dissertação (Mestrado em Linguística) – Universidade Estadual de Campinas, 1991.

Moraes Silva, A. de. *Diccionario da lingua portugueza.* Recompilado dos vocabularios impressos até agora, e nesta segunda edição novamente emendado e muito acrescentado, por Antonio de Moraes Silva.. Lisboa: Typographia Lacerdina. 1813 [1789]. Disponível em: <http://www.brasiliana.usp.br/dicionario/edicao/2>. Acesso em: 9 nov. 2019.

Motta, Othoniel. *O meu idioma*. 7. ed, [= Bibliotheca Pedagogica Brasileira, Serie ii, Livros Didacticos, Vol. xlvi]. São Paulo: Companhia Editora Nacional, 1935.

Müller, Ana Lúcia. Genericity and the denotation of common nouns in Brazilian Portuguese. *D.E.L.T.A.* 18.2, 2002a.

Müller, Ana Lúcia. The semantics of generic quantification in Brazilian Portuguese. *Probus* 14.2: 279-298, 2002b.

Müller, Ana Lúcia; Oliveira, Fátima. “Bare Nominals and Number in Brazilian and European Portuguese”. *Journal of Portuguese Linguistics* 3.1: 9–36, 2004.

Munn, Alan; Schmitt, Cristina. “Number and Indefinites”. *Lingua* 115: 821-855, 2005.

Nascentes, Antenor. *Dicionário etimológico da língua portuguesa*. Rio de Janeiro: Acadêmica, 1955.

Navarro, José Maria *et al.* (Orgs.) *Filología y didáctica hispánica. Homenaje al Profesor Hans-Karl Schneider*. Hamburg: Buske, 1975.

Neves, Maria H. M. *Guia de usos do português*. São Paulo: Editora da Unesp, 2012.

Neves, Maria H. M. *Gramática de usos de português*. São Paulo: Editora da Unesp, 2000.

Niermeyer, J. F.; Van de Kieft, C. *Mediae Latinitatis Lexicon Minus*. Lexique latin médiéval – Medieval Latin Dictionary – Mittellateinisches Wörterbuch. Leiden/Boston: Brill. 2. ed. ver., 2002.

Novaes, Celso Vieira; Nespoli, Juliana Barros. O traço aspectual de *perfect* e as suas realizações. *Revista FSA*. Teresina, 11.1: 255-279, 2014. Disponível em: <www2.fsanet.com.br/revista>. Acesso em: 9 nov. 2019.

Nunes, José Joaquim. *Compêndio de gramática histórica portuguesa.* Lisboa: Livraria Clássica Editora, 1945 [1930].

Nunes, J. J.; Petter, M. M. T. (Orgs.). *História do saber lexical e constituição de um léxico brasileiro*. São Paulo: Humanitas, 2002.

Oliveira, A. F. S. *Subsídios da Semântica Cognitiva para a disposição das acepções nos learner's dictionaries.* Dissertação de Mestrado – Instituto de Letras, ufrgs, Porto Alegre, 2010

Oliveira, Gilvan Muller de. Última fronteira; a língua portuguesa no Brasil meridional, Reflexões sobre um *corpus* linguístico diacrônico”. In: A. T. Castilho (Org. 1998: 211-227).

Oliveira, Klebson. *Negros e escrita no Brasil no século XIX. Sócio-história, edição filológica de documentos e estudo lingüístico*. Tese (Doutorado) – Unversidade Federal da Bahia, Salvador, 2005.

Oliveira, Roberta Pires. Brazilian bare nouns in subject position of episodic predicates. In: Ana Aguilar Guevara; Anna Chernilovskaya; Rick Nouwen (Orgs. 2012: 501-511).

Oliveira, Roberta Pires de; Basso, Renato Miguel. *Arquitetura da conversação*: teoria das implicaturas. São Paulo: Parábola, 2014.

Oliveira, Roberta Pires de; de Swart, Henriette.Brazilian Portuguese noun phrases: An optimality theoretic perspective. *Journal of Portuguese Linguistics* 13:1, 63-93, 2015.

Oliveira, Roberta Pires de; Mariano. “Mulher discutiu futebol na festa ontem”: Estrutura infomacional e os nomes nus no pb. In: Maria J. Foltran et al. (Orgs. 2011: 3744–3756).

Oliveira, Roberta Pires de; Peruchi Mezari, Meiry. Os vários modos de ser nu. Nominais nus: um olhar através das línguas. In: Roberta Pires de Oliveira e Meiry Peruchi Mezari (Orgs. 2012: 7-26).

Oliveira, Roberta Pires de; mezari, Meiry Peruchi (Orgs.). *Nominais nus*: um olhar através das línguas. Campinas: Mercado de Letras: 2012.

Oliveira, Roberta Pires de; Rothstein, Susan. “Bare singular noun phrases are mass in Brazilian Portuguese”. *Lingua* 121.15: 2153-2175, 2011.

Oliveira, Roberta Pires de; Silva Josa Coelho da; Bressane, Mariana Rublescki Silveira. O singular nu denota espécie: Uma investigação empírica. *D.E.L.T.A.* 26.1: 115-139, 2010.

Oliveira, Roberta Pires; Souza, Luisandro M. Um rascunho para a semântica de *muito*: explorando a Semântica de Delineação. *Cadernos de Estudos Linguísticos*, v. 60, n. 1, p. 222-241, jan./abr. 2018.

OPPERMANN-MARSAUX, Evelyne. Les origines du présentatif *voici/voilà*et son évolution jusqu'à la fin du XVIe siècle. *Langue française* 149: 77-91, 2006.

PAIVA BOLÉO, Manuel de. O perfeito e o pretérito em português em confronto com as outras línguas românicas. In: Manuel de Paiva Boléo (1936: 124-266).

PAIVA BOLÉO, Manuel de. Cursos e Conferências, Vol. VI, Suplemento ao vol. XIII do Boletim da Biblioteca da Universidade. Coimbra: Biblioteca da Universidade, 1936.

PANTCHEVA, M. B. *DecomposingPath* : The Nanosyntaxof Directional Expressions [301 f.]. Tese (Doutorado) – University of Tromsø, Tromsø, 2011.

PARADIS, Carita. *Degree modifiers of adjectives in British spoken English*. Lund University Press, 1997.

PARTEE, Bárbara H. Montague Grammar and transformational grammar. *Linguistic Inquiry*, 6: 203-300, 1975.

PAUL, Hermann. *Principles of the history of languages*. London: Lowrey & Co., 1888.

PESSOA, Marlos Barros. "O gênero notícia no Brasil: notas para uma história". In: Ramos e Alkmin (Orgs. 2007: 545-578).

PETTER, M. M. T. Línguas especiais, línguas secretas: na África e no Brasil. *Revista da ANPOLL*. São Paulo, v. 4: 185-202, 1998.

PETTER, M. M. T. Termos de origem africana no léxico do português do Brasil. In: J. H. Horta; M. Petter (Orgs. 2002: 123-146).

PETTER, M. M. T. Palavras de origem africana nos dicionários Houaiss e Novo Aurélio. *Papia*. Brasília, 1: 107-114, 2003.

PETTER, M. M. T. Línguas africanas no Brasil. *Gragoatá*. Rio de Janeiro, 19: 193-227, 2005.

PETTER, M. M. T. Morfologia. In: J. L. Fiorin (Org. 2010).

PETTER, M. M. T.; VANHOEVE, M. *Portugais et langues africaines*: Etudes afro-brésiliennes. Paris: Karthala, 2011.

PEZATTI, Erotilde Goreti. Ordenação de constituintes em contruções categorial, tética e apresentativa. *D.E.L.T.A.*, 28.2: 353-385, 2012.

PICA, Pierre (Org.). *Linguistic variation yearbook 2002*. Amsterdam/Philadelphia: John Benjamins, 2003.

PINKER, S. *Learnability and cognition*: The acquisition of argument structure. Cambridge, MA: MIT Press, 1989.

PINTO, Luiz Maria da Silva. *Diccionario da lingua brasileira*. Ouro Preto: Typographia de Silva, 1832.

PLATÃO. *A República*. Tradução de Enrico Corvisieri. São Paulo: Nova Cultural, 1999.

POKORNY, Julius. *Proto-indo-european etymologic dictionary*: Indo-european Language Revival Association, 2007.

POSSENTI, S. Vamos estar considerando sobre o gerundismo. *Linguasagem*. São Carlos. 4. 2008. Disponível em: <http://www.letras.ufscar.br/linguasagem/edicao04/04_006.php>. Acesso em: maio 2018.

POTTS, Christopher. The expressive dimension. *Theoretical Linguistics*, 33.2: 165-198, 2007.

PÓVOAS, R. do C. *A linguagem do candomblé*: níveis sociolinguísticos de integração afro-portuguesa. Rio de Janeiro: José Olympio, 1989.

PRIBERAM. *Novo dicionário Lello da Língua Portuguesa*. Porto: Lello, 1999.

QUADROS GOMES, Ana Paula. Uma explicação para a distribuição do advérbio baixo *muito*. *Cadernos de Estudos Linguísticos*, Campinas, 60.2, 2018.

QUEIROZ, S. *Pé Preto no Barro Branco*: A Língua dos Negros da Tabatinga. Belo Horizonte: Editora da UFMG, 1998.

RABATEL, Alain. *Homo narrans*. São Paulo: Cortez, 2016.

RAIMUNDO, Jacques. *O Elemento afro-negro na língua portuguesa*, Rio de Janeiro: Renascensa, 1933.

RAIMUNDO, Jacques. *O Negro Brasileiro e outros escritos*. Rio de Janeiro: Record, 1936.

RAMCHAND, G. *Verb meaning and the lexicon*: A first phase syntax. Cambridge: Cambridge University Press, 2008.

RAMMÉ, V. *Mudança semântica no PB:* reanálise restringida pela hierarquia funcional-conceitual universal. Tese (Doutorado) – Universidade Federal do Paraná. Curitiba: UFPR, 2017.

RAMOS, Jânia M. (Org.). *Para a história do Português Brasileiro – Vol. V*: Estudos sobre mudança lingüística e história social. Belo Horizonte: Faculdade de Letras da UFMG, 2007.

RAMOS, J. M.; ALKMIM, M. (Orgs.). *Para a História do Português Brasileiro*. 540. Belo Horizonte: Editora da FALE- UFMG, 2007.

REICHENBACH, Hans. *Elements of symbolic logic*. New York: Free Press, 1947.

RESENDE, Maurício Sartori. Competência morfológica e gênese histórica: limites entre diacronia e sincronia. *Filologia e Linguística portuguesa*. São Paulo, v. 20, n. 1, p. 61-76, 2018.

RIBEIRO, J. *O elemento negro*: historia, folklore, linguística. Rio de Janeiro: Record, 1939.

RIEMER, Rick. *Introducing semantics*. Cambridge: Cambridge University Press, 2010.

RINKE, Esther. A combinação de artigo definido e pronome possessivo na história do português. *Estudos de Lingüística Galega* 2: 121-139, 2010.

ROCHA LIMA, Carlos Henrique da. *Gramática normativa da língua portuguesa*. Rio de Janeiro: Briguiet, 1963.

ROCHA, Luiz Carlos Assis. *Estruturas morfológicas do português*. São Paulo: Martins Fontes, 2008 [1998].

ROMANELLI, R, C. *Os prefixos latinos*: da composição verbal e nominal em seus aspectos fonético, morfológico e semântico. Belo Horizonte: Edição do Autor, 1964.

ROMÉRO, Sylvio (Ed.). *Contos populares do Brasil*. Lisboa: Nova Livraria Internacional, 1885.

ROSPANTINI, Maria Lígia. *A omissão do artigo em português*: Um estudo contrastivo com base em jornais portugueses e brasileiros dos séculos XX e XXI. PhD dissertation – University of Tübingen. 2016.

RUSSO, Domenico. *Il lessico italiano*. Roma: Istituto della Enciclopedia Italiana, s/d.

SAID ALI, Manoel. *Gramática Histórica da Língua Portuguesa*. [1921 Rio de Janeiro: Livraria Acadêmica / Reeditado pela Companhia Melhoramentos de São Paulo em 1964. 7ª edição melhorada e aumentada. Estabelecimento do texto, revisão, notas e índices pelo Prof. Maximiliano de Carvalho e Silva], 1971.

SALES, Miguel. "Depoimento sobre a constituição de um *corpus* diacrônico do Português de São Paulo", pp. 239-245, 1998.

SANDMANN, Antônio José. *Formação de palavras no português brasileiro contemporâneo*. Curitiba: Scientia et Labor, 1988.

SANDMANN, Antonio José. Novidades no "front" da formação de palavras. *Letras*. UFPR, Curitiba, 36, p. 54-68, 1987.

SANTAMARINA, Antón (Coord.) *Dicionario de dicionarios do galego medieval. Corpus* lexicográfico medieval da lingua galega. Instituto da Língua Galega, 2006-2018. Disponível em: <http://sli.uvigo.es/DDGM/index.html>. Acesso em: 23 abr. 2018.

SANTOS, A. P. Diacronia e sincronia do sufixo *-aço*: desenvolvimento dos valores semânticos e frequência de uso. *Estudos Linguísticos*, São Paulo, 39. 1: 258-271, 2010.

SARAIVA, Maria Elisabeth Fonseca. *"Buscar menino no colégio"*: a questão do objeto incorporado em português. Campinas: Pontes, 1997.

SCHER, Ana Paula. Morfologia distribuída: formação de palavras na sintaxe. In: José Luís Fiorin (Org. 2017).

SCHMITT, Christina. Cross-Linguistic Variation and the Present Perfect: The case of Portuguese. *Natural Language & Linguistic Theory* 19: 403-453, 2001.

SCHMITT, Cristina. *Aspect and the syntax of noun phrases*. PhD dissertation, University of Maryland. 1996.

SCHMITT, Cristina; MUNN, Alan. "Against the Nominal Mapping Parameter: Bare Nouns in Brazilian Portuguese". In: Pius N. Tamanji; Masako Hirotani; Nancy Hall (Orgs. 1999: 339-353).

SCHMITT, Cristina; MUNN, Alan. The syntax and semantics of bare arguments in Brazilian Portuguese. In: Pierre Pica (Org. 2003: 185-216).

SCHNEIDER, J. T. *Dictionary of African borrowings in Brazilian Portuguese* [307 páginas]. Hamburg: Helmut Buske Verlag, 1991.

SCHRADER-KNIFFKI, Martina; GARCÍA, Laura Morgenthaler (Orgs.) *La Romània en interacción*: entre historia, contacto y política. Ensayos en homenaje a Klaus Zimmermann. Frankfurt am Main / Madrid: Vervuert / Iberoamericana, 2007.

SEARLE, John. *Speech Acts*. Cambridge, Reino Unido, Cambridge University Press, 1979.

SEBEOK, Thomas A. *Current Trends in Linguistics. Vol. III*: Theoretical Foundations. Paris: Mouton & Co., 1966.

SEILER, Hansjakob. Die universalen Dimensionen der Sprache: Eine vorläufige Bilanz. *Arbeiten des Kölner Universalien-Projekts* nr. 75. Bearbeitet von Thomas Müller-Bardey, M.A. und Michael Kurzidim, M.A., 1988. Disponível em: <https://d-nb.info/1059441535/34>. Acesso em: 02 jul. 2018.

SEILER, Hansjakob. Nomina actionis, Nomina Agentis und Eigennamen. In: Annemarie Etter (Org. 1986)

SELIG, Maria. *Die Entwicklung der Nominaldeterminanten im Spätlatein. Romanischer Sprachwandel und lateinische Schriftlichkeit*. Tübingen: Narr, 1992.

SENNA, N. de. Africanismos na linguagem brasileira. *Revista de Philologia e de História*, 2, p. 439-449, 1934.

SENNA, N. de. *Africanos no Brasil; estudos sobre os negros africanos e influências sobre a linguagem e costumes do povo brasileiro*. Belo Horizonte: Of. Gráf. Queiroz Breyner, 1938.

SILVA, Andréa Souza; SILVA, Mauricio Vieira da. Cartas de Leitores – Pernambuco. Recife: Projeto PHPB/PE, 2010a, CD-ROM. *Cartas de Leitores da primeira metade do século XIX*. Disponível em: <https://docs.google.com/viewer?a=v&pid=sites&srcid=ZGVmYXVsdGRvbWFpbnxjb3Jwb3JhcGhwYnxneDo1ZmU5NzA4MDdiNWUxYTc3>. Acesso em: 21 ago. 2018.

SILVA, Andréa Souza; SILVA, Mauricio Vieira da. Anúncios – Pernambuco. Recife: Projeto PHPB/PE, 2010b, CD-ROM. *Anúncios da primeira metade do século XX*. Disponível em: <https://docs.google.com/viewer?a=v&pid=sites&srcid=ZGVmYXVsdGRvbWFpbnxjb3Jwb3JhcGhwYnxneDo0OGFhZTVjN2U0NTIzNTI2>. Acesso em: 21 ago. 2018.

SILVA, Andréa Souza; SILVA, Mauricio Vieira da. Cartas de Leitores – Pernambuco. Recife: Projeto PHPB/PE, 2010c, CD-ROM. *Cartas de Leitores da primeira metade do século XIX*. Disponível em: <https://docs.google.com/viewer?a=v&pid=sites&srcid=ZGVmYXVsdGRvbWFpbnxjb3Jwb3JhcGhwYnxneDoyZDJjYTdkZDVjYzFkNjRk>. Acesso em: 21 ago. 2018.

SILVA, Andréa Souza; SILVA, Mauricio Vieira da. Cartas de Leitores – Pernambuco. Recife: Projeto PHPB/PE, 2010d, CD-ROM. *Cartas de Leitores da primeira metade do século XIX*. Disponível em: <https://docs.google.com/viewer?a=v&pid=sites&srcid=ZGVmYXVsdGRvbWFpbnxjb3Jwb3JhcGhwYnxneDo3ZTlkMWI0ZWJlNmFlZTkz>. Acesso em: 21 ago. 2018.

SILVA, Antonio Moraes. *Diccionario da lingua portugueza*: recompilado dos vocabulários impressos ate agora, e nesta segunda edição novamente emendado e muito acrescentado. Lisboa: Typographia Lacerdina, 1813.

SILVA, Augusto Soares da. A Linguística Cognitiva: uma breve introdução a um novo paradigma em Linguística. *Revista Portuguesa de Humanidades*. 1.Fases 1-2: 59-101, 1997.

SILVA, Augusto Soares da. Integrando a variação social e método quantitativos na investigação sobre linguagem e cognição: para uma sociolinguística cognitiva do português europeu e brasileiro. *Revista de Estudos da Linguagem*. Belo Horizonte, 16:1: 49-81, 2008.

SILVA, Deonísio da. *De onde vêm as palavras*. Rio de Janeiro. Lexicon, 1997.

SILVA, M. C. F.; MEDEIROS, A. B. *Para conhecer morfologia.* São Paulo: Contexto, 2016.

SILVA, Miguel Carvalho *Dicionário da língua portuguesa medieval*. 2. ed. rev. e ampl. Londrina: EDUEL, 2009.

SLENES, R. W. 'Malungu, ngoma vem!': África coberta e descoberta do Brasil. *Revista USP.* São Paulo, 12: 48-67, 1992.

SOUZA, Luisandro M. Semântica formal e mudança de significado: o caso dos intensificadores. *Anais do X Congresso Internacional da ABRALIN*. Niterói: Universidade Federal Fluminense, 2017.

SPALDING, Tassilo Orpheu. *Dicionário brasileiro de gramática*: de acordo com a Nomenclatura gramatical brasileira. São Paulo: Cultrix, 1971.

STARK, Elisabeth. *Indefinitheit und Textkohärenz: Entstehung und semantische Strukturierung indefiniter Nominaldetermination im Altitalienischen*. (= *Beihefte zur Zeitschrift für romanische Philologie*, 336.) Berlin: de Gruyter, 2006.

STARKE, M. On the inexistence of specifiers and the nature of heads. In: M. Starke; A. Belletti (Eds. 2004: 252-268).

STARKE, M. Nanosyntax: a short primer to a new approach to language. *Nordlyd*, 36.1: 1-16. 2010.

STARKE, M. *Towards an elegant solution to language variation: Variation reduces to the size of lexically stored trees.*Não publicado. 2011. Disponível em: <http://ling.auf.net/lingbuzz/001183/current.pdf>. Acesso em: 10 jan. 2017.

STARKE, M.; BELLETTI, A. (Eds.). *Structures and Beyond*. Oxford; New York: Oxford University Press, 2004.

STECHOW, Arnim von. Eine erweiterte Extended-Now Theorie für Perfekt und Futur. *Lili* 113: 86-118, 1999.

SUÑER, Margarita. *Syntax and semantics of Spanish presentational sentence-types*. Washington: Georgetown University Press, 1982.

SWEETSER, Eve E. Grammaticalization and semantic *bleaching*. In: *Annual Meeting of the Berkeley Linguistics Society*, p. 389-405, 1988.

SWEETSER, Eve. *From etymology to pragmatics*: metaphorical and cultural aspects of semantic structure. Cambridge: Cambridge University Press, 1990.

TAGNIN, Stella. *Expressões idiomáticos e convencionais*. São Paulo: Ática, 1989.

TÁLMY, Leonard. Lexicalization patterns: Semantic structure in lexical forms. *Language typology and syntactic description*, 3.99: 36-149, 1985.

TÁLMY, Leonard. *Toward a cognitive semantics*. Cambridge: MIT Press, 2000.

TAMANJI, Pius N.; HIROTANI, Masako; HALL, Nancy (Orgs.). *Proceedings of NELS*. Amherst, 29: 1999.

THIBAULT, André. *Perfecto simple y perfecto compuesto en español preclásico*. Tübingen: Max Niemeyer Verlag, 2000.

TRAUGOTT, E. Pragmatics and language change. In: K. Allan; K. Jaszczolt (Orgs. 2011: 549-565).

TRAUGOTT, E.; DASHER, E. *Regularity in semantic change*. Cambridge: Cambridge University Press, 2002. [reeditado em 2004].

ULLMANN, Stephen. *Principles of semantics*. Oxford: Basil Blackwell, 1957.

ULLMANN, Stephen. *Semântica*: uma introdução à ciência do significado. Lisboa: Gulbenkian, 1973/1977 [1964].

VALE, Oto A. *Expressões cristalizadas no português do Brasil*: uma proposta de tipologia. Tese (Doutorado em Linguística) – Universidade Júlio de Mesquita Filho, Araraquara, 2001.

VAN DEYCK, Rika; SORNICOLA, Rosanna; KABATEK, Johannes (Orgs.). *La variabilité en langue:* Vol. II: Les quatre variations. Gand: Communication & Cognition, 2005.

Van Otterloo, Roger. Towards an understanding of "*lo*" and "*behold*": functions of *idou* and *ide* in the Greek New Testament." *Occasional Papers in Translation and Textlinguistics* 2: 34-36, 1988.

Vendler, Zeno. *Verb and Times*. Linguistics in Philosophy. Ithaca, NY: Cornell University Press, 1967.

Viaro, Mário E. *Das preposições latinas às do português e do romeno*: derivações semânticas. Dissertação (Mestrado em Letras Clássicas) – FFLCH, Universidade de São Paulo. 1994. Disponível em <http://www.teses.USP.br/teses/disponiveis/8/8143/tde-02022018-113148/pt-br.php>. Acesso em: 23 jun. 2017.

Viaro, Mário Eduardo. *Por trás das palavras*: manual de etimologia do português. São Paulo: Globo. 2004.

Vogt, Carlos; Fry, Peter. *Cafundó – a África no Brasil*. Linguagem e sociedade. Campinas: Editora da Unicamp, 1996.

Volóchinov, Valentin. *Marxismo e filosofia da linguagem*: problemas fundamentais do método sociológico na ciência da linguagem. Tradução, notas e glossário de Sheila Grilo e EkaterinaVólkova Américo; ensaio introdutório de Sheila Grilo. São Paulo: Editora 34, 2017.

Von Fintel, Kai. The formal semantics of grammaticalization. *NELS 25*. University of Pennsylvania, Philadelphia/PA, 1994.

Walde, Alois. *Lateinische etymologische Wörterbuch*. Heidelberg: Carl Winter, 1910.

Wall, Albert. The distribution of specific and definite bare nominals in Brazilian Portuguese. *New perspectives on bare noun phrases in romance and beyond* [Studies in language companion series 141]. In: Johannes Kabatek; Albert Wall (Orgs. 2013: 223-253).

Wall, Albert. The Role of Grammaticality Judgments within an Integral Approach to Brazilian Portuguese Bare Nominals. In: Barbara Hemforth; Barbara Mertins; Cathrine Fabricius-Hansen (Orgs. 2014: 143-173).

Wall, Albert. *Bare nominals in Brazilian Portuguese. An integral approach* [= Linguistik Aktuell 245]. Amsterdam: John Benjamins, 2017a.

Wall, Albert. "Porém jacaré acreditou?" Eine kritische *Macunaíma*-Ausgabe *als* Glücksfall für die Beschreibung der brasilianischen Nominalphrase. In: Georg Kaiser; Harald Völker (Orgs. 2017: 149-167), 2017b.

Wall, Albert; Niels, Ott; Ziai; Ramon; Rudzewitz, Björn. *Macunaíma as a data source for the distribution and interpretation of bare NPs in Brazilian Portuguese: Corpus preparation and first annotation agreement results*. (= *CODILI III*.) Zuric,. 2014.

Weinreich, Uriel. Explorations in Semantic Theory. In: Thomas A. Sebeok (1966).

Weinreich, Uriel; Labov, William; Herzog, Marvin. Empirical foundations for a theory of language change. In: Winfried P. Lehmann; Yakov Malkiel (Orgs. 1968: 95-195).

Weinreich, Uriel; Labov, William; Herzog, Marvin. *Fundamentos empíricos para uma teoria da mudança linguística*. Trad. Marcos Bagno. São Paulo: Parábola, 2006.

Weinrich, Harald. *Textgrammatik der deutschen Sprache*. Mannheim: Dudenverlag, 1993.

Wiedemer, M.L. *Variação e gramaticalização no uso de preposições em contextos de verbos de movimento no português brasileiro* [250 f.] Tese (Doutorado em Linguística) – Unesp-São José do Rio Preto). São José do Rio Preto: Unesp, 2013.

Winford, Donald. Contact-induced changes. Classifications and processes. *Diachronica* 22.2: 373-427, 2005

Winford, Donald. Group second language acquisition or language shift. In: J. Holm; S. Michaelis (Orgs. 2009: 310-331).

Wohlgemuth, J. *A Typology of Verbal Borrowings*. The Hague: Mouton De Gruyter, 2009.

Woll, Dieter. Die Eigenentwicklung des brasilianischen Portugiesisch: Der Artikelgebrauch. *Romanische Forschungen* 94: 67-83, 1982.

Xavier, M. Francisca et al. (Orgs.) *Dicionário de Verbos do Português Medieval*. Faculdade de Ciências Sociais e Humanas da Universidade Nova de Lisboa, 2003. Disponível em <http://CIPM.fcsh.unl.pt/>. Acesso em: 25 abr. 2018.

Zilles, A. M. S. O que a fala e a escrita nos dizem sobre a avaliação social do uso de *a gente*? *Letras de Hoje*, 42.2: 27-44, 2007.

OS AUTORES

Albert Wall estudou Filologia românica e eslava na Universidade de Tübingen, na Universidade Federal Fluminense e na Universidade Federal do Rio de Janeiro. No doutorado, investigou a determinação nominal no português brasileiro através de uma combinação de métodos empíricos, como estudos de *corpora*, experimentos de aceitabilidade, experimentos de elicitação e experimentos de percepção fonético-fonológica. A tese publicada se intitula *Bare Nominals in Brazilian Portuguese: an Integral Approach* (John Benjamins, 2017). No seu projeto de investigação atual na Universidade de Zurique ele estuda a marcação diferencial de objeto no espanhol desde as perspectivas sincrônica e diacrônica, com uma combinação de métodos.

Alessandra Castilho da Costa é doutora em Linguística pela Universidade de Halle (Alemanha). Possui pós-doutorado em Filologia e Língua Portuguesa pela USP e em Contato Linguístico, Contato Cultural e Tradição Discursiva pela Universidade de Heidelberg (Alemanha). É professora do Programa de Pós-Graduação em Estudos da Linguagem (PPgEL) e do Programa Mestrado Profissional em Letras (Profletras) da UFRN. Atua em Linguística do Texto e Tradições Discursivas.

Helio Oliveira é mestre e doutor em Linguística pela Universidade de Campinas (Unicamp), professor no Cento Universitário da Fundação de Ensino Octávio Bastos (Unifeob) em São João da Boa Vista/SP e pesquisa temas relacionados à circulação de discursos intolerantes, na perspectiva da Análise do Discurso franco-brasileira. É membro do Centro de Pesquisa FEsTA – Fórmulas e Estereótipos: Teoria e Análise, sediado no IEL/Unicamp.

Janderson Lemos de Souza é bacharel em Letras (Português/Inglês) e mestre em Letras (Estudos da Linguagem) pela Pontifícia Universidade Católica do Rio de Janeiro (PUC-Rio), doutor em Letras Vernáculas (Língua Portuguesa) pela Universidade Federal do Rio de Janeiro (UFRJ). Professor do Departamento de Letras e do Programa de Pós-Graduação em Letras da Universidade Federal de São Paulo (Unifesp).

Juanito Ornelas de Avelar é professor do Departamento de Linguística da Universidade de Campinas (Unicamp) e do Departamento de Línguas Românicas e Estudos Clássicos da Universidade de Estocolmo, atuando nas áreas de Teoria Gramatical, Linguística História e Ensino de Língua Portuguesa. Tem graduação em Letras pela Universidade Federal do Rio de Janeiro (UFRJ), mestrado e doutorado em Linguística pela Unicamp. Desenvolve estudos sobre variação sintática e mudança gramatical no português brasileiro, em torno de construções possessivas e existenciais, constituintes locativos, preposições e posição de sujeito. Suas pesquisas recentes têm se voltado ao papel do contato entre línguas no desencadeamento de mudanças sintáticas, com foco em variedades do português no Brasil e na África.

Laura Álvarez López é professora titular de Português no Departamento de Estudos Românicos e Clássicos da Universidade de Estocolmo na Suécia. Desenvolve pesquisas principalmente nas áreas da Sociolinguística e da Linguística de Contato, atuando sobretudo nos seguintes temas: linguagem do candomblé, linguagem e identidade, português brasileiro, variedades de português e espanhol em contato com línguas africanas. Realizou trabalhos de campo no Brasil (1999-2000, 2004-2005), no Uruguai (2011), em Angola (2014) e em Moçambique (2015).

Luisandro Mendes de Souza é licenciado em Letras (Português e Inglês) pela Faculdade Estadual de Filosofia, Ciências e Letras de União da Vitória (PR). Mestre e doutor em Linguística pela Universidade Federal de Santa Catarina (UFSC). Professor adjunto no Departamento de Letras Clássicas e Vernáculas do Instituto de Letras da Universidade Federal do Rio Grande do Sul (UFRGS).

Márcio R. Guimarães é doutor em Letras pela Universidade Federal do Paraná (UFPR), onde trabalha desde 2000. Pesquisa semântica de advérbios desde o doutorado, e ultimamente tem trabalhado em Semântica Histórica (de advérbios) e em Linguística indo-europeia.

Maria Lucia Leitão de Almeida, graduada em Português/Literaturas, mestra e doutora em Linguística pela Universidade Federal do Rio de Janeiro (UFRJ). Integrou os projetos de pesquisa Censo de Variação Linguística, Discurso e Gramática, Gramática e Cognição, todos desenvolvidos na UFRJ. Foi líder do Núcleo de Estudos Morfossemânticos do Português (Nemp). Atualmente é líder do Grupo de Estudos Semânticos do Português. É professora titular no setor de Língua Portuguesa, do Departamento de Letras Vernáculas da UFRJ.

Martin Becker é professor titular de Linguística Românica na Universidade de Colônia (desde 2009). Estudou História, Filologia Românica e Ciências da Educação nas universidades de Colonia, Salamanca, Clermont-Ferrand e Fortaleza. Desde 2016 dirige um projeto de pesquisa sobre "Tense and Aspect in Discourse" que forma parte do Centro Colaborativo "Prominence in Language" financiado pela Associação Alemã de Pesquisa (DFG). Seus interesses de pesquisa incluem áreas tão diversas como "modalidade e modo", "tempo e aspecto", "análise do discurso", "teoria da mudança linguística" e "história do pensamento linguístico".

Maurício Resende é bacharel em Linguística e licenciado em Letras/Português pela Universidade Federal de Santa Catarina (UFSC) e mestre em Linguística pela Universidade Federal do Paraná (UFPR); atualmente faz doutorado em Linguística pela Universidade Estadual de Campinas (Unicamp). Trabalha com o modelo da Gramática Gerativo-Transformacional e, mais especificamente, com o quadro da Morfologia Distributiva. Desenvolve trabalhos que lidam com morfologia e suas interfaces (fonológica, sintática, semântica). Seus principais temas de atuação são: processos de nominalização, aspecto, modalidade e Linguística Diacrônica do português.

Renato Basso é professor da Universidade Federal de São Carlos (UFSCar), doutor e mestre em Linguística pela Unicamp. Suas pesquisas se concentram na descrição de fenômenos linguísticos usando as ferramentas da Semântica e Pragmática formais. Pesquisa, principalmente, a semântica do verbo e dos indexicais, mas também tem interesse em Linguística Histórica, Epistemologia da Linguística e Semântica da linguagem espacial.

Rodolfo Ilari tem graduação em Letras Neolatinas Português e Francês pela Universidade de São Paulo, mestrado em Linguística pela Université de Besançon e doutorado em Linguística pela Universidade Estadual de Campinas. Participou na década de 1970 da fundação do Departamento de Linguística da Unicamp, universidade que o agraciou recentemente com o título de Professor Emérito, e à qual continua ligado como colaborador voluntário. Suas principais áreas de atuação têm sido a Linguística Românica, a Semântica e o ensino de língua materna, áreas nas quais publicou livros destinados principalmente ao ensino de graduação. Traduziu várias obras, entre as quais o *Breviário de Estética*, de Benedetto Croce, o *Dicionário de Linguística*, de Trask (Editora Contexto), e o *Guia de estilo*, de Steven Pinker (Editora Contexto). Em 2007-2008 foi titular de Português no Instituto de Espanhol, Português e Estudos Latino-americanos da Universidade de Estocolmo. No período de 2009 a 2913 foi editor da *Revista da Abralin*.

Teresa Cristina Wachowicz possui graduação em Letras pela Universidade Federal do Paraná (UFPR), mestrado em Letras pela mesma instituição e doutorado em Linguística pela Universidade de São Paulo (USP). É professora adjunto II da UFPR, atuando desde 1997. Tem experiência na área de Linguística Formal, com ênfase em Semântica, tendo estudado principalmente os seguintes temas: tempo, aspecto e aquisição de tempo e aspecto. Tem igualmente trabalhos de extensão na área de ensino de língua portuguesa.

Valdilena Rammé é professora da área de Letras e Linguística na Universidade Federal da Integração Latino-americana (UNILA). Tem mestrado e doutorado em Estudos Linguísticos pela Universidade Federal do Paraná (UFPR), com período sanduíche na Utrecht University, Holanda. Tem experiência na área de teoria linguística e análise gramatical, com trabalhos na interface Sintaxe-Semântica sobre Nanossintaxe, Semântica Lexical, Semântica conceitual, mudança linguística, verbos de movimento e preposições espaciais. Também trabalha na área de Linguística Aplicada, investigando questões de ensino-aprendizagem de línguas estrangeiras (LE), e possui projetos de extensão para o ensino de línguas como o português, o espanhol e o crioulo haitiano.

Verena Kewitz graduada em Letras, mestra e doutora em Letras (Filologia e Língua Portuguesa) pela Universidade de São Paulo (USP). É docente de graduação e pós-graduação na área de Filologia e Língua Portuguesa da mesma instituição. Suas pesquisas, publicações e orientações concentram-se na formação e edição filológica de *corpora* do português paulista e nos estudos diacrônicos sobre verbos e preposições com base no diálogo entre a Abordagem Multissistêmica, a Linguística Cognitiva e o modelo de Tradições Discursivas. É pesquisadora dos projetos PHPB e História do Português Paulista. Coordena o subprojeto "Vésperas Brasilianas: uma agenda para os estudos sintáticos do português paulista nos primeiros séculos".

GRÁFICA PAYM
Tel. [11] 4392-3344
paym@graficapaym.com.br